DE L'ESPRIT DE MON TEMPS

DE

L'ESPRIT DE MON TEMPS

OU

CONSIDÉRATIONS SUR LES TENDANCES ET LES PRÉOCCUPATIONS
CONTEMPORAINES

AU POINT DE VUE MORAL

PARTICULIÈREMENT EN FRANCE

PAR

M. DUBOIS-GUCHAN

Conseiller à la Cour impériale de Lyon,
Officier de la Légion d'honneur et de l'Instruction publique
Auteur de *Tacite et son siècle*

L'écrivain ne relève que de la vérité et de sa conscience.
Le citoyen appartient à son pays, et il marche avec son pays
lors même qu'il croit que son pays se trompe.

PARIS

LIBRAIRIE ACADÉMIQUE

DIDIER & Cie, LIBRAIRES-ÉDITEURS

35, QUAI DES GRANDS AUGUSTINS, 35

DESSEIN DE MON LIVRE

L'esprit français, naturellement impatient, l'est devenu plus particulièrement par la rapidité des événements qui l'entourent; on ne médite presque plus; on lit à peine : il faut à nos esprits beaucoup de substance en peu d'espace; les écrits qu'on nomme *pensées* leur conviennent plus que jamais; c'est pour cela que j'ai préféré ce genre d'écrire. Voici maintenant mon sujet :

Je vois dans le monde physique l'*antagonisme* des forces; j'appelle l'attention de mes lecteurs sur cet antagonisme.

Je vois dans l'ordre moral l'antagonisme des principes, le combat du *bien* et du *mal;* ce combat appelle nos réflexions.

A côté de ces conflits physiques et moraux, je vois le *mystère,* qui s'interpose entre la vérité et nous; comment, puisqu'on ne peut l'éviter, faire accepter le mystère?

Notre recherche de la vérité a pour instruments la *logique* et le *sentiment;* j'apprécie ces instruments.

Le *rationalisme*, si préconisé de nos jours, suffit-il pour la recherche de la vérité? J'en dis mon avis.

La *tradition,* c'est-à-dire l'expérience, si dédaignée depuis un siècle, n'est-elle pas le contrôle et le contrepoids du rationalisme? Je m'explique sur ce point.

Qu'est-ce que l'esprit d'*utopie* qui nous travaille? — Qu'est-ce que l'*idéal,* qui a toujours attiré l'esprit de l'homme? J'examine ce double problème.

Quels sont les *moyens* proposés, pratiqués ; quels sont les moyens légitimes par lesquels une société peut réaliser partiellement au moins, son idéal? Je cherche ce qu'il faut penser de la moralité de ces moyens.

La manie d'ériger en principe tout ce qui flatte nos passions sociales s'appelle ou je l'appelle, *doctrinarisme*. Que penser du doctrinarisme, si fort à la mode depuis cinquante ans?

Nos réformateurs, plus ou moins doctrinaires, veulent réformer jusqu'à l'*homme* même : que penser de cette tentative?

On veut réformer la *famille* comme l'homme ; que penser de cette réforme?

L'*humanité* est devenue une sorte de personnalité, ou mieux de divinité, à laquelle on sacrifie les générations et les sociétés présentes ; qu'est-ce que ce Dieu?

L'*individu* veut remplacer le citoyen, c'est-à-dire ne relever que de soi, être son pape et son roi : cela est-il possible?

Le *philanthrope* est le nouveau prêtre du Dieu humanité ; que penser du philanthrope?

Le *progrès* indéfini, rapide, presque instantané, est le but que se propose le philanthrope, au nom de l'humanité ; ce but est-il légitime? Peut-il être atteint?

On nous présente la *morale indépendante* comme le grand instrument du progrès : qu'est-ce que cette morale et où conduit-elle?

Notre esprit moderne est issu du dix-huitième siècle : *qu'est-ce que le dix-huitième siècle?*

Les révolutions politiques que nous pratiquons depuis 1789 ont des rapports nécessaires avec notre esprit public : quel est le *caractère des rapports existant entre cet esprit* et les pouvoirs qu'il détruit?

Nos *mœurs actuelles* sont le résultat de notre esprit public; quels sont leurs caractères les plus larges, les plus généraux?

Enfin, et comme conclusion dernière de ce qui précède, quelle est la *physionomie générale* de notre dix-neuvième siècle?

Tel est mon livre. La logique des sujets qu'il traite est évidente; il se compose d'autant d'études distinctes que d'objets précités, et chaque étude a sa logique propre. J'ai séparé chaque groupe d'idées par un chiffre romain. Cette séparation n'est pas seulement matérielle, elle est intellectuelle; prenons un exemple : au mot *mystère*, un groupe d'idées correspond au mystère de l'ordre physique; un autre groupe, au mystère dans l'ordre moral; un troisième, au mystère dans l'ordre métaphysique; et, dans chaque étude, la dernière partie en est en quelque sorte la conclusion et, souvent, la transition qui relie l'étude que je quitte à celle que j'aborde; si bien que, quoique l'ordre des pensées puisse être arbitraire dans un écrit conçu dans la forme de *pensées*, j'ai laissé le moins possible à l'arbitraire, soit dans le choix de mes études, soit dans leur série, soit dans leur construction intrinsèque.

Ce livre est, de ma part, le fruit de très-longues et de très-graves méditations; j'ai l'espoir qu'il paraîtra digne d'être lu.

Mon travail pourrait avoir son complément dans l'ordre *religieux*, dans l'ordre *politique,* dans l'ordre *littéraire:* il les aura, je l'espère, avec le temps. Quant à présent, ce que je publie me semble considérable ; ce qui me resterait à faire est préparé et presque prêt. Je n'ai pris la plume pour ma première œuvre qu'après avoir étudié un très-vaste ensemble.

DE L'ANTAGONISME
DES ÊTRES ET DES CHOSES

Tout dans le monde, est action et réaction ; si bien que le contraste et la contradiction, et même la solidarité dans les contradictions et les contrastes, ne sont pas seulement dans l'ordre des choses ; qu'ils sont même une loi des choses.

Il y a dans le monde la matière et le mouvement : tout mouvement suppose une matière qui le reçoit et une force qui le donne. — Ce double élément se confond dans la matière en mouvement.

Il y a deux forces dans le monde : la force d'attraction qui unit, la force de dilatation qui désagrége, et le monde ne se maintient que par l'action contraire de ces deux forces.

Le dualisme est partout dans la nature : l'ombre et la lumière, le jour et la nuit, le chaud et le froid, la lune et le soleil, le levant et le couchant, le midi et le nord ; l'eau et le feu, les fluides et les solides, l'âme et le corps, le cœur et la raison, la folie et la sagesse, Dieu et Satan. l'ange et la bête, le plaisir et la douleur, le vice et la vertu, les accords et les dissonnances, se partagent et semblent se disputer le monde (1).

---

(1) La lumière mâle et femelle, ces deux grands sexes, animent le monde. — Male and female light Which two great sexes animate the World. Milton. *Paradis perdu*, trad. de Chateaubriand.

Il y a le dualisme des choses comme le dualisme des bêtes : il y a même le dualisme de l'individu ; et l'homme, dont les organes sont doubles, se partage lui-même par une ligne médiane.

Il y a dans les sociétés, les monarchies et les républiques, l'aristocratie et la démocratie ; le pauvre et le riche ; le peuple et César.

I

Le dualisme n'est pas toujours le contraste, et le contraste n'est pas toujours l'antagonisme. — Deux hommes ne sont pas nécessairement en contraste quoiqu'ils soient deux : il y a contraste entre la femme et l'homme ; il n'y a pas antagonisme.

Il existe un lien mystérieux entre deux antagonismes : le froid, l'ennemi du chaud, pique le feu et l'attise ; la guerre, cette ennemie de la paix, engendre pourtant la paix.

Les vents, les foudres, les tempêtes, les tremblements, qui semblent un frissonnement de la terre, sont des instruments d'harmonie générale dans le monde. C'est par les contrastes de l'eau et du feu que l'univers se maintient et se régénère. C'est par le prodige de mille ferments qui se choquent pour la féconder, que la terre s'orne de fleurs, épand des eaux vives, se peuple d'animaux, d'oiseaux, d'insectes, d'êtres infinis qui la vivifient ; et que, malgré les secousses qui l'ébranlent, les eaux qui la noient, les feux qui la consument, elle reste éternellement fraîche et jeune.

« Le concert de tous les corps qui se meuvent en harmonie parfaite commence et finit par l'unité, » dit

Aristote (1). C'est pour cela que l'univers a reçu le nom qui résume le mieux ses beautés : *Cosmos*. — « Les contraires, dit saint Thomas, finissent par entrer dans une unité commune où ils perdent leur antipathie. Tout ce qui lutte et se contrarie, s'harmonise dans un premier principe d'être ou d'existence qui est la cause suprême (2). »

Je doute qu'on puisse dire avec l'école d'Hégel que les extrêmes s'équivalent : ce qui est sûr, c'est que les extrêmes produisent des effets du même genre. Si Rembrandt noie, pour ainsi dire, ses sujets dans les ombres transparentes de son clair-obscur, Murillo noie les siens dans je ne sais quelle vapeur lumineuse qu'on dirait de la poussière d'or. Par un procédé semblable, quoique avec des moyens contraires — puisque l'un fait avec la lumière ce que l'autre fait avec l'ombre — ils reculent leurs plans, modèlent et adoucissent leurs figures et leur créent l'atmosphère au sein de laquelle leurs contours deviennent plus harmonieux, leur vie plus mystérieuse et plus idéale. Le lointain de l'ombre, comme le lointain de la lumière, donnent donc le même prestige : l'un, par le voile, l'autre, par l'éblouissement.

II

Le monde n'a pas seulement des dualités, des contrastes, des antagonismes; il a aussi ses contrefaçons et ses parasites.

La nature a pris plaisir à semer les êtres dans les êtres : le gui est le parasite du chêne; la mouche a son parasite, et, qui pis est, ce parasite a son parasite.

Le chien est-il la contrefaçon du loup? le chat l'est-il

---

(1) *Lett. sur le Monde.* (2) *Somme*, 49ᵉ question, art. 3, p. 174.

du tigre? pourquoi la vipère et la couleuvre se ressemblent-elles? pourquoi l'or et le cuivre? pourquoi l'argent et l'étaim? pourquoi le bon et le mauvais champignon se côtoient-ils? pourquoi le perroquet a-t-il une sorte de don des langues? pourquoi le singe n'est-il qu'un homme difforme?

La loi de ces contrefaçons m'échappe; je ne saurais même la soupçonner.

La loi des antagonismes ne m'échappe pas moins: la plante naît des éléments qu'elle consomme; puis, l'animal mange la plante; puis, l'homme mange l'animal; puis, l'insecte et le ver mangent l'homme, pendant qu'il retourne aux éléments. — Chaque herbe, chaque feuillage a son insecte qui le dévore; chaque insecte a son ennemi général, l'oiseau; puis, un ennemi particulier, un insecte comme lui. Les herbes ont pour ennemies les herbes mêmes: il faut préserver le blé de l'ivraie, comme du charançon. Ce qu'il faut encore admirer, c'est que, si toute plante a son ennemi qui l'attaque, elle a aussi l'ennemi de son ennemi qui la protége, exemple: le puceron mange la rose, mais la fourmi mange le puceron.

Sans les herbivores, dit la science, les carnassiers ne sauraient vivre, et sans les carnassiers qui restreignent les herbivores, ceux-ci même mourraient de faim; car, comment la terre nourrirait-elle des herbivores illimités?

Sous le tropique, les insectes sont énormes: avec leurs outils de sape, leurs cuirasses imperméables, leur appétit insatiable, ils exterminent des mondes d'insectes inférieurs; ils émondent les forêts, achèvent les plantes malades, dévorent des cadavres d'animaux; ils font rentrer dans le torrent vital toute substance organique dont la mort ou la décomposition feraient des agents morbides.

Cette destruction, par l'antagonisme, m'étonne et me trouble. Un équilibre physique qui ne se soutient que par des victimes et des souffrances, m'afflige. On a beau le constater, je ne puis le comprendre ; je voudrais pouvoir le contester (1). — C'est, d'ailleurs, de l'antagonisme que naît l'activité, comme c'est de l'activité dirigée contre l'obstacle que naît l'intelligence qui le tourne, ou la force qui en triomphe.

La loi d'harmonie s'expliquerait mieux que la loi d'antagonisme : par exemple, nous prenons l'oxygène de l'air, tandis que les plantes n'en prennent que l'acide carbonique ; mais nous rendons à l'air l'acide carbonique que lui prennent les plantes, et les plantes lui rendent l'oxygène que nous lui prenons. Cela est merveilleux : tout profite ici, rien ne se perd.

III

Quoi qu'il en soit, la vie est un éternel conflit entre le bien et le mal ; un éternel tissu de victoires et de résistances, de tendances et d'aptitudes contraires ; on ne vit que par la lutte, et vivre c'est combattre. — La mort qui fauche la vie qui se répare, tandis que les naissances répondent presque exactement aux décès ; c'est cela qui, malgré la vie, entretient la mort parmi nous. C'est cela qui y fait durer la vie, malgré la mort.

(1) Milton l'explique par la chute de l'homme : « Ainsi, dit-il, la violence commence dans les choses sans vie ; mais la discorde, première fille du péché introduisit la mort parmi les choses irrationnelles, au moyen de la furieuse antipathie : la bête fit alors la guerre à la bête, l'oiseau à l'oiseau, le poisson au poisson ; cessant de paître l'herbe, tous les animaux se dévorèrent les uns les autres et n'eurent plus de l'homme une crainte mêlée de respect, mais ils le fuirent ou, dans une contenance farouche, ils le regardèrent quand il passait. » *Paradis perdu,* liv. X.

Sans le plaisir de vivre, la vie serait un sépulcre; et sans l'horreur de la mort, la vie serait une orgie.

Auprès du vieux marché des Innocents où tout Paris accourait, bourdonnait, s'approvisionnait, riait, buvait et mangeait, était le charnier des Innocents, où tout dormait : le foyer de la vie côtoyait ainsi le foyer de la mort..., et dans le charnier, la peinture de la danse macabre exprimait ce mélange en action, non plus dans les limites d'un simple marché, mais dans tout le mouvement de la vie humaine qu'elle résumait en quelque sorte dans ces deux extrêmes : danser et mourir.

La devise de la nature semble celle-ci : produire et détruire, et même, détruire pour produire ou pour maintenir.

On a calculé qu'au bout de cent ans un orme, issu d'une graine, produit trente-trois millions de graines; or, trente-trois millions de graines, au bout de cent ans, en donneraient un milliard quatre-vingt-neuf millions, pouvant donner autant d'ormes, et cela à l'infini et dans une proportion effrayante. — Le monde serait couvert d'ormes en quelques siècles, sans la destruction des graines par avortement, pourrissage, coulage, etc., ou sans les oiseaux, les bestiaux, les insectes qui s'en nourrissent. Combien la loi de cet équilibre est sage! et combien peu la bonté divine en souffre!

Selon Darwing, l'état de guerre entre les animaux n'est qu'un résultat de la concurrence vitale : ils éliminent ce qui s'oppose à la perfection des espèces. — Que ne dit-il que le lion ne prend que les moutons, les veaux ou les bœufs malingres !

Il y a pourtant une sorte de bonté prévoyante dans la destruction, car, ce qui vit peu, se multiplie facilement.

*

IV

Qui me dira pourquoi l'oiseau, le chevreau, l'agneau, n'ont presque pas d'enfance, et pourquoi le papillon en a plusieurs? pourquoi ne vit-il que pour mourir, non comme l'homme caduc, pièce à pièce; mais tout entier, tout vif, dans tout l'éclat de ses forces et de sa vie?

La critique et le sentiment, la raison et les passions, se choquent sans cesse; pourquoi ce choc?

Mais à côté de ce choc, que d'harmonie! On ne conteste pas l'harmonie des sons qui fait la musique: il y a même une harmonie des couleurs qui est le concert des couleurs. C'est avec la gamme des saveurs et des odeurs qu'on produit le concert des odeurs et des saveurs, et je ne doute point que, pour la taupe et l'aveugle, il n'y ait un concert, par le toucher, comme nous l'obtenons des autres sens.

En somme: le monde physique et le monde moral semblent livrés à une dualité permanente. — Comment l'antagonisme qui est partout, dans la nature inerte comme chez les animaux, ne serait-il pas dans l'homme et la société? — Ceci nous conduit à l'existence du bien et du mal, contraste et antagonisme permanents jusqu'à ce jour, parce qu'ils sont éternels, par essence.

DU BIEN ET DU MAL

C'est une terrible question que celle du bien et du mal, et presque partout, à toutes les dates, la raison humaine y a ébréché son tranchant ou cassé sa pointe.

Un esprit diversement jugé, mais non médiocre, aux prises avec toutes les difficultés d'une convulsion sociale, disait à la Convention nationale : « le Monde moral, beaucoup plus encore que le Monde physique, semble plein de contrastes et d'énigmes (1). »

Selon quelques théologiens le mal n'est pas, puisqu'on le trouve constamment mêlé à quelque bien. — Que ne disent-ils que le borgne n'est pas borgne parce qu'il lui reste un œil? Que le boiteux n'est pas boiteux parce qu'il possède une jambe droite ; ou qu'un fruit est sain, s'il n'a qu'un de ses côtés gâté? Qui se contentera de ces équivoques?

Elles sont même dangereuses ; car nier si subtilement le mal, c'est en supprimer la responsabilité.

Les optimistes nient le mal pour excuser Dieu ; les pessimistes nient le bien pour accuser Dieu ; les casuistes s'arrangent pour tout concilier à leur manière ; les charlatans, pour nous guérir de tous les maux en se substituant à Dieu.

Toute l'antiquité s'occupa de la sublime recherche du souverain bien ; ses plus grands esprits le firent consister

---

(1) Robespierre, *Discours sur l'Etre suprême*.

à éviter le mal; les plus subtils, à ôter au mal le nom de mal. — Depuis 89, nos esprits modernes se sont enivrés de la noble, mais dangereuse illusion de supprimer le mal.

I

Toute chose a deux faces et dès lors deux noms : un nom sinistre qui répond au mauvais côté des choses, et un nom favorable qui répond au bon. Il est des cas où la modestie se nomme hypocrisie, où la malveillance s'appelle sincérité, et la colère justice. — Nous ne voyons chez les autres que le mauvais côté des choses : nous ne voyons en nous que le bon.

Que de choses suffisent amplement à ceux qui n'ont pas besoin de s'en contenter ! — Que de gens sont admirablement résignés pour autrui !

II

Le bien absolu, c'est Dieu ; mais qu'est-ce que le mal absolu? — Multipliez les corps opaques devant le soleil, l'air s'obscurcit ; mais la clarté n'est jamais complètement vaincue, car l'air reste toujours diaphane. Accumulez donc péché sur péché, dit saint Thomas (1), l'aptitude de l'âme pour la grâce, diminue proportionnellement; « vous faites de petits obstacles entre Dieu et vous, dit Isaïe ; mais vous n'arrivez pas à la victoire complète par le mal. » L'âme reste ; l'aptitude à la grâce fait partie de sa nature essentielle ; donc le mal ne détruit ni ne corrompt tout le bien. — C'est ainsi que, d'après la théologie, le mal absolu n'est point.

(1) *Somme,* voir art. 3, question 48.

« La peine, dit Grotius (1), est un mal qu'on souffre pour un mal qu'on a commis », et cela est vrai de la peine, c'est-à-dire du châtiment. Mais tout mal ne suppose pas un châtiment. — Les disciples de Jésus-Christ lui demandaient : « Qui a péché, pour que celui-ci soit aveugle ? (2). — Ni lui ni ses parents, » répondit le Christ.

Ce mal est, à quelque égard, l'affirmation du bien, en ce sens que le mal et le bien co-existent nécessairement, et que sans l'un, l'autre n'est pas.— Je parle dans le sens terrestre, la perfection de Dieu échappant à tout parallèle.

La tanche et le carpillon trouvent que le brochet qui les mange est un mal, mais l'homme, qui mange le brochet qu'engraissent la tanche et le carpillon, en juge autrement. — L'homme accuse Dieu parce que l'homme égorge souvent l'homme et le mange parfois ; mais lui-même égorge et mange toutes les bêtes qui le servent ou sont à sa portée, et le chien, le chat, l'âne et le cheval n'en sont pas exempts.

Le mal est tellement mêlé au bien, qu'on peut dire qu'il est l'envers du bien. L'un et l'autre semblent se tenir comme la racine et le fruit, car il est peu de maux dont un bien ne soit la racine : l'avarice est un mal, mais la prévoyance est un bien, la vengeance est un mal, mais la protection de soi est un bien ; l'ambition est un mal, mais l'émulation est un bien ; le fanatisme est un mal, mais la religion est un bien. Si la colère est un mal, le courage est un bien ; si la débauche est un mal, l'amour est un bien, en sorte qu'on peut dire que souvent le mal est l'abus du bien, et que le bien n'est que la mesure dans le bien même.

(1) *Traité de la Guerre et de la Paix.* (2) Vanini, *Exercice* 39.

Le mal est une des pièces constitutives de l'ordre moral. Si l'on appelle mal ce qui ne doit pas être, il n'y a pas de mal dans ce monde, car ce que Dieu y a mis doit y être. En ce sens, ni le tigre ni la vipère ne sont un mal ; en ce sens, le poison non plus n'est pas un mal ; ceci est surtout vrai de l'ordre physique. — Dans l'ordre moral, il n'y a de nécessaire que la *possibilité* du mal, d'où naissent les vertus, les vices, la lutte, la vie, le mérite et le démérite qui s'attachent à la liberté et à la responsabilité morales. — S'il m'arrive de parler de la nécessité du mal dans l'ordre moral, je prie qu'on l'entende seulement de la *possibilité* et de la *contingence*, et jamais de la fatalité du mal ; cela est capital dans cette matière.

Le mal n'est que du bien corrompu. — Le désir est notre moteur moral : car, comment vivre sans désir ? Or, le désir même est une inquiétude : et l'inquiétude, dominée par la crainte, est un mal ; dominée par l'espérance, est un bien. — Le bien et le mal sont donc tellement mêlés à notre nature, que vivre, c'est les ressentir tous deux. Notre âme respire le bien et le mal, c'est-à-dire le plaisir et la douleur, comme nos poumons respirent l'azote et l'oxygène.

III

Lucien, considérant les disparates de l'univers, s'écrie (1) : « Tout y flotte comme dans un breuvage en mixture. C'est un amalgame de plaisir et de peine, de science et d'ignorance, de grandeur et de petitesse ; le haut et le bas s'y confondent et alternent dans le jeu du siècle. »

(1) *Les sectes à l'encan.*

— Rien n'est plus vrai à première vue; la réflexion nous rend plus justes; mais le mystère de cet insondable mélange est incontestable.

Si le ver n'est pas dans la fleur, il est sous la fleur. Vous le trouverez au calice ou dans les racines; et la plus parfaite des beautés terrestres, la beauté vivante a des infirmités ou des laideurs nécessaires à sa beauté même.
— La perle pâlit, l'opale s'étiole, la turquoise s'engraisse; la vigne, la pomme de terre, le blé pourrissent par je ne sais quel vice intrinsèque attaché à la beauté, à la qualité, à l'utilité. Le mal est dans les choses humaines, en essence; on ne peut le détruire qu'en détruisant toutes choses.

Notre intelligence sue à se délivrer du doute, qui est son mal, pour atteindre à la vérité qui est son bien. — La volupté et la vertu associent en elles ces deux contraires, douleur et plaisir, avec cette différence que le plaisir est à la surface de la volupté, la douleur au fond; tandis que le plaisir est au fond de la vertu; la douleur, à la surface.

Les plaisirs qui nous coûtent peu, ne nous intéressent pas assez; et les plaisirs qui nous intéressent, nous coûtent trop. Ou n'être pas ému, ou être déchiré, tel est notre lot dans le plaisir même.

L'obstacle, c'est-à-dire la peine, avive le plaisir, et celui qu'on nous défend est celui qui nous chatouille le plus. — Mais c'est dans les plaisirs les plus vifs qu'est la plus vive amertume; et l'on meurt de joie.

Selon Sénèque (1), c'est être malheureux de ne l'avoir pas été. — Selon Boëce, c'est le comble du malheur, chez le disgracié, que d'avoir été heureux; Dante est de cet

---

(1) *De la Providence.*

avis, et il a chanté l'immortelle douleur de ceux qui lamentent leur bonheur passé.

C'est l'un des dons les plus cruels de l'existence, de nous enseigner à comprendre et sentir la mort ; et peut-être trouverez-vous peu de vieillards disposés à recommencer la vie, tant les biens de la vie sont corrompus par leurs amertumes!

C'est tantôt le mal qui nous déguise le bien ; c'est tantôt le bien qui nous déguise le mal, et le secret de ces apparences nous échappe (1).

Dans les arts, la beauté physique est une telle source d'inspirations, que sans elle les arts ne connaîtraient pas l'idéal. Dans l'ordre moral même, elle est, par son divin attrait, par l'émulation qu'elle excite, par les récompenses qu'elle possède et qu'elle permet d'espérer, un aimant pour tout ce qui est noble, pur, désintéressé, chevaleresque ; et pourtant celui qui écrivit le premier sur le don infortuné de la beauté, soit pour ceux qui la possèdent, soit pour ceux qui la convoitent, dit une vérité profonde en même temps qu'une vérité d'expérience. Que de désordres naissent en effet de la possession ou de la soif de la beauté? Dans ce qu'il y a de plus exquis sur la terre, l'antagonisme existe donc : le bien et le mal s'en disputent le partage. — Dans une chose presque divine, on rencontre un dualisme mortel.

En somme, il y a dans la réalité du bien un tel mélange, une telle lie, qu'on ne jouit que du bien qu'on espère ou plutôt qu'on imagine, et que ce qu'on appelle le vain trésor des illusions est presque le seul qui ne soit pas vain.

---

(1) « Occultat utrorum semina Deus, et plerumque bonorum malorumque causæ sub diversâ specie latent. » Pline. *Pangéyr*.

IV

C'est une chose bien relative que le bien; c'est une chose non moins relative que le mal. Un prisonnier enchaîné est heureux dans ses ténèbres, si on lui ôte ses chaînes; combien plus heureux si on y ajoute un rayon de lumière! En sens inverse, un paralytique ne peut-il pas devenir aveugle, et, chose affreuse à penser, un aveugle ne peut-il pas devenir sourd? Quelle est la perte qu'on ne puisse accroître d'une autre perte?

L'homme peut être indéfiniment malheureux par le bonheur même; car est-il un bien qu'on possède, auquel on ne puisse ajouter un bien qu'on ne possède pas et qu'on voudrait posséder? — L'infini du malheur est donc dans le bien comme dans le mal; quant à l'infini du bonheur, l'homme ne le connaît pas.

Toutefois, ni le bien n'est aussi doux qu'on le croit, ni le mal n'est si terrible qu'on le suppose. — Quand les malheureux espèrent, ils ne comprennent pas qu'ils aient pu craindre, et quand ils craignent, ils ne comprennent pas comment on peut espérer. — Ce même esprit, par lequel nous résistons au chagrin, nous invente des chagrins imaginaires; nous triomphons de certains monstres, et d'autres monstres triomphent de nous.

Qui nous dira pourquoi l'extrême malheur tranquillise, et pourquoi nous goûtons une sorte de sécurité dans l'excès de l'infortune?

Nous sommes si infirmes que le mal d'autrui soulage et détend le nôtre : « Je ne doute pas, écrivait Bussy Rabutin (1), de la douleur de M. Colbert de ce que la

---

(1) A Mme de Sévigné, 22 mars 1768.

branche de ses ainés est sur le point de manquer; mais ce qui est une grande affliction à un homme heureux comme lui, est une grande consolation à un exilé comme moi. Nous serions au désespoir, nous autres malheureux, si Dieu ne nous régalait de temps en temps de l'affliction de quelque ministre. »

« Dieu et la raison sont de grands médecins. » écrivait le même Bussy (1) à Mme de Sévigné, laquelle répondait (2) que « pour les malheureux il n'y a qu'à vivre; » car le temps est un consolateur bien meilleur que la raison, s'il n'est un remède.—Ce charmant esprit voulait qu'on se soumît « à ce qui est amer comme à ce qui est doux (3). »

« O gens heureux! ô demi-dieux. s'écriait-elle, si vous êtes au-dessus de la rage de la bassette (4); si vous vous possédez vous-mêmes; si vous prenez le temps comme Dieu vous l'envoie; si vous regardez votre exil comme une pièce attachée à l'ordre de la Providence: si vous ne retournez pas sur le passé pour vous repentir de ce qui se passa il y a trente ans; si vous êtes au-dessus de l'ambition et de l'avarice! (5) »

V

« Aucune créature n'est exempte du mal, dit Commines; tous mangent leur pain en peine et douleur: notre Seigneur le promit dès qu'il fit l'homme, et loyalement l'a tenu à toutes gens. »—Expliquons cela : Dieu est l'auteur du prétendu mal relatif que nous voyons dans l'ordre physique et dont l'homme souffre; mais ce mal, notre souf-

---

(1) 13 décembre 1677. (2) le 2 janvier 1678. (3) A Bussy, le 19 janvier 1780. (4) Jeu, sous Louis IV, où Mme de Montespan perdit, en une nuit, plus d'un million. (5) A Bussy, le 19 janvier 1680.

france, peut être un bien relatif; nous le pressentons et nous devons le présumer.

Dans l'ordre moral, prenons quelques exemples du bien relatif, dans le mal : — Les moineaux pillent nos grains, mais ils mangent nos insectes; les corbeaux et les vautours nous délivrent des chairs abandonnées; les hièbles et les pavots, plantes parasites des blés, servent aux infusions; les insectes combattent contre d'autres insectes, ils nous sont utiles comme chasseurs; la chenille nourrit le rossignol qui nous enchante; le ver à soie ronge le mûrier, mais nous vêtit; la vipère nous donne la thériaque; et sans les monstres de tout ordre, la poésie serait fort souvent à court ou sans couleur.

Dieu n'a que permis la possibilité du mal qui est le ressort de la vertu. — Dans l'ordre moral, l'homme est l'auteur du mal de la faute, Dieu est l'auteur du mal du châtiment; c'est-à-dire qu'il est l'auteur du mal qui purifie, comme l'homme est l'auteur du mal qui souille.

Il est des époques historiques où le mal semble béni de Dieu, car lui seul prospère: c'est qu'alors le mal châtie et purifie; c'est qu'alors le mal de Dieu répare ce que le mal de l'homme avait compromis.

Dieu n'a jamais dit à l'homme: sois impie et méchant; il lui a dit, au contraire, sois pieux et bon (1).

« Quelqu'un ayant appelé Jésus bon maître, Jésus le reprit et dit: pourquoi m'appelles-tu bon? il n'y a que Dieu qui soit bon (2). » Et j'ajoute que c'est par ce que Dieu seul est bon qu'il peut seul connaître absolument et sans erreur, ce qui est bon ou n'est pas bon. C'est pour cela que Michée s'écrie (3) : « O homme, qui t'a déclaré ce

---

(1) Ecclésiaste, ch. 15. (2) St. Marc, ch. 10, 17, 18. (3) *Ch.* 6-6.

qui est bon ? » C'est-à-dire, absolument bon ; car, sur le bon relatif, approximatif, la conscience nous en dit beaucoup.

VI

Les convoitises, les tentations, les souffrances qui sont un mal, sont en même temps l'aiguillon du travail. Sans la possibilité du mal moral, nous vivrions mécaniquement de la vie des plantes ; nous végéterions ici-bas comme la ronce ou l'herbe. La possibilité du mal est la condition de notre nature ; elle l'est même de la noblesse de notre nature. C'est l'honneur de l'homme d'être capable de la vertu parce qu'il est capable du vice, et de faire le bien en face, et malgré l'attrait du mal.

Tout ce qui est humain est tellement infirme, en quelque point, que l'homme est même impuissant à commettre pleinement et parfaitement le mal.

VII

Le mal et le bonheur sont tellement solidaires que l'excès même du bonheur est un mal, et que, vouloir détruire le mal (1), c'est vouloir détruire le bonheur.

Le mal, c'est le bord de la feuille de rose ou de la feuille de chêne que le givre ou un coup de soleil ont flétries. Le bien et le mal sont une même substance : le mal n'est que la corruption de cette substance.

Le bien et le mal ne sont ni des choses identiques, ni des choses distinctes ; mais la même chose transformée. Le mal, c'est la perversion du bien ; le bien, c'est la puri-

(1) Le mal du désir, le mal de la souffrance.

fication du mal : — un excellent vin qui s'aigrit offre l'image du bien devenant le mal ; ce vin dénaturé, malade, auquel la chimie redonne la première saveur, c'est l'image du mal redevenant le bien ; ni le vin dénaturé n'est du bon vin, ni le vin restauré dans sa première vertu n'est du mauvais vin ; et ces deux boissons, si différentes, sont d'ailleurs le même vin : sa condition a changé, non sa substance.

L'idée qu'il ne doit pas y avoir de mal dans le monde est elle-même un très-grand mal ; elle est grosse des plus graves inconvénients. Nulle doctrine ne fait plus sentir le mal véritable ; il n'est pas un pire levain de souffrances imaginaires et de révoltes.

On supprimera le mal quand on pourra donner des nageoires à l'aigle, des ailes à la baleine : quand on fera rôder l'un dans les abîmes de l'océan, et planer l'autre dans les profondeurs de l'air.

Ceux qui veulent supprimer le mal physique, doivent refaire la nature physique ; ceux qui veulent supprimer le mal moral, ont à refaire notre nature morale. Pour supprimer le mal physique de l'homme, il faudrait lui refaire un autre corps ; pour supprimer ses douleurs morales, il faudrait lui refaire une autre âme. Est-ce ainsi que se posent nos utopistes la sombre question du mal ? se proposent-ils de refaire l'homme tout entier ? mais qui sont-ils eux-mêmes ? certes, moins que des hommes s'ils nourrissent tant de folie. Qui donc ressemble mieux qu'eux à ces grossiers charlatans qui vous apportent le secret de faire de l'or, et manquent de chemise ?

En 1793, on tenta la suppression du mal. On épuisa et on lassa tout : le maximum, comme l'échafaud, et pourtant il y eut toujours — peut-être plus que jamais — des pauvres, des mendiants, des prostituées, des faussaires, des enfants trouvés, des assassins, des escrocs et des voleurs.

Les mauvais instincts de l'homme sont contemporains du monde et vivront autant que l'homme.

« *Res est sacra miser.* » Le mal est d'institution divine, et c'est pour cela que le misérable est sacré.

Ce qu'il faut admirer dans la classe infime, chez cette classe si nombreuse qu'elle forme à elle seule les trois quarts du peuple, c'est sa durée, c'est sa vitalité, c'est ce don qui est en elle comme un prodige, je veux dire : la vertu d'exister. Pourquoi les pauvres sont-ils? comment durent-ils? Je l'ignore, mais le prodige de leur vitalité m'étonne. Ils sont donc nécessaires, et, comme eux, le mal est inextinguible sur la terre; il possède au plus haut point ce qu'ils possèdent : la vertu d'exister.

VIII

La société vit de nos vertus et même aussi de nos vices: le luxe engendre la pauvreté, mais il la fait vivre; la prodigalité répare les maux de l'avarice; l'avarice, ceux de la prodigalité. — Tel abandonne sa femme et ses enfants, qui nourrit une femme et des enfants qu'un autre abandonne.

Notre grande erreur, c'est de juger du bien et du mal absolus, par rapport à nous, sans songer au bien et au mal par rapport à Dieu. Nous sommes pourtant ici-bas pour servir ses intentions toutes sages, toutes puissantes. Pourquoi appellerions-nous mal, dans un sens absolu, ce qui est bien pour Dieu et qui peut, au fond, selon ses desseins mystérieux, tourner à bien pour nous-mêmes? Notre mort sert Dieu puisqu'il l'exige; notre vie devait le servir puisqu'il nous la donna. Qui nous défend d'espérer que notre existence, prise en bloc, le satisfait?

Les hommes ne jugent du bien et du mal que par les apparences. Ceci est bon, dites-vous, qui vous dit que la suprême bonté le trouve bon ? Ceci est mal, dites-vous ; qui vous dit que la suprême intelligence ne le trouve pas bien ? — Qui se permettra de dire à la suprême intelligence : « tu devais faire cela ; tu n'as pas dû faire cela. » Qui osera dire à la suprême bonté : « ici tu es méchante ? » Comment jugerons-nous sainement, comme hommes, ce que Dieu fait comme Dieu ?

Que d'autres expliquent la raison du mal, je ne m'en charge pas. Le mal existe, il est éternel, cela me suffit. Quoiqu'on fasse, les perfidies, l'orgueil, les crimes, les haines, les maladies, les souffrances, la misère, la folie, la mort, sont un mal, selon les hommes : tout ce qui est créé comme il l'est, est infirme. Si vous ne recréez l'homme, si vous ne le faites de bronze ou de diamant, il sera périssable, et même alors ne serait-il qu'un peu moins périssable. On peut regimber contre le mal, on ne peut s'y soustraire ; on peut en adorer ou maudire l'auteur, il faut le subir. Celui qui veut supprimer le mal, sans être l'égal du Créateur, n'est qu'un fou.

Certes, il nous serait meilleur d'être des anges, comme il serait meilleur pour le cheval d'être le cavalier ; mais nous sommes hommes, comme le cheval est cheval. — Pourquoi ? et qui le sait ?

La conciliation du bien et du mal ne s'aperçoit pas sur la terre ; elle a, pour ainsi dire, besoin des cieux. C'est dans la vie surnaturelle que nous comprendrons comment le bien et le mal, comment le monde physique et le monde moral, s'unissent.

L'indestructibilité du mal est un dogme ; quiconque ne comprend pas ce dogme, ne comprend ni les sociétés, ni l'homme.

Pallier le mal, adoucir le mal, réduire l'excès du mal, voilà ce que l'homme peut et doit faire. Accroître la somme non des biens, mais du bien, sans espérer la perfection sans tache, tel est le but qu'il lui est enjoint d'atteindre : non avec impétuosité, mais avec patience, quand il s'agit surtout de l'humanité qui est ancienne, qui vivra longtemps encore et qui ne change pas comme le voudraient nos desseins d'un jour.

Partout nous rencontrons le vice du trop ou du trop peu ; ou ce vice des extrêmes qui se ressemblent ; ou cet autre vice de commettre la faute en cherchant à l'éviter. — Tout a son ver, tout a son infirmité, le bien et le mal se disputent toute chose ; et quand nous nous efforçons de les discerner, la nuit se fait ; l'énigme se montre, et nous sentons en nous je ne sais quoi qui nous crie : *Nec plus ultrà*.

Vouloir détruire le mal, noble dessein! mais l'homme détruit souvent un moindre mal par un plus grand ; si bien qu'on peut dire qu'à quelques égards notre ardeur contre le mal peut être un mal, parce que nous pouvons errer sur le mal ; et peut-être moi-même en ce que j'écris ici sur le mal fais-je mal, si je fais excuser le vrai mal : tant le mystère est au bout de nos facultés bornées! tant l'exécution est au dessous de l'intention!

DU MYSTÈRE

Quand Pascal écrit si fortement (1), « Il est incompréhensible que Dieu soit, et incompréhensible qu'il ne soit pas; que l'âme soit avec le corps, que nous n'ayons pas d'âme; que le monde soit créé, qu'il ne le soit pas; que le péché originel soit et qu'il ne soit pas; » il révèle toute la grandeur du Mystère.

Qui dit mystère, dans l'ordre divin, dit ténèbres complètes pour le rationalisme, demi-ténèbres pour le sentiment, demi-lumière et presque révélation pour la piété. — Quand Charles-Quint, retiré dans le monastère de Saint-Just, ne réglait pas ses obsèques ou ses pendules, pour tuer le temps; il l'employait non moins vainement, mais curieusement, à lire la *Somme des mystères* du christianisme, par Titelman.

« Nous étudions la nature à tâtons, écrivait Bacon (1): nous la poursuivons à travers la nuit des mystères, et nos recherches peuvent être appelées nocturnes. » — C'est que nous ne vivons pas moins dans ce que nous sentons que dans ce que nous voyons; que le palpable n'est rien au prix de l'invisible; et que nous sommes enveloppés de l'infini, dans l'inconnu.

---

(1) *Pensées*, art. 24-97, édit. Havet. (1) *Nouvel organe*, 2-41.

La philosophie a ses mystères, la physique ses mystères ; la chimie, la guerre, l'histoire, la morale, la théologie, la géométrie même (1) ont leurs mystères.

Les animaux reculent d'horreur devant le cadavre de leur semblable. Pendant que le mystère de la putréfaction s'accomplit, les vers chargent la terre de sucs fécondants ; les mouches, la couche d'air voisine ; les oiseaux carnassiers, les sphères supérieures. L'air détruit les rochers et même le fer ; le sol et l'air se chargent de tous les phénomènes qui perpétuent le monde par une transformation quotidienne. — La mer est un élément mixte, moitié terre et moitié air ; la terre produit des sources ; et l'air, des pierres (2).

La vie est un mystère ; la mort, un mystère ; la reproduction des espèces, un mystère ; notre vitalité et notre caducité sont des mystères. — Qu'est-ce que l'homme sent au delà de soi, sinon le mystère ; où est le secret de ses aspirations vers le grand et vers l'infini ?

Le mystère fut la condition de la puissance romaine quand les voiles de la religion enveloppaient sa politique. Ce fut l'époque de son organisation intérieure et de sa prédominance en Italie ; celle où elle fabriqua sa trempe, si je puis le dire. — Le mystère fut la condition de la puissance vénitienne, tant que les voiles de sa politique enveloppèrent jusqu'à sa religion même.

---

(1) Sur les mystères des sciences, voir tout le *discours préliminaire* de l'Encyclopédie, par d'Alembert. Il s'en faut, selon lui, que les mathématiques soient toujours certaines. Il n'y a de certain que celles qui traitent du calcul des grandeurs et des propriétés générales de l'étendue. « Qu'est-ce que, dit-il, la plupart de ces axiomes, dont la géométrie est si orgueilleuse ? C'est peut-être à un abus de mots que nous les devons. » — Comprend-on que deux lignes se rapprochant sans cesse à l'infini, ne se rencontrent jamais ? (V. *Asymptote*.)

(2) Il y a des aréolithes pesant jusqu'à des milliers de kilog.

Sans le mystère, où serait le rêve, c'est-à-dire la poésie? Si tout se voyait, que chercherions-nous? — Le mystère est la source de l'idéal.

I

L'esprit humain qui a beaucoup cherché, n'a pu découvrir encore l'inventeur de la pompe ou de la charrue (1). — Savons-nous seulement comment se produit ce rien que nous voyons si souvent; cette pluie de glaçons nommée la grêle? Nos savants étudient ce problème comme Aristote et le décrivent comme lui, sans le résoudre. Il savait et disait, comme nous, que c'est de la pluie glacée (2); et nous n'en savons pas plus après deux mille ans.

La lumière du soleil produit le jour, son absence produit la nuit; mais pourquoi y a-t-il des nuits et des jours? — La nature a horreur du vide, elle a horreur du néant; mais qu'est-ce que le néant, qu'est-ce que le vide? est-on bien sûr qu'il y ait un vide et un néant?

Les êtres sont pour notre esprit comme une sorte de globe fermé. Nous en voyons le cercle, la périphérie; nous en ignorons le centre et le rayon.

Qui connaît le secret de la végétation de l'or, des diamants, ou même du granit, si commun? Le mystère de la végétation des champignons, des truffes? le mystère de la décomposition et de la recomposition de la terre? le mystère des corps simples? — Nous nommons la gravitation; mais qu'est-ce que la gravitation? qui m'expliquera la léthargie ou les prodiges de la catalepsie? pourquoi cet

---

(1) Il en est de même de l'inventeur de la roue et du navire.
(2) *Lett. sur le Monde.*

homme étend-il ses bras indéfiniment, si bien qu'on peut plutôt les lui casser que les lui faire plier? pourquoi ce même homme est-il absolument et indéfiniment insensible au froid, au chaud, aux intempéries? comment est-il et n'est-il pas homme? — Comment la paralysie domine-t-elle ma volonté, à ce point que la plus grande somme d'énergie morale ne peut parvenir à me faire remuer spontanément le bout du doigt? comment la folie s'impose-t-elle à mes yeux, au point de me faire voir double ce qui n'est que simple; au point de me faire voir ce qui n'est pas?

Ce soleil qui nous crève les yeux, si je puis le dire, où en est la source? où peut-il s'alimenter? où puise-t-il sa lumière, et quelle est-elle? —Comment se renouvelle-t-il?

Ces millions d'astres que nous discernons, ces milliards que nous discernerons avec des instruments plus parfaits; les milliards de milliards que nous ne discernerons jamais, quelle que soit la perfection de nos moyens, sont-ils des mondes comme le nôtre? peuplés comme le nôtre? agités comme le nôtre? Ont-ils des savants, des économistes, des académiciens, des danseurs, des athées, des rêveurs comme le nôtre? O aiguillon de la curiosité, mais, ô mystère! O docte et sage ignorance qui pouvez dormir sans avoir approfondi ce que vous n'êtes pas née pour connaître!...

Voltaire cherchait, mais nous ne savons pas plus que lui pourquoi les mers qui ne communiquent pas à l'Océan n'ont point de marée (1).

Nous trouvons des cimetières d'éléphants fossiles en Sibérie, pourquoi n'en trouve-t-on pas dans l'Inde? pourquoi même ne trouve-t-on pas le moindre débris fossile d'éléphant dans cette patrie actuelle de l'Eléphant?

---

(1) A M. L. C., 22 décembre 1768.

Qui m'expliquera le mystère du refroidissement spontané du globe, quand des milliers d'éléphants, de bœufs, de chevaux et ces masses d'êtres fossiles que contient la terre, périrent le même jour tout vifs et si sains, qu'après des milliers d'années, on les retrouve sous la glace qui les saisit, comme s'ils venaient d'expirer?

Pourquoi la peste était-elle si fréquente jadis? pourquoi le choléra l'est-il de nos jours? ou plutôt, pourquoi le choléra, jadis inconnu ou très-rare, devient-il périodique en ce siècle? pourquoi l'Inde qui nous le réservait l'a-t-elle gardé si longtemps? rien ne change dans l'Inde depuis des siècles; pourquoi l'émission du choléra y a-t-elle changé? D'où vient la petite vérole, et comment le vaccin est-il son préventif? qu'est-ce que le typhus, ou la fièvre jaune? d'où naît l'oïdium? d'où vient la contagion subite de presque toutes les plantes comestibles?

Les phénomènes physiques ont leurs lois, mais qui connaît ces lois? qui me dira la loi des phénomènes?

II

Les mystères du monde moral sont encore plus vastes que ceux du monde physique : la mer, l'air, la terre, les cieux, l'Océan, renferment moins de mystères que cet océan de mystères : le cœur humain.

Pourquoi ce qui est mystère pour la raison ne l'est-il pas pour le sentiment; et pourquoi la raison est-elle aveugle là où le cœur et si clairvoyant?

Dieu a livré le monde physique à nos découvertes et le monde moral à nos disputes. Il nous a confié quelques fragments de la matière; il s'est réservé l'esprit des choses.

Quand la fortune de Pompée parut céder à celle de César, on entendit Caton dire que les desseins des dieux sont impénétrables, puisque Pompée, toujours heureux quand il violait le droit pour son compte, n'était que malheureux quand il soutenait les droits de Rome (1).

Quand les oiseaux émigrent, quand ils vont si bien de leur point de départ à leur but, où est leur boussole? où sont leurs cartes routières? Comment le chameau pressent-il que le désert recèle un puits qui pourra le désaltérer? comment l'annonce-t-il de loin? comment y va-t-il tout droit? Comment les animaux, en général, pressentent-ils si bien les changements atmosphériques? comment la poule sait-elle que l'orage approche et qu'il faut abriter ses œufs ou ses petits?

Qui donne un tel mot d'ordre aux hirondelles, que toutes émigrent, du même lieu, le même jour, à la même heure, sans qu'aucune précède ou retarde? comment traversent-elles les continents, les mers, les montagnes sans erreur et malgré les vents, malgré les orages, malgré les brouillards qui obscurcissent les jours, les ténèbres qui couvrent les nuits? comment l'hirondelle de Chine construit-elle son nid comme celle de Paris? elles n'ont pu s'entendre; d'où leur vient ce patron constant, identique, de leur domicile?

La liberté morale de l'homme est un abîme; on dirait qu'il sent en même temps sa liberté et sa contrainte. Pour les uns, la liberté et la responsabilité morales sont évidentes; pour d'autres, la fatalité des penchants et leur irresponsabilité n'est pas moins claire; et les plus sages ont là-dessus des inquiétudes qu'ils ne peuvent vaincre.

Nous ne sommes ni en communication d'intelligence, ni en communication de plaisirs ou de douleur avec la plupart des animaux qui nous entourent. Que savons-nous

---

(1) Plutarque, *Vie de César*.

des impressions du bœuf, du cheval, de la chèvre, de la brebis, du lion? que savons-nous des impressions des oiseaux de nos volières, des poissons de nos étangs? — Quand l'arbre perd ses feuilles, quand un ver ou un rongeur mordent ses racines, quand nous le dépouillons de son écorce, quand nous l'incisons pour avoir sa sève, que savons-nous de ce que ressent son organisme? — Qui résoudra surtout cette terrible énigme : *qu'éprouve un cadavre?*

III

Les sciences naturelles vont toujours grandissant; la métaphysique reste inerte. Elle se remue beaucoup, il est vrai, mais sans marcher. Elle a épuisé mille hypothèses sans s'attacher à aucune, parce qu'aucune n'est vraie qu'en ce qu'elle montre l'inanité des autres.

Tout mouvement suppose un mouvement antérieur qui le provoque; quel est le premier moteur d'où naît le premier mouvement (1)? — Est-il vrai que ce premier moteur n'a jamais commencé et qu'il ne finira jamais?

D'après la science, l'éternité est toujours le présent ; il n'y a dans l'éternité ni passé, ni avenir. Comment comprendrons-nous l'éternité, nous qui passons sans cesse, nous qui ne commençons que pour finir, et qui ne voyons que des choses qui nous ressemblent?

Plus la science nous découvre des merveilles, plus nous ignorons le *pourquoi* de ces merveilles. Notre ignorance croît comme notre science; car, plus nous connaissons d'effets, plus les causes nous échappent; et le grand problème de la raison des choses nous fuit éternellement.

(1) V. Vanini, *Exercices,* 48, 49.

S'il est vrai que toute particule d'une parcelle d'atome est divisible à l'infini— car diviser n'est pas détruire — et qu'il n'y a pas de portion infinitésimale de corpuscule qui ne soit un composé de plusieurs mondes, lesquels sont eux-mêmes, dans leurs divisions et subdivisions, des pépinières de mondes, qu'est-ce donc que grandeur et petitesse? qu'est-ce qui est petit dans la complexité de toutes choses? qu'est-ce qui est grand? ne dirait-on pas que l'extrême grandeur n'est que l'extrême petitesse dilatée, comme l'extrême petitesse serait l'extrême grandeur condensée : et qu'enfin le monde n'est tantôt qu'un atome condensé, comme tantôt un atome dilaté?

La nature développe les germes, elle n'en produit pas un seul : là où n'est pas le germe, la nature est stérile : la pluie, l'air, le fluide électrique, les vents sont sans effet pour produire la moindre plante. Là où est le germe, si petit qu'il soit, il existe un monde. Par exemple : le petit germe du hêtre, la faine, contient le hêtre tout entier, tous ses troncs successifs, toutes ses branches, toutes ses feuilles : et toutes les nouvelles graines que produit ce hêtre, étaient en germe dans le premier germe du hêtre : et tous les millions, tous les milliards de hêtres produits par ces graines de graines, et tous les milliards de forêts issues de ces milliards de hêtres — en supposant une multiplication infinie — étaient en germe dans ce premier germe. Un germe mutilé, une faine tronquée n'en renferme pas moins ce monde de mondes : cela est évident : comment le comprendre?

Le véritable Dieu inconnu qu'adoraient ou qu'adoreront les hommes, c'est le Mystère. — Je ne suis pas fort exigeant, mais je voudrais qu'on m'expliquât le rire. — Quel rapport y a-t-il, par exemple, entre tel mot comique ou tel geste, et la série de convulsions grotesques qu'il excite dans le public ?

Il y aurait un beau livre à faire des choses que nous ignorons, et un plus beau livre encore des choses que nous ne saurons jamais. — C'est à connaître son ignorance que l'homme est savant ; et c'est, de tout ce qui lui manque, qu'il est surtout riche.

En certains cas, la lumière ajoutée à la lumière, obscurcit ; le son ajouté au son, produit le silence ; la chaleur ajoutée à la chaleur, engendre le froid. Les raffinements de la science, ajoutés l'un à l'autre, produisent des effets analogues ; ils obscurcissent la clarté native de l'entendement ; la subtilité détruit le bon sens.

Il n'est point de mystères dans l'univers, disent nos savants : disons plutôt qu'il n'y a dans l'univers que des mystères ; car là même où nous supprimons le mystère du résultat, nous laissons le mystère des causes ; si bien qu'il n'est pas une vérité qui n'ait son doute relatif, son mystère correspondant.

Chromis est enfant de bonne maison, mais sans fortune, à moins qu'une aisance honorable ne soit la fortune. Il est vrai que *Chromis* est charmant, que sa taille est élégante, que ses traits sont fins ; qu'il a de l'esprit et de la grâce dans l'esprit ; que son éducation est exquise, que ses mœurs sont sans reproche : mais d'autres, — en petit nombre pourtant, — n'ont ni moins d'agréments, ni moins de vertus. Une vermeille jeune fille, digne de *Chromis* et d'une opulence princière, distingue un jour *Chromis* qu'elle épouse. Cela surprend et doit surprendre en ce siècle où l'argent n'estime que l'argent ; mais *Chromis* désarme l'envie à première vue. On dit de lui, sans hésiter, « ce choix est sage, il était naturel ; on a dû préférer *Chromis* à des financiers, à des gens titrés, à tel duc. « D'où vient chez *Chromis* ce don d'agréer, même à l'envie que rien ne contente ? Mystère !... Ne parlez ici ni d'habileté, ni de calcul, ni de savoir-faire, car rien de cela n'est de mise. Mystère ! Je le répète ; cela dit tout, et cela seul est vrai.

Les choses ont leur dessus et leur dessous, elles ne sont jamais éclairées par le haut et par le bas : dès que la lumière monte vers le haut, l'ombre descend vers le bas. La lumière et l'ombre se déplacent, mais en gardant leur proportions respectives ; l'ensemble n'est jamais lumineux.

L'esprit humain est comme muré dans une enceinte au delà de laquelle il n'y a rien pour lui : arrivé à cette enceinte, il s'y brise dans les ténèbres.

Que sont les abîmes de l'océan au prix des abîmes de l'inconnu ? et que ne nous cache point, soit la majesté, soit la prudence, soit la pudeur même de la nature ?

A une certaine altitude les choses ne nous montrent plus que leur rideau ; à une certaine profondeur, que leur ombre.

« Mortels, gardez-vous de chercher avec trop de curiosité la cause des mystères! S'il vous avait été permis de tout comprendre, il eût été inutile que Marie enfantât (1). » — La nature qui est plus forte que nous, ne veut pas que nous ayons la mesure exacte de rien.

Demandez à un savant ce que c'est que cette immensité fluide où nagent les mondes ; faites-lui cette question : qu'est-ce que l'éther ? il vous répondra : — l'éther, c'est l'éther. — Et c'est tout ce qu'il pourra vous dire, s'il n'est pas moins sensé que savant.

(1) Dante, *Purgatoire*, III, 181.

DE LA LOGIQUE PURE
ET DU SENTIMENT

L'esprit humain, qui a créé les procédés artificiels des mathématiques, à l'aide de ses méthodes naturelles, est antérieur et supérieur à ces méthodes mêmes. Ce ne sont donc pas les mathématiques qui engendrent les forces de l'esprit humain, ce sont plutôt les forces de l'esprit humain, ce sont les procédés naturels des bons esprits qui créèrent les mathématiques comme les autres sciences : mais chacune, dans les conditions qui lui sont propres ; non dans les conditions restreintes des mathématiques, non dans les conditions uniformes et fausses que voudraient leur imposer les mathématiciens.

Assurément il n'y a pas de vrai contre le vrai, mais il y a le vrai pour le cœur, qui n'est pas toujours le vrai pour la raison, et les mathématiques ignorent absolument ce qui est vrai pour le cœur; mais de plus, comme les vérités du cœur ne sont pas moins nombreuses et moins pratiques parmi les hommes que les vérités de la raison, il est au moins un cas, sur deux, où les mathématiciens ne comprennent rien aux vérités pratiques, s'ils ne sont que mathématiciens.

Souvent il vaut mieux insinuer que convaincre, et on réussit même mieux à insinuer qu'à persuader. — L'intuition et le sentiment opèrent directement, électriquement, si je puis le dire ; il n'y a que la raison qui ait besoin de l'échafaudage du raisonnement. C'est l'infirmité des mathématiciens de ne pouvoir se passer de leur craie et de leur tableau.

On voit par là combien se trompait Mallebranche (1) quand il affirmait que les mathématiques sont le moyen le plus sûr de découvrir avec certitude tout ce qui ne dépasse pas les bornes de l'esprit humain : — Il devait dire : « tout ce qui ne dépasse pas les bornes des mathématiques », puisque tout l'ordre moral leur échappe (2).

Ce que je dis des mathématiques s'applique à la logique pure, qui n'est qu'une sorte d'algèbre intellectuelle (3). — Il n'est rien de plus absurde que la logique voulant s'imposer aux faits et contraindre les faits à se plier au syllogisme. *Cela doit être*, donc *cela est;* méthode vicieuse ; car qui vous dit que cela doit être ? Le contraire est bien plus vrai : *cela est, donc cela doit être;* voilà qui est sûr; car ce qui est, a sa raison d'être.

Un grand fait, qui agit sur le monde et que la logique désavoue, peut dire à la logique : Je suis, parce que je suis. Je suis un fait, et toi tu n'es qu'un songe. — Le bon sens et l'esprit pratique se rangent du côté du fait contre la logique.

I

Mallebranche est bien inspiré quand il écrit : « La géométrie est très-utile pour rendre l'esprit attentif aux choses dont on veut découvrir les rapports ; mais il faut

(1) *De la recherche de la verité,* liv. VI, ch. 6. (2) Sur l'incertitude des mathématiques comme science. (Voir ci-dessus, p. 25.)
(3) « Ce n'est point *barbara* et *baralipton* qui forment le raisonnement. » — Pascal, *de l'esprit géométrique.*

avouer qu'elle nous est quelquefois occasion d'erreur, parce que nous nous occupons si fort des démonstrations évidentes et agréables que cette science nous fournit, que nous ne *considérons pas assez la nature.* » — Mallebranche ajoute que c'est pour cela que beaucoup de machines qu'on invente ne réussissent pas « car la nature, dit-il, n'est point abstraite; les leviers et les roues des mécaniques ne sont pas des *lignes* et des *courbes* mathématiques. » Il observe très-sensément que les planètes qui nagent dans de grands espaces sont emportées irrégulièrement par le fluide qui les environne, et trompent les meilleurs calculs des astronomes. Il conclut enfin, par cette excellente considération, savoir : que les erreurs que l'on commet dans les applications de la géométrie « ne viennent pas de cette science, qui est incontestable, mais de la fausse application qu'on en fait (1). »

Si des sciences positives, telles que la mécanique et l'astronomie, résistent à la géométrie, combien ne lui résistent pas les sciences morales, chez lesquelles la géométrie n'est qu'une intruse qui ne les comprend pas, qui ne parle pas leur langue, et n'en peut être comprise?

II

En somme, et dans ce qui est matériel même, combien la pratique dément la théorie! La théorie part d'hypothèses à peu près vraies, mais elle prétend à des résultats pleinement vrais ; c'est là son erreur : l'à peu près, quelque près qu'il soit du vrai, ne produit jamais le vrai; le demi-vrai ne saurait être le vrai complet, car le demi-vrai, c'est le demi-faux; et le peu de faux qu'il y a dans le vrai,

---

(1) *Recherche de la vérité,* liv. VI, ch. 4.

corrompt le vrai (1). — En mécanique, par exemple, on suppose des roues et des leviers parfaitement durs ; on les assimile aux lignes ou aux cercles abstraits, c'est-à-dire, sans poids et sans frottement : on suppute, au moins trop peu ce poids, ce frottement, et leurs rapports respectifs ; on ne se dit pas assez que la grandeur ou la densité accroît le poids, ou que le poids augmente le frottement, ou que le frottement restreint la force, et qu'il use ou rompt la machine, et qu'ainsi, selon Mallebranche (2), « ce qui réussit presque toujours, en petit, ne réussit presque jamais en grand. »

Si les utopistes n'ignoraient pas cela, nous citeraient-ils si souvent leurs petites Salentes, leurs petites Cités du soleil imaginaires? Feraient-ils la leçon à la France avec Sparte, Athènes, la Hollande, la Belgique, la Suisse ; au besoin avec le Val d'Andore?

Dès que le mouvement se mêle à la matière, la géométrie est déroutée. Que de ponts suspendus, susceptibles d'un mouvement tout passif, tout intermittent, tout fortuit, sont un achoppement pour la science !

Quel géomètre, quel logicien mesurera jamais le caprice des passions humaines? Quels tourbillons de l'air et de la mer égaleront jamais l'instabilité, l'imprévu, du vent des passions? Que peuvent la géométrie et la logique dans la direction des orages du cœur humain? Savent-elles les prévoir, savent-elles même toujours les voir?

« Je ne sais, dit très-bien Pascal, s'il y a un art pour accommoder les preuves à l'inconstance de nos caprices. Je m'y sens tellement disproportionné, que je crois la chose absolument impossible (3). »

---

(1) Un grain de poussière, un atome arrête le mouvement d'une montre. (2) *De la recherche de la vérité*, liv. VI, ch. 4. (3) *De l'esprit géométrique*, p. 553, édit. Havet.

L'esprit de Mallebranche fut autant faussé que servi par les mathématiques. Bentham, trop prisé de son temps, montre, de nos jours, combien un grand esprit se fourvoie quand il applique le calcul mathématique à ce qui le repousse. — Proudhon et Rousseau prouvent souvent, de leur côté, que les ressources de la plus fine logique et de la plus stricte argumentation ne peuvent se passer de raison : et quand je vois Pascal se démentir au point de me presser, par le simple calcul des probabilités, à sacrifier toutes les douceurs de la vie à mon salut (1); sa déraison qui éclate me fait oublier son génie.

III

Presque toutes nos rêveries modernes sont basées sur le faux système d'appliquer les mathématiques ou les procédés scientifiques, aux questions morales. Presque tous les mathématiciens ont des systèmes arrêtés comme leurs chiffres; leurs comptes sont droits, leurs idées sont de travers; et, généralement, les savants qui ne connaissent que les sciences exactes, sont de purs mathématiciens dans leur genre. — Il est vrai que ceux d'entre eux qui échappent à l'esprit de système, qui est leur vie, n'en sont que plus éminents; mais combien sont-ils? Est-ce un, sur vingt? Est-ce même un, sur trente? Je n'en réponds pas.

La logique des choses est certaine, mais sa complexité nous fuit sans cesse. Nous ne connaissons jamais un fait dans sa solidarité avec l'ensemble des faits qui l'accompagnent. La logique des passions et des caprices, la logique des caractères nous échappe surtout, parce que les caprices

---

(1) Voir Pascal *sur la règle des partis*, entre autres l'article X de l'édit. Havet.

et les passions sont illogiques, ou ont leur mystérieuse logique, et parce qu'il n'y a pas deux hommes du même caractère.

Tout près de la logique des hommes, Dieu se réserve la part du sentiment, laquelle est immense.

IV

Si le *je pense, donc j'existe* est vrai, le *je sens, donc j'existe* est plus vrai encore, car il s'étend à l'animal, qui peut ne pas penser, mais qui sent et qui n'existe pas moins que l'homme.

« Le sentiment, dit Joubert (1), est juge, en bonne logique, même dans les choses intellectuelles. » Cela n'est pas contestable ; je crois même que cela n'est pas contesté. — Selon Jouffroy (2), l'homme, sans la sensibilité, serait un être inerte qui ne trouverait en lui nul motif d'agir : selon le docteur Magendie, l'homme se détermine bien plus par le sentiment que par les principes. — Enfin, le grand scrutateur de nos passions, Larochefoucault (3), nous apprend que l'esprit ne peut jouer le personnage du cœur, et que l'homme verse toujours du côté du cœur, c'est-à-dire du côté du sentiment. — Nier le sentiment, ce serait nier les passions comme les stoïciens, et les nier en les subissant, comme le stoïcien Marc Aurèle qui est tout sentiment.

C'est quelque chose d'incalculable que l'intelligence du sentiment : rien n'éclaire plus sur les qualités d'une personne que l'amour qu'on lui porte : rien n'éclaire plus profondément sur ses défauts que la haine. La haine et

---

(1) *Pensées*, 2-188. (2) Voir *Droit naturel*, 2-227. (3) Voir ses *Maximes*.

l'amour ont des profondeurs d'intuition que la raison est loin d'atteindre.

Dans les légendes, le Sentiment c'est toute l'histoire; dans la philosophie, les vérités de conscience, qui relèvent surtout du sentiment, sont tout un monde.

C'est chez les âmes tendres ou sensibles au grand, que réside l'esprit de sacrifice ; c'est chez elles que naît le prodige de faire préférer à soi ce qui n'est pas soi, de s'immoler au devoir, de s'immoler à ce qu'on aime; sacrifice que la pure raison est si loin de conseiller, que je la défie de le comprendre, puisqu'il est vrai que, d'après la raison, c'est une folie.

Ceux qui pensent que les civilisations sont menées par deux forces intellectuelles, la tradition et la raison, oublient ce grand ressort qui remue encore plus le monde que la raison, savoir, nos passions. C'est par là que tous les logiciens qui veulent régenter l'humanité, se trompent.

V

« Jésus ne voulait que la religion du cœur, » dit M. Renan (1). Mais y a-t-il une autre religion que celle du cœur? Les livres saints sont surtout faits pour le cœur, et qui n'a pas les dons du cœur ne peut les comprendre; voilà pourquoi vous comptez tant d'athées parmi ceux que distingue la sécheresse du cœur : à très-peu d'exceptions près, on les reconnaît à ce signe. La Bible, les Evangiles et le plus beau livre des hommes, — l'*Imitation de Jésus-Christ*,— ces merveilles de sentiment, les laissent glacés.

Que dit l'Eglise à ceux qui s'engagent dans les missions étrangères? « Souvenez-vous que de Dieu seul

(1) *Vie de Jésus,* 329.

émane l'esprit de lumière, germe des grands desseins, et l'esprit de force, instrument des grands succès » (1). — C'est ainsi que le sentiment religieux nous trempe l'esprit et le caractère.

Les anciens, qui n'avaient pas leur morale sacrée, la cherchèrent dans leurs poètes. Homère fut le législateur antique des mœurs. Les anciens, si judicieux, comprirent que, sur le compte des hommes et des sociétés, ce grand aveugle en savait plus qu'Euclide ou Pythagore.

« Ce qu'il y a de meilleur chez l'homme, dit Gæthe (2), c'est ce qui tressaille et vibre en lui. » — Ce sont les poètes qui font l'éducation bonne ou mauvaise de notre cœur : Que de contagions ils répandent, s'ils sont malfaisants ! Que de douceurs, que d'aménités, que de bienfaits nous leur devons, s'ils sont honnêtes ! Que de parfums ou de poisons de beaux vers distillent !

L'esprit voltairien a tué, chez nous, le Sentiment si bien représenté par Rousseau. La tragédie, qui vivait de nobles élans, est morte, parce que les nobles sentiments sommeillent. On lit à peine Corneille, on ne le représente plus ; peu s'en faut que je dise qu'on ne le connaît plus : mais c'est la punition de l'esprit voltairien, d'avoir tué Mérope.

VI

L'imagination est comme un gaz compressible contenu par la réalité. Plus la réalité la presse, plus elle se replie, s'efface et se restreint ; plus la réalité se resserre, plus l'imagination s'étend. — L'imagination est, si je peux le dire, l'astre des nuits : à mesure que le monde visible

---

(1) *Instruct. pour les missions étrangères*, 2, 322. (2) *Faust*, 382.

s'éloigne, l'imagination approche ; quand le crépuscule vient, l'imagination s'allume ; quand les ténèbres dominent, l'imagination se peuple de chimères. Pourquoi le vertige au bord de l'abîme? Pourquoi la contemplation, l'admiration, la stupeur et presque l'effroi dans le désert, sinon parce que les fantômes de l'imagination y accourent? — En effet, l'infini engourdit notre raison ; et là où la raison s'arrête, l'imagination s'empresse et s'agite.

La métaphysique est une sorte de désert pour la raison, parce que c'est aussi l'infini ; elle est d'ailleurs ce crépuscule où l'homme rêve bien plus qu'il ne voit. Je conviens pourtant que ceux qui s'accoutumeraient à bien voir dans le demi-jour du crépuscule n'en seraient que plus aptes, s'ils ne gâtaient leur organe, à bien voir en plein midi ; mais que d'organes ne faussent pas, les fausses lumières !

VI

L'instinct n'est pas le sentiment, comme on l'a dit pour discréditer le sentiment : le sentiment n'est pas ce d'après quoi l'on juge ce qui plaît ou déplaît aux sens ; mais cette lumière du cœur, qui fait apercevoir d'intuition, et comme par un choc électrique, ce que le cœur dans sa noblesse, ce que l'âme dans sa délicatesse approuve ou condamne. Le plus grossier rationaliste a son grossier instinct, savoir, son tempérament ; tandis que le moins cultivé des hommes à sentiment, a son spiritualisme d'impressions que j'appelle la conscience du cœur ; et le paysan bien né diffère très-peu, sur ce point, de l'homme bien élevé. La morale du sentiment n'est donc pas la morale des instincts — ils ne peuvent en avoir ; — mais la morale du cœur, qui a seul une vraie morale, la raison n'ayant que des calculs.

Si le Sentiment ne suffit pas pour les natures raisonnables, il suffit pour les natures sensibles : il en est de même du Rationalisme exclusif qui, presque nul pour les natures sensibles, est presque tout pour les natures raisonnantes. Mais ces natures extrêmes ne sont pas l'homme qui, généralement, se partage entre le sentiment et la raison : l'homme veut, pour le cœur, ce que le cœur sollicite ; comme il lui faut, pour l'esprit, ce que l'esprit requiert. — Le sentiment et le raisonnement sont donc les deux grands leviers de l'esprit humain : séparés, ils sont insuffisants, parce que bien des choses leur résistent ; mais unis, on peut dire qu'ils soulèvent le monde, parce qu'ils le touchent partout.

VII

Une femme célèbre a dit que la mesure du mérite se prend sur la capacité d'aimer (1). Cela est vrai même des hommes, mais surtout des femmes.

On croit remarquer que les hommes ne sont capables de fortes conceptions que quand le cœur est tranquille, et que les femmes n'ont jamais tant de ressources dans l'esprit que quand leurs passions sont en jeu (2).—J'en doute : il y a là moins de vérité que d'antithèse. Les passions n'aiguisent pas moins l'esprit de l'homme (3) que de la

---

(1) V. *Lettre* Bussy à Mme de Sévigné, 22 octobre 1678.

(2) Duc de Levis, *Maximes*, p. 57.

(3) Obstupuit magno laudum percussus amore
    Euryalus ; simul ardentem ad fatur amicum :
    Di ne hunc ardorem mentibus addunt
    Euryale ? an sua cuique Deus fit dira cupido :
    Aut pugnam, aut aliquid jamdudùm imadere magnum
    Mens agitat mihi...

femme; seulement la femme joue mieux des passions, parce qu'elle les contient mieux.

Le cœur de la femme a des forces que les muscles de l'homme, que ceux de l'athlète le plus formidable ne sauraient atteindre. Notre sensibilité n'égalera jamais sa tendresse ; ni notre commisération, sa pitié. Si l'homme est roi dans le monde de la pensée, la femme est reine dans le monde du sentiment, et ce qu'elle y fait est supérieur à ce qu'elle exprime.

Les femmes révolutionnaires ont donné à la Révolution française le ton le plus dramatique. Qu'est-ce que la *Marseillaise,* sinon l'hymne du sentiment le plus enthousiaste, le plus national qui fut jamais? On prétend que ce fut une femme qui l'inspira; comment en douter? Cette femme n'était-elle pas la Patrie?

Comme une jeune fille allait à la mort la plus horrible, la fusillade, un patriote lui offrit de l'épouser pour la sauver. — Sauverez-vous ma mère? dit-elle? — Impossible, réplique-t-on. — Eh bien! je la suis, répartit la jeune héroïne. Comment l'*intérêt personnel* du bel esprit Helvétius m'expliquerait-il cela? Quel est l'intérêt personnel, quel est l'égoïsme qui prévaut contre la mort?

VIII

On peut remarquer qu'en 1793, sous le prétendu règne de l'idée, et de ce qu'il y a de plus absolu dans l'idée, ce fut le sentiment, c'est-à-dire, la passion qui gouverna. — Quand les savants, qui n'étaient pas sans-culottes, étaient tolérés, ils n'étaient pas populaires ; ils n'exprimaient donc pas le peuple. C'était le sans-culottisme, non la science qui exprimait le peuple.

Les passions ne calculent pas comme les intérêts; elles se déterminent bien plus souvent par l'absolu que par le possible. On les irrite, on les désarme, il est vrai, plus promptement; — d'autres causes, d'autres résultats.

Loménie de Brienne, étant ministre, dit un historien du temps (1), fut trompé dans tous ses calculs, parce que les Grands suivirent plus leurs passions que leurs intérêts. — Mais c'est qu'aussi les ministres qui ne supputent pas les passions humaines, ne calculent pas en ministres.

Dans les grandes crises sociales, où l'imprévu régit les peuples, la logique, soit dans l'idée, soit dans les intérêts. est impossible. On suit donc alors forcément ses passions, c'est-à-dire ses sentiments. — « Les passions, a dit Mme de Staël, sont les grandes difficultés des gouvernements. »

IX

C'est en voulant expliquer la raison par les lois du sentiment, ou le sentiment par les lois de la raison, que tout se fausse ; ni les purs rationalistes n'ont le droit de juger du sentiment qu'ils ignorent, ni les purs gens de cœur d'apprécier le rationalisme qui leur est étranger. C'est à ceux qui possèdent autant de cœur que de raison à dire ce que le rationalisme ou le sentiment a d'incomplet.

Jacobi est le philosophe du sentiment; Kant est le philosophe du rationalisme. Parlez à Jacobi de la raison pure, il ne vous comprend pas; parlez à Kant du sentiment, il comprend moins encore. Ni le sentiment ne suffit pour un cœur sec, ni la pure raison pour un cœur tendre. — L'homme est raison et sentiment. Les extrêmes, qui ne sont que raison ou que sentiment, ne sont pas l'homme.

---

(1) V. Lacretelle, *Histoire du XVIIIe siècle*, 6. 267.

ce sont des exceptions à l'homme. — Le stoïcisme, c'est-à-dire, le rationalisme exagéré, est le mensonge de l'homme.

Dissertateurs antiques, dissertateurs modernes, dissertateurs d'école, de presse, d'académie, ce qui échappera toujours à vos utopies, c'est le cœur humain; ce sont les passions humaines. Chaque fois que vous voudrez régir exclusivement l'homme par l'idée, il vous répondra : Je suis cœur encore plus qu'idée, et tout homme de cœur sera contre vous.

Un sentiment, celui de la dignité humaine et de l'honneur, a toujours fait échouer en France les doctrines matérialistes. On s'en est spécialement occupé, on s'en est distrait; on les a discutées, vantées peut-être, on ne les a jamais pratiquées. — Je ne parle que de ce qui dure; car, si tout a bouillonné en 93, le vrai seul a surnagé.

Contre les explosions des feux souterrains de la métaphysique, le sentiment est comme une lampe de Davy, qui préserve et qui éclaire.

Si je ne me trompe, le bon sens, — la plus grande des lumières après le génie, — est un équilibre exact entre le sentiment et la raison : nous y reviendrons.

DU RATIONALISME

La conception de la vérité, en soi, cette conception que l'expérience ne peut confirmer, c'est l'absolu ; comme c'est pour elle une sorte d'impossibilité d'y atteindre. — C'est. pour cela que le grand abstracteur Kant, séparait la raison pure de la raison pratique, c'est-à-dire, le relatif de l'absolu. Mais, ainsi que le dit Gœthe (1), toute théorie est sèche. et l'arbre de la vie, seul, a quelque sève.

Les philosophes reprochent à l'école historique de dédaigner les études abstraites sur l'homme : c'est au fond ce que les Nominaux reprochaient aux Réalistes. Les Psychologues créent des noms, les Réalistes veulent des choses. La scholastique aristotélique est la bible des Psycologues ; Descartes et Bâcon sont les représentants de l'école réaliste ou historique. Dans l'une est la chimère de l'homme comme la créent les rêveurs ; dans l'autre est l'homme comme Dieu l'a fait. — Pour mon compte, je juge l'abstraction métaphysique tout simplement par ses fruits : qu'a-t-elle produit de vrai et de salutaire ? je ne lui demande que cela.

Les Nominaux confondaient les abstractions et les objets : les abstractions étaient pour eux des réalités non moins certaines que les choses tangibles, autant qu'on peut apprécier ce songe philosophique, bien loin de nous. — Au fond, j'appelle Réalistes les esprits qui remontent des

(1) Dans *Faust*.

faits aux principes. Les vieilles querelles d'école m'intéressent peu. Des volumes de subtilités sur cette matière nous mèneraient loin.

L'histoire est l'expérience du passé : expérimenter, c'est aussi consulter l'histoire.

La métaphysique construit des formules, elle ne crée rien de vivant ; lorsqu'on veut quelque chose de vif, il faut quitter l'abstraction pour aller vers ce qui est ; il faut quitter le rêve pour la nature. Un philosophe antique, à qui l'on reprochait son éloignement pour les abstractions, répliquait à son censeur : « Que diriez-vous si, quand vous avez faim, je vous offrais au lieu de figues naturelles des figues peintes ? Vos abstractions ne sont que des figues peintes. »

Sans les institutions qui font passer les idées dans les faits, les conceptions ne quitteraient pas la patrie des songes. L'Eglise a institué les grandes idées qui épurent l'homme ; les sociétés instituent les idées plus secondaires qui le protégent et le font vivre.

Les idées qui flattent les hommes font leur chemin toutes seules ; celles qui répriment légitimement leurs penchants, font malaisement leur carrière ; mais où en serions-nous si nous n'étions livrés qu'aux idées commodes et séduisantes ? Il faudrait pour cela que l'humanité pût vivre de vices, non de vertus.

I

Le dix-huitième siècle fut imbu de cette erreur que l'homme n'a besoin que d'apercevoir le vrai pour le vouloir ; que le vrai dépend d'une langue philosophique bien faite ; et l'on crut alors qu'une ferme logique — celle de

Condillac par exemple — est le meilleur frein des passions. — Nous avons montré que la logique du cœur et celle de l'esprit sont fort différentes. Selon nous, quand la logique de l'esprit s'adresse au cœur, elle lui parle mal : elle fait l'office d'un Allemand qui veut haranguer quelqu'un qui n'entend que le français (1).

Le crime n'est, dit-on (2), qu'un faux jugement. — C'est un faux jugement sans doute; mais c'est, de plus, une méchante action. Si le crime n'était qu'une erreur de jugement, on ne le trouverait pas dans les classes cultivées : on ne le trouverait pas chez les intelligences les plus subtiles, les plus exercées, les plus aptes à raisonner. Or. c'est tout le contraire : ce sont les crimes les plus noirs que les esprits les plus exercés conçoivent. — Le type du mal. Satan, n'est pas un sot, que je sache; c'est même un excellent logicien, d'après les théologiens les plus compétents. et Luther prétend avoir beaucoup sué à lui répondre. — Le crime est une erreur, c'est un faux calcul. soit : mais c'est surtout un détestable appétit.

Le cardinal de Retz, Bacon, Fox, Mirabeau, Danton. le cardinal Dubois, le Régent, Frédéric II, Machiavel et tant d'autres, montrent assez que l'honnêteté de l'homme ne dépend pas de la seule intelligence, lors même qu'elle est des plus élevées et des plus brillantes; comme saint Vincent de Paul et ses pareils, prouvent, à leur tour, que la vertu peut se passer de génie.

Qui ne sait que l'homme n'aime pas toujours ce qu'il estime, et, qu'en sens inverse, il n'estime pas toujous ce qu'il aime ?

La logique et l'absurde se tiennent, parce que toute

---

(1) Voir ce que nous avons écrit sur la logique pure et le sentiment, p. 35. (2) Duclos.

logique est bornée; parce que son meilleur instrument est étroit; qu'enfin l'art de la logique n'est bon que pour les choses qui en sont susceptibles; c'est que, grâce au caprice humain, l'inconséquence ne mène pas moins les hommes que le raisonnement; que, par raison même, le monde devient brusquement inconséqnent pour retourner à la sagesse, et que, quand la logique le perd (1), il se sauve par l'illogisme.

Ce n'est pas la logique qui fait les hommes d'Etat, c'est le coup d'œil; c'est en même temps le tact, l'expérience. — Quoi de plus logique, par exemple, que le choix, pour avoir le roi le plus digne; et quoi de plus périlleux, quoi de plus condamné par l'expérience que la monarchie élective? Sur ce point, le bon sens en savait plus que Mably et son école.

Si les idées conduisaient les peuples, ils en auraient la conscience bien claire; mais étant conduits ou par les passions ou par des intérêts peu avouables, ils éprouvent de grands mouvements dont on ignore les causes, dont on ne connaît que les prétextes. — Sans cela, l'histoire ne serait qu'une série de programmes préconçus, dont les prémisses conduiraient tout droit aux conséquences, tandis qu'on n'y voit le plus souvent qu'une série d'énigmes. et que l'homme, qui juge si mal son passé, ne sait absolument rien de son futur.

L'homme n'est pas seulement une intelligence, c'est une volonté. — Les nations sont comme chaque homme: elles ont leur intelligence, elles ont leurs passions; il leur faut une volonté qui régisse ces passions. C'est le tort des rationalistes, des utopistes parlementaires, de ne songer

---

(1) La fausse logique, si commune quand elle ne repose pas sur le vrai.

qu'à l'intelligence des peuples et d'oublier leurs passions. auxquelles il faut le frein d'une volonté rectrice.

Le Syllabus reprend la doctrine ci-après, savoir : « que la raison humaine, instruite seulement par l'histoire. peut, à l'aide de ses forces naturelles et de ses principes. parvenir à la vraie science de tous les dogmes, même les plus cachés, pourvu que ces dogmes soient proposés objectivement à la raison elle-même. » — Mais qui nous traduira si bien ce patois franco-allemand. que nous l'entendions, cher lecteur, vous et moi ?

Je comprends l'Allemagne (1) quand elle me dit : « que le vrai et le faux, que le oui et le non sont identiques. » Je ne puis pas ne pas saisir cette claire ineptie. Je l'entends assez pour répondre que la raison n'est donc que la volonté ; que la volonté même n'est plus le résultat de la réflexion éclairée, puisque tout est égal ; que la volonté n'est qu'un instinct, libre de se jeter à droite ou à gauche. en haut ou en bas, comme il lui plait : qu'enfin notre volonté n'est plus qu'un appétit, que c'est la bestialité même agitée par le flot des passions que la bête ignore.

Ne va-t-on pas jusqu'à dire que. « c'est l'homme qui fait la vérité de ce qu'il croit et la sainteté de ce qu'il adore ! » — Mais l'homme croit aux sorciers et aux revenants; il y a donc des revenants et des sorciers ! L'homme adore naturellement la vengeance; la vengeance est donc sainte ! Il a une pente aux vices les plus dissolus : les vices les plus dissolus sont donc sacrés ! Il abuse du fer et du feu dans l'intérêt de ses passions; le fer et le feu deviennent saints, s'ils servent le crime ! Quel délire ! oui. quel échappé de Charenton tint jamais langage plus fou ? Qui

---

(1) L'Allemagne rationaliste, non l'Allemagne des grands esprits et des grands poètes. Je ne confonds pas.

ne canonisera de pareils penseurs partout où l'on canonisera Sardanapale, Arétin, Latour, Lapomeraye, Lacenaire?...

Quand le rationalisme s'égare si visiblement, qu'il lui faut beaucoup d'art, sinon de manége, pour conserver quelqu'empire, il faut qu'il procède comme certains Persans qui, pour chasser la gazelle, dressent leurs faucons à lui crever les yeux. — Je ne doute pas que les rationalistes n'éprouvent le besoin de nous crever les yeux pour nous chasser; surtout pour nous prendre.

II

« Je sais que tout ce que l'argile humaine peut connaître de ce qui est au-dessus ou au-dessous d'elle se réduit à rien », disait Byron. — « O misère, ô nuit affreuse des enfants d'Adam! O monstrueuse stupidité, ô renversement de tout l'homme! s'écrie Fénelon. L'homme n'a des yeux que pour voir des ombres, et la vérité lui paraît un fantôme : ce qui n'est rien est tout pour lui; ce qui est tout pour lui semble un rien(1) » — « L'homme veut tout savoir, dit Gœthe (2), et il finit par découvrir un vermisseau. » Pascal, Rousseau, Montaigne parlent dans le même sens, et je ne sais s'il existe un seul grand esprit qui ne se soit défié de la raison. — Je ne m'attache pas à ceux qui l'attaquent avec amertume; car avec quoi l'attaqueraient-ils qu'avec leur raison? je me trompe, ils l'attaquent avec leur sagesse, qui est leur raison se défiant prudemment de leur raison.

Gœthe s'écrie ironiquement : « Il a nommé cela raison et ne l'emploie qu'à se gouverner plus bêtement que les

---

(1) *De l'existence de Dieu.* (2) Dans *Faust.*

bêtes. Il ressemble (si sa Seigneurie le permet) à ces cigales aux longues jambes, qui s'en vont sautant et voletant dans l'herbe et en chantant leur vieille chanson ; et s'il restait toujours dans l'herbe ! mais non, il faut qu'il aille encore donner du nez contre tous les tas de fumier (1). »
— On vient de voir jusqu'à quel fumier mène le rationalisme

En général, nous ne sommes pas savants pour notre profit, mais pour l'école ; nous n'apprenons pas le vrai pour en vivre, mais pour en disputer.

Quand on lit de grands procès criminels, on a honte de tout ce que la raison humaine peut opposer à l'évidence ; ici, comme dans la plupart des grandes questions pratiques de la vie, la droiture d'esprit et de cœur valent mieux que la science.

C'est le plus grand terme de la science de nous montrer le dénuement de notre raison et l'infirmité de notre cœur. La fausse science s'enivre de ce qu'elle sait ou croit savoir ; la vraie science rougit de ce qu'elle ignore. — La vraie science nous apprend à connaître notre ignorance, et la plus parfaite, à sentir notre impuissance.

La raison et le sentiment sont le télescope et le microscope de notre entendement. Voulez-voir loin, par la raison ? regardez hors de vous par le télescope. Voulez-vous comprendre profondément par le sentiment ? tournez le microscope vers vous, appliquez-le sur vous. — Je n'entends pas dire que la raison et le sentiment soient toute la sagesse, ni que ce soit même les seuls instruments du vrai. Je reste quant à présent dans mon sujet ; j'apprécie et compare ces instruments ; je commence à peine mon œuvre ; je me complèterai progressivement.

(1) V. *Faust.*

III

« Le soin et la dépense de nos pères, dit Montaigne (1), ne vise qu'à nous meubler la tête de science. Du jugement et de la vertu, peu de nouvelles. » — Ce qui était vrai du temps de Montaigne serait-il faux de nos jours? et notez que Montaigne vivait sous la ligue; quand on s'immolait avec fureur pour ces croyances, pour ces doctrines, qui recommandent le mieux les vertus.

De même que, dans la vie privée, l'intelligence de l'homme ne lui tient pas lieu de vertu; de même, dans la vie des peuples, l'idée ne tient pas lieu de vertus civiques, de modération, de bon sens, d'esprit pratique, d'esprit de sacrifice, de patriotisme.

Nous avons outré de nos jours les priviléges de l'intelligence. On en est venu à se persuader que le génie ayant toutes les vertus peut se permettre tous les vices. Que s'ensuit-il? Nos poètes et nos écrivains à la mode ont tenté de déifier leurs turpitudes; mais en montrant ce qu'ils étaient, ils ont montré ce qu'ils méritaient qu'on les crût; en se glorifiant de ce qui déshonore, ils se sont pompeusement déshonorés, et c'est là tout.

Un grand artiste a composé une Marseillaise en faveur de l'art; j'y lis ce qui suit (2) :

> L'art est la pensée humaine
> Qui va brisant toute chaine.
> L'art est le doux conquérant :
> A lui le Rhin et le Tibre.
> Peuple grand, il te fait libre;
> Peuple libre, il te fait grand.

(1) *Essais*, 1-149. (2) Voir le *National* du 10 novembre 1851.

ou je saisis mal, ou il suit de là que les peuples qui veulent être grands et libres doivent se pourvoir surtout de peintres, de danseurs, de musiciens, d'académiciens; que la volupté supplée aux vertus, et que les histrions dispensent des grands hommes. Est-ce là le civisme qu'on enseigne aux ouvriers? Est-ce ainsi qu'on instruit le peuple? — Peut-être l'hymne en question n'est-il que le *hosanna filio David* que le grand artiste se chante à lui-même; il serait plus franc et meilleur d'en convenir : on ne fausserait rien, on ne tromperait personne.

IV

« Si mes livres sont condamnés à Rome, ce que j'y condamne est condamné dans le ciel. » C'était le janséniste Pascal (1) qui écrivait en ces termes. Il croyait parler en chrétien, mais il parlait en révolté, tant la raison individuelle s'enivre d'elle-même, et secoue le frein quand elle croit ne secouer que l'erreur.

La raison générale s'enfuit au milieu des raisons particulières qui la supplantent. Quand les philosophes antiques cherchèrent le souverain bien, il s'en trouva deux cent quatre-vingt-huit sortes (2), ou plutôt il se trouva deux cent quatre-vingt-huit philosophes divergeant sur le souverain bien, et il y eut deux cent quatre-vingt-huit sectes sur cet objet. — Plutarque, qui n'était d'aucune secte, dit, à bon droit, que « le bien suprême n'est que le moindre mal. » Plutarque, qui n'était que sensé, ne fit point école; mais que de conflits, on le voit, sur un seul point,

---

(1) *Pensées*, art. 24, nº 66, édit. Havet.
(2) C'est le calcul de Varron, d'après saint Augustin, *Cité de Dieu*, 19-2.

quand chacun suit les fantaisies de sa raison, ou mieux son libre caprice.

N'oublions pas que la connaissance purement humaine a deux éléments, savoir : les conceptions particulières, fruit de la raison de chacun; et l'assentiment général, fruit de l'expérience de tous, n'adoptant les conceptions particulières qu'après contrôle. Ce qui est le vrai pour l'humanité, c'est ce que, — dans ce que chaque homme imagine, — l'humanité accepte comme fait pour elle. Je ne parle pas encore de la révélation ; je m'en tiens à l'effet purement humain de la raison.

Il y a dans la raison de l'homme, selon Platon, un côté divin (1) qui ne peut tromper ; mais il y a aussi quelque chose d'infirme toujours suspect. Sur ce qu'il y a d'infirme ou de divin dans la raison de l'homme, il existe un juge purement humain, c'est la tradition des hommes, c'est le jugement permanent de l'humanité. Le sens individuel contrôlé par le sens commun, c'est-à-dire par le sens collectif de l'humanité, tel est le critère de la vérité pour le philosophe, et j'honore de ce nom tout homme sensé. Celui-ci sera du même avis que Vico sans le connaître, par le seul effet de l'évidence.

Tant que l'unité chrétienne fût notre partage, le catholicisme fut pour nous un régulateur qui ne permit aucune déviation de conscience. Il y eut de très-grands écarts parmi les hommes ; mais les auteurs, comme les témoins de ces écarts, en jugeaient uniformément. La conscience publique du monde chrétien n'admettait pas d'équivoque sur leur nature. Le mal se commettait, mais il s'appelait

---

(1) Saint Thomas et saint Bonaventure appelaient notre raison « une certaine participation de la raison divine. » *Lettre* de Mgr Dupanloup *sur l'Encyclique*.

le mal ; maintenant que le rationalisme divise les esprits, le mal s'appelle souvent le bien, et l'on entend de grands esprits vanter le mal et se vanter du mal.

Il ne suffit pas, pour bien voir, de posséder de bons yeux ; car le meilleur organe voit mal si la lumière, dont il ne dispose pas, est absente ou imparfaite. L'aigle voit mieux que l'homme ; mais l'aigle voit mieux à midi qu'au crépuscule. Quand la raison se plonge dans l'infini, il lui faut une lumière infinie qu'elle ne possède pas : il lui faut la lumière divine, sans laquelle elle se perd dans l'infini. Qu'importe que l'horizon qui est devant moi soit vaste, si je n'ai que des yeux de myope ? Et que vois-je dans les abîmes de l'Océan qui est à mes pieds ?

V

Les peuples antiques ne contestèrent pas la légitimité de la raison pour le gouvernement des choses humaines ; mais ils n'omirent pas de sanctifier la raison par le contact de la religion. Ils placèrent leur sagesse politique sous les auspices de leurs dieux et concilièrent leur entendement avec leur foi. Alcibiade perdit un grand commandement (1) pour une impiété dont on le soupçonna ; le grand Africain fréquentait le sanctuaire du Capitole autant qu'un pontife (2).

« Il y a un abandon à Dieu, dit Bossuet (3), qui vient de la force et de la piété. Croire qu'il n'y a pas de sagesse parmi les hommes, sous prétexte qu'elle est subordonnée

---

(1) Celui de l'expédition contre Syracuse. V. Thucydide et Plutarque. (2) Aurel. Vict. 49. Aulugell. 7-1.
(3) *Politique tirée de l'Ecriture sainte.*

à celle de Dieu, c'est disputer contre lui, c'est vouloir secouer le joug, c'est agir en désespéré. »

L'intelligence de l'homme développe son orgueil, et les grands esprits croissent pour l'anarchie, s'ils n'ont contre leurs ambitions une autorité, une discipline, un frein qui soumette leur intelligence à leur devoir. Ceux qui nous présentent comme frein l'obéissance au nombre, et l'inspiration patriotique due à je ne sais quelle foi mystique dans le peuple, connaissent peu l'homme; et les nombreux démentis que leur donne l'histoire, ainsi que tant d'exemples contraires qui éclatent dans les temps présents, les détromperaient facilement, s'ils n'apportaient dans leurs dogmes sociaux plus de calcul que de foi.

Quand la raison perd de vue la lampe divine du vrai, « quand elle s'écarte de la voie tracée et battue de l'Eglise, comme, tout aussitôt, elle se perd, s'embarrasse et s'entrave, tournoyant et flottant dans cette mer, vaste, trouble et ondoyante des opinions humaines, sans bride et sans but. Aussitôt qu'elle perd ce grand et commun chemin, elle se va divisant et dissipant en mille routes diverses (1). ». — Montaigne pense donc comme Bossuet; le sceptique et le prêtre se rencontrer ici par leur bon sens.

Les libres penseurs ne peuvent se permettre de penser tout haut que selon leur congrès, leur club, leur journal, leur société plus ou moins secrète, et la coterie acerbe qui les mène et leur dicte leur *credo*. Ceux qui rejettent la direction de la grande Eglise s'asservissent nécessairement à tout le despotisme des petites; et quand toutes ces petites églises se combattent et s'exterminent pour la domination politique, il survient, pour la paix des peuples, un César, c'est-à-dire le frein de la force où manque le frein

---

(1) *Essais,* 31-12.

de la conscience ; la loi sociale où manque la loi morale ; la servitude où Dieu est absent ; car tel est le terme du rationalisme n'écoutant que soi.

VI

Le rationalisme est l'erreur qui consiste à tout rapporter à la raison humaine, à tout faire découler d'elle, à vouloir que l'homme ne connaisse qu'elle, à se placer enfin sous le gouvernement exclusif de sa propre intelligence, où, si l'on veut, de l'intelligence humaine dépouillée de croyances et sans nul secours divin. — J'appelle rationalisme la raison qui veut exclure le sentiment et l'expérience ; le raisonnement qui veut détruire le bon sens et l'évidence ; l'esprit de système qui, rejetant la pratique, ne se contente pas du possible ; l'ergotisme trônant et la raison déraisonnant, à force de subtiliser, comme on ne le voit que trop de notre temps. J'appelle rationalisme l'infatuation poussant au délire de la raison. C'est cette aberration que je combats.

Le rationalisme est la religion de l'orgueil : comment le nieraient ceux qui, d'après Pierre Leroux et son école, veulent que chaque homme soit son pape et son roi ? Quel orgueil ! mais en même temps quel délire ! Qui composa jamais une société durable de gens qui n'ont besoin de personne et dont chacun est pape et roi ? De quel droit de tels insensés patronent-ils la raison ?

Je compare les théories du rationalisme à ces triangulations géométriques du cadastre, qui n'admettent ni côtes, ni montagnes, ni fleuves, ni marais, et ne présentent qu'un pays plat comme le papier qui les reçoit. Ce pays imaginaire, qui n'a pas la moindre ondulation, qui est partout solide, qui n'a ni sentiers ni routes, ni ravins, ni fondrières, où le trouvez-vous, sinon chez les rationalistes politiques? — Le rationalisme parcourt les régions de la politique, comme nous parcourrions la France, le cadastre en main : mais, de plus, où est le cadastre des passions?

C'est le fanatisme du rationalisme qui put faire dire : « périssent les colonies plutôt qu'un principe; » comme si l'on était aussi sûr d'un principe que de la vie des colonies! Comme s'il était rien de plus relatif et de plus suspect que ce que les hommes appellent souvent un principe!

En politique, le rationalisme aboutit forcément au machiavélisme; nous avons vu que, dans l'ordre moral, il conduit tout droit à l'athéisme; disons même que les libres penseurs ne s'en cachent pas, et que la religion de l'athéisme est leur culte et leur intolérance; ils permettent le néant et la matière; ils ne permettent pas Dieu.

Paraîtrai-je excessif en disant que le rationalisme n'est guère que la déesse raison, symbolisée par la concubine effrontée d'un sans-culotte?

VII

Le rationalisme règnera sans partage lorsqu'on supprimera nos passions et nos intérêts, qui gouvernent plus la raison que la raison ne les gouverne.

L'*idée* règnera, comme le rationalisme, quand les événements fortuits, qui étonnent quotidiennement l'humanité, cesseront de mener l'humanité; quand les précautions de l'homme seront prépondérantes là où Dieu commande.

Si les choses avaient une logique forcée, que l'esprit humain pût saisir sans se méprendre, on saurait l'avenir comme le passé : mais quel est le rationaliste qui sait ce qui sera demain ?

Plus le rationalisme s'accroit, plus le sentiment s'atrophie ; et comme c'est par le sentiment, par l'enthousiasme, par l'esprit de sacrifice que les peuples croissent ; ils déchoient par le rationalisme, par le calcul moral, par l'abus de la raison. Le rationalisme outré, produisant le décri du sentiment, a toujours marqué d'un sceau mortel les décadences ; le rationalisme scientifique est le ver des civilisations.

« Mon Dieu, dit Bossuet [1], qui nous a inspiré cette aveugle et malheureuse inclination, cette pitoyable facilité d'attribuer à nos propres forces et à nos propres efforts, en un mot, à nous-mêmes, tout le bien qui est en nous par votre libéralité ? Ne sommes-nous pas assez néant pour être capables d'entendre du moins que nous sommes un néant ? » Bossuet a raison : nous nous faisons un piége de notre propre excellence.

Après tout, nous combinons mille expédients, nous nous travaillons, nous entassons principes sur principes pour régler les affaires de ce monde : les plus experts y ajoutent le jeu prépondérant des passions, et quand enfin l'on se demande comment cet ensemble compliqué finira, M. Talleyrand répond avec sa légèreté profonde : « cela finira par hasard, » c'est-à-dire par cette volonté d'en haut, que les hommes oublient et qui les gouverne. Ainsi donc, tout ce que les hommes combinent et tracassent aboutit à ce hasard qui s'appelle Dieu.

Que n'avait point prévu l'illustre maréchal qui conduisit nos troupes en Crimée ? Il avait tout prévu, si ce n'est

---

[1] *Traité de la concupiscence*, ch. 24.

le choléra qui décima l'armée et sa propre mort, qui fut la rançon et comme le coup de jarnac de sa victoire

La raison et le sentiment, la foi et l'examen, le scepticisme et le dogmatisme se disputent le monde, à tour de rôle. Il faut donner à chaque siècle le contrepoids de ce qui l'entraîne vers un excès ; de ce qui l'exagère. Il convient de rappeler à chaque époque ce qu'elle oublie, et de l'équilibrer par ce qui lui manque.

Non, je ne méprise point la raison humaine, en tant que règle; mais je la condamne en tant qu'abus. Je la blâme quand elle franchit ses bornes : quand elle veut régler ce qui lui échappe, ou régler seule ce qu'elle ne peut régler seule; ou rejeter le sentiment, son égal, et qui la vaut bien ; ou méconnaître les passions qui la dominent.

Maudissez la raison tant que vous voudrez, elle me paraît divine; divinisez la raison tant que vous voudrez, je sais qu'elle est humaine et dès lors infirme.

Il est des temps où il faut relever la raison de l'homme ; il est des temps — le nôtre surtout — où il convient de la rabattre. J'ose me permettre cela, moi qui ne suis rien; mais c'est au nom du vrai, qui est quelque chose.

DE LA TRADITION

Ce qui caractérisa surtout le dix-huitième siècle, ce fut le mépris des prédécesseurs et de l'histoire. L'humanité ne lui parut dater que de lui-même : la prudence et la prévoyance lui semblèrent également surannées. Que pouvait craindre, sur ses tendances, le *siècle des lumières?* que pouvait-on surtout lui enseigner ? Le peuple français lui parut une race nouvelle : on ne compta plus avec ses antécédents, avec ses vieilles mœurs. On ne respecta plus les ancêtres : on apprit le mépris des pères à la jeunesse : et il est peu de leçons du dix-huitième siècle qu'elle ait mieux retenues.

Au moyen de quelques axiomes convenus, on répondait à tout, on résolvait tout. La *nature* qu'on invoquait à satiété dans ce siècle artificiel, se prêtait à toute les interprétations qu'on voulait pour dénigrer ce que l'expérience avait consacré. Nous y avons substitué les mots *progrès*, *civilisation*, *libéralisme*, destinés à couvrir toutes les ignorances ; et c'est dans beaucoup de ses méprises que le siècle dernier survit en nous.

I

« Souviens-toi des jours anciens, réfléchis sur les générations écoulées : consulte tes pères, ils t'instruiront :

interroge tes ancêtres ils te répondront, » c'est la Bible (1) qui parle en ces termes, mais c'est bien plus encore le bon sens. N'est-ce point, par le passé, que s'éclaire l'avenir ? et si la vieillesse ne parlait pas que saurait la jeunesse ?

L'ingénieuse allégorie des Parques montrait bien, chez les anciens, l'indissoluble lien du présent avec le passé et l'avenir : même quenouille, même fuseau, même fil pour les trois sœurs. L'une roulait, sur le fuseau, ce fil qui était le passé ; l'autre posait la trame à mesure qu'on la filait, c'était le présent ; tandis que la Parque de l'avenir extrayait de la quenouille la laine que ses doigts tordaient pour la livrer au fuseau. — Toute l'antiquité (1) fut imbue de cette allégorie qui en dirigea la haute sagesse.

Les jours se suivent pour s'instruire l'un par l'autre ; aujourd'hui, est le disciple d'hier ; et demain, sera le disciple d'aujourd'hui. — Un proverbe méridional dit très-bien que l'expérience est comme le soleil d'hier et qu'elle se lève tard.

Les hommes ressuscitent en quelque sorte sur le vieux sol qui reçut leurs premières racines, cela est notoire ; et si les peuples ne recommencent pas leur passé ils s'en inspirent.

Pourquoi s'informer si curieusement de ce qui n'est pas arrivé et n'arrivera peut-être jamais, et pourquoi ne pas étudier ce qui est arrivé, pour en profiter ?

N'est-il pas surprenant que ce soit dans un siècle — où la science expérimentale est tellement exigeante en tout ce qui relève d'elle, que rien ne la contente, — que les peuples aient, dans la politique, dans la philosophie et dans les sciences morales un esprit d'aventure sans pré-

---

(1) *Deutéronome*, 32-7. (2) Aristote, *Lettre sur le monde*.

cédent dans le monde et sans nul rapport avec la prudence la plus vulgaire ?

Par une autre singularité — qui n'est qu'un autre excès — si nous consultons la tradition, c'est dans ses obscurités les plus épaisses et ses origines les moins profitables. Nous n'étudions pas ce qui fut chez nous il y a trois cents ans ; mais ce que nous devons aux Saxons ou aux Druides. L'esprit de Japhet et celui de Sem nous intéressent prodigieusement.

C'est que nous aimons plus le roman de la tradition, que la tradition : c'est que nous faisons du passé de fantaisie avec notre imagination, comme Châteaubriant fit du christianisme et de l'histoire avec la sienne ; comme M. Renan nous fait un faux judaïsme et un faux Jésus, avec sa fausse palette. — Quelques mensonges colorés, affublés de la physionomie du jour, nous suffisent.

Lorsqu'une philosophie plus sérieuse explique le double courant de la civilisation par la tradition et la raison, elle se trompe encore ; car elle oublie les passions des hommes par lesquelles l'humanité, sous la main de Dieu, trouble toutes nos traditions, tous nos systèmes ; elle oublie ces imprévus, ces coups de théâtre si fréquents dans l'histoire des hommes, par le caprice des hommes.

La tradition, c'est l'histoire vraie du cours des choses : c'est la science du passé pour servir à l'intelligence de l'avenir (1) ; c'est l'expérience accumulée des siècles éteints, pour l'instruction des siècles futurs ; c'est la sagesse que les pères lèguent à leurs enfants ; c'est ce dogme, que les sociétés ne progressent que par les travaux des sociétés antérieures. — C'est aussi cette vieille leçon : que l'homme

---

« (1) Le présent, l'éternelle répétition du passé. » Byron, *Ode à Venise*.

se propose, mais que c'est surtout Dieu qui dispose; et que les perturbations que nous causent nos passions, en corrompant pour nous le passé comme le présent, compromettent dès lors notre avenir.

Respecter le principe des choses, en accroître et perfectionner les applications qui peuvent être infinies, voilà ce que savent faire ceux qui comprennent la vertu de la tradition.

Il n'est pas de plus sûre garantie des vérités morales que la tradition qui nous les transmet, de génération en génération, sur la foi des ancêtres et de l'expérience. — Ce n'est pas que la tradition n'ait son alliage comme toute chose humaine; mais soyons certains que ce que sanctionne l'assentiment général et permanent des hommes, est fait pour eux.

II

Un prêtre Egyptien disait à un Grec — à Hérodote, je crois — « vous autres Grecs, vous êtes toujours enfants; vous n'avez ni l'antiquité de la science, ni la science de l'antiquité. » C'est ce qu'on peut dire des utopistes de tout ordre : leur science est récente et ils méprisent l'antiquité qu'ils ignorent.

Les Romains mettaient toute leur morale en exemples : la tradition pratique et vivante était leur loi morale. — le *Traité* des *devoirs* de Cicéron fut plutôt une belle copie des Grecs qu'un livre romain ; on ne voit même pas que Rome en fût fière et le citât.

« Les Français, dit J.-J. Rousseau, n'ont soin de rien et ne respectent aucun monument. » — Les Vandales avaient horreur des monuments; nous les tolérons sans les aimer, où si nous paraissons y tenir, c'est plutôt mode que penchant. Les masses françaises livrées à elles mêmes détruiraient tout, moins par vandalisme que par besoin de furie. — Les Romains conservaient tous leurs monuments en tout genre ; leur vieille république respectait toutes les constructions de ses rois : elle obéissait à leurs lois les plus antiques ; la vétusté était pour Rome une sorte de perfection. — Pompée eut beau tomber, son théâtre ne tomba pas avec lui ; et quand Tibère le restaura, il ne lui ôta ni la statue ni le nom de Pompée. C'est ainsi que Rome se peupla de monuments que personne ne craignit de confier à son patriotisme : on s'en reposa, de ses haines, sur sa fierté.

Le mot de Rousseau, sur les Français, fut surtout vrai de son temps ; il ne l'est pas d'une façon absolue.—La vieille France fut éminemment traditionnelle : nous exportions notre esprit chez les autres, nous n'importions que discrètement leur esprit chez nous. De là, cette puissante aggrégation de lois, de mœurs, de coutumes, d'autorité et de liberté, vraiment indigènes, que rien n'a pu remplacer : quand le temps qui use tout, et quand la révolution—qui fut, en trois ans, plusieurs siècles — y mirent un terme.

La réforme protestante n'eut sur nous qu'une médiocre prise ; et la révolution anglaise, aucune, pendant fort longtemps. — Avec un roi moins absolu que Louis XIV, moins apathique et moins dissolu que Louis XV, qui nous dit quel serait le sort de la vieille monarchie en France ?

Le caractère des peuples ne se détermine bien que par leur histoire ; ce n'est que par des traditions permanentes qu'on peut affirmer d'un peuple : *il est tel*. — Quand je songe à la versatilité de nos Français modernes, je ne puis pas ne pas la comparer à leur esprit passé de stabilité, qui fit dire à je ne sais quel pape, il n'y a pas plus de cent ans : « la bonne machine que la monarchie française ! elle va toute seule ! »

Les peuples ont leurs traditions comme les familles ; ils ne s'amusent pas à risquer de se dissoudre pour expérimenter des rêves.

Quand la ville de Londres fit les honneurs de son hospitalité à notre Berryer, le grand orateur exprima surtout l'émotion que lui causait tout ce que la tradition, si vivante à l'hôtel de ville qui le recevait, plaçait sous ses regards : il sut vanter le bonheur des peuples qui respectent la tradition « source de tout progrès. » C'était vanter les trois nations qui ont le plus brillé par leur sagesse : Rome, l'Angleterre et la vieille France.

III

« Si quelqu'un veut faire abroger une loi en vigueur, disait Zaleucus, qu'il vienne et qu'il fasse sa proposition, la corde au cou. Si tel est le résultat des suffrages, qu'il faille changer la loi, que l'auteur de la proposition reste intact et qu'on le respecte ; mais si sa proposition est rejetée qu'on l'étrangle ! »

C'était fort outré, nous en convenons, et nous ne prendrons pas le rigorisme du locrien pour règle. Qui ne comprend que Zaleucus n'était qu'un sage, non un révolutionnaire, et que sa loi n'eût eu pour sérieux résultat en France que de faire renchérir le chanvre ?

Certains peuples ont des constitutions traditionnelles, progressives, nées des mœurs publiques, en quelque sorte ; constitutions qui fortifient les mœurs et que les mœurs fortifient. D'autres peuples ont des constitutions rationnelles, fruit d'un évènement subit, d'une révolution ; celles-ci sont complètes dès leur début comme tout système, mais éphémères comme les systèmes. Quel est le Français qui ne sait cela et qui ne l'oublie?

Lorsqu'on voit combien lentement, combien successivement, combien progressivement s'est formée la charte anglaise, et combien tout l'organisme du gouvernement anglais a subi d'épreuves, de discussions et de précautions parlementaires — tant les esprits voulaient obvier à l'incertitude des raisons *à priori*, sur un tel sujet, sur un texte si particulièrement complexe! — lorsqu'on voit dans la série des temps lesquelles, parmi les lois proposées, ont réussi, lesquelles ont échoué; puis, quels motifs d'acceptation, de rejet, d'ajournement même elles ont fait naître (1); on ne peut s'empêcher d'admirer l'esprit pratique, l'esprit expérimental, circonspect et traditionnel du peuple anglais.

Ce qui manque éminemment à Rousseau et à son continuateur Tocqueville, c'est d'avoir le pied dans le solide et de reposer sur la tradition. Leurs édifices politiques sont en l'air, comme les romans ou la fantaisie: ou mieux, comme les rochers ou les forêts d'opéra.

Tout ce qui fut, eut sa raison d'être; cherchez-la, vous la trouverez. Ce qui ne fut jamais dans le passé, n'a peut-être pas plus dans le présent de raison d'être; cherchez-en le motif, vous le trouverez apparemment. — C'est que la raison des choses est tout autre que la raison des rêves et des fantômes.

Les peuples qui vivent de mœurs n'ont pas besoin de constitutions, et ils ignorent les révolutions. Les révolutions et les constitutions s'engendrent; car d'une mauvaise constitution, sort une révolution contre la constitution: et de l'anarchie révolutionnaire, sort une constitution

---

(1) Voir sur la *Constitution* anglaise, 1-301.

contre la révolution : c'est le mouvement perpétuel, c'est la fièvre, mais dans un cercle vicieux.

Nous voulons que le peuple français soit un pastiche de peuple ; nos académiciens, nos universitaires rêvent pour lui je ne sais quel gouvernement d'université et d'académie ; et les programmes ne nous manquent point, comme pour des cours publics. Je pressens que nos neveux pourront voir sortir un premier ministre d'un examen de doctorat politique, d'après MM. Tocqueville, Lanfrey, Franck, Quinet ou tels autres. Quoi d'étonnant! Ne mènent-ils pas à l'Institut et au Journal, ce qui est un demi-portefeuille ? — Nous avons déjà dix constitutions : nos petits-fils en posséderont une centaine, sans préjudice de l'avenir. O temps fécond en constitutions et en programmes, stérile en tout le reste !

IV

Comment l'Eglise et la révolution s'entendraient-elles ? L'un des dogmes fondamentaux de l'Eglise, c'est que son autorité repose sur la tradition, et que, ce que la tradition méconnaît, l'Eglise le rejette ; tandis qu'au contraire c'est l'un des grands principes révolutionnaires qu'il n'y a de faux que la tradition, de vrai que l'innovation, et que, plus une chose est nouvelle, plus elle est bonne.

Des législateurs politiques qui renient la tradition sont comme des navigateurs au long cours qui commencent par jeter aux flots leur boussole.

Quand c'est la tradition qui conduit l'humanité, elle suit son cours comme un fleuve dont la pente est douce et naturelle ; l'onde coule, mais elle réfléchit ses bords comme si elle était stagnante ; elle n'emporte pas ses rives, elle n'en engloutit pas l'image.

Qui dit tradition dit transition; et la transition, c'est l'art de lier les sujets par des attaches, par l'emboîtement des parties; de retenir, par leur soudure, la succession des choses. La lumière du jour, le développement des fleurs. la formation des fruits, ne sont qu'une longue suite d'harmonies. — Rien ne vient brusquement dans la nature: il n'y a pas de sursaut dans la coordination des choses. « L'air et l'éther, dit Sénèque. se touchent de si près qu'on les confond (1). »

On a beau faire, on ne change pas les choses en changeant leurs noms. La vérité est fille du temps, non de l'autorité: l'autorité révolutionnaire a pu proscrire la tradition, elle n'a pu la vaincre.

Les publicistes, qui se mêlent d'arranger l'avenir, sans connaître un peu du passé, sont des sorciers ou des charlatans, et plutôt des charlatans que des sorciers.

Quand on a réduit un peuple à mépriser la tradition. on lui dira sans l'étonner que deux et deux font cinq, que les poissons vivent dans l'air et les oiseaux dans la mer. et le peuple le croira non comme vrai, mais comme nouveau.

Nos utopistes politiques imaginent tant de folies, qu'il ne leur suffira plus d'en appeler à la jeunesse, il leur faudra remonter à l'adolescence et même à l'enfance. La claque des hautes écoles finira par leur manquer; ils en appelleront au collége et même à l'école primaire.

Nos rêveurs ont bien le droit de diffamer le passé: où leur montrerait-il l'idéal du concert de la liberté politique et de la liberté civile se manifestant pour l'honneur des démocraties? — Je brûlerais de connaître, non chez

---

(1) « Ita ut dubitare possis an aër aut hic jam œther sit. » *Quæst. nat.* 2-14.

tel peuple qui naît, mais chez tel peuple qui a vécu, le point précis de ce concours. O utopistes, songerez-vous toujours à ce qui ne fut jamais ?

Si le passé est si mauvais, pourquoi tant de soins pour enrichir nos archives départementales ? Pour quoi chercher toutes les faces de la vie multiple de notre vieille société ? Pourquoi scruter avec ardeur les relations de l'ancien pouvoir central avec les pouvoirs provinciaux ou communaux ? Pourquoi fouiller dans les relations des cités entre elles ? Pourquoi étudier les classes, les castes, et, dans tous ces mouvements individuels, le laborieux mais grand mouvement de la patrie (1) ? Qu'on me dise pourquoi cette école des Chartes, chargée de retrouver les documents du passé, chargée de les déchiffrer, de les interpréter, de les conserver, de les publier ? Pourquoi ce sage antidote aux romans historiques du jour ? Pourquoi ce foyer de vérités authentiques qu'on traite, il est vrai, si médiocrement, qu'on ne sait comment il existe ?

V

Respectons nos ancêtres si nous voulons que nos neveux ; je dis mal, si nous voulons que nos enfants nous respectent. — Le mépris de la tradition naît du mépris des enfants pour leur père et il l'engendre ; ces deux vices croissent géométriquement.

Comme le présent est fils du passé, celui-ci commande toujours de grands ménagements à l'homme d'Etat : il en est de la généalogie des faits comme de celle des hommes : la logique des choses naît de leur filiation.

---

(1) Voir le rapport du ministre de l'intérieur à l'Empereur, *Journal des Débats* du 17 janvier 1865.

Les coutumes sont une des formes de la vraie liberté : ce qui est passé en coutume brave deux sortes de tyrannies, celle d'en haut et celle d'en bas ; celle d'un seul et celle de quelques-uns, qui prétendent s'appeler tout le monde.

C'est qu'en effet partout où il y a des coutumes, il est presque impossible qu'on ne soit pas libre ; la coutume engendrant le respect par tous, au profit de tous, de ce qui est volontairement consenti et pratiqué par tous.

« Nous pensons, d'après notre nature, dit Bacon (1), nous parlons d'après nos maitres, nous agissons d'après nos habitudes. »

En somme, c'est l'habitude ou la coutume qui nous gouverne.

Nos codes si renommés se sont faits avec le temps, et le temps les a plus faits que nous-mêmes. Le droit romain, nos coutumes, les ordonnances de nos rois, nos grands légistes, nos grands jurisconsultes, nos publicistes, nos penseurs, nos corps délibérants, sous les auspices d'un homme prodigieux, ont créé graduellement cette œuvre immortelle.

VI

Comment admettre que la tradition, qui fit progresser tous les arts, toutes les sciences ; que la tradition, à qui l'on doit le labourage, l'architecture, l'art de se vêtir, de se nourrir, de se guérir ; l'imprimerie, la physique, l'astronomie, les mathématiques, la chimie, et toutes les formes de l'art de penser, n'est rien s'il s'agit de gouvernement ? Qui croira que, pour bien conduire les peuples à leur destinée, c'est-à-dire à leur bonheur par leurs mé-

---

(1) *De la Dignité et de l'accroissement des sciences*, liv. VI, ch. 3.

rites, il suffit d'un seul point, savoir : le mépris des traditions, de l'expérience, le mépris absolu du passé?

D'autre part, remonter par l'histoire aux droits politiques, n'admettre qu'un prétendu droit historique, me semble absurde ; le droit historique n'est qu'une rêverie allemande. Ce que les événements ont consacré, d'accord avec la conscience publique, manifestée par une longue tolérance, à défaut de mieux, a vécu et s'est inscrit dans l'humanité. Ce qui a précédé n'est pas plus légitime que cela même ; car, au fond, l'humanité ne connaît que de grands faits présidant à de grands faits. Ce que chaque événement produit est aussi légitimé par le temps que ce qui l'a produit lui-même ; la prescription sociale patronne les peuples, comme la prescription civile patronne les propriétés. Ajoutons que là où Dieu s'impose, il n'appartient pas à l'homme de vouloir s'imposer ; il n'appartient pas à l'homme de circonscrire Dieu. — Enfin, de même que tout ce qui est a sa raison d'être, tout ce qui dure a des raisons légitimes d'être : on devrait élever des autels à la prescription.

C'est la tradition qui fait la conscience publique (1), et c'est, par la conscience publique, que se révèle et qu'est gardée la morale publique.

La Grèce nous a laissé ce charmant récit : « Le jour de fête eut une dispute avec sa veille. Le premier prétendait que l'autre lui occasionnait mille soins, mille embarras, et que lui seul ferait jouir en paix du plaisir. — Soit, répondit la veille ; mais si je n'eusse été, où serait-tu ? — Rapprochement ingénieux, par lequel Thémistocle répon-

---

(1) V. *Rationalisme*, p. 57, où je dis que c'est, par la tradition des doctrines évangéliques, que l'Eglise chrétienne a fait notre conscience publique.

dait aux dédains des généraux athéniens, ses successeurs (1). »

La tradition touche à la routine, l'innovation à l'utopie ; il faut savoir s'affranchir de la routine et éviter l'utopie. — On connaît, d'ailleurs, sans peine, quels sont les temps où le danger est dans l'utopie et ceux où le danger est dans la routine ; et comme ce n'est point au dix-neuvième siècle qu'on peut craindre la routine, c'est là qu'il faut recommander la tradition.

Ce qui montre combien la tradition est nécessaire au progrès des choses, c'est que nous, qui avons les vaisseaux à voile et à vapeur, les vaisseaux de bois et de fer, un outillage incomparable, une géométrie raffinée, nous n'avons pu reconstruire qu'une image informe de la trirème antique. Sa carcasse et ses dehors, imités des dessins que l'antiquité nous a laissés, nous les reproduisons, mais c'est tout. L'organisme de la trirème, l'art de la faire évoluer, marcher ; l'art de la manœuvrer et de l'utiliser, nous échappe (2). Nous en sommes réduits à souhaiter qu'il nous advienne, comme à Rome, qu'une trirème carthaginoise échoue sur nos côtes ; alors seulement nous saurons copier ce que nous n'avons pu ressusciter.

Dans le passé, tout ce qui est des hommes périt : institutions, mœurs, usages ; mais ce qui est divin ne périt pas sans que les sociétés périssent. La morale, la religion, ls patriotisme, les vertus, l'esprit de sacrifice, l'idéal, la nature humaine, tout cela est divin. Ceux qui veulent englober cela dans les ruines du passé se suicident.

Dieu fait l'éducation du genre humain par la tradition : il le châtie par le mépris de l'expérience.

---

(1) Plutarque, *De la fortune des Romains*, 2-146.
(2) V. *Histoire de Jules César*, par Napoléon III, 1-114.

Ou nous sommes fous, ou toute la tradition des siècles, avec lesquels nous rompons, est folle : mais si tant de grands siècles et de grands hommes, nos précepteurs, ne sont pas fous, ce sont nos petits docteurs contemporains qui le sont; et ils le sont, car l'histoire de toutes les hérésies et de tous les hérésiarques l'atteste.

Si je disais à beaucoup de gens que l'existence de la France remonte à plusieurs siècles; que notre nation fut presque toujours sous ses rois et par ses traditions la plus docte, la plus lettrée, la plus généreuse, la plus brave, la plus respectée, la plus admirée, la plus grande et la plus brillante des nations européennes, je les étonnerais bien. Quoi! tout cela put être avec les rois, les prêtres, la magistrature, l'armée, la guerre extérieure; et tout cela sans corps législatif, sans clubs, sans journaux, sans chemins de fer, sans insurrections, sans barricades et sans un profond mépris du passé et des ancêtres, sources du bonheur présent. — Comment le croire? Comment même permettre qu'on le dise et qu'on le pense! Et il faut que cela ne soit pas, parce que les sots l'ignorent et les coquins le nient.

Le dédain de la tradition dans la politique peut montrer comment, en un clin d'œil, le juste orgueil d'un Etat peut se changer en humiliation, sa prépotence en perplexités pour son salut; et comment le sang et l'argent d'un grand peuple ne profitent qu'à ses ennemis.

Le retour à la tradition manifeste aussi ce que, chez un grand peuple conduit par un esprit ferme, la fortune sait restituer à la sagesse.

DE L'ESPRIT D'UTOPIE

L'esprit d'utopie dans une société, atteste son malaise ou le malaise des esprits; un mal sérieux, ou un mal imaginaire, qui produit souvent les mêmes effets qu'un mal sérieux.

Les utopies n'attestent le malaise des sociétés que lorsqu'elles les passionnent. Or, comment les passionneraient-elles là où elles foisonnent? Et comment ne foisonneraient-elles pas là où le moindre échappé de collège, armé d'une plume, peut régenter le monde à sa guise et l'instituer à la couleur de son esprit, tout prêt à mal juger de ce qu'il n'entend pas, et à ériger en découverte ce que personne n'ignore. — C'est donc moins, ici, le malaise social que le malaise des esprits qu'il faut constater.

« Le beau est l'ennemi du vrai, dit quelque part Giacomo Leopardi (1); mais cette beauté menteuse est préférable à la vérité, c'est-à-dire à la réalité prosaïque des choses terrestres. » — Leopardi se trompe : le vrai beau n'est que l'éclat du vrai; et la fausse beauté n'est qu'une laideur, parce qu'elle est une fraude.

Le même poète (2) poursuit et dit : « Toute la différence qui existe entre la réalité et le rêve, est tout à

---

(1) Le *Correspondant* du 25 juillet 1863, sur Giacomo Leopardi.
(2) *Ibid.*

l'avantage de ce dernier qui peut être parfois beaucoup meilleur et plus beau que la réalité. » — Je réponds : c'est vrai, et non moins faux que vrai. Si tel rêve l'emporte sur telle réalité, telle réalité l'emporte sur tel rêve. La merveille de ce qui vit, en tout genre, dépasse tout ce que l'esprit humain peut concevoir. Qu'on me dise ce qu'il rêverait de plus splendide que le firmament, ou de plus étonnant que la structure d'un simple ciron ?

« Que viennent faire les hommes dans le monde ? » se demande le même Leopardi (1), et il se répond : « Ils viennent apprendre combien il vaudrait mieux n'y pas venir. » Erreur ; car, pourquoi tant d'hommes regrettent-ils amèrement la vie ? Ni la mort n'est le but de la vie, ni la félicité n'est son objet. La mort n'est que le terme de la vie, sa condition inévitable : nous vivons, heureux ou malheureux, pour servir les hautes intentions de celui qui nous donne l'être, sans lequel nous ne serions rien et par lequel nous sommes ce que nous sommes, rois ou mendiants ; car Dieu ne nous fait pas pour nous, mais pour lui. Pourquoi, dira l'horloge, ne fais-je pas l'heure au lieu de la marquer ? Pourquoi ne suis-je qu'une simple machine, une horloge enfin ? — Pourquoi te plaindre, lui dira-t-on, justement de celui sans lequel tu ne serais pas même horloge ?

Les esprits inquiets recherchent le mieux, par une sorte de lassitude du vrai bien.

I

L'utopiste critique facilement les œuvres de Dieu : il n'en voit que ce qui lui paraît mal ; et, parce qu'il ne le

(1) Le *Correspondant* du 25 juillet 1863, sur Giacomo Leopardi.

comprend pas, il le blâme. Comment épargnerait-il le gouvernement des hommes celui qui ne peut consentir à respecter le gouvernement de la Providence?

Que d'esprits ne se sont occupés qu'à résoudre l'impossible; à trouver l'ombre d'un corps lumineux, par exemple! Combien cherchent ce que le paysan appelle si finement: la corde à tourner le vent! Combien d'utopistes vous proposeraient sérieusement de boire le pain et de manger l'eau, pour sortir de la routine!

On a dit d'Honoré de Balzac qu'il avait retourné la vie, et que, pour lui, la réalité c'était le rêve. Tous les utopistes en sont là: ils font tous partie de cette nation dont le poète écrit: *gens ratione furens et pasta chimeris*. Les utopistes adorent presque exclusivement la déesse Chimère.

Il y a des esprits si dérangés par l'utopie, si sens dessus dessous — si ce mot m'est permis — qu'on serait tenté de leur crier en entendant leurs systèmes: Vous êtes uniques, vous êtes incroyables: vous êtes les premiers hommes du monde pour marcher les jambes en l'air et la tête en bas.

Il y a des utopistes qui n'aiment que ce qui sera, ou même ce qui ne sera jamais, parce qu'il ne peut être. — D'autres n'aiment que ce qui n'est plus, que ce qui fut, ou qui même put ne pas être. Les anciens étaient des utopistes de ce second genre: leur légende, leur âge d'or, leurs fables primordiales, les infatuaient. Nos modernes utopistes sont le contre-pied des anciens: ils aiment comme eux la fable ou l'inconnu, mais dans le futur. Chimères égales, s'il n'était plus sage de s'instruire par le passé — qui ne fut menteur que dans quelques ornements — plutôt que de chercher ses lumières dans un avenir où tout est hypothétique, le fond comme le détail.

Les utopistes sont les gens de la cinquième (1) monarchie : il en est bien peu dont on ne puisse dire qu'ils sont un peu plus qu'un peu fous. — Si j'écrivais tout ce qu'essaya l'alchimiste Lamartinière pour trouver la poudre de projection propre à la transmutation des métaux, je serais à la fois puéril et repoussant. On peut le voir dans l'histoire des utopistes par le bibliophile Jacob (2); dans ce qu'on peut appeler le recueil des infirmités de l'esprit humain.

Les charriots volants sont du domaine de l'utopie ; mais la direction des ballons à travers l'espace est digne de l'audace de l'homme ; et les hommes intrépides qui la tentent chaque jour sont les vaillants soldats de la civilisation ; ils méritent bien de l'humanité : ils auront leur place dans la gloire. Messieurs Godard et Nadar sont bien, de nos jours, ces enfants de Japhet au triple airain, qui voudraient nous donner l'empire des airs comme ils nous ont donné celui des mers. Leur tendance est sublime, et leur sublime est profitable. Honneur à ces hommes ! réjouissons-nous qu'ils soient Français.

Les hommes de génie, innovant par l'originalité du vrai, sont rares ; les esprits inquiets et bornés qui ressuscitent de vieilles erreurs, pullulent.

L'utopie naît de la bienveillance de l'homme pour l'homme ; elle naît de l'inexpérience ; elle est parfois un artifice inventé par le mécontentement. — Ce qui accréditera toujours les novateurs, ce sont les inventeurs. Galilée tue il est vraie Ptolémée ; mais c'est l'esprit de Galilée qui fait surnager l'esprit des Ptolemées.

---

(1) L'Assyrie, — la Perse, — la Macédoine, — Rome, ont fait les quatre premières monarchies universelles. (2) *Curiosités des sciences occultes*, p. 84.

II

« Le monde curieux de nouveautés fait, dans les arts, comme dans les habits : il se divertit des modes; et quand les nouvelles sont épuisées, il reproduit les vieilles. C'est ainsi que certains philosophes de ce temps ont fait sortir du tombeau les opinions oubliées des atomes et que quelques ingénieurs modernes réveillent tous les jours des questions souvent examinées dans les écoles de mathématiques et que l'expérience universelle condamne. » — C'est ce que je lis dans les Mémoires (1) d'un homme de guerre, fameux par ses luttes avec Turenne, mais dont on ne connaît pas assez le bon sens philosophique. Les mémoires de ce savant capitaine me paraîtraient renfermer, pour l'esprit, des pierres précieuses.

Ce n'est qu'à force d'ignorer le passé, à force de dédaigner l'expérience, l'autorité, la raison, que ceux qui ne peuvent inventer de nouvelles fables en ressuscitent, à leur insu, de vieilles.

Après dix-sept siècles, nous répétons en France ce que les nomades de la Germanie disaient aux Romains (2) : « que les fruits de la terre appartiennent comme l'air à tous les hommes : » doctrine commode pour les paresseux de bon appétit qui aiment mieux voler leur pain que le

---

(1) *Mémoires* de Montecuculli, p. 113.

(2) Les Ansibares leur disaient que la terre même était au premier occupant : « Sicut cœlum diis, ità terras generi mortalium datas : quæque vacuœ eas publicas esse. » Tacite, *Ann.*, 13-65. — Les Tenctères disaient aux Agrippiniens : « Quo modo lumen diemque omnibus hominibus, ità omnes terras fortibus viris natura aperuit. » Tacite, *Hist.*, 4-64. — Les barbares de notre civilisation ne parlent pas autrement.

produire! — Mais la preuve qu'il ne faut pas assimiler la terre, qui est limitée et qu'il faut labourer pour en vivre, à l'air qui est illimité et que nous respirons sans le préparer, c'est que personne ne dispute l'air à personne, et que tout le monde dispute la terre cultivée à tout le monde.

Chaque année le gouvernement chinois introduit dans l'almanach impérial ce qu'on nomme le *Bœuf du printemps*. C'est une figure de bœuf dont la tête et la queue sont plus ou moins noires; les pieds plus ou moins blancs; le cou plus ou moins bleu; le reste du corps plus ou moins jaune ou rouge. D'après le livre des rites, le noir signifie la mort et les maladies; le bleu, les vents; le jaune, la fécondité de la terre. C'est par le *Bœuf du printemps* que les savants caractérisent l'année et prédisent les pluies, les vents, la fructification (1) : prédictions égales à celles de Nostradamus, de Mathieu Laensberg, de Mathieu de la Drôme et des utopistes!

III

Les utopies des poètes sont des brouillards secs qui ne pénètrent pas et qui s'évaporent gracieusement aux rayons du soleil; ils ne voilent le jour que pour le faire briller progressivement avec plus de charme : mais les utopies des philosophes et des philanthropes de profession sont des brouillards humides, froids, méphitiques qui donnent ou réveillent mille douleurs.

C'est aux théoriciens, c'est aux philosophes de cabinet, que s'adresse Jean de Witt (2) en ces termes : « Une infinité

---

(1) V. la *Vie réelle en Chine*, p. 145. (2) *Mémoires* de Jean de Witt, deuxième partie.

de choses politiques ont jeté des racines si profondes que ce serait une grande bévue de croire pouvoir les arracher toutes ensemble, et ce serait encore une plus grande imprudence, si l'on voulait entreprendre de semer la plus belle graine de Hollande, comme dans un terrain propre et uni, pour y faire croitre une république d'anges et de philosophes, tellement que ces maximes politiques sont très véritables : *multa scire pauca exsequi*.

> Curando fieri quœdam majora videmus
> Vulnera quœ melius non tetigisse fuit. »

Selon Jean de Witt, les républiques de Platon. d'Aristote et de Morus, sont en l'air ; elles ne seront pas réalisées. « De pareilles pensées, écrit-il, ne produisent que peu de fruits. » — Jean de Witt se trompait, il ne connaissait pas le fruit possible des utopies : il ne put pressentir combien, de nos jours, l'utopie fait vivre grassement ; il ne pouvait deviner qu'elle donnerait à tel utopiste, poussé par vogue, la députation. l'Académie et même un moment le ministère, — son écueil, — si ce ministère n'eût avorté, comme pour sauver le ministre.

On ne voit qu'en masse et en gros ce qui est trop loin : on ne voit guère que le détail de ce qui est trop près. Le réaliste est souvent trop près des objets pour en bien juger ; l'utopiste en est toujours trop loin.

Voltaire [1] se plaignait de son temps de ne rencontrer partout qu'extravagance et système : ce qu'il appelait du Cyrano de Bergerac ampoulé. Qu'eût-il donc dit de notre temps où l'on veut sérieusement pratiquer ce qu'on se contentait alors de rêver ?

---

[1] *Lett.* à d'Alembert, 2 sept. 1768.

Louis XVI recommandait surtout à La Pérouse la vie des hommes : « il regarderait comme un des plus heureux succès de l'expédition qu'il lui confiait, qu'il n'en coûtât la vie à personne (1). » — Le meilleur succès de l'expédition était donc qu'on ne la fît pas! Rien ne prouve mieux l'esprit d'utopie de Louis XVI. Mais comment s'expliquer que des philanthropes aient égorgé ce philanthrope? A moins de convenir qu'une fausse philanthropie est un mal, ou qu'elle a tous les inconvénients du mal.

IV

Règle sans exception : l'utopiste le plus radical et le plus tranchant, est le plus fou. Il est tel utopiste qui déshonorerait Charenton; et je comprends que dans le nombre de ceux qui ont fait du bruit, celui qui prétend inventer une nature humaine de son crû et supplanter Dieu dans la marche des lois fondamentales de l'esprit humain, est bien bas, même parmi les insensés. — On dit que Fourier devenu vieux se réfugiait au sein de l'enfance; en était-il jamais sorti?

Fourier n'inventa pas les bienfaits de l'association, compris et recherchés depuis qu'il y a des hommes. Ce qu'il inventa, c'est le régime absolu de l'association substitué à la société; ce fut le sacrifice de l'esprit et du cœur, aux satisfactions de l'estomac; ce fut l'abdication de la liberté au prix d'un plat de lentilles. Ce qui fut sien, c'est de n'avoir compris la société que comme dortoir ou comme cuisine.

Un des grands défauts de l'utopie, c'est de mettre dans la règle un tel absolu qu'il exclut l'exception. Elle ignore

---

(1) *Instruction* donnée par le Roi.

que les exceptions sont aussi sacrées que le principe, et qu'elles ont la même raison d'être, puisqu'elles le confirment ou le corrigent.

Ce n'est pas l'homme qui pense, qui est dépravé; mais l'homme qui ne fait que penser : ou, si l'homme qui ne fait que penser n'est pas strictement dépravé, du moins est-il dégénéré. L'action n'appartient pas moins à l'homme que la pensée, car c'est surtout pour agir qu'il faut que l'homme pense. Quand il se borne, quand il s'épuise à penser, il cesse d'être homme pour n'être plus qu'un rêveur. C'est là sa dépravation : c'est de là, c'est de cette dépravation intellectuelle, que nait l'absolu.

La philosophie d'imagination et l'utopie, quand elles sont ingénieuses, peuvent nous servir d'aiguillon et de boussole. L'intuition du poète est de la divination : le poète ne trouve pas la vérité, il la crée, pour ainsi dire; ou plutôt il la devine et la fait chercher en la pressentant. Le poète soupçonne un autre hémisphère : Christophe Colomb y arrive; le poète invente les ailes d'Icare, le physicien construit le ballon. L'observation constate scientifiquement : elle développe, démontre et constitue ce que l'imagination ne voit que vaguement, mais apprend à regarder.

V

L'utopie, c'est, dit-on, ce qui sera demain — soit; mais réservons pour demain ce qui ne peut être utilisé que demain : à chaque jour ses besoins : à chaque jour son pain.

Que penseriez-vous d'un médecin qui conseillerait aujourd'hui la viande à son malade, par la raison qu'il en pourra manger demain? Hâter c'est souvent nuire : les vrais hommes d'Etat, comme les bons médecins, savent attendre.

D'autre part, attendre quand il ne faut pas, est dangereux. Il est des fruits délicats tantôt trop verts, tantôt trop mûrs pour qu'on les cueille. Le raisin trop tôt cueilli est âpre; la fraise qu'on attend trop, tourne : la patience et l'expérience conduisent au point précis de leur maturité. Il en est des idées et des systèmes comme de ces fruits.

Ce n'est pas toujours l'utopie qu'il faut haïr, car elle peut préparer l'idéal d'un mieux possible ; mais ce qui est haïssable, ce sont les Violents qui veulent introniser prématurément l'utopie.

De même que l'ordre et la liberté se disputent le gouvernement, l'utopie et le possible se disputent la société. Le grand art est de concilier l'idée et le fait, l'aspiration et la modération.

Ce qu'on peut reprocher aux utopistes, c'est de n'être pas de leur temps : devancer son époque d'un siècle, n'est ni moins fâcheux, ni moins périlleux, que d'être d'un siècle en arrière. Comment prétendre que la montre qui avance vaut mieux que la montre qui retarde, quand ni l'une ni l'autre ne donne l'heure vraie, et que rien n'est bon pour les peuples que ce qui vient à point?

Comment la sience elle-même est-elle tombée dans l'infirmité de l'utopie, au point de nous promettre une vie double de celle que nous connaissons depuis que nous sommes sortis des fables de l'histoire? Le goût du temps pour l'impossible s'impose-t-il donc à ce point, non-seulement aux grands esprits, mais aux esprits sérieux et didactiques?

« Nous vous parlâmes du bonheur, disait Saint-Just à la Convention, l'égoïsme abusa de cette idée pour exaspérer les cris et la fureur de l'aristocratie; on réveilla soudain les délires de ce bonheur qui consiste dans l'oubli des autres et dans la jouissance du superflu. Le bonheur, le bonheur! s'écria-t-on (1). » — En ce temps, la guerre civile et la guerre étrangère causèrent une famine à laquelle on ne trouva d'autre remède que le *maximum;* le *jeûne civique* proposé par Barrère; le *carême civique* proposé par Legendre (2). Telles sont les queues de serpent ou de rat par lesquelles se terminent les utopies.

VI

Nos dominateurs disaient, en 1793, que la République est imprescriptible, et proclamaient, d'ailleurs, qu'une génération n'a pas le droit d'en enchaîner une autre ; quel grossier illogisme! il convient aux révolutionnaires de n'avoir pu être enchaînés par l'esprit et les mœurs de nos aïeux, mais il ne leur convient pas moins de disposer de l'esprit et des mœurs de leurs descendants. Ils appellent cela la liberté; ils devraient l'appeler leurs libertés, je veux dire leur despotisme.

Quand l'utopie est au pouvoir, le monde a changé, tout doit changer, dit-elle, « qu'y a-t-il de commun entre ce qui est et ce qui fût ? (3) » — C'est demander ce qu'il y a de commun entre le père et le fils, entre la veille et le lendemain ; mais si l'utopie du lendemain parle comme celle de la veille, que deviendra l'humanité? que se transmettront les hommes si ce n'est le mépris des traditions et de l'histoire; le mépris de tout ce qui n'est pas le présent, et même le mépris du présent, tant le présent est bientôt passé?

(1) V. l'*Hist. parlem. de la Révolution*, par Buchez et Roux, tom. 31, p. 346. (2) *Ibid.*, tom. 32, p. 2, 9, 10.
(3) Robespierre, *Discours sur l'Être suprême.*

« Plus j'avance dans la vie et plus je demeure convaincu que les réformes sociales ne s'obtiennent que par des *réformes politiques*. Il n'est si petit progrès qui ne soit solidaire d'une grande *pensée* (1). » — Qu'est-ce que cette grande pensée, si non une grande révolution ? La République remplaçant la Monarchie, par exemple. Donc, selon le programme en question, il ne faut pas moins qu'une grande révolution pour un petit progrès. Que ne me dit-on qu'il ne faut pas moins qu'une lionne pour enfanter une belette (2)? Les grands hommes font beaucoup avec peu, et les petits font peu avec beaucoup. On aura beau faire, les subversions politiques ne donneront pas du génie à qui en manque.

Si Montesquieu revenait en France, il serait comme autrefois de l'Académie française et il brillerait dans les salons; mais qui prendrait, pour drapeau, ses œuvres qui inspirèrent si mal les Constituants de 89?

Rousseau exagéra Montesquieu ; Mably exagéra Rousseau ; Diderot exagéra Mably ; Raynal exagéra Diderot. Après Raynal, il n'y eut plus que des œuvres innommées que leurs auteurs eussent rougi d'avouer ; et c'est de cette fange intellectuelle que sortit Babœuf.

Si Machiavel apparaissait en France, son nom serait inscrit sur toutes les bannières. Il répondrait merveilleusement à notre esprit général de fraude. L'Italie lui donnerait des adorations, l'Académie des panégyristes qui ont fait leurs preuves, l'Europe entière des adeptes et des copistes.

Que de gens, qui ne croient pas au surnaturel, ont la prétention surnaturelle de refaire l'homme, de refaire

---

(1) M. Carnot aux électeurs de Paris, *Débats* du 17 mars 1866.
(2) Il y a des gens qui trouveraient tout naturel d'abattre une maison pour faire un four.

l'humanité, et qui conduiraient les astres si on n'écoutait qu'eux. L'utopiste épris de la perfection qu'il imagine est un sectaire; l'esprit d'utopie et l'esprit de dictature s'engendrent.

Il y a des gens qui gouvernent leur esprit, d'autres que leur esprit gouverne. C'est un assez grand défaut que d'avoir plus d'idées qu'on n'en peut conduire. Que de bruyants novateurs, tout près de nous, ayant plus tenté que mûri de grands projets, n'ont connu que de grands avortements!

De même que, dans la nature, les marbres de couleur rose, ou bleu tendre, se marient au sombre granit, tandis que le porphyre vert se mêle au schiste semé d'or, ou bien que le corail du houx se suspend à sa tige rugueuse et piquante, ou que la mûre ou la violette des bois croissent à côté de la ronce, près de l'antre du loup ou du trou de la vipère, de même dans ce monde moral plein de contrastes, tout devient harmonie par la dissonnance, tandis que tout s'atrophierait ou s'évanouirait par la conformité. Persuadons-nous bien que s'il y a quelque chose de pis que le chaos, c'est le néant.

VII

« Que n'ai-je vu le monde à son premier soleil! »

Voilà donc ce qui tourmente l'utopiste! Peut-être tiendrait-il moins à voir la dernière aurore du monde; qu'en sais-je? Qu'il se console pourtant; il verra la sienne plus tôt qu'il ne voudra, et ce désespéré de la vie trouvera qu'il meurt trop tôt.

L'utopiste est très-fort pour nous dégoûter du bonheur présent, en vue d'un plus grand bonheur qui ne viendra jamais. — L'utopiste n'est, au fond, qu'un pessimiste, ou peut-être une complication de deux extrêmes ; un pessimiste doublé d'un optimiste, selon qu'il nous entretient du présent qu'il n'aime pas, ou de l'avenir qu'il rêve.

Une espérance qu'on provoque et qu'on trompe est une espérance qu'on fâche. — Les utopistes politiques et religieux ne sont, en général, que des fabricants de miel vénéneux.

Deux ou trois niais, dont la cervelle était détraquée, ont bien fait rire leurs maîtres en se tuant ; d'autres les ont fait rougir ou leur ont fait hausser les épaules en n'évitant pas la police correctionnelle. — Les maîtres de l'art ont su fleurir et s'engraisser de leurs larmes ; ils ont su... que n'ont-ils pas su pour leur bonheur terrestre, par ce seul et rare secret de paraître pleurer sur les malheurs de l'humanité, quand ils riaient et se gobergeaient tout bas de sa sottise ?

La preuve que les lyriques n'ont pas été pris au sérieux et qu'ils n'ont fait — comme ils le confessent — que *de l'art pour l'art,* c'est qu'ils n'ont semé dans le siècle que leur moi, leur égoïsme, et que leurs disciples ne sont pas moins égoïstes et moins personnels qu'eux-mêmes.

On ne voit des curieux de leur destinée que dans les décadences. Quand une nation grandit, chacun sait son rôle ; il y a des travaux pour tout le monde, il n'y a de loisirs pour personne ; mais dans les décadences où il y a trop pour quelques-uns, le rêve domine. Quels sont alors les curieux de leur destinée ? Ceux qui n'ont pas besoin de travail pour vivre ; ceux qui n'aiment pas le travail ; ceux pour qui le travail de tout le monde ne suffit pas et qui aimeraient mieux commander que produire. Là, les curieux de leur destinée sont, en somme, les oisifs, les paresseux, les ambitieux ; ce sont les Werther, les Saint-

Preux, les René, les Conrad, les Obermann, les Manfred, les Trenmor, en un mot, les parasites sociaux, qui médisent de la société dont ils vivent, et qu'ils exploitent sans lui rien donner, à leur tour, que les sarcasmes dont la société leur tient compte, comme si leur dédaigneux parasitisme était une vertu.

VIII

Il n'y a sous le christianisme qu'une seule panacée, c'est le christianisme.

L'utopie, qui veut être la panacée du corps, ne sait qu'inventer pour divaguer, mais surtout pour tuer le christianisme, qui est la panacée de l'âme et du corps.

Croire à la paix imperturbable des peuples, quand ils posséderont telle panacée imaginaire: signe évident d'utopie : les idées remuent perpétuellement, c'est leur essence. Après l'intronisation, l'organisation, le triomphe complet d'une idée, il pousse une autre idée menaçant la dernière, comme celle-ci a menacé son aînée; ou plutôt, sous le prétendu masque de l'idée, il renaît des passions inquiètes attaquant des passions satisfaites, et ce mouvement éternel, ce conflit du bien et du mal est la vie sociale, qui ne s'arrête pas plus que le sang dans nos veines. L'utopie de la paix universelle est grossière; ajoutons qu'elle est malsaine, car elle prétend que l'homme et la société changent d'essence.

Non est mortale quod optas : Si Dieu l'eût voulu, nous vivrions encore dans le paradis terrestre où nous reposerions mollement à l'ombre de la vigne ou du figuier. Ce que Dieu ne veut pas — et par l'obligation du travail, il est clair qu'il ne le veut pas, — comment l'homme peut-il le prétendre ?

Que de choses il faut reléguer dans le monde d'Uranu ou de Neptune, dans le pays où sont les corbeaux roses et les neiges bleues!

Celui qui met cinq francs dans ma main m'enrichit plus que celui qui m'en promet cent. Owen a montré, par ses essais déplorables, ce qu'on risque à vouloir improviser des sociétés et des panacées. — Que de curieux à qui la recherche de la pierre philosophale a coûté leur fortune et même leur vie!

La destinée est simple quand on la cherche de bonne foi : elle consiste à travailler pour vivre quand la position l'exige; à travailler pour les autres quand notre fortune le permet ; à vivre en honnête homme, selon les lois morales ou religieuses de la société qui nous vit naître; à servir cette société qui nous protége, avec les facultés qu'elle nous donne et nous conserve ; à mépriser, fuir, combattre comme des pestes publiques les parasites sociaux ; à n'avoir qu'assez d'ambition pour sentir l'émulation ; à tempérer cette émulation par le spectacle de toutes les émulations légitimes; à l'excuser ou à l'exciter par le spectacle de tant de médiocrités qui arrivent ; à parvenir ou n'arriver pas au but de ses vœux, mais à attendre avec dignité que Dieu nous retire la vie qu'il nous donna, en nous relevant du poste qu'il nous commît. — Telle est la destinée humaine pour ceux dont la raison et le cœur peuvent la pratiquer comme elle se révèle. Quant aux autres, ils la chercheront vainement, ou ne la trouveront que pour la subir.

Ce sont les événements qui mènent les hommes, non les hommes qui mènent les événements, et il y a plus de sagesse à plier sa vie aux événements qu'à vouloir que les événements se plient à notre vie.

L'utopie n'est que la contrefaçon de l'idéal, mais quelque fois elle le fait poursuivre, et c'est son excuse.

Autrefois le bien seul eût son utopie; de nos jours, le mal a son utopie comme le bien, et c'est l'utopie du mal que la mode recommande.

Nous nous trompons souvent sur le but de notre vie: chacun se propose, du moins, le but qui convient le mieux à sa nature, à son intelligence, à tout son être: mais en supposant que nous ne nous trompions pas sur le but qui semble pouvoir convenir à l'ensemble des hommes, nos passions nous détourneront de ce but. — L'utopie pêche donc, en général, doublement, et par le but que se propose tel utopiste, lequel n'est pas le but que rêve tel autre, et par le jeu des mille passions que l'utopiste ne connaît pas et dont il ne tient pas compte.

Le savant, rêve des méditations infinies; il ferait de la terre un vaste Institut: le prolétaire rêve surtout le vêtement, le vivre, le couvert, les satisfactions de l'estomac et les loisirs. — Ni le stoïcien, ni l'épicurien ne rêvent les mêmes bonheurs; mais la passion de chacun lui corromprait même le bonheur qu'il rêve, s'il pouvait le réaliser tel qu'il le rêve.

DE L'IDÉAL

A tout prendre, l'utopie, c'est le faux; donc c'est le mal: l'idéal, c'est le vrai futur et attendu; donc ce sera un bien à sa date. — L'utopie n'est qu'un feu qui tourne en fumée; l'idéal est un rayon qui doit devenir une aurore.

L'utopie a exceptionnellement sa raison d'être; une fois par siècle, par exemple. C'est par là qu'elle se défend tous les jours; mais elle n'en fait pas moins plus de mal par ses prétentions que de bien par ses résultats, et elle trouble encore plus qu'elle ne répare. L'utopie est un levain salutaire dans ces temps plats où l'humanité croupit dans ses bas-fonds; elle est le fléau des temps agités, où elle empêche que rien ne dure.

L'idéal est lui-même le levain de l'utopie: si l'on ne rencontre pas toujours ce qu'on cherche; on rencontre ainsi ce qu'on ne cherchait pas. La chimère est partout à côté du vrai, mais le vrai n'en cotoie pas moins la chimère. L'idéal traine après lui l'utopie, comme le jour entraîne les ombres.

C'est une erreur d'où découlent beaucoup de sottises que de croire que tous les hommes sont pareils; mais c'est une erreur d'où découlent beaucoup d'injustices que de croire qu'ils sont trop dissemblables, et qu'il y a des hommes dont c'est la nature d'être la proie des carnassiers de leur espèce. — Le milieu entre ces deux extrêmes est le vrai; mais, sans l'utopie, peut-être ne chercherions-nous pas le vrai dans ce milieu. — Si l'utopie n'est pas le vrai, elle nous mène quelquefois au vrai.

I

« Il faut, dit le docteur Swift (1), un peu de romanesque à l'homme. C'est un assaisonnement qui conserve et relève la dignité de notre nature et l'empêche de dégénérer jusqu'au vice et à la brutalité.» — L'idéal est, en ce sens, son propre but à lui-même; et ne mena-t-il à rien, il serait un bien, puisque, pris en soi, l'idéal est un sel qui prévient notre corruption.

Ce que nous appelons l'idéal, les anciens l'appelaient le souverain bien ; c'était là leur plus haute utopie. Dans la pratique des gouvernements et de la vie publique, ils ne connaissaient rien de mieux que la liberté, l'utile, le juste. — Les stoïciens, qui seuls affectaient la perfection divine, avaient plus l'orgueil que les qualités de leur rôle; et leur cité, exclusivement peuplée de sages, fut un perpétuel sujet de raillerie pour les hommes.

Il est curieux d'apprécier les divergences que nos aspirations modernes ont mises entre les partis, au point de vue de l'idéal. Le libéralisme, c'est le patriotisme du bourgeois ; le patriotisme, c'est le libéralisme du démocrate, ce serait un peu le mien; le socialisme, c'est le patriotisme et le libéralisme du prolétaire. — Ni le bourgeois n'oserait se dire patriote, ni le démocrate ne daignerait se proclamer libéral, ni l'honnête homme s'avouer socialiste.

(1) Cité par Morellet dans ses *Mélanges,* 4-129.

Quant au philosophe, il est quelque chose de plus ou de moins que tout cela; il est philanthrope et humanitaire, ou mieux — ce qui dit tout et rien — il est philosophe.

Dans la société, la richesse et ses plaisirs sont un idéal pour le pauvre ; c'est son aiguillon pour le travail. Plus cet idéal est entier, c'est-à-dire intact, plus il sert d'aiguillon. Que le riche soit troublé dans sa fortune, la richesse est moins enviée et le travail qui y conduit plus rebutant. Respecter la fortune du riche, c'est aiguillonner et faire fructifier le travail du pauvre.

Nous n'atteindrons jamais l'idéal, mais nous devons y tendre et nous rapprocher sans cesse des régions qu'il occupe. Nous ne l'introduirons pas dans notre vie, mais il la préservera des bas-fonds. Prenons une image plus sensible : l'étoile polaire ne nous sert pas à monter au ciel, mais à nous guider sur les mers.

« Ce qu'il y a de plus utile dans la pratique est aussi ce qu'il y a de plus vrai dans la théorie (1). — C'est qu'en effet ce qui se pratique, est; et que ce qui est a tellement sa raison d'être, qu'il a sa loi, c'est-à-dire sa théorie. Entendons cependant ceci de ce qui existe à l'état constant, invariable des sociétés ; entendons-le, comme le dit Bâcon, de ce qu'il y a de *plus utile* et de plus éprouvé pratiquement.

II

L'homme a son idéal individuel, qui lui est propre ; les peuples ont leur idéal collectif propre à chacune des sociétés qui composent l'humanité.

---

(1) Bâcon, *Nouvel organe,* 2, ch. 4.

L'homme développe son moi dans la société, selon le double idéal individuel et social que les desseins de Dieu posent devant son intelligence et gravent dans son âme, soit en ce qui concerne son bonheur, soit en ce qui tient au bonheur de la société dont il est membre. C'est à ce double idéal que chaque homme est consacré, et chacun lui est nécessaire pour féconder l'autre; car j'épure ou corromps la société, comme la société me corrompt elle-même ou m'épure.

Je me dois donc à la société, et la société se doit à moi. Le but de l'homme n'est ni l'individualisme, ni le communisme. Les socialistes sacrifient l'homme à la société ou même à la communauté, car il n'y a qu'une communauté dans le socialisme; les anarchistes sacrifient la société à l'homme. Erreur grossière des deux parts : l'anarchie privant l'homme des bienfaits de la société; le socialisme privant la société de l'initiative et de la liberté de l'homme.

L'homme, qui croirait se rapetisser en se pliant aux devoirs de la société, ne comprend ni la grandeur de ces devoirs, ni sa petitesse individuelle.

C'est par l'esprit que nous avons une tendance à fuir la vie pratique, c'est par le corps que nous y revenons : c'est par le corps que nous appartenons à la réalité et que nous nous soustrayons au néant des rêves; mais c'est par l'esprit que nous nous soustrayons au néant de la matière. Nous vivons entre deux néants, sur le point d'être pétrifiés ou évaporés : pétrifiés par la matière, qui est notre corps; évaporés par cette essence légère et volatile, qui est notre âme, si nous ne nous tenons dans ce milieu mixte qui soutient la vitalité de notre nature entre deux morts contraires.

III

« L'âme des sociétés, c'est leur mission providentielle, écrit Ballanche. » — Qui doute, en effet, que les peuples n'aient leur mission bien ou mal comprise, et que cette mission ne les fasse vivre? Quand un peuple n'a plus sa raison d'être, il périt. Il reste un nombre, il est vrai ; mais ce nombre n'est plus peuple, il n'est que l'appoint, l'instrument d'un autre peuple ; c'est ici que le vif saisit le mort et le ranime. Il le ranime en l'associant à son idéal ; il le fait vivre en donnant un but à sa vie.

Tout est pur dans l'idéal, tout se corrompt dans les faits ; l'idéal voudrait effacer l'histoire, mais elle survit pour juger l'idéal par ses fruits ; cela est très-fécond : l'histoire juge par ses fruits l'idéal des républiques et des monarchies, l'idéal des pouvoirs, l'idéal des religions. — Le libéralisme, le jansénisme, le jésuitisme, le progrès, les civilisations, tout ce qui a passionné les hommes comme idéal, peut voir ses erreurs, ses taches, ses corruptions, ses stérilités dans l'histoire.

L'histoire nous dit, par exemple, ce que furent les grandes monarchies catholiques d'Espagne, de Portugal, de France ; elle nous dit ce que fut la grande Italie des papes. — Ce passé n'est pas menteur et il est notoire. Dites que cet idéal est vieux ; ne dites pas qu'il ne fut pas grand ; ne dites pas qu'il fut dépravateur.

La France est, dit-on, forcément cosmopolite, car elle a tous les climats, elle a tous les peuples civilisés. — N'en déplaise à M. Cousin, cela est superficiel. L'Espagne a tous les climats autant que la France ; l'Angleterre touche par son commerce et par ses flottes à tous les peuples de la terre ; l'Allemagne est plus centrale en Europe que la

France même. — Si la France est cosmopolite, c'est par un don de race, assez mystérieux, qui la fait imiter autrui et se prodiguer pour autrui, au point de s'oublier soi-même. Elle ressemblerait, sur ce point, à la Pologne, qui n'a pas tous les climats, qui ne touche pas tous les peuples ; et puisse la France cesser, à temps, de trop rappeler la Pologne !

C'est par les grands peuples éteints que nous jugerons de l'idéal nécessaire aux peuples. — Polybe (1) dit très-bien qu'il faut juger les chefs d'armée autrement que par leurs victoires, et que « personne ne fait la guerre dans le seul but de battre l'ennemi. » Le même auteur (2) fait ressortir que quand Rome entreprit la domination du monde « elle ne pouvoit prendre de mesures plus justes. » — Ceux qui pensent que ces mesures ne purent être que des expédients, ou des rigueurs dictées par les circonstances, à un peuple dur et avide, ne sont faits ni pour juger Rome, ni pour juger de l'idéal des peuples. C'est par les principes qu'ils puisent dans leur idéal, que les peuples ont des plans qui soutiennent leur rôle dans le cours des âges. C'est par ces principes seuls qu'ils trouvent des hommes et des procédés qui savent perpétuer leurs succès ; c'est, si je peux le dire, par le bonheur et la grandeur de leur idéal, qu'ils sont heureux et grands.

La guerre contre Philippe, dit Polybe (3), enfanta celle contre Antiochus, comme la guerre contre Annibal avait fait naître celle contre Philippe ; et comme la guerre, en Sicile, conduisit à la guerre contre Carthage.—Il y eût là un grand nombre d'événements, dit-il, *pour une même fin*.

« Les autres nations, disaient les Rhodiens au sénat romain, s'arment pour accroître leur territoire, vous vous

---

(1) *Prologue de son histoire.* (2) *Ibid.* (3) *Histoire générale*, 3-6.

armez pour la gloire et pour la liberté des peuples. Vous avez pris sous votre protection une nation fameuse par son antiquité (la Grèce); vous vous êtes faits ses défenseurs contre ses rois. » — Les Rhodiens appelaient alors les Romains au secours des colonies grecques d'Asie qui, en effet, furent délivrées d'Antiochus. — « Le discours des Rhodiens, dit gravement Tite-Live (1), parut digne de la grandeur romaine. »

Le même Tite-Live caractérise ainsi (2) le peuple romain : « il se faisait gloire de commander par la raison plutôt que par la violence. Sobre de mesures acerbes envers les peuples et les rois vaincus; libéral avec ses alliés, ne revendiquant pour lui que l'honneur de vaincre; il laissait aux rois leur majesté, et même aux peuples, qu'ils traitaient en maître, leurs lois, leurs droits, leurs libertés. »

Que des excès aient souillé l'idéal romain, nul doute; mais c'est beaucoup que la grandeur romaine n'ait pu croître que sous le voile d'un noble idéal.

En somme, Rome eut plusieurs buts successifs : ce fut d'abord son organisation sociale; puis, l'organisation de sa liberté; puis, l'organisation de l'Italie; puis, la conquête du monde; enfin l'unification de l'univers sous l'Empire : et quand elle fut à la fin de tout cela, elle finit elle-même; elle mourut de son œuvre, qui ne put survivre à Rome, tant le Romain la soutenait!

IV

« Celui qui cherche une chose, saisit déjà, par une conception générale (l'intuition), la chose même qu'il cherche;

---

(1) *Histoire romaine*, 41-1. (2) *Ibid.* 37-54.

autrement, comment, l'ayant trouvée, la reconnaîtrait-il? (1) » Telle est la définition de l'idéal, selon Platon.

Le plus grand des novateurs, c'est le temps; mais il s'y prend si doucement, qu'on remarque à peine ce qu'il opère.

En général, l'idéal d'un peuple a sa racine dans la tradition; c'est ce qui distingue son idéal de ses utopies. — La politique traditionnelle d'un peuple, est l'expression de son idéal : pour qu'elle change, il faut que tout change autour d'elle, et pour qu'elle persiste dans ce jugement, il faut que le changement qui a provoqué le sien, persiste.

Comment distinguer l'idéal de l'utopie? — C'est par l'intelligence des intérêts de la société, contrôlée par la droiture des peuples. Il n'est pas d'intelligence sociale sans tradition et sans expérience; il n'y a pas de véritable conscience populaire sans mœurs. Toutes les recettes du monde, en dehors de cela, ne sont qu'empirisme.

L'or et le sable ont le même gisement; ce qu'il faut, c'est extraire plutôt l'un que l'autre. L'utopie n'extrait de ce gisement que le sable, l'idéaliste en extrait l'or.— L'utopie n'est qu'un rêve; l'idéal est un vrai prématuré (2).

Certes, le goût et l'art des recherches font partie de la science; plus on invente, plus on est en mesure d'inventer. Les inventions croissent géométriquement, en quelque sorte; mais pour commander à la nature, il faut lui obéir, étudier ses lois, et, dans une certaine mesure, sa lenteur.

La perspective de l'idéal agrandit souvent; elle peut parfois fausser le vrai, car c'est le fausser et même le diminuer que l'outrer.

---

(1) Cité par Bâcon, *De la dignité des sciences*, 5-3. (2) « L'utopie est, au bien, ce que l'illusion est à la réalité. » Discours de Napoléon II à l'ouverture de la session législative du 25 février 1865.

DU BUT ET DES MOYENS

DANS LA VIE PUBLIQUE

La fraude, une certaine nature de violence même; la méchanceté, la cupidité, la chicane, les ambitions, tous les intérêts humains suivent les chemins de traverse de la vie et, dans les chemins de traverse, elles préfèrent les chemins creux, les chemins couverts.

La casuistique des partis n'est que ce qu'on a si cruellement flétri du nom de jésuitisme; ce que les jésuites n'ont pas inventé, ce qui leur survivra, ce qu'on a non moins employé contre les jésuites qu'on n'a blâmé les jésuites de l'avoir employé contre les autres. — En un mot, tous les partis ont leur casuisme, c'est-à-dire leur jésuitisme.

Les agitateurs de notre temps ont des intentions généreuses, je le veux bien; mais ils n'ont pas le sentiment du possible. Ce n'est pas tout; s'ils sont justifiables par l'intention, ils sont généralement coupables par les moyens. Celui qui dit que le but légitime les moyens, ne fait que répéter l'adage éternel des ambitieux les plus souillés.

Tous les partis trouvent exécrables les moyens qu'ils emploient eux-mêmes, quand ce sont leurs adversaires qui les emploient. Ils les trouvent naturels, purs, au besoin glorieux, quand ils les emploient eux-mêmes contre leurs adversaires; mais la conscience crie que les moyens exécrables sont exécrables quelque soient ceux qui les emploient et à quelque fin qu'ils les destinent. — Tous les partis, sans exception, ont employé la même dépravation de moyens au service du même fanatisme de but; tous ont blessé, tous ont indigné la conscience humaine.

Consultez les interprètes des diverses opinions qui se disputent le monde, et dites moi si tous, sans réserve, n'emploient pas les mêmes expédients à soutenir des causes non-seulement distinctes, mais contraires : dites si tous n'ont pas usé des mêmes moyens malhonnêtes à seconder ce qu'ils croient une cause honnête?

I

Quel est le journal qui n'ait subverti toutes les notions du pouvoir en attaquant le pouvoir qu'il veut détruire? — Que s'ensuit-il? L'esprit public ne saurait s'ancrer aux principes sans lesquels nul pouvoir n'existe; et nul parti ne patronera demain son propre pouvoir qu'il ne l'ait gangrené d'avance de tous les virus qu'il lui a inoculé la veille. Nous n'avons plus de gouvernement possible, tant tout gouvernement a été systématiquement diffamé par ses adversaires ; tant les sources du gouvernement, en soi, sont empoisonnées !

Quel siècle vit interpréter le serment comme notre siècle, ou quel paganisme a plus frelaté le serment que nous? Jurer au prince (1) qu'on servira le pays, même

---

(1) J'appelle prince le souverain représenté par son gouvernement quel qu'il soit. — Je n'ai pas en vue tel homme au pouvoir, mais le principe du respect pour le pouvoir. — La trahison dont je parle s'est appliquée à plus d'un prince, je veux dire à plus d'un pouvoir.

contre le prince; n'est-ce pas se moquer du prince et du pays? Jurer fidélité au prince, et se réserver de ne pas l'appuyer; se réserver de le miner, de le ruiner, de le précipiter, de le juger, de l'exiler ou de faire pis; qu'est-ce que cela, sinon manquer à Dieu et à soi-même bien plus qu'au prince? Qu'est-ce qu'un pays où de prétendus dévots prêtent leur serment de fidélité, sous la réserve de rester rebelles? — Abolissons le serment, soit; mais que sera-ce qu'un pays où la fidélité ne reposera plus que sur le calcul ou le caprice? — Cet état des âmes est grave pour tous, car il nuit à tous, puisque ce que vous faites on le fait contre vous, et que la fraude de l'un a pour corollaire comme pour correctif, la fraude de l'autre.

L'usage adroit du faux principe des nationalités, le manège de la Prusse aidée des sociétés secrètes de l'Allemagne pour paralyser à la Diète et ailleurs la prétendue résistance à l'unification allemande, voilant les ambitions de la Prusse; les mécontents de l'Autriche réveillés, la Hongrie poussée à la trahison contre ses intérêts et ceux de l'Autriche; tous les stratagèmes qui ont divisé ou endormi les forces de ce vaste empire; le nom de la France, invoqué pour vaincre, méconnu par les victorieux; voilà ce qui, bien plus que le fusil à aiguille et la stratégie des généraux prussiens ou l'impéritie des généraux autrichiens, a livré, sur le champ de bataille, l'Autriche à la Prusse.

Pendant que les utopistes tiennent à Gand leur *Congrès national* (1) pour le progrès des sciences sociales, et déclament contre la peine de mort édictée contre des crimes reconnus par la tradition des siècles, et prononcée par les gouvernements réguliers, avec toutes les garanties que les

---

(1) Voir l'*Indépendance belge* du 7 septembre 1863.

progrès des mœurs et de l'expérience imposent aux lois comme aux tribunaux chargés de les appliquer, un comité, soi-disant national, en Pologne, prodigue arbitrairement la mort (1) au nom de son prétendu pouvoir, contre des nationaux ; d'autant plus violent contre eux qu'il n'a pas pour lui la nation qui l'invoque et qui trouverait de plus nobles ressources que cet obscur terrorisme si elle se levait en masse. — Que d'énormités concentrées dans le système du prétendu comité ! L'iniquité de sa pression sur un peuple qui ne le suit pas et qu'il ensanglante ; l'arbitraire d'une décimation sans garantie, et cela parce qu'on ne pense ou n'agit pas comme un comité sans aveu, comme sans droits ; quelle monstruosité ! — Mais qu'en pensent les libres-penseurs ; les tribuns de Gand surtout, qui prétendent affranchir la pensée de toute pression : ceux qui ont une telle horreur du sang, qu'ils s'abstiendraient même de celui des monstres ? — Ils louent le comité polonais : ils abdiquent leurs principes pour exercer leurs passions ; ils estiment leurs ressentiments plus que leurs principes.

Avant, pendant ou après leurs congrès, les acteurs de ce congrès ont les mêmes dogmes. Ils ne varient pas : ils prêchent toujours la philantropie et pratiquent la violence.

Que n'a-t-on pas dit sur les droits primordiaux, si commodes pour battre en brèche les droits existants ! — Sans la théorie des droits antérieurs et supérieurs à ce que l'humanité connaît et pratique depuis qu'elle respire, les utopistes et les agitateurs seraient fort à plaindre.

---

(1) *Chaque* désobéissance aux ordres du gouvernement national sera punie de mort, sans égard aux antécédents du coupable. » — On peut lire cela dans le *Journal des Débats* du 7 octobre 1863.

Une civilisation raffinée manipule indiscrètement cette antique science du bien et du mal que les méchants, dont les civilisations pullulent, n'appliquent qu'au mal.

II

La presse réclame la liberté de la presse sous sa responsabilité devant les lois. Poursuit-on un journal d'après les lois, toute la presse prend le deuil et proteste contre la mesure. Elle accepte les lois, non l'application; les tribunaux, non la poursuite; et cela lors même que, dans un excès d'ingratitude, un journal n'est pas seulement agressif, mais subversif contre celui de qui l'on tient, toute chaude encore, la liberté de la presse.

Avant le suffrage universel, ce suffrage était le remède à tout; depuis qu'on l'a, il ne remédie à rien. Chaque parti le fausse, et le prétend faux ou sincère selon qu'il s'est prononcé pour ou contre lui. — Toujours le mensonge corrompant le fait; l'expédient fraudant le principe.

Les uns veulent les choses sans les hommes; les autres veulent les hommes sans les choses; d'autres enfin ne veulent ni les hommes, ni les choses.

Ceux-ci tiennent pour la majorité du nombre, ceux-là pour la qualité dans la majorité. — Le nombre et la qualité se disputent le droit de créer la légitimité parlementaire.

Qui me dira, par exemple, d'après l'opinion qu'expriment les divers partis, ce que c'est que majorité dans les Chambres? La majorité de telle Chambre vaut-elle celle de telle autre? Celle des Chambres est-elle celle du Pays? Celle du Pays est-elle celle de Paris? La majorité patriotique et la majorité impatriotique s'équivalent-elles? La majorité indépendante a-t-elle quelques rapports avec la majorité servile? La majorité progressive avec la majorité retardataire ? La majorité saine, avec la majorité malsaine ? Que de majorités imaginaires pour prouver que cinq l'emportent sur quinze; deux sur sept, trois sur neuf; pour prouver, en somme, que la minorité est la majorité!..

Pour les uns, le Prince règne et gouverne; pour d'autres, il règne mais ne gouverne pas; pour d'autres enfin, le Prince ne règne ni ne gouverne, car il ne faut pas de Prince.

Le Prince veut-il des mesures libérales méditées avec ses ministres, on s'écrie qu'il doit changer ses ministres; on proclame que de nouveaux projets veulent des hommes nouveaux. Comme si des hommes nouveaux étaient des hommes d'Etat! Comme s'il suffisait de soulever un pavé pour y trouver un ministre! Prétexte excellent, d'ailleurs, pour détruire la stabilité des choses par l'instabilité des hommes; pour exciter la soif des portefeuilles, la guerre aux ministres, et faire oublier, dans des querelles d'ambitieux, les intérêts, l'honneur, et jusqu'au salut de la patrie. Qui ne l'a vu? et à qui apprends-je quelque chose ici qu'à des novices?

Ces conflits dans le but et dans les moyens, ces expédients pour cacher le but par l'hypocrisie des moyens, ces épaisses ténèbres sur la pureté du but lui-même, tant ce but se noie dans les moyens ou les expédients qui le souillent et le supplantent; tout cela ne démontre-t-il pas une déviation morale de l'intelligence ou de la conscience publique, ou même tout ensemble de l'une et de l'autre ?

III

Et ce sont les mêmes esprits, dont les expédients politiques sont si véreux, qui prêchent, au besoin, la subordination de la politique à la morale, et demandent fièrement s'il y a deux morales! Certes, il n'y a qu'une morale; mais pourquoi les déclamateurs en question ont-ils vingt morales? Ne pourraient-ils se contenter de deux?

Il n'y a pas plus deux morales qu'il n'y a deux géométries ou deux chimies; mais il y a la morale et la politique (1). Il y a la bonne politique qui vaut encore mieux que la fausse ou la mauvaise morale.

Ceux qui veulent appliquer la morale où il faut la politique, ne sont guère plus sensés que ceux qui veulent appliquer la politique où il faut la morale. — Défions-nous surtout, et écartons du gouvernement des hommes, ceux qui voudraient perdre honnêtement les peuples au lieu de les sauver adroitement ou virilement.

Dieu nous garde des simples qui mettent la morale où il faut la politique! Dieu nous préserve des fourbes qui mettent la politique où il faudrait la morale! Dieu nous garde enfin des hypocrites qui veulent confondre la morale et la politique, sous prétexte d'honorer la politique par la morale, mais, au fond, pour faire le mal au nom du bien, pour faire de la fausse politique au nom de la fausse morale!

Parcourez certains romans politiques, rien n'y gêne, rien n'y accroche : — Mon Dieu! oui; rien n'y accroche, parce que rien n'y gêne. Pourquoi cela? Parce que c'est un roman. Vous avez rêvé votre roman, soit, racontez-le moi; je l'écoute avec résignation : mais point d'emportement, point d'aigreur, quand je le prendrai pour un songe. Racontez-moi votre songe, ne me l'imposez pas : Ne me dites jamais : « Mon songe ou la mort. »

---

(1) Si la politique et la morale étaient la même chose, pourquoi deux noms différents?

IV

Il est évident qu'un but qui a besoin de mauvais moyens n'est pas bon : un bon but doit pouvoir se passer de mauvais moyens.

Dieu seul est maître du but que nous nous proposons ; nous disposons mieux des moyens par lesquels on atteint le but. Employer de mauvais moyens pour atteindre un bon but, c'est calomnier le but par les moyens ; c'est vouloir forcer Dieu dans le but, en l'intéressant au mal des moyens. — Un bon but veut donc de bons moyens, et il semble que Dieu ne devrait favoriser un but que sous le bénéfice des moyens par lesquels on le tente. Il semble même que Dieu devrait manifester la légitimité du but, par la légitimité des moyens. Mais qui conseillera Dieu ? Dieu agit selon ses voies, et il est historiquement certain que le meilleur but a été cherché et atteint par de mauvais moyens.

A propos d'une guerre politique, pour occuper et distraire un peuple, dont on redoute l'agitation intérieure, « Je ne crois pas, écrit Montaigne (1), que Dieu favorisât une si injuste entreprise d'offenser autrui pour notre commodité. » — Et cependant qui ne vient de voir, en Allemagne, l'éclatant succès de cette injustice ?

Quand la sagesse manque dans les sociétés, la violence y accourt et y prédomine.

C'est, dit-on, la fin qui juge les commencements ; non, mais ce sont les commencements et la fin ou, si l'on veut, la fin et les moyens, qui jugent l'œuvre.

---

(1) *Essais*, 2-23.

DU DOCTRINARISME

OU

DE L'ESPRIT DE SYSTÈME

Je n'entends pas confondre les esprits éminents qu'on a surnommés les doctrinaires, avec le doctrinarisme. Sous l'écorce d'un mot nécessaire pour qualifier l'esprit du système que je veux combattre, je n'entends pas attaquer des intelligences que tout le monde honore et que j'apprécie hautement comme tout le monde. Loin de moi l'esprit de satire contre les personnes, encore moins contre un certain ordre de personnes. Le doctrinarisme est une contagion et une sorte de manie contemporaine; je ne m'élève ici que contre cette erreur de mon temps, sans faux ménagement sans doute, mais sans aigreur; Alceste, si l'on veut, mais animé de la droiture d'Alceste; franc toujours, courageux quelquefois; injurieux jamais (1).

(1) « Je n'ai qu'une prétention, c'est d'être un esprit indépendant « qui pense ce qu'il pense et le dit, que cela plaise ou déplaise à « n'importe quel parti, à n'importe quelle personnalité. » M. Thiers au *Corps législatif,* le 10 décembre 1867.— Je n'ai pas le droit d'être aussi fier, il me suffit d'être et de me montrer libre.

> Il n'est ni fable, ni folie
> Qui n'ait sa philosophie (1).

aussi le nombre des doctrinarismes est-il immense : la philosophie, la politique, les lettres, la religion, la théologie, la chimie, la physique, les sciences naturelles, ont leurs doctrinaires; et je n'affirmerais pas que les mathématiques n'en ont point.

Le régime de 89 eût des doctrinaires : celui de 93 eût les siens: le césarisme en a ; le gouvernement parlementaire en a ; la monarchie absolue a les siens comme la république ; l'anarchie — qui le croirait ? — ne s'honore pas moins de ses doctrinaires que le socialisme : il y a des doctrinaires qui n'ont guère d'autre système que dissuader la France d'être soi, et de lui conseiller d'être tout autre que soi.

Thrasidas, *Ancus* et *Théodule* ont passé leur vie à faire prendre des formules pour des doctrines, des discours pour des actes, et des leçons de professeurs pour les leçons de l'expérience ; cependant ils furent brillants : leurs successeurs ne furent que vides.

Les hommes naissent enclins à l'esprit de doctrine ; ils aiment à systématiser les faits pour trouver leurs lois. Je n'improuve donc pas l'esprit désintéressé qui dogmatise ce qu'il croit vrai ; je ne m'en prends qu'à celui qui dogmatise ses intérêts pour servir son rôle — c'est aux doctrines créés pour servir des ambitions, c'est aux fausses doctrines qui sont devenues les axiomes de l'esprit public que je m'en prends ; car, d'une part, les faux axiomes de l'opi-

---

(1) *Vieilles fables* de Marie de France.

nion trompent d'autant mieux qu'ils paraissent des lumières; et de l'autre tout ce qui rectifie l'opinion restaure la conscience publique (1).

I

Il faut toujours une doctrine même à la force ; tous les hommes ont besoin de croire et de faire croire qu'ils ont raison; de là, le doctrinarisme : mais ce n'est que sa raison générale.

Le doctrinarisme est né dans la sphère politique : 1° de l'introduction du professorat universitaire dans les assemblées législatives ou dans l'administration ; 2° de l'esprit du gouvernement parlementaire; régime fictif, qui eût besoin de se faire des doctrines précaires comme son principe, et de créer des dogmes affectés à la mobilité des faits qu'il prenait mission de régir.

Je n'entends point, par doctrinaires, ceux qui professent de fausses doctrines, car quel homme ne serait, en ce sens, doctrinaire ? Je l'entends de ceux qui ont la manie, le tic de prendre des formules pour des doctrines, et pour qui une sentence est un axiome.— En ce sens, le doctrinarisme n'est que l'ignorance ambitieuse; l'erreur doctrinale revêtant l'habit brodé pour parer sa vanité.

En général, le doctrinarisme quel qu'il soit et de quelqu'esprit qu'il relève, c'est : tout ce qu'il plaît, érigé en principe; c'est le système de la pétition de principe, donné pour solution; c'est l'hypothèse érigée en certitude; ce sont les

---

(1) Je le tenterai surtout dans le cours de ce livre. Si les exemples par lesquels je qualifie le doctrinarisme, n'ont pas toujours un aussi grand but, c'est que toutes les erreurs n'ont pas la même portée. Je ne relève d'ailleurs que celles des esprits autorisés.

faits, noyés dans l'abstraction ; c'est une généralité fausse ou partielle, donnée pour absolue; c'est l'intrusion de lois morales imaginaires; c'est un caprice de l'imagination revêtu d'une forme grave ; c'est une expression pompeuse, un grand mot, pour couvrir une chose petite ou vide; une artificieuse imposture de termes qui ne sont que pédantesques ;—en un mot, c'est l'esprit de système substitué à l'esprit de vérité ; c'est la formule imaginaire et dogmatique de la loi physique ou morale, substituée à la certitude morale ou physique : le doctrinarisme contemporain, c'est la scholastique moderne.

Le doctrinarisme est si souple et si multiple qu'il est mal aisé de le définir quoiqu'il soit fort facile, à un esprit droit et pratique, de le sentir et de s'en défendre.

II

Tantôt le doctrinarisme érige en principe un fait isolé ou secondaire; tantôt il pose des principes qui ne portent pas sur des faits, ou qui reposent sur des faits qui ne peuvent pas porter ces principes ; si bien que le doctrinarisme écrase les faits ou s'en passe : en ce dernier cas, ce n'est qu'une draperie sur un mannequin ; ce n'est qu'un contour sur le vide.

La plupart du temps, les véritables penseurs vont des choses aux mots qui les expriment; le plus fréquemment, les doctrinaires vont des mots aux choses; et même, pour peu que leurs mots aient pris, ils se consolent des choses.

On reconnaît la Doctrine au défaut d'élan et de spontanéité; on la reconnaît surtout à je ne sais quel agencement artificiel de poids et mesures qui contrefait la conscience.

Le doctrinarisme collectif respire communément je ne sais qu'elle odeur de boutique et de conciliabule ; il est évident qu'il sort d'une école : qu'il tient ou veut tenir école ; qu'il aspire moins à éclairer qu'à triompher ; que ses doctrines ne sont pas un but, mais un instrument ; qu'il appartient à une organisation qui le protège, mais le tient en laisse et le force à dire fréquemment *nous*, parce qu'il est un nombre, un parti, une coterie, un club, une académie, un conclave.

Quand le doctrinaire s'isole, il rêve ce qu'il lui plaît et prend ses aises : la moindre concommittance ; la moindre antithèse, la moindre symétrie, le moindre contact dans les choses lui suffit pour exercer le pressant besoin de construire sa fantaisie. Vous le verriez tout prêt à créer une planète avec trois fétus.

Certain doctrinaire avait trouvé que, pour que Jésus-Christ vînt sur la terre, il fallait que Platon l'eût précédé ?—Pourquoi ? Il ne nous le dit pas.

Un moderne a soutenu que les douze signes du zodiaque sortent en droite ligne des douze enfants de Jacob (1) et il en donne des raisons au moins bizarres.

D'après Lucien, les Ethiopiens durent inventer l'astronomie parce que leur ciel est *toujours bleu* (2).—Cela n'est pas sûr ; le ciel des Ethiopiens peut n'être pas toujours bleu, et d'autres peuples ne jouissent pas d'un ciel moins bleu ou moins constamment bleu que les Ethiopiens.

Suivant quelques anciens, Atlas qui portait le ciel sur ses épaules, Phaéton qui le parcourut si mal, Prométhée qui en ravit le feu si périlleusement, étaient de grands astronomes (3).— Pourquoi non ? Mais pourquoi oui ?

---

(1) *Traité de l'opinion* 1-557. (2) *Ibid* 1-557. (3) *Ibid* 1-553,559.

Quelques-uns attribuaient la prodigieuse mémoire du cardinal du Perron à ce que sa mère, étant grosse, fut violemment éprise d'une bibliothèque;—soit : mais ceci touche à la sorcellerie; visons plus bas.

On sait quels rapports profonds Sganarelle trouve entre l'esprit de sociabilité et le tabac (1): s'ils ne sont profonds du moins sont-ils charmants : mais que dire de ce qui suit? — Un auteur du dix-huitième siècle (2), écrivait sur les noirs du Sénégal: « ces peuples pleurent leurs morts en
« donnant le bal et en buvant de l'eau-de-vie (pourquoi,
« s'il vous plaît ?), c'est qu'ils aiment l'eau-de-vie et la
« danse et que (écoutez bien !) chez les peuples *barbares*,
« vous verrez toujours les usages conformes aux pen-
« chants. » — Quel trait! ou mieux, quel double trait! quel excès de sens et de trouvaille! les usages conformes aux penchants, et cela chez les peuples *barbares*! En effet, se permettrait-on de croire qu'ailleurs que chez des barbares les usages sont conformes aux penchants ? tel est le doctrinarisme ingénieux: on ne le commente pas, on l'admire.

III.

Prenons quelques traits du doctrinarisme philosophique : d'après un de nos maîtres français, le climat de la Grèce a produit le génie grec dans sa multiple aptitude ; et ce maître en donne beaucoup de raisons : le seul vice de son système, c'est que son principe est faux. — Si le climat de la Grèce, son air, ses mers, ses paysages, son morcellement, sa configuration avaient produit ses poètes,

---

(1) V. *Don Juan ou le Festin de Pierre*. (2) Laharpe, *hist. générale des voyages* 2-218.

ses historiens comme il produisait ses papillons, ses végétaux, ses poissons, ses oiseaux, comment ne produirait-il plus les mêmes grands esprits comme il produit toujours les mêmes papillons, les mêmes poissons, les mêmes végétaux, les mêmes oiseaux? — D'autre part, pourquoi le sol de l'Italie — si rebelle aux arts sous les Romains, lorsqu'il était plus beau que de nos jours — est-il devenu la patrie des arts dans l'Europe moderne? Pourquoi la Grèce est-elle barbare en dépit de son climat resté le même, tandis que l'Italie, malgré l'empirement de son climat (1), s'est faite artiste? Non, les orateurs, les poètes, les philosophes, les grands capitaines, les hommes d'Etat ne poussent pas selon les climats comme les oranges, les figues, les raisins, les truffes, les champignons et les asperges.— Le secret des grandes races n'est pas si simple.

Dans son *Histoire morale de la femme* (2), un élégant esprit contemporain fait un crime au *despote* Bonaparte de n'avoir compris la femme qu'en homme du midi et de n'en avoir pas connu le spiritualisme qui vient du nord. Cela me surprend d'abord, et puis, j'en ris. L'idéal de la femme antique appartenait au midi plutôt qu'au nord. Pénélope, Andromaque, Hécube, Eurydice, Alceste, Didon ne furent ni germaines, ni saxonnes que je sache; et, si les femmes du midi ont si bien idéalisé l'amour, comment les hommes du midi ne comprendraient-ils pas cet idéal? Puis, Pétrarque, l'Arioste et le Tasse, si délicats sur la femme, ne sont pas du nord. Est-ce que la chaste et sublime Béatrice est du nord? Est-ce que Jeanne-

---

(1) Voltaire était frappé de l'exagération donnée à l'influence du climat.— Voir la lettre de M. de Soumarokof, 26 fév. 1769.

(2) 4ᵉ Edition page 5.

d'Arc est du nord? Est-ce que le célèbre roman de l'Astrée est du nord? Est-ce que le chevaleresque Don Quichotte est du nord? Est-ce le bouddhisme si près du christianisme et qui règne sur la moitié du globe, est du nord? — Enfin, d'où sortit le christianisme et d'où sort la femme chrétienne sinon du midi? La triple antithèse de notre écrivain n'est donc qu'une triple erreur dont la trinité, bonne pour l'effet, ne peut qu'accroître le faux radical du fond.

Les criminalistes doctrinaires voudraient supprimer la peine de mort parce qu'elle ne supprime pas l'assassinat; mais que ne suppriment-ils les peines du vol, parce qu'elles ne suppriment pas le vol? Que ne suppriment-ils toutes les peines puisqu'elles ne suppriment pas tous les délits? — Qu'on me dise d'ailleurs ce qu'on fera, sans la peine de mort, de celui qui, déjà condamné à la plus haute des peines légales, commettra des crimes énormes? Le réputera-t-on impeccable parce qu'il ne sera plus punissable?

Lorsqu'un grand penseur prétend dans son livre sur la *Civilisation en Europe* (1) qu'il n'y eût pas dans l'antique Italie de mœurs rurales, parce qu'on n'y voyait que des villes ainsi que le témoignent les voies romaines; ne suppose-t-il pas le fait, pour le besoin d'une doctrine, et la doctrine pour le besoin d'un paralèlle? Il faudrait, pour supprimer les mœurs rurales dans l'Italie antique, n'avoir lu ni les

---

(1) *Deuxième leçon.* On y lit: point de campagnes, point de campagnards, mais seulement des esclaves cultivant la terre pour leurs maîtres; point même de chemins communaux, etc. — Où gisaient donc ces *tribus rustiques* qui jouèrent un si grand rôle dans les armées romaines? Dans quel idéal Virgile eût-il puisé cette peinture sublime de la vie des champs: *ô fortunatos nimium tua si bona nôrint agricolas?*

Eglogues, ni les Géorgiques de Virgile, ni le *De re rustica* de Caton, ni Tibulle, ni Juvénal, ni Horace, ni les Pline, ni aucun Latin ; car, s'il y eut un peuple franchement et cordialement campagnard, ce fut le peuple Romain.

Pourquoi prétendre, comme certains esprits modernes, que les Teutons ont introduit, chez nous, l'individualisme et la dignité ? Est-ce que l'individualisme et la dignité datent d'hier, parmi les hommes ? Est-ce que toute l'antiquité ne connut pas l'individualisme ? Est-ce qu'elle ignora la dignité et même la majesté ? — Je crois rêver en lisant nos billevesées doctorales.

Dans un livre recommandé, sur l'*Esclavage*, on lit que, si l'esclave vole, c'est que ne pouvant rien posséder, et n'ayant pas le sentiment de la propriété ; il n'en peut avoir le respect. — Disons d'abord qu'en fait, l'esclave possède un pécule ; mais, au fond, la doctrine est défectueuse : tous nos voleurs français, espagnols, anglais etc., possèdent ou peuvent posséder ; cela n'empêche pas qu'ils ne volent. — Les esclaves romains n'étaient pas nécessairement voleurs ; on n'a jamais dit, que je sache : voleur comme un esclave.

Les anciens disaient que l'homme était fait pour la Cité (1) ; ils préféraient la Cité à l'homme. Nos modernes prétendent à leur tour que la cité est faite pour l'homme ; autre erreur, et plus dommageable : trop de civisme ne saurait détruire l'homme qui est une réalité ; mais trop de personnalisme détruit la Cité qui est une abstraction. — La maison est faite pour l'homme : en crèverons-nous le

---

(1) Ils n'ont jamais dit (qu'à Sparte) qu'il fût fait exclusivement pour la Cité — à Rome, le père de famille n'étant pas seulement un individu, était un maître ; c'est-à-dire, un peu plus qu'un homme.

toit et les murailles pour que l'homme y respire mieux? Restons dehors. — Le vêtement est fait pour l'homme : déchirerons-nous nos habits pour être plus à l'aise? Vivons nus. Les importations de la sauvagerie dans la civilisation, sont une seconde chute : l'homme est fait pour la Cité, comme la Cité pour l'homme. La Cité est faite d'hommes, mais sans la Cité, l'homme n'est qu'une brute : bestialité et civilisation s'excluent. Quand les anciens exagéraient le sentiment civique, ils savaient bien que le personnalisme s'exagère tout seul ; ils lui opposaient donc le civisme.

Selon M. Cousin et les parlementaires, Waterloo fut le triomphe de la liberté contre la force. Selon M. Victor Hugo et les démocrates, Waterloo fut le triomphe du féodalisme sur la révolution. Qui croire? Aucun d'eux : car, qui ne comprend qu'ils sont arbitraires? Waterloo fut Waterloo, par mille sérieuses causes humaines, et par une plus grande cause surhumaine que Dieu réserva pour ses desseins. C'est tout ce qu'on peut dire sur un événement de cet ordre, dont nul homme ne peut sonder le mystère.

Quand J.-J. Rousseau écrit que le Christianisme détruit l'esprit national, l'esprit social, et qu'il pousse à un mysticisme stérile, oublie-t-il que l'Angleterre, l'Amérique, la Russie sont chrétiennes ; et que la France, l'Italie, le Portugal, l'Espagne sont catholiques?

Il y a dans tous les systèmes doctrinaires un peu de vérité qui appartient à la doctrine, et beaucoup d'erreur qui appartient au doctrinaire.

La mémoire d'un philosophe vanté, qui fut ministre de l'instruction publique, ne se lavera pas d'avoir dogmatisé « le droit de la force ; » d'avoir posé en principe et démontré, selon lui, que la force n'a jamais tort. — Le doctrinarisme ne fut jamais ni plus hardi ni moins dangereux, tant il dérailla.

Un esprit distingué qui constate que les crimes et les délits baissent sensiblement, « en fait honneur à l'instruction primaire : » mais que de causes peuvent faire monter ou baisser, en dehors de l'enseignement, le niveau des crimes (1) ! Ce n'est pas l'instruction qui diminue les crimes, c'est l'éducation ; l'éducation même ne suffit pas, si elle n'est pas sous l'empire d'un frein perpétuel qui s'impose à l'âme et contient l'homme après avoir discipliné l'enfant. Les crimes les plus noirs sont commis par des intelligences cultivées ; la science n'est qu'un instrument qui s'applique au bien comme au mal. La demi-science n'a que les mauvais côtés de la science ; la science et la demi-science aiguisent plus les appétits qu'ils ne les contiennent ; ignorer le vice est presque une vertu. C'est la force, c'est la discipline morale, par laquelle on contient ses appétits, qui combat et restreint le plus le crime. La science et cette discipline n'ont presque rien de commun ; il est manifestement faux que la moralité s'accroisse avec la science ; c'est la plus grave méprise de notre temps que de considérer la science comme une vertu.

Le Dieu de Schelling progresse, comme tout l'univers, par les belles raisons qui suivent : « Quelque chose doit précéder l'intelligence, c'est l'être, puisque l'intelligence est le complément de l'être. Ce qui est le commencement de l'intelligence ne peut pas être intelligent, sans cela la distinction n'existerait plus. » — Voilà, dirai-je, un bon commencement, pour parler comme notre auteur ; pour-

---

(1) Par exemple : l'abondance des denrées et du travail, la police, la répression, l'administration, tout ce qui apaise les mœurs en rendant la vie moins dure ou plus occupée.

suivons : « Et pourtant, s'écrie Schelling, Dieu ne peut pas être non plus non intelligent, puisqu'il est la possibilité de l'intelligence ; que sera-t-il donc ? » — Grave question que je me fais moi-même avec un vif sentiment d'anxiété ; que sera-t-il donc ? « Il sera, dit Schelling, un moyen terme (*sic*) : il agira avec sagesse, mais avec une sagesse instinctive (*sic*), innée, aveugle (*sic*), comme on voit quelquefois des enthousiastes pleins de sens sans en avoir la conscience (*sic, sic*) et comme par inspiration (1) ». — Ouf ! j'entends ; mais comment comprendre ce pathos ? — Ce Dieu, qui a presqu'autant d'instinct que l'abeille ou le castor, ses créatures, mais un aveugle instinct comme la taupe, plus intime encore : ce Dieu qui, dans ses bons moments, dit de bonnes choses sans se comprendre, me paraît le dieu de l'ineptie, et si Schelling le juge digne de lui, j'y souscris.

Voici du Hégel clarifié (2) : « Quatre principes constituent le développement de l'esprit du Monde. — Le premier, c'est-à-dire, la manifestation immédiate de l'esprit universel, fut la substance, c'est-à-dire la forme identique et substantielle dans laquelle l'unité reposait comme ensevelie dans son essence. — Le second principe est la conscience de la substance qui produit le sentiment de l'indépendance, la vie et l'individualité sous la forme du beau moral. — Le troisième principe est le développement plus profond de la conscience, qui se pose dans l'opposition d'une universalité abstraite, et d'une individualité plus abstraite encore. — Le quatrième principe commence par la destruction de l'opposition précédente, et consiste dans la possession de la vérité concrète des

---

(1) Deukmal der schrift von den goethlichen Dingen S-94.
(2) V. Lerminier, *Introduction à la philosophie du droit*, p. 267.

choses ; de la vérité morale, dans ce qu'elle a de plus intime, de plus puissant et de plus normal. — Ces quatre principes, poursuit Hégel, sont représentés par quatre mondes : le monde oriental, le monde grec, le monde romain, le monde germanique. » — Enfin !... Mais heureux auteur qui peut faire lire un pareil langage ! heureux lecteur qui peut le saisir! plus heureux encore s'il peut l'admirer !

Apprécions le mariage, suivant Hégel : « Le mariage contient, dit-il, comme rapport immédiat, d'abord l'élément de la vitalité naturelle et même, comme rapport substantiel, la vitalité de son entier, c'est-à-dire, la réalité du genre et de son développement; mais, secondement, dans la conscience de soi, l'unité des sexes naturels, qui n'est qu'intérieure ou existant en elle-même, et qui avec cela (avec cela !), n'étant qu'extérieure dans son existence, est changée en un amour spirituel ayant conscience de lui (1). » — Soit; appelez donc deux futurs époux pour leur enseigner que le mariage est la *réalité du genre et de son développement*, et que, dans ce contrat l'unité des sexes, qui n'est qu'*intérieure en soi*, est *extérieure dans son existence*, vous les surprendrez. si vous ne les endormez pas : mais que ne peut Hégel quand il s'en mêle !

On n'en finirait point avec le doctrinarisme philosophique : les exemples qu'on vient de voir suffisent pour le faire apprécier. C'est l'esprit des novices d'invoquer les règles ; c'est l'esprit des maîtres de les appliquer ; mais. par les écarts des maîtres, que penser de ceux des novices? Passons aux historiens doctrinaires.

---

(1) Hégel, *Droit de la nature*, § 161.

IV

Il faut faire de l'histoire avec des faits historiques, non avec des passions politiques; il faut faire de l'histoire avec l'histoire, non avec les préjugés, la routine, l'imagination, la fantaisie.

On se dit trop souvent : il serait bon de prouver cela, je vais prouver cela. On fait son plan là dessus; la construction en est parfaite comme en un roman où rien ne gêne : on fait tout entrer dans ce cadre à la Procuste, et l'ingénu lecteur de s'écrier : comme c'est bien cela! comme c'est coordonné! comme c'est déduit! comme tout s'engrène! Il ne se doute pas que c'est dans cette perfection qu'est le vice. C'est qu'en effet la symétrie n'est qu'un effet de l'art, non de l'histoire, et que les plans, bien carrés, dans lesquels se meuvent les événements, sont des plans que l'homme crée, mais dont Dieu se moque.

Les historiens, qui expliquent les événements ont, en marchant, la lumière devant eux ; les faits et leurs résultats les ont précédés. Les hommes d'Etat, qui préparent les événements, ont la lumière derrière eux ; les faits les suivent quand ils ne les fuient pas. Quoi d'étonnant que les premiers marchent plus sûrement? Ne voient-ils pas à plein, ce que les autres n'ont pressenti qu'à peine? Les hommes d'Etat ont à deviner ce qui arrivera, les historiens ont déjà vu ce qui est arrivé. Les uns ne voient pas l'avenir, même par fragments, les autres voient tout le passé dans son ensemble. Les hommes d'Etat, marchant la lanterne en main, pour ainsi dire, n'aperçoivent que l'espace où ils posent leurs pieds. Les historiens jouissent de la lumière du plein soleil ; ils embrassent dans l'horizon plus d'espace que leurs pieds n'en parcourraient. Que les historiens sont plaisants quand ils disent aux hommes d'Etat : hommes aveugles, vous n'avez su voir ni cette haie, ni tel ravin, ni tel fleuve, ni telle montagne, ni tel grand chemin qui courait tout droit devant vous et qui me crève les yeux. — Les historiens doctrinaires régentent très-bien le passé, ils ne savent jamais rien de l'avenir ; mais personne ne sait mieux qu'eux le lundi, ce qu'on eût dû ou pu faire le dimanche.

Un esprit pénétrant, en même temps que droit et délicat, et qui porte dans la critique une grâce et un sel attiques, soutient trop cette maxime « qu'il faut juger d'un règne par celui qui le suit ; » d'où la conséquence, apparemment que, si le successeur est bon, le prédécesseur en a le mérite ; que si le successeur est mauvais, c'est le tort du prédécesseur. On pourrait dire, d'après cette règle, que c'est Domitien qui régna sous Nerva-Trajan, et que ce fut le règne de Marc-Aurèle qui fit Commode ; mais cela n'a pas de fin, car si Trajan touche presque à Domitien, Domitien remonte à Titus, qui remonte à Vespasien ; et de proche en proche, on revient à Romulus. — Henri III n'aurait-il point préparé, d'après ce principe, la vigueur du règne d'Henri IV ? celui-ci, les faiblesses de Louis XIII ? ces faiblesses, l'ascendant de Louis XIV ? Richelieu n'aurait-il pas ainsi préparé les misères de la Fronde ? Louis XVI, la sinistre grandeur de la Convention ? — Dans le même sens, si Napoléon III remonte à Louis-Philippe, celui-ci remonte à Charles X, et, par Louis XVIII, à Napoléon 1er même. Qui ne sait que les règnes qui se touchent s'impressionnent, si je puis le dire, et qu'ils se servent ou se nuisent respectivement ? — Il est vrai que tel prince posséda le trône, le pays, l'armée, les finances et toutes les forces de la France, que son successeur tint de lui ou posséda comme lui; mais celui-ci sut les employer, non l'autre. Le gouvernement de l'un sut agir, celui de l'autre ne sut que parler; l'un commanda, l'autre pérora. C'est pourquoi l'un fut fécond, l'autre stérile; et voilà comment ils diffèrent bien plus qu'ils ne se ressemblent.

Qu'eût pu devenir Rome, si les lois des Gracques eussent passé? Question complexe, mais insoluble. Quel Français résoudrait ce qu'un Romain de la république eût craint d'aborder? La fougue française a été moins discrète. Un membre de l'Institut nous démontre, par le menu, tout ce qui ressortait nécessairement des lois agraires pour le bonheur de Rome et des siècles futurs. Une Revue française contient ce trésor, trop méconnu, comme tant d'autres.

Comme l'individu s'effaçait, dans l'antiquité, devant la patrie, le même savant en conclut que les sociétés antiques ne protégeaient pas les personnes; mais où le prend-il? — Le fameux *sum civis Romanus* prouve assez la protection que la qualité de citoyen donnait à celui qui en était revêtu, puisqu'être citoyen romain fut l'ambition des rois eux-mêmes. Le titre de citoyen était à Rome une armure que nous ne connaissons plus; elle ne couvrait pas seulement le Romain à Rome ou en Italie, elle le suivait partout où la grandeur romaine était connue, c'est-à-dire dans l'univers (1).

Que fut devenue la France, si le Prince noir l'eût conquise? Question d'enfant. — Que ne serait pas l'Ecosse, si elle eût pu échapper au joug de l'Angleterre? ou bien

---

(1) Saint Paul s'en prévalut avec succès auprès d'un centurion romain. V. *Actes des apôtres*, ch. XXII.

que serait l'Espagne, si elle n'eût pas conquis le Mexique ? Autres questions d'enfant.—Mais que sera la France dans cinquante ans, ou même dans trente ans, question digne d'un homme, que nul homme de sens ne résoudra, car qu'en sait-il? — Mais un doctrinaire se permettra d'en rêver.

On prétend que l'Autriche n'est pas un état, mais une armée, et qu'elle est en même temps comme la citadelle des traditions féodales ; mais comment l'esprit éminemment précaire et variable d'une armée concorderait-il avec la permanence des traditions féodales? et comment, d'autre part, l'Autriche, si souvent vaincue comme armée, se relève-t-elle toujours politiquement, comme Etat ?— Il y a là quelque ressort mystérieux qui échappe aux historiens doctrinaires.

On peut dire de tel tableau de la civilisation qu'il n'est qu'un système sur le développement du *gouvernement parlementaire* comme on l'entendait il y a trente ans en France. L'histoire de la civilisation en Europe est quelque chose de plus compliqué ; j'ose dire que le titre de tableau, même, est trop grand pour le sujet. — En sens inverse, Herder, qui a sérieusement embrassé l'histoire de la civilisation du genre humain, a pris un sujet plus grand que son cadre; et Herder y a montré ce qu'il ne pouvait faire. Mais quiconque aime les songes, sur les siècles éteints, goûtera Herder.

Les discours historiques de M. de Châteaubriant me paraissent le type de ce dont l'imagination peut fausser l'esprit de l'histoire. Une lanterne magique, ou un bal masqué, ne travestissent pas mieux les hommes et les choses que les fantaisies de cette muse. Les rapprochements n'y abondent que pour s'y choquer; les couleurs que pour éblouir; les réflexions que pour s'y combattre.

Le doctrinarisme sérieux, quand il s'en mêle, est plus spécieux et plus conséquent.

Dans son *Essai sur la Littérature anglaise* Châteaubriant écrit : « Après l'événement, on a systématisé la Réformation. Le caractère de notre siècle est de systématiser tout, sottise, lâcheté, crime : on a fait honneur à la *pensée* de bassesses et de forfaits auxquels elle n'a pas songé, et qui n'ont été produits que par un instinct vil ou un dérèglement brutal : on prétend trouver du génie dans l'appétit d'un tigre. » — Ce n'est que trop vrai : mais le doctrinarisme révolutionnaire qui dogmatise le mal pour l'ériger en bien, n'est qu'une des cent formes du doctrinarisme, et on les trouveraient toutes dans Châteaubriant, jusqu'à la forme révolutionnaire qui le scandalise.

Selon tel grave historien, ce qui perdit le haut Empire romain, ce fut de n'être pas régi par une loi politique sur l'hérédité ; comme si l'hérédité naturelle n'y fut point pratiquée, ou rencontra des obstacles ! — Un historien non moins grave (1), qui affirme à son tour que le césarisme est la pire ou la meilleure forme de gouvernement, selon qu'on y suit la règle de l'hérédité naturelle ou l'adoption, en conclut que ce qui perdit les Césars du haut Empire, ce fut la loi de l'hérédité naturelle. Il oublie sans doute qu'Auguste fut adopté par César, Tibère par Auguste ; que Caligula, fils de Germanicus, portait un nom populaire qui lui valut l'adoption du peuple, dont il fut l'idole avant sa folie ; que Claude fut élu ; que Néron fut adopté ; que Galba fut élu ; que Pison fut adopté ; qu'Othon, qui fut élu, tua Galba parce qu'il n'en était pas adopté : que

---

(1) Voir *Tacite et son siècle*, 1 - 440 et suivantes. (2) M. Renan, sur Marc-Aurèle.

Vitellius fut élu; que Vespasien fut élu; que Titus — les délices du Genre humain — fut héréditaire; que si Domitien fut héréditaire, Nerva fut élu; Trajan et Adrien adoptés; Si bien que, sur tant de Césars, il n'y en eut que trois d'héréditaires, dont un fut fou, l'autre méchant il est vrai, mais un autre, son frère, les délices du monde. Comment donc l'hérédité naturelle perdit-elle les premiers Césars? — Mais qui n'admirera l'esprit doctrinaire qui perd les premiers Césars faute d'hérédité naturelle, et qui les perd aussi faute d'adoption : moyens contraires, qui se contredisent, et dont chacun même est faux en fait. — En principe, quelle garantie peut offrir l'adoption que fait, de son successeur, un tyran?

« La difficulté n'est pas d'expliquer un fait considéré en lui-même. « Il n'y a aucun fait, dit Donoso Cortès (1), qui, considéré de cette manière, ne puisse s'expliquer suffisamment par cent hypothèses différentes. La difficulté consiste à remplir la condition métaphysique de toute interprétation qui exige, pour que l'explication d'un fait soit valable, qu'elle ne rende pas *inexplicables* d'autres faits notoires et évidents. » — Voilà qui est solide. C'est ma réponse à tous les fabricants de Romes imaginaires. Tel doctrinaire explique très-bien, selon ses vues, tel fait notoire de la Rome républicaine ou impériale, mais mille faits notoires qu'il ne connaît pas ou qu'il ne daigne pas compter, sont incompatibles avec son interprétation. Il n'en triomphe pas moins, il est vrai; mais les faits triomphent de sa fausse science, et la vérité rit de ses vains admirateurs.

Quand M. de Maistre veut excuser un pape, il dit qu'il n'était pas pire que les hommes de son temps. « Le bel

---

(1) Sur le *Catholicisme*.

éloge pour le représentant de Dieu sur la terre que de n'être pas pire qu'un très-méchant homme ! et quel blâme vaudrait ce panégyrique ? »

On épuiserait plutôt les mers que les erreurs historiques des doctrinaires. Que ne dirais-je pas de ce qu'on a écrit de singulier pour expliquer, par le climat, le site, la géographie, la contexture de la France, qu'elle doit être ce qu'elle est, mais surtout cosmopolite, c'est-à-dire, tout, si ce n'est la France. C'est le couplet historique contemporain ; cela pourrait se chanter ; ce n'est même qu'une chanson.

Un mot pourtant sur Strada : cet historien, pour mieux vanter la bravoure de Farnèze qui, s'étant battu comme un soldat, a pu sortir sans blessure d'un combat sanglant, lui fait honneur de ce bonheur même, et s'écrie (1) : « Tant il est vrai qu'on observe pas en vain que Dieu protège les princes, et qu'il n'est pas moins donné à un général de mourir le dernier dans son armée, qu'au cœur de mourir le dernier dans l'homme ! » Chute exquise, si les faits la consacraient ! Quel dommage que Gustave-Adolphe soit mort à Luzzen sans la permission de Dieu, selon Strada ; ou que Dieu ait si méconnu le doctrinaire Strada, qu'il ait laissé périr sur le champ de bataille comme de simples mortels, en héros pourtant : Gaston de Foix, Charles XII, Turenne, Joubert, Desaix, Danrémont, et tant d'autres, que la Providence oublia non moins que la doctrine !

V

Les rhéteurs qui font consister la science du gouvernement dans les discours sur ou contre le gouvernement,

---

(1) *De Bell. Belgio.*, 2 - 3.

s'élèvent contre les hommes d'action. Ils préfèrent ceux qui parlent beaucoup sans rien faire, à ceux qui font beaucoup sans parler. Les Richelieu font de grandes choses ; les orateurs parlementaires font de grands discours ; ils font et propagent bien de faux plans, bien de faux programmes, bien de faux principes politiques (1).

On réclame des gouvernements, la liberté, comme on en réclamerait une pension ou un emploi ; mais les peuples libres n'ont pas demandé leur liberté, ils l'ont prise ; ils n'ont pas admis que la liberté pût se donner ou se reprendre ; ils l'ont conservée comme ils l'ont conquise, par des sacrifices, des abnégations, des vertus, du patriotisme. Un peuple qui dit, ou des orateurs qui disent pour lui : « donnez-nous la liberté, » demandent qu'on nous rende digne d'être libres. — Les gouvernements sont chargés de donner aux sociétés l'ordre ; c'est aux peuples à introduire, dans cet ordre, la mesure de liberté dont ils sont capables. Un peuple qui court après la licence, n'aura jamais la vraie liberté ; et s'il n'aime que la licence, il n'aimera jamais le gouvernement qui lui donne l'ordre ; il cherchera ce qu'il ne doit pas vouloir, et repoussera ce qui lui est nécessaire.

On nous empêche, dit-on, de faire notre éducation par la liberté ; mais empêcha-t-on nos pères d'éclater pour la liberté en 89 ? — Quand Athènes et Rome chassaient leurs rois pour fleurir sous la république, qui les avait élevées pour la liberté ? L'Autriche éleva-t-elle la Suisse pour la liberté ? Le duc d'Albe éleva-t-il, pour la liberté, les Pays-Bas ? Qui éleva, pour la liberté, l'Angleterre ? Qui a élevé, pour la liberté, la Belgique et l'Italie moderne ? La plaisante

---

(2) V. ci-dessus mon étude sur *le But et les Moyens*, p. 103.

idée qu'il faille que les monarchies s'imposent le devoir d'élever le peuples pour la république !

« Le gouvernement du pays par le pays » eut pour rival « le gouvernement du pays pour le pays » qui n'a pas réussi — quoique la formule en soit meilleure — parce que les hommes n'ont pas toujours la vigueur et la vertu de leurs maximes ; que ceux qui prétendaient gouverner le pays pour le pays le gouvernaient trop pour eux-mêmes, pour leurs affidés, leurs parents, leur coterie, et qu'ils prenaient, pour patriotisme, leur népotisme.

Le doctrinarisme proclame, en politique, la souveraineté de la raison et le droit des capacités. — La raison de qui ? La capacité de quoi ? Qui statuera sur ma raison, et d'après qu'elle raison ?

Il faut, dit-on, que le progrès des institutions suive le progrès des mœurs publiques : sans doute ; mais comment l'entend-on dans les pays qui savent améliorer et conserver ? L'entend-on d'une révision de la constitution, ou même d'une refonte de la constitution tous les six mois ? Qu'on me nomme cet heureux pays qui dure en s'améliorant, et qui revise ou refond sa constitution, je ne dis pas tous les six mois, mais tous les vingt ans, tous les trente ans, tous les cinquante ans ? Je puis citer, pour mon compte, quatre ou cinq pays qui déclinent à mesure qu'ils retouchent leurs constitutions : mais, qu'ai-je besoin de les citer ? Qui ne les connaît ?

Qu'est-ce que « le principe des nationalités ? » Sinon le prétexte qu'emploient tous les agitateurs de la terre pour violer les traditions, les traités, les sociétés existantes ? Qu'est-ce qu'un mot impossible à définir ? Qu'est-ce qu'un triage qui, s'il était poussé jusqu'au bout, réduirait de grands peuples au clan, à la tribu, à l'individu et ferait, de la France, un néant. — J'en traiterai ailleurs.

Ce sont les doctrinaires qui ont inventé « les baïonnettes intelligentes, » c'est-à-dire la subordination de l'armée à l'émeute — « que la guerre a fait son temps, » comme si les passions humaines avaient fait leur temps! — « Que les armées consomment sans produire, » comme si la paix et l'indépendance publique qu'elles assurent, valaient moins qu'un quintal de fer ou qu'un sac de blé?

C'est par les doctrinaires que nous savons « que les partisans d'un gouvernement, le compromettent; qu'on ne s'appuie que sur ce qui résiste, et que les meilleurs amis d'un pouvoir ce sont ses ennemis, » comme le prouvent toutes nos récentes révolutions où ce sont évidemment les courtisans qui chassent les princes et les opposants qui les pleurent.

Le célèbre bouffon *Trivelin* voyageant sur un superbe andaloux se sent saisi de sommeil, descend de cheval et s'endort au pied d'un arbre, la bride de son cheval à son bras. Des voleurs qui surviennent s'emparent doucement du cheval dont ils laissent la bride pendue au bras du dormeur, et détalent. Trivelin repu de sommeil, se réveille; il ne voit plus son cheval, mais en se tâtant il trouve sa bride et se raisonne : ou je suis Trivelin, dit-il, ou je ne suis pas Trivelin; si je suis Trivelin, quel malheur que j'aie perdu un si beau cheval! Mais si je ne suis pas Trivelin, quel bonheur d'avoir trouvé une si belle bride! et il se console. — Ce Trivelin était un excellent doctrinaire. Un doctrinaire ambitieux n'est jamais pris sans vert, ni sans réplique. Quand il perd son cheval il sauve au moins sa bride ne fut-ce que pour s'en vanter, et paraître ainsi gagner ce qu'il ne perd pas.

Aussi le doctrinaire est-il un peu comme ce personnage de roman qui soit qu'il combatte sur son dos, soit qu'il combatte sur son ventre ou sur son oreille, reste toujours debout.

O innocents qui croyez que les jours néfastes ne reviendront pas parce que le progrès est... le progrès. O innocents qui ne comprenez pas qu'avec le progrès du mal qui nous ronge, nous n'aurions qu'un effrayant progrès dans les moyens dont on souillera l'avenir, de jours plus noirs que n'en connut le passé. O innocents, que diriez-vous de la vapeur appliquée à l'échafaud, si cela venait?(1).

Tandis que nous convions le monde entier à venir admirer nos arts et nos merveilles, nos doctrinaires nous veulent Anglais, Américains, Allemands, Italiens, Belges, tout, si ce n'est Français.

La politique de professeur nous travaille et nous pose, d'après le convenu historique, des règles de gouvernement qui n'ont par plus de valeur que leur base.

Les doctrinaires fabriquent des doctrines comme les chapeliers fabriquent des chapeaux. Les chapeliers mesurent votre tête et vous donnent des chapeaux à votre mesure ; ainsi font les doctrinaires. — S'il fait chaud, les chapeliers vous donnent une coiffure légère ; s'il fait

---

(1) La révolution qui a décapité, guillotiné, exilé, fusillé des rois, ne peut croître en ce genre, qu'en guillotinant un pape; elle y a songé : et cela ne prouve que mieux l'impuissance d'un principe qui prétend représenter l'idée et qui a besoin de tels excès.

« L'*Osservatore romano* d'hier dévoile les plans de la révolution de Rome. Il affirme que, plus de huit mille personnes, étaient condamnées à mort ; que les cardinaux, les prélats, les ministres, les hauts fonctionnaires du gouvernement étaient compris dans cette liste; qu'ils devaient tous être guillotinés ; que le tronc de chacun d'eux devait être exposé publiquement et les têtes portées une à une au Saint-Père avec la sommation d'abdiquer; enfin, qu'en cas de refus de Sa Sainteté sa vénérable tête devait tomber la dernière et sa décapitation sceller ces horribles forfaits. » —*Courrier de Lyon* du 30 décembre 1867.

froid, une coiffure plus chaude : il ont, de plus, des coiffures de voyage ou de fantaisie. Les doctrinaires ont aussi des doctrines légères ou fortes, des doctrines de fantaisie qui peuvent voyager. Puis, de même que les chapeliers retapent vos vieux chapeaux et les remettent à la mode, les doctrinaires retapent leurs doctrines pour les mettre au goût du jour. Le coup de fer et le coup de plume ont des vertus sans pareilles ; — l'important pour les chapeliers et les doctrinaires, c'est d'assortir leurs produits à leur clientèle, dans l'intérêt de leur nom et de leur fortune.

VI

Dans les lettres, nous nous faisons de méchantes doctrines pour protéger de méchantes œuvres : nous abusons, des préfaces et des esthétiques ; et tout auteur un peu lancé, ne manque jamais d'écrire un prélude sur l'art qu'il exerce, pour prouver qu'il ne fait que des chefs-d'œuvre ; et rien n'égale l'humilité qu'il affecte, si ce n'est l'orgueil qu'il cache, mais qui éclate.

Voulez-vous savoir d'après tel auteur, quel est l'idéal du beau ? Ce sont les défauts, ce sont les imperfections, c'est la manière qui déparent ses œuvres ; c'est là le beau selon notre auteur ; si bien que pour juger des taches d'un écrivain, d'après lui-même, il suffit de lire ce qu'il préconise comme beau.

Si j'en crois un grand critique contemporain (1) « il n'y a point de liberté politique où le génie lyrique ne se déploie pas. » — Sparte eut bien Tyrtée, mais je doute de la liberté politique de Sparte ; jamais servitude ne fut plus

---

(1) *Préface d'une traduction* de Pindare.

dure que la dicipline lacédémonienne, et jamais Cité sévère avant tout, ne se prêta moins que Sparte aux écarts lyriques : comment donc eût-elle Tyrtée ? Pindare était béotien, comment fut-il lyrique ? Est-ce que Thèbes eut plus de liberté politique qu'Athènes ? Si l'on me dit que celle-ci revendique Sophocle, Eschyle, Euripide, pour quoi donc Thèbes n'eut-elle pas au moins l'un des trois ? Pourquoi ces caprices de la politique ? Horace fut lyrique, je pense ; un professeur le contesterait-il ? Comment donc le génie d'Horace s'épanouit-il après la chute de la république ? il me semble que Virgile est plein de lyrisme ; comment cet ami d'Auguste fût-il lyrique ? Racine est lyrique et je le comprends mal d'un courtisan de Louis XIV ; il est vrai qu'il traduit la Bible; mais d'où vient le lyrisme de la Bible ? Quelle liberté politique suscita le lyrisme presque continu que ce livre exhale ? Schiller et Klopstoch sont deux grands lyriques ou du moins expriment-ils le lyrisme avec puissance : quelle est la constitution politique qui les inspira ? A peine daigné-je compter J.-B. Rousseau et Lebrun parmi nos lyriques, car ces Pindares d'un autre temps, sont si démodés! Mais Corneille ne serait-il pas lyrique dans le Cid et dans Polyeucte ? et pourtant il n'a pas eu le moindre « acte additionnel » pour muse (1. — Donc, les faits, ou le professeur doctrinaire se trompent ; il faut choisir : à moins de croire, avec moi, que les muses sont les muses: la politique, la politique ; et qu'il n'est pas de régime où l'homme de génie ne puisse épancher son génie tant la nature, son aliment est vaste, multiple, et tant le génie trouve des ressources et des souplesses pour chanter les

---

(1) Si j'oublie le Dante, Alfiéri, le Talle et Netartase, j'en oublie bien d'autres—faut-il tout dire ?

merveilles qui l'éblouissent, dès qu'il a vu les cieux et la terre.

S'il est vrai, comme certains l'affirment, qu'il n'y ait d'orateurs politiques que là où la liberté les prépare, d'où sortent donc les orateurs qui préparent la liberté? D'où sortaient, en 1815, les Hercule de Serre, les Lainé, les Ravez? d'où sortaient les fameux constituants de 89, les brillants Girondins de 92, les enthousiastes Jacobins de 93? — Qui en croira les esprits étroits qui prennent la rhétorique, pour l'éloquence ; l'art d'égratigner, pour l'art de combattre ; l'art de critiquer, pour l'art de fonder; l'art de pérorer, pour l'art de gouverner; l'art de tout dissoudre, pour l'art de tout développer ; l'art de tuer, pour l'art de guérir; et pour qui l'orateur n'existe que s'il est ridé, fardé, verbeux, comédien et presque déguisé en commère?

« Les lettres sont, dit-on, l'expression de la société ; » quelles lettres? Il en est de nobles, de basses, de frivoles, de solides, d'idéales, d'obscènes. Si ce n'est aucune d'elles en particulier, mais toutes ensemble, le commerce n'exprime pas moins la société que les lettres, car il nourrit tous les goûts, comme elle ; mais en ce sens, tout métier est l'expression partielle, tous les métiers l'expression totale de la société : ce qui revient à dire que l'expression de la société, c'est la société. La formule doctrinaire que « les lettres sont l'expression de la société » est donc vide? Les lettres font encore plus la société qu'elles ne l'expriment, et il est des temps où, en la gâtant, elles la défont.

Un poète doctrinaire m'enseigne que « l'architecture, la statuaire, la peinture, la musique sont des arts de décadence, et que cette décadence suit l'ordre des arts précités. » La musique surtout est, pour notre auteur, le comble de la sensualité et du méphitisme. — Quelle illusion ! Est-ce que la poésie n'est pas un art sensuel chez les poètes sensuels? Est-ce que la musique sacrée est un art lubrique? Qui donc ignore que la musique et la poésie ont commencé l'éducation des peuples? — Que l'architecture soit corruptrice, j'y souscrirai quand je le comprendrai : quant à la statuaire, il en est des statues comme des vers. C'est la plume ou le ciseau qui donnent à l'art son caractère ; l'art est chaste et noble quand ses instruments, la plume et le ciseau, le sont.

Je lis ailleurs que « nos artistes comme nos écrivains auront cette gloire d'avoir vu dans la nature une vie, une poésie presque humaines que nul âge n'a senties. » — Il est vrai que les anciens connurent peu le paysage, et je veux bien que nos artistes surpassent, en ce point, les anciens qui n'ont rien fait, ou dont nous ne connaissons rien ; mais nos peintres récents l'emporteraient-ils, par hasard, dans l'art de faire sentir un paysage, sur Ruydaël, Salvator-Rosa, le Poussin, Claude-Lorrain ou Vernet? Nos artistes contemporains copient excellemment la nature, mais les grands maîtres que je viens de citer l'animent. L'œil suffit pour les premiers, le cœur s'unit à l'œil pour les autres ; aussi, ne fait-on que voir ce que font ceux-ci, tandis qu'on sent ceux-là.

Passons des peintres aux écrivains et, quant aux écrivains, distinguons : il est évident que les écrivains du dix-huitième siècle sont très-inférieurs aux anciens pour l'entente et l'expression de la nature; et que ceux de notre temps sont de deux ordres. Ce sont d'abord les poètes, qui ont horriblement fardé la nature et qui l'ont si peu fait sentir, qu'ils l'ont travestie ; puis, ce sont les prosateurs qui l'ont moins outrée ; mais les prosateurs qui n'ont pas vermillonné la nature — ils sont rares — n'ont fait que la copier : ils nous en ont donné le trompe-l'œil, le calque. Si j'en excepte Rousseau, Bernardin-de-Saint-Pierre et Châteaubriand, qui seuls ont su la faire largement sentir, qui donc comparerions-nous au Dante, à Tibulle, à Juvénal, à Virgile, à Lucrèce même, dans l'art de donner du sentiment à ce qui végète ou à ce qui respire, sans s'élever jusqu'à l'homme? Mais, au fond, quoi de plus éloigné de la nature que ces poètes glacés (1) qui, sous prétexte de prêter la vie humaine à l'arbre, au rocher, à l'herbe, au torrent, ne font que communiquer la froideur de leur pinceau à leur sujet.

Il est peu d'écrivains contemporains qui ne couvrent leur paysage de leur moi et ne gâtent, de leur personnalité, la nature; l'affectation est si contagieuse, et le moi si monotone! — J'ai lu dans *Lélia* telle description, en quelques pages, d'un lever du soleil, qui m'a vivement fait fait souhaiter la fin du morceau; il n'était pas une bruyère, un sillon, un caillou, une goutte de rosée qui n'eût sa mention; je tenais moins un tableau qu'un inventaire. Bernardin-de-Saint-Pierre a mis un monde dans la description d'un fraisier; l'auteur de *Lélia* mettait un fraisier à la place d'un monde. — Je ne renverrai pas, comme point de comparaison, au lever du soleil un peu théâtral de Rousseau qui l'a pris à Thompson, mais au lever de l'aube, quand Rousseau passa la nuit à Lyon, près des ombrages, mais sur une pierre nue de la Mulatière. Encore n'est-ce qu'un type secondaire auprès des tableaux du Dante et de Virgile.

Pour justifier la basse littérature, on dit : « elle est démocratique; le réalisme, c'est la démocratie. » — Le réalisme littéraire n'est pas plus démocratique que la malpropreté ou l'ivresse. La société, qui vit fleurir Virgile, Horace, Tibulle, Ovide, fut démocratique; mais

---

(1) Les Descripteurs, les Lakistes.

elle eût les goûts de son aristocratie qui l'éleva jusqu'à elle en cultivant et en protégeant le bon goût. Le peuple athénien, essentiellement démocratique, n'était nullement grossier et sensuel dans sa littérature; il avait, au contraire, un très-haut sentiment de l'idéal fruit de son aristocratie intellectuelle issue du peuple. Les républiques italiennes, qui relevaient du peuple, n'eurent pas moins cette finesse de goût, dont leur aristocratie politique ou artistique fut la gardienne. Les romans, si élevés de Cooper, s'inspirent de la démocratie, sans relever du réalisme comme nous le comprenons. Notre réalisme n'est, en somme, que du sans-culottisme.

Dans la théorie de « l'art pour l'art » un livre n'est fait que pour tuer le temps, comme une serinette, une cresselle, un jeu de domino ou de loto. S'il en est ainsi, je proclame le livre au moins inutile, tant qu'il y aura des dominos et des cresselles.

VII

De ce que le christianisme a prêché la pudeur, on induit que la civilisation chrétienne est très-pudique; et de ce qu'il a prescrit la charité et la douceur, on induit que, depuis le christianisme, il n'y a que douceur et charité sur la terre. Voilà ce que dit le doctrinarisme religieux : mais qu'apprend l'histoire? Que de duretés, que de rigueurs, que de férocités dont le christianisme n'a pu guérir les hommes!

Quand un prêtre fait une histoire politique qu'il ramène aux dogmes chrétiens, il fait du doctrinarisme clérical : à ce point de vue, Bossuet lui-même est souvent doctrinaire. C'est que le doctrinarisme, en tout genre, est subordonné à un intérêt qui tiraille à lui la vérité, la tord et la torture pour lui faire épouser cet intérêt. Ce n'est donc pas un corps synthétique de doctrines qui est pour moi le doctrinarisme ; je le vois essentiellement dans cet intérêt prédominant de métier ou de situation, qui fausse le système en faveur de cet intérêt de situation ou de métier.

Le jésuitisme et le jansénisme, comme de nos jours, le clergisme, l'ultramontanisme ou le gallicanisme, ont semé leurs livres d'un doctrinarisme religieux, qui n'est que l'esprit de secte ou de parti grimaçant la vérité.

« Toutes les manières d'écrire, dit le jansénisme (1), ne nous plaisent qu'à cause de la corruption secrète de notre cœur. Si nous aimons dans une pièce bien écrite le genre sublime, l'air noble et libre de certains auteurs, c'est que nous avons de la vanité, que nous aimons la grandeur et l'indépendance. » — Quoi ! les nobles sentiments de la grandeur et de l'indépendance sont une corruption du cœur ; qu'en seraient donc la servilité et la bassesse ? — C'est là, je crois, du doctrinarisme janséniste appliqué aux lettres : Pascal en est plein.

Cette formule du Piémont, dans ses agressions contre Rome : « l'Eglise libre dans un Etat libre » n'est qu'une pétition de principe ; c'est même une impossibilité manifeste ; car qui protégera la liberté de l'Eglise dans un Etat où, tout étant libre contre elle, elle ne sera libre contre personne ? Ou, qu'est-ce que le droit d'être libre sans le pouvoir de l'être, sans la force utile pour faire respecter sa liberté ? Pour qui la formule en question est-elle quelque chose, sinon pour le doctrinarisme ambitieux dont un semblant religieux voile le scepticisme ?

---

(1) *Pensées* de Pascal.

VIII

Tous les succès ont été ou seront *doctrinarisés* de notre temps, on peut le constater ou le prédire ; c'est la seule prédiction que je me permettrai. Ecoutons un de nos grands soldats :

« Notre époque est, dit-il, riche en admirateurs du succès ; en hommes habiles à découvrir les causes légitimes des faits accomplis. Si les deux principales armées prussiennes, largement séparées, ont traversé la Silésie et la Saxe, sans rencontrer un ennemi ; si elles ont passé des défilés dangereux, opéré leur jonction en Bohême, et gagné une bataille sur une armée déjà fort affaiblie par des échecs partiels ; si, à la droite des Prussiens, une de leurs armées secondaires, d'abord battue par des soldats bavarois plus préoccupés de l'honneur du drapeau que des finesses de la politique, les a vus se replier devant elles, la gloire de ces événements revient au libéralisme représenté par M. le comte de Bismarck, ce hardi et habile serviteur de son pays, et par ces brillants officiers prussiens, presque exclusivement recrutés dans l'ordre de la noblesse : on pardonnera à un bourgeois, à un parvenu, de sourire de ces belles découvertes. Si l'Autriche avait eu encore un capitaine tel que l'archiduc Charles, notre illustre adversaire de 1794 à 1809, qui était peut-être un aristocrate, ces hardiesses très-heureuses pourraient passer aujourd'hui pour des imprudences dont des écrivains ingénieux feraient peser la responsabilité sur la Chambre des seigneurs de Prusse. La constitution du grand empire d'Allemagne par l'Autriche nous aurait désolés, par la Prusse, elle ne peut nous plaire (1). » — C'est à l'illustre général Changarnier que j'emprunte cette excellente satire du doctrinarisme, en général, et du doctrinarisme militaire en particulier.

Que n'a-t-on pas dit sur le fusil à aiguille dans ses rapports avec l'intelligence d'un peuple, avec son instruction primaire, avec le génie libéral d'une nation? Que n'a-t-on pas écrit sur l'énergie des deux cents ans de progrès de la Prusse que nous écrasâmes à Iéna, et sur la vétusté de l'Autriche qui se montra si forte à Solférino ? — Il y a plus : ce fut le mépris du *veto* du parlement, qui n'en voulait pas, qui fit que la Prusse eût la guerre et la victoire. Le doctrinarisme n'en fait pas moins honneur au génie parlementaire, d'une grandeur acquise malgré le parlement. L'intérêt du libéralisme qui le veut ainsi, parle ainsi.

IX

Suivant Hiérophyle (2), « les plantes exercent leur vertu sur celui qui les foule, même par hasard. » — C'est ainsi que la laitue foulée vous rafraîchirait, ou que la ciguë foulée tordrait vos intestins. Les médecins devraient laisser cela aux poètes qui font croître ou sécher les fleurs sous les pas de leurs Sylvies. Il est vrai que ce double doctrinarisme est vieux.

En voici un plus frais : le doctrinaire naturaliste vous dira de notre temps que « les carnassiers vivent pour limiter les herbivores. » A la vérité l'agriculteur vous dira qu'on n'aurait pas trop d'herbivores, n'eût-on pas un seul carnassier. Je crains, d'ailleurs, qu'en lisant le doctrinaire

---

(1) *Revue des Deux Mondes,* 16 avril 1867.
(2) Pierre Castelnau, *Vie des illustres Médecins.*

naturaliste, l'assassin ne se croie fait à son tour pour épargner, au trop plein de la population, la famine. Je voudrais aussi que le doctrinaire naturaliste m'apprît si l'homme est né pour empêcher le carnassier (1) de manger l'herbivore, ou si l'herbivore existe pour rassasier le carnassier et l'empêcher de manger l'homme? — Qui résout plus de problèmes que le doctrinaire, mais qui en fait naître davantage ? Qui me dira ce que le doctrinaire fait le mieux : éclairer ou obscurcir ?

X

Celui qui assigne à telle province tel génie spécial, telle aptitude exclusive, est un doctrinaire. — Une province est un monde en abrégé : elle possède de tout, en tout genre. Selon les temps, telle province brille par ses lettrés ou par ses savants, ou par ses industriels ou ses capitaines ; elle se signale quelquefois par ses grands coupables. Aucune n'a la spécialité des coupables, des savants, des industriels, des lettrés, des capitaines. La lourde Béotie produisit Pindare, Pélopidas, Epaminondas, Plutarque. c'est-à-dire le génie de poésie, de la philosophie, de l'astuce, de la capacité et de la magnanimité guerrières. Ce qu'on appelait jadis la sotte Champagne a fourni l'un des plus fins esprits de notre temps. Nous devons à la souche anglaise Hamilton, un écrivain plus français peut-être que Voltaire. — Que d'hommes, que d'esprits variés, que d'énergies que n'affiche pas, mais que produit pourtant chaque province !

---

(1) On entend par carnassier l'animal vivant uniquement de chair. — L'homme n'est que carnivore ; il mange de la chair, mais tout lui est bon.

Nous venons de perdre un lettré qui ressuscitait la chiromancie. — Combien d'autres ont porté le lavatérisme dans la critique et n'ont profité qu'aux bouquinistes chez lesquels leur maître ne se vendait plus. Le doctrinarisme prend son nouveau partout, jusque dans le vieux; et son originalité, jusque dans le grotesque.

XI

Il y a dans tous les systèmes des doctrinaires un peu de vérité, qui appartient à la doctrine, et beaucoup de mensonge ou, si l'on veut, beaucoup d'art, beaucoup d'artifice, qui appartiennent au doctrinaire. — Les doctrinaires sont les premiers hommes du monde pour couvrir une faiblesse ou une défaillance par une doctrine.

En général, la doctrine suit les faits : elle oscille, ondule, se replie et se nuance, d'après l'événement, par le besoin de le justifier. — En littérature, par exemple, c'est l'esthétique faite, après l'œuvre, pour l'œuvre; c'est la préface arrangeant le beau pour que le livre paraisse beau.

Les doctrinaires affectionnent l'expression parasite « dans une certaine mesure. » — Comme toute doctrine a son faux côté, le fabricant de doctrines n'en affirme aucune que « dans une certaine mesure; » expédient commode pour qui construit force doctrines, sans en garantir aucune. Aussi, selon l'école doctrinaire, le mal est un bien, dans une certaine mesure; le bien est un mal dans une certaine mesure aussi. Mais, qu'est-ce que cette mesure qui ne mesure rien que l'élasticité de conviction de ceux qui ne croient à leurs principes qu'en une certaine mesure et sous bénéfice d'inventaire.

Surveillez toujours les prémisses d'un doctrinaire: c'est plutôt un logicien qu'un métaphysicien. Il vous prie de l'en croire, provisoirement, sur parole; il vous promet la preuve de ses prémisses; puis, l'oublie ou l'escamote. Un doctrinaire a toujours une porte ouverte pour vous échapper, ou pour s'évader. Il connaît les difficultés de son métier et se précautionne. Le doctrinaire ne ferme jamais la porte par laquelle il entre. — Croyez-m'en, surveillez les prémisses du doctrinaire.

Le doctrinaire débutera par vous dire, par exemple, que, sur les récents succès de la Prusse, rien n'était prévu, rien pressenti. Il est sur ce point d'une sincérité profonde; il en donne des preuves accumulées. Rien de plus obscur, selon lui, que l'issue de l'événement avant la victoire: mais c'est le même homme (1) qui écrit, vingt lignes plus bas, que les causes du prodige étaient manifestes. Voilà donc de l'obscur, du ténébreux même, qui devient manifeste. — Qu'est-ce que cela, sinon du clair doctrinarisme?

Qui ne voit que le doctrinarisme n'est qu'une école de prétendues vérités, constituant de faux dogmes politiques, philosophiques, littéraires, en vue des temps, des circonstances, au profit des influences régnantes: pouvoirs réguliers, irréguliers, corps ou personnages qui disposent des instruments de l'opinion pour s'asservir, en la fraudant, l'opinion même.

XII

Le doctrinarisme n'est pas seulement une erreur, et parfois un ridicule, c'est particulièrement un danger:

---

(1) *Revue des Deux Mondes* du 15 février 1867.

sous un régime d'opinion, tout ce qui ment à l'opinion pour la surprendre, est pis qu'un abus, c'est une tyrannie.

Les lettrés avaient, autrefois, la gloire; les puissants ne la leur refusaient pas. Mais comme aujourd'hui la renommée donne les emplois, les aises sociales, les dignités, la puissance; le mérite ne suffit plus à la renommée, il lui faut une cocarde : il lui faut le patronage de la confrérie qui fait les renommées, et n'en fait que pour servir la cocarde par laquelle elle prospère elle-même. — Comme la célébrité se confond de nos jours avec la puissance, il faut les mêmes manèges pour conquérir l'une que l'autre, puisque l'une est le prix de l'autre. Qu'on ne dise donc plus « la république des lettres, » mais l'oligarchie, mais le mandarinisme des lettres. — Si Venise n'a plus son canal Orfano, ses Plombs, son Conseil des Dix, ses obscurs mais terribles inquisiteurs d'Etat, elle les retrouvera dans la république des lettres, et peut-être y trouvera-t-elle mieux encore.

Les doctrinaires sont des mécaniciens politiques qui appliquent, à une société vivante, le mécanisme des choses inertes. Ils prétendent gouverner la société par des principes, et ils ne gouvernent que par de fausses théories, avec des hommes qu'ils corrompent. Ils faussent donc les hommes et les choses, savoir : le gouvernement, qui n'est qu'un reflet de club ou d'académie; puis, les hommes, leurs instruments, qu'il leur faut gauchir pour les plier à leurs erreurs. Ils se créent donc de faux agents pour de faux principes; si bien qu'au lieu de gouverner les hommes par des hommes, au moyen de principes que l'expérience démontre faits pour les hommes; il leur faut une fausse société et de faux agents, pour de faux principes.

Ne sortirons-nous pas quelque jour de l'ornière du convenu, et du fétichisme des noms? — Et ce siècle qui proclame si haut l'empire des choses, ne sortira-t-il jamais des brassières de quelques hommes ? N'abjurerons-nous pas la bévue de *l'imitation* sociale, la moins excusable, quand elle conduit surtout à l'abdication ?

Si les Américains voulaient copier nos manières, notre esprit, nos élégances, ce qui en un mot nous est propre, et constitue notre nature, nous n'aurions pas assez de sifflets contre eux : leurs maladroits efforts feraient rire jusqu'aux doctrinaires eux-mêmes. Pourquoi donc imiter les Américains dans un ordre social qui leur est propre? Si les Américains seraient ridicules de vouloir faire revivre à Charleston ou New-York le siècle de Louis XIV, ne le serions-nous pas moins de transporter à Paris, New-York ou Charleston? Il est des Français qui se croient Américains, parce qu'ils sont grossiers et sans gêne ; cela ne suffit pas. Si les Américains n'étaient que des rustres, ils feraient un peu moins de bruit dans le monde. Ils sont assez fiers d'être Américains pour se soucier peu d'être Français ; imitons-les. C'est en cela que l'imitation n'est plus un plagiat.

Si les petits doctrinaires n'étaient que les perroquets du convenu, il suffirait d'en rire ; mais ils sont les janissaires des grands doctrinaires, pour l'exploitation du convenu : il faut donc les combattre : et railler leurs visions, c'est les combattre.

XIII

Dans une société où les vieux principes (1) ne sont plus, où les nouveaux ne sont pas encore, où la pure raison se

---

(1) Je ne parle pas ici de ces principes éternels qui ne sauraient vieillir, et qui existent indépendamment des volontés humaines ; mais de certaines règles plus ou moins factices dont les sociétés s'engouent aussi, plus ou moins, à certaines dates et qui varient selon l'esprit des

substitue aux mœurs et aux croyances, il faut fabriquer quelque chose qu'on puisse offrir comme nouveaux principes, et, à défaut de la chose, son fantôme : payer de formules quand on ne peut payer de vérités. C'est ainsi que chaque régime politique ou social, s'il n'a des idées, a du moins un formulaire.

C'est ainsi que la philosophie fait peut-être plus de romans que la littérature légère ; et que les romans de la pensée sont souvent plus frivoles et moins fondés, en fait, que les récits de l'imagination.

Là où l'on n'a plus de principes, on construit des doctrines qui sont la contrefaçon des principes. — Car il est moins aisé de trouver un principe que de fabriquer une doctrine.

Oter aux doctrinaires de tous les partis ces mots parasites que chacun entend comme il veut : libéralisme, philanthropie, révolution, humanité, opinion publique, civilisation, nationalité, progrès, c'est leur couper la langue : autant vaudrait qu'ils fussent nés muets : j'ajoute que nous n'y perdrions souvent que des mots stériles.

La philosophie du *phénoménisme* a été faite pour seconder celle du progrès. Comme il est de l'essence du progrès d'être instable, il faut concilier l'instabilité avec le progrès et l'on dit : tout est dans la vie phénomène, accident, semblant ; tout passe, donc plus de principes fixes, plus de règle, mais une évolution, c'est-à-dire, une révolution permanente, en vertu de la loi du progrès : doctrine de novateur — et de fossoyeur.

---

sociétés, comme ceci par exemple : « tous pour chacun, chacun pour tous ; » ou quelque chose de plus vague, susceptible de vingt interprétations ou contradictions : « les principes de 89, » si l'on veut. — Les principes éternels ne vieillissent pas plus que le monde ; et, s'ils périssent, le monde périt.

Phénoménisme, romanisme, naturisme, positivisme ; école de Tubinge, école d'ici ou de là, toute cette creuse phraésologie — délices des Revues où l'écrivain ne prend pas plus de peine pour instruire avec ce qu'il offre, que l'abonné pour lire ce qu'on lui sert — n'est qu'un voile de mots inventé pour masquer l'absence du fond. Pressez un peu s'il vous plait ces articles bardés de jargon grave ; ce sont des outres vides.

« Les mots, disait Laromiguière (1), vont si vite qu'ils vous entraînent » — « ne croyons pas avoir ajouté quelque nouvelle faculté à celles que nous tenons de la nature, quand nous avons ajouté un nouveau mot à la langue (2) » — « la langue des sciences philosophiques est loin d'être faite ; les mauvais métaphysiciens passent leur vie à la gâter et à la rendre intelligible. (3) » — « Métaphysique, analyse, facilité, lumière, évidence, poursuit-il, sont des mots qu'il faut prendre l'habitude d'associer. Lorsque vous me verrez engagé dans une digression obscure, fatigante, dites sans balancer : voilà de mauvaise métaphysique ; dites mieux encore : ce n'est pas là de la métaphysique (4). » — Voilà parler ! m'écrierai-je ; voilà parler en maitre et en honnête homme ! honneur à cette philosophie française qui veut n'habiter qu'une maison de verre parce qu'elle est trop pure et trop éprise du vrai pour avoir rien à cacher ! que les songes se réfugient dans les nuages ; le vrai, comme le soleil, les fuit ou les chasse.

Les doctrinaires ont un art singulier pour prouver ce qui est incertain, par ce qui est douteux (*incertum, incerto*) — ils ont un tact merveilleux pour se tenir pratiquement entre le oui et le non ; la chose et l'apparence.

---

(1) *Leçons de philos.* 1-42. (2) *Ibid* 1-315. (3) *Ibid* 1-43.
(4) *Ibid* 1-255, 256.

Le clair-obscur, est au doctrinaire, ce que l'onde est au poisson ; c'est une région hors de laquelle il ne vit plus.

Dans ce temps de cataclysmes, on peut deviner ou pressentir ; il est impossible d'induire et de démontrer; tout est capricieux, subit, imprévu, contraire aux analogies : nous vivons sous l'empire de faits, fruits d'un travail souterrain factice dont il est malaisé de calculer l'effet quand on n'y concourt pas, et dont il est impossible d'indiquer la cause sans en connaître le manége.

Nos romanciers socialistes, comme nos romanciers littéraires, nous prêchent que les convulsions sociales naissent des passions contrariées, et que dès qu'on ne contrariera plus les passions, la terre sera le ciel ; et ils suent pour nous donner ce ciel où les passions règneront sans gène : — mais ce sont les passions contenues qui honorent les sociétés comme les hommes ; ce sont les passions satisfaites qui les avilissent ou les tuent. Vouloir conserver les sociétés par le libre essor des passions, c'est vouloir que les passions meurent faute d'obstacle — car tout plaisir coûte un désir — ou que la société, meure elle-même par la satisfaction des plus monstrueuses passions: double méprise que d'ignorer ce que sont les passions, et comment les sociétés vivent!

« Être de son siècle, » maxime plus fausse encore que « n'être pas de son siècle ! » — Être de son siècle est la maxime des démocrates qui vous veulent comme la foule, comme tout le monde ; qui ne vous veulent ni plus grand, ce serait trop; ni moindre, ce serait trop peu. « Être de son siècle, » est surtout la doctrine des décadences (1) et de l'abaissement continu ; car si de grands caractères, de grands

---

(1) « Corrumpere, corrumpi sœclum vocatur. » Tacit. *German.*

esprits exceptionnels, ne donnent leur ton et leur essor à leur siècle, que pourra ce siècle, sinon s'affaisser?

Alcibiade, Néron, Pétrone, Tigellin, Henri VIII, le duc de Richelieu, Calonne, Maurepas, Walpole, l'Arétin furent éminemment de leur siècle ; ils en eurent l'esprit et les mœurs : mais ni Moïse, ni Minos, ni Lycurgue, ni les prophètes bibliques, ni Jésus — en tant qu'homme — ni les évangélistes, ni les apôtres, ni l'auteur quel qu'il soit, de l'*Imitation de Jésus-Christ*, ni saint Jérôme, ni saint Ambroise, ni saint Augustin, ni aucun saint, ni Socrate, ni Platon, ni Juvénal, ni Tacite, ni le Dante, ni Milton, ni Shakespeare, ni Bacon, ni Descartes, ni Pascal et les solitaires de Port-Royal n'étaient de leur siècle. De Bonald, Châteaubriand, J.-J. Rousseau, de Maistre, Lammenais, Bridaine, O. Connel, n'en furent guère plus. Les Aristide, les Catons, les Zénon, les Epictète, les Antonins n'en furent pas davantage. — Saint Bernard réforma son siècle ; Louis IX sanctifia, saint Vincent-de-Paul humanisa, le sien ; Louis XIV et Napoléon commandèrent au leur. L'esprit de Corneille, de Bossuet, de Fénelon élevèrent l'esprit de leur siècle : l'âme des Condé, celle de Turenne et de Villars élevèrent les âmes de leur temps. Les Girondins et les Jacobins combattirent leur siècle. Qu'est-ce donc que cette spécieuse maxime « être de son siècle » sinon celle de s'abaisser avec le siècle en épousant les corruptions, les préjugés, les petitesses, les abus, les iniquités du siècle ? Pour moi, je soutiens qu'on est toujours assez de son siècle quand on cherche, pratique et respecte ce qui convient à tous les siècles.

Que les hommes d'Etat soient avec leur siècle pour le conduire comme on conduit les hommes de son temps, c'est leur devoir ; c'est une grande règle : mais il est permis à un penseur de se détacher de son siècle, et de ne pas encenser toutes les défaillances du siècle. Il faut qu'un penseur soit pour son siècle, mais non pas nécessairement avec son siècle ; il est légitime qu'un penseur soit si je peux le dire contre son siècle, pour son siècle.

Les demi-doctrines sont faites pour les demi-savants ; les préjugés doctrinaires sont aux hautes classes, ce que les préjugés populaires sont au peuple ; même superstition pour le faux, de part et d'autre. — Les Académies sont les sanctuaires du doctrinarisme : les Revues en sont les chapelles ; — les petits journaux pourraient bien devenir ses termites.

Les doctrinaires sont peut-être les gens qui ont le plus conçu et le moins pratiqué de doctrines.

A certaines phases des civilisations, les esprits solitaires sont aussi près du vrai qu'ils sont loin du convenu : c'est-à-dire, aussi loin de ce qui varie et passe, que près de ce qui dure.

Hobbes aimait à répéter que, s'il avait autant lu que les autres, il ne serait pas moins ignorant qu'eux ; il avait raison : peu lire et beaucoup méditer, surtout beaucoup observer, c'est par là qu'on fortifie sa raison. Il est un âge où la lecture des œuvres d'autrui doit être sobre ; elle est le levain qui fait poindre et dilater la fleur de froment qui est en nous ; il ne faut pas s'indigérer de ce levain et le substituer au froment.

Je n'aime pas, je l'avoue, l'esprit d'école ; je veux dire la tyrannie d'école : mais j'aime les grands esprits qui font école. Ni Archimède, ni Fermat ne sortirent d'une école, même polythecnique. A quelle école de sculpture appartenaient ces sublimes tailleurs d'images à qui nous devons l'admirable statuaire religieuse de leur temps ? Ils appartenaient à l'école de l'inspiration ; à la divine école des Muses.

Le doctrinarisme hégélien qui nous ronge et nous paie de mots au lieu de choses, nous apprend au moins comment il faut qu'à certain moment de sa marche, l'esprit humain change de voie pour se reconnaitre et rentrer dans la nature. On dirait qu'en effet l'esprit humain est livré tour à tour aux somnambules et aux esprits éveillés, aux songes et à l'action ; et que les empiriques et les doctrinaires ne sont chargés de l'endormir que pour que les Socrate et les Descartes le réveillent.

Les anciens fêtaient par des jeux séculaires l'anniversaire de leur existence sociale ; nous devrions fêter tous les cent ans l'anniversaire d'un certain cartésianisme s'inspirant de la tradition des siècles et de l'observation des choses. De même que Descartes combattit la vie scholastique de son temps, de même nous devrions combattre le convenu doctrinaire qui est la scholastique moderne.

Si le doctrinarisme dogmatise le succès, c'est pour l'honneur de cette haute moralité que, « le malheur a toujours tort. »

Machiavel qui fut le doctrinaire de la dépravation italienne, est resté le doctrinaire de la dépravation humaine ; ce fut le plus grand corrupteur de son temps et de tous les temps.

Aux principes qui n'ont pour eux que la vogue du jour présent, il faut opposer ceux qui ont pour eux la sanction des siècles.

DE L'HOMME

L'homme n'existe pas dans le monde ; mais il y a des hommes. C'est qu'en effet les hommes diffèrent autant qu'ils se ressemblent, et qu'il n'y a pas de type commun dont on puisse dire : voilà l'homme ! — La masse du genre humain se divise en catégories ; et chaque catégorie, en individualités. Comme, d'ailleurs, chaque individu est triple ; qu'il est intelligence, sentiment et volonté, et que la combinaison de ces éléments varie autant qu'il y a d'hommes ; où serait l'homme ? — Je le répète, il n'existe pas.

L'homme abstrait, qui n'a pas besoin de la société pour exister, n'est qu'une fiction ; cet être n'est pas seulement chimérique, il est impossible.

L'être collectif, appelé l'homme, c'est l'humanité même : l'être individuel n'est qu'une portion de l'humanité ; mais chaque homme est un tout sacré dans l'humanité ; il n'est pas moins respectable, il n'est pas moins inviolable que l'humanité même.

Il en est du rôle de chaque homme comme de son droit : nul ne saurait exercer, ni l'un ni l'autre, au détriment d'autres rôles et d'autres droits égaux ou supérieurs au sien. Chacun vit pour sa part virile, en quelque sorte, et au prorata des dons naturels ou acquis qui le distinguent.

Si l'individu prend trop de place dans la société, la société souffre ; si la société envahit l'individu, celui-ci souffre. « L'homme complet dans une société complète » serait une excellente formule qu'on n'appliquera jamais, et qu'on faùsserait en tentant de l'appliquer, parce que ce seraient des hommes qui l'appliqueraient à des hommes.

L'homme étant esprit et corps, ceux qui font consister surtout l'homme dans l'esprit, sont idéalistes; ceux qui donnent trop de prépondérance au corps, sont matérialistes. Depuis qu'il y a des hommes, on se préoccupe diversement de la prédominance de l'esprit ou de la matière chez l'homme. Zénon et Epicure se partageront le monde jusqu'à la fin des siècles. — Assez généralement, quand l'un a régné trop longtemps, l'autre le détrône.

« Je pense, donc je suis, » a dit Descartes; « Je sens, donc je suis, » a dit Leibnitz. On peut ajouter, comme notions non moins claires, « je veux, donc je suis volonté. Je veux, indépendamment de ce que je pense et de ce que je sens, donc je suis libre. Mon adhésion ou ma résistance morale est libre, donc je suis responsable. » — Résumant enfin ces éléments constitutifs de l'homme : je dis, *à priori*, que l'homme est évidemment pensée, sentiment, volonté, et volonté moralement libre, dès lors responsable.

La pendule marche, mais sans savoir quelle marche. L'homme est une pendule qui sait qu'elle marche, mais non pourquoi, ni comment elle marche.

Qui donc ignore qu'il ne s'est pas créé lui-même, et que sa mystérieuse origine implique un être mystérieux, antérieur et supérieur à lui, puisqu'il en procède?

I

Le mot homme a un sens collectif, je l'ai dit; il signifie l'ensemble des êtres humains, des êtres raisonnables. Il a aussi un sens particulier : l'homme est la nature humaine en chacun de nous; c'est notre personnalité morale. — Ce double sens, collectif ou particulier, du mot homme est une source de confusion quand on s'y méprend.

« Ce que Jésus-Christ est venu chercher du ciel sur la terre, ce qu'il a cru pouvoir, sans se ravaler, racheter de tout son sang, n'est-ce qu'un rien ? — Il ne faut pas, poursuit Bossuet (1), permettre à l'homme de se mépriser tout entier, de peur que, voyant, avec les impies, que notre vie n'est qu'un jeu où règne le hasard, il ne marche, sans règle et sans conduite, au gré de ses aveugles désirs. »

L'homme naît-il bon? naît-il méchant? — Ni tous les hommes ne naissent bons, ni tous les hommes ne naissent méchants, puisque les hommes diffèrent essentiellement entre eux dès leur premier âge, et qu'on le constate dès qu'on peut discerner leurs penchants. La bonté est le fruit d'une certaine sensibilité, d'une certaine rectitude de sens; or, s'il est vrai qu'il y a beaucoup de natures sèches et d'intelligences incomplètes, il est non moins vrai qu'il y a des natures mal douées pour le bien. Disons que, de de même qu'il naît des natures merveilleusement douées pour le bien, il naît en sens inverse des natures trop bien douées pour le mal; et pourquoi n'en serait-il pas des hommes comme des autres animaux? Ni deux lions, ni deux loups, ni deux singes, ni deux chevaux n'ont ni la même force, ni la même adresse, ni le même caractère. — Comment les hommes, êtres plus complexes, différeraient-ils moins entre eux? — Au fond, les hommes ne sont ni nécessairement bons, ni nécessairement méchants; mais la majorité des hommes est composée d'esprits faibles et, à quelques égards, d'ébauches d'homme.

(1) *Oraison funèbre d'Henriette d'Angleterre.*

L'homme sans passions, est sans ressort contre ses préjugés et ses préventions; et celui qui ne sait pas haïr ne sait pas aimer. — L'homme, qui n'a pas de hautes passions, en a de basses ou de vulgaires. L'ambition et l'émulation sont les deux ailes de l'homme; la religion seule peut lui tenir lieu de ces deux mobiles.

L'homme et la bête sont en perpétuel conflit pour la possession de la terre; tout ce que l'homme n'occupe pas ou ne surveille pas, la bête l'occupe. Derrière ce tableau, derrière cette glace, derrière ce vase que vous n'avez pas remué depuis quelque temps, l'insecte s'installe; il y croît et s'y développe. Dans cette maison dont vous vous absentez pendant quelques mois, la bête s'introduit et fourmille. Plus un lieu est vide de l'homme, plus il est plein de la bête : que l'homme s'abandonne ou se néglige, la bête envahit sa personne, de son vivant; et, dans le corps humain même, quand l'âme, qui est surtout l'homme, en a disparu, la bête se montre sous toutes ses faces, et l'on est tout surpris que la dépouille mortelle de l'homme ne soit qu'un composé de bêtes; si bien qu'on pourrait s'écrier, comme par une loi de notre nature : « l'homme est mort, vive la bête ! »

L'ange et la bête se disputent l'homme, comme l'homme et la bête se disputent l'univers. Que d'efforts ne faut-il pas à la bête pour s'élever jusqu'à l'ange ! et quel sombre désenchantement de nous-mêmes quand l'ange s'est vu rabaissé, en nous, jusqu'à la bête !

L'homme peut abstraire, et se composer un idéal ; il n'y a ni abstraction, ni idéal pour la bête : mais la bête n'a pas peur de la mort; elle ne connaît ni le chagrin, ni le suicide ; grande compensation !

« Les hommes se tracassent pour trouver le repos, dit Pascal, il vaudrait mieux commencer par là; » et il cite

Pyrrhus : mais le monde n'est pas composé d'ambitieux comme Pyrrhus, et s'il l'était, se reposerait-il? L'ambitieux n'aimera le repos qu'en changeant de nature, c'est-à-dire en cessant d'être ambitieux ; comme l'épicurien, l'apathique, le paresseux ne cessera d'être apathique et paresseux qu'en cessant d'être lui-même ; est-ce possible? — Pascal s'est trompé.

« Nous n'aimons le monde que pour nous fuir, dit le même Pascal ; » mais le paresseux n'aime rien tant que s'appartenir et fuir le monde. — « Nous fuyons la solitude pour nous faire louer, écrit Nicole. » Comme si la société admirait et louait ceux qui la fréquentent, et comme si le contraire n'était pas vrai! Il serait plus juste de prétendre que nous aimons la solitude, parce que la malignité des hommes réunis nous blesse ; car il est certain que les hommes, rassemblés par les plaisirs frivoles de la société, montrent, en général, plus de malignité que de bienveillance et que, c'est surtout dans les réunions, qu'on s'observe, qu'on se toise, qu'on se combat, qu'on pose, qu'on se grossit ou se rapetisse respectivement. — Les abeilles, les moutons, les castors se fuient-ils eux-mêmes quand ils se mettent en société de travaux ? Non. Il y a des espèces sociables comme des espèces solitaires ; l'homme est sociable, c'est là sa nature.

Le monde élégant et la société polie sont une production moderne ; les hommes qui cherchent la société cherchent, non le monde élégant, mais la compagnie ; j'entends par là le concours. Ils cherchent les secours, les épanchements que les hommes réunis se procurent et que le monde élégant restreint ou empoisonne.

Le solitaire est voué à la contemplation ; l'homme mondain est presque prédestiné à la contemption ; tandis que celui-ci pose, l'autre se repose ; pendant que le mondain médit, le solitaire médite. Ce sont là des choses fort différentes qui enseignent sinon à mépriser le monde, où tout n'est pas bien, du moins à faire cas de la solitude où tout n'est point mal.

L'*Imitation de Jesus-Christ* recommande la solitude : mais « cette solitude avec Dieu » qui remplit notre solitude ; la solitude dans la contemplation et la prière. C'en est assez pour soustraire l'homme au vide de sa seule personnalité : c'est, en ce sens, que Pascal l'entendait comme Gerson.

L'homme est double : il est intérieur et extérieur. Quelquefois l'homme extérieur et l'homme intérieur concordent ; quelquefois l'homme extérieur voile ou dément l'homme intérieur. Que de gens gagnent à cette contradiction ! que d'hommes y perdent ! Combien d'hommes gagnent même ou perdent à ce qu'il y a, chez eux, d'harmonie entre l'homme extérieur et l'homme intérieur !

Il faut estimer chaque homme par ce qu'il vaut, non par ce qu'il est ou ce qu'il possède. La fortune se joue de l'homme de cœur et fait arriver des Thersites. Aucun masque ne m'a jamais imposé ; mais j'ai ardemment admiré l'homme en place qui méritait sa place : l'homme célèbre qui méritait sa renommée : j'ai goûté, dans toute sa saveur, la joie pure de trouver asssociés les dons de la fortune avec la valeur intrinsèque d'un personnage.

La religion qui nous enseigne qu'il faut aimer tous les hommes en Dieu, nous apprend comment il est possible d'aimer tous les hommes.

II

L'homme, sans la femme, serait en quelque sorte du pain sans levain. La femme est deux fois la nourrice, et toujours la compagne de l'homme. Elle en est la providence visible : c'est elle qui le porte embryon, qui le nourrit enfant et vieillard; c'est elle qui, d'ordinaire, l'ensevelit. — La femme est presque plus de la moitié de l'humanité.

Le cœur de la femme a des forces que les muscles de l'homme, que ceux de l'athlète le plus robuste n'atteindront jamais : ni notre sensibilité n'égalera jamais sa tendresse; ni notre commisération, sa pitié. L'homme est roi dans le monde de l'intelligence; la femme est reine dans le monde du sentiment; et ce qu'elle fait, dans ce domaine, est plus grand que ce qu'on lui prête.

On ne compte pas assez parmi les violences, la violence de la douceur; je n'en connais pas de supérieure, ni même de plus oppressive. On ne sait comment combattre la douceur, quand même elle est injuste. Ce genre d'oppression est particulier aux prêtres et aux femmes : on peut juger de tout ce que peuvent ceux qui savent être obstinément doux, par ce que peuvent ceux qui ne sont que systématiquement doucereux. C'est par la violence de la douceur que les mères ont raison de leurs enfants les plus rebelles et domptent enfin ce que ni prison, ni coups, ni fer même, ne dompteraient. La force de l'homme n'est que faiblesse en comparaison de l'invincible douceur de la femme.

Si l'on fait jamais, de la femme, une pédante plus empressée d'imiter l'homme et de jalouser ses aptitudes, que d'appliquer les siennes à l'aimer, à le soigner et à s'en faire adorer, elle apprendra que le plus grand vice, et peut-être le plus grand malheur d'une femme, c'est de n'être pas femme.

III

Selon les vieux Etrusques, huit races d'hommes rempliront les siècles, et leurs mœurs seront différentes. Dieu a circonscrit son cycle (1), pour chaque race, d'après les révolutions de la grande année céleste. Quand après une race épuisée en survient une autre, le ciel l'atteste par quelque mouvement extraordinaire, et les dieux s'y intéressent plus ou moins qu'à celles qui l'ont précédée (2). — Nos inventeurs modernes ressuscitent cette rêverie étrusque, en la modifiant d'ailleurs en ce sens que, les dieux ou les révolutions perfectionnant, en détruisant, ce sont leurs nouveaux produits qui sont les meilleurs.

Il faut croire que ceux qui trouvent tant de nouveauté dans la nature de l'homme moderne, ne connaissent guère l'homme d'autrefois ou qu'il faut à leurs idées chimériques, un homme chimérique comme leurs idées. Montaigne ignorait donc l'homme nouveau qui se révèle pourtant, depuis trois cents ans (3), selon tel docteur? Pascal, La Rochefoucauld, Bossuet, Lafontaine, Corneille, Fénelon, Molière, ne le soupçonnaient pas? Comment! cette grande révélation de l'homme nouveau (4), né depuis trois cents ans, date à peine de six ans! Cela n'est-il pas bien merveilleux, surtout bien nouveau lui-même?

---

(1) Bossuet dit des Egyptiens : « ils ont trouvé cette grande année qui ramène tout le ciel à son premier point. » *Disc. sur l'histoire universelle* : les Empires— la grande année caniculaire des Egyptiens était de 365 ans : leur année Héliaque de 1460 années. — L'année platonique des Grecs était de 36,000 ans plus quelques-uns. — V. *traité de l'opinion !* 270, 553. (2) Plutarque, Vie de *Sylla* 506, 507.

(3) V. *Un voy. en Angleterre. Journal des Débats* du 2 au 4 novembre 1863.

(4) Depuis la Réforme.

L'auteur en vogue d'un *Voyage en Angleterre*, nous apprend que tout se renouvelle autour de nous et que depuis trois cents ans (depuis la Réforme) la science de l'homme même se refait chaque jour. Il est certain que pour faire agréer l'homme de l'avenir comme le conçoivent les utopistes, il faut bien que l'homme du passé ne soit plus ; il serait même assez opportun qu'il n'eût jamais été.

L'homme-têtard (1) n'exista jamais : l'homme naît homme et meurt homme ; qui s'en étonnerait ? Chaque homme est un tout distinct des autres hommes ; comment les hommes se transformeraient-ils, en masse, quand chaque homme naît, croît et meurt aujourd'hui comme depuis l'origine des choses ? L'homme ne peut pas plus se transformer (2) que l'eau, l'air, le feu, la terre. Cet élément de l'humanité est un élément fini comme tout élément de la nature. Ni le soleil ne deviendra terre, ni la terre ne deviendra soleil ; ni l'homme ne sera autre chose que l'homme, tant qu'il y aura une terre, un soleil et des hommes.

Cette manie de chercher l'homme-machine obéissant à certaines lois qu'on croit découvrir ; cette déviation de la science qui prétend soumettre la sensibilité de l'homme, à l'analyse ; cette témérité de renouveler la morale comme l'opinion, la politique et le culte ; cette fureur de poser de prétendus principes, en des matières où tout est caprice ou mystère ; ce monde moral qui ne semble poindre, pour la première fois, qu'à ceux qui ne l'observent pas, ou ne savent pas le compremdre ; cette démangeaison de trouver partout des erreurs, source elle même de tant

---

(1) Voir le *Journal la France* du 25 décembre 1866.
(2) Se transformer *lui-même;* car celui qui l'a fait peut le transformer sans que les savants s'en doutent.

d'erreurs, ne datent pas de nos jours. Ce n'est qu'un réchauffé de nos vieux rêves d'il y a cent ans : ce sont des résidus des Lamétrie, des d'Argens, des d'Holbach et de leurs pareils (1): ce sont les détritus d'un autre âge.

Nos pères (2) imaginèrent l'homme-poisson dont leur siècle finit par rire d'assez bon cœur : il faut noter pourtant que quelques uns soutinrent que cet homme chimérique avait été vu (3). — Nous préférons, de nos jours, l'homme-singe : personne ne l'a vu, personne ne le verra, quelques-uns y croient comme aux médiums et aux tables tournantes ; il est des gens qui ne sauraient vivre sans quelque crédulité basse ou grotesque.

L'homme est-il né du polype ? ou bien d'une monade ? N'est-ce qu'un singe perfectionné par l'action des âges ? Ceux qui agitent ces questions ; ceux surtout qui les résolvent par une chimère ; ceux qui se croient singes ou polypes, sont évidemment plus près du polype et du singe que de l'homme.

Si l'homme est sorti d'un singe, d'où est sorti le singe lui-même ? ou, si le singe est sorti d'un premier singe, pourquoi l'homme ne sortirait-il pas d'un premier homme ?

D'où est sorti le premier loup, le premier mouton, le premier bouc, le premier serpent, le premier lion, le premier rhinocéros, le premier tigre, le premier phoque, le premier crocodile ? L'homme physique est-il une si grande merveille que Dieu n'ait pu le créer qu'en s'y reprenant, et qu'à tâtons, pour ainsi dire ?

Voyez pourtant la dextérité du Maître, et avec combien peu de traits il compose la face humaine ! Un contour ici

---

(1) Voir Lacretelle, *Hist. du XVIIIe siècle*, 3-223.
(2) Voir Telliamed (de Maillet) et son *système* p. 339, sur les tritons ou hommes marins. — (3) Delisle de Sales l'écrivit et cita son garant; Telliamed en fait autant p. 334 et suiv.

plus étroit; là, plus large; une ligne plus oblique ou plus droite; une teinte dans la peau ou dans les cheveux; une légère courbe dans le profil ou la tête, voilà tout ce qu'il faut pour que chacun des milliards d'hommes qui couvrent la terre, en soixante ans, ait son cachet et ne puisse se confondre avec tel autre. Quel art! et quel prodige dans cet art!

On ne rencontre nulle part, en fouillant la terre, des êtres de transition, moitié singes, moitié hommes par exemple; sur quoi donc reposerait ce rêve de la transformation des espèces? Qu'on me montre une tête d'Apollon sur un corps de singe ou de satyre, et je croirai que l'homme a pu commencer par être bouc ou singe!

L'homme, ce raccourci de l'humanité, cette intelligence, ce cœur, cette volonté, ce roseau pensant qui se connaît et connaît ses semblables... n'être qu'un pur hasard! un pur mécanisme! l'égal d'un lézard, et qu'un végétal égalerait! O méconnaissance, ô délire de la raison! O mensonge insolent sur l'homme!

Deux systèmes en présence : 1° les générations spontanées, c'est-à-dire, la nature enfantant par ses propres forces, furtivement — on ne sait comment — un genre, le genre animal, par exemple, dans lequel est compris l'homme; 2° la transformation des espèces : c'est-à-dire, des types primordiaux qui, dans des millards de siècles, se transforment en espèces supérieures; — telle est la genèse moderne de l'homme. Le second système n'implique pas plus l'impossibilité du premier, que celui-ci l'impossibilité de l'autre : seulement le second est incompatible avec l'expérience, les métis ne se reproduisant pas : mais qu'importe, au fond, que les créations soient spontanées ou successives? Ces créations veulent un créateur : plus j'entends écarter le suprême créateur, plus il se montre.

Je n'ai jamais pu voir pousser un champignon; quoi d'étonnant qu'on ne voie pas pousser des hommes! Il est vrai que j'ai trouvé le champignon tout poussé, et que je n'ai jamais cueilli d'hommes sur pied. — O sottise de l'esprit humain, que vous êtes faite pour égayer le bon sens !

Dans le système des transformations successives, le poisson peut devenir un chat; le chat, un singe; le singe, un portefaix; le portefaix, un académicien : je saute sur les nuances; car, que serait-ce, si le poisson devenait tout d'un coup le pêcheur? La nature qui connaît nos nerfs, nous mesure nos admirations.

On observe qu'en Amérique les mers se déplacent; que, par conséquent, leurs bords baissent d'un côté autant qu'ils montent de l'autre; mais l'axe des continents peut changer sans que la nature de l'homme change.

C'est, après la période glacière, que naquit le genre humain. — D'où venait-il? — « Il venait, dit M. Figuier (1), d'où était venu le premier brin d'herbe. » — C'est simple; mais dans ces hautes matières, la simplicité d'esprit, c'est la justesse.

Notre race est-elle définitive? L'ange remplacera-t-il l'homme sur la terre? Qui le sait, et sur quoi le pressentir? Les ignorants en parlent comme si c'était leur secret; les savants s'en taisent.

D'après la cosmogonie (2), il ne faut pas moins qu'une révolution du globe pour l'enfantement d'un être nouveau : pour produire une création nouvelle, il faut que la terre se transforme. Si l'homme parfait doit sortir d'un cataclysme du globe, nous avons le temps d'y prétendre, et ce n'est pas à nos contemporains que nous le devrons.

---

(1) V. *La Terre avant le Déluge,* p. 399. (2) V. *Ibid,* p. 457.

O novateurs, je comprends à votre langage que vous fûtes originairement des bêtes ; mais, ô transformateurs de la bête en homme, êtes-vous bien sûrs de votre propre transformation ? Et n'est-ce pas, en vous, la bête qui se sacrifierait l'homme ?

Si l'homme n'est qu'un singe perfectionné, pourquoi le singe survit-il ? N'a-t-il pas fait son temps et son œuvre ? — Quant le serpent change de peau, sa pemière peau périt ; la grenouille fait disparaître le tétard qu'elle remplace ; le poulet qui croît, détruit son œuf ; pourquoi l'homme n'a-t-il pas absorbé le singe, son embryon ? Pourquoi tous les singes connus restent-ils singes ? Pourquoi les singes qui fréquentent l'homme ne sont-ils pas moins singes, moins grossièrement singes que ceux des bois ? Qui donc a vu un singe sur le point d'être homme ? Ou, si le singe peut devenir homme, qui sait quand, ou comment ? Si le singe a pu se perfectionner au point de se transformer, pourquoi pas l'insecte, le cheval, l'oiseau, le chien, le loup, le bœuf, le bouc et tout le reste ?

D'où sortait le singe avant qu'il fut singe ? Ou si le singe est né singe, comme le cheval est né cheval, pourquoi l'homme n'a-t-il pu naître homme ?

Si je voyais un membre de l'Institut sortir de terre tout grand, je veux dire tout venu avec sa science, sa faconde et son habit brodé, non-seulement je ne croirais pas au pur hasard d'une naissance si rare, mais j'y verrais un prodige. Ce prodige me montrerait bien mieux le doigt de Dieu que la mystérieuse conception d'un ovaire, la production d'un vivipare tel que l'enfant, souffreteux, n'ayant que des sens, n'étant presque que matière, et ne devenant homme enfin (savoir, non moins âme que matière) que par les transformations qu'il reçoit du temps, de l'éducation, des soins de la famille, de tout ce qui le dresse sous nos yeux et qui ne suffit pas à nos savants. — Pour prouver que le hasard produit notre espèce, par la transformation, on peut encore subtiliser, abuser des analogies; mais que d'un coup de pioche et en béchant mon jardin je fasse jaillir un académicien, un lettré de la force de messieurs les novateurs, je n'y tiens plus; je m'incline, et la résurrection de Lazare me semble plus que médiocre, en comparaison. — Dieu me devrait bien ce prodige!

« Je pense par moments, dit lord Byron, que l'homme doit être un débris d'une créature supérieure qui, ayant été vaincue, a dégénéré en traversant le chaos. Lorsque les éléments ont été les plus forts, le type s'est de plus en plus enlaidi. Tels sont les Lapons et les Esquimaux. Mais, même en ce cas, les Préadamites ont eu un créateur; car il est plus naturel de s'imaginer l'existence d'un Dieu créateur, que le concours fortuit des atomes. Tous les fleuves, pour aller se perdre dans l'Océan, n'en ont pas moins une source (1). » — Byron songea donc, avant notre conclave novateur, à l'origine philosophique de l'homme? Il est vrai qu'il nous crût, comme l'écriture, déchus d'un ange, et non perfectionnés d'un mandrill. Il crut que, quelle que soit l'origine de l'homme, elle atteste un créateur. Nos modernes biffent le créateur pour introduire le mandrill dans notre genèse. C'est en cela qu'ils sont aussi neufs que nobles, et que nous devons nous féliciter de leur trouvaille.

C'est que notre siècle tout matérialiste, a surtout étudié l'animal dans l'homme, et le mécanisme plus que le moteur. — Il n'a pas vu que les organes sont les serviteurs

---

(1) *Journal* de Byron, 1821.

de l'homme, non l'homme; il n'a oublié de l'homme que son âme; il n'a remarqué que le corps; il a pris le valet pour le maître.

IV

Notre siècle s'est dit, comme au temps de saint Augustin (1) quand les barbares allaient couvrir la terre : l'homme, est le bien de l'homme; l'homme, est la fin de l'homme; l'homme, est le Dieu de l'homme.

Mais l'homme — comme nous le connaissons — est un être actif qui a nécessairement son but, son théâtre, et je dis : le monde, est le théâtre de l'homme; la société, l'une de ses nécessités; l'accomplissement de ses devoirs sociaux, l'une de ses fins terrestres; l'estime de soi — presque toujours des autres — le prix terrestre et provisoire de ses mérites; Dieu est sa fin surnaturelle et sa récompense immortelle.

Il faut à l'homme de l'activité, pour sentir sa vie : chez les uns, c'est l'activité intellectuelle qui prévaut; chez d'autres, l'activité physique ou morale. Le sommeil est le repos et la restauration de ces diverses activités; l'ennui en est la souffrance, l'atonie, l'impuissance. C'est parce que l'homme veille, sans vivre et sans exercer ses fonctions particulièrement vitales, qu'il s'ennuie; c'est en ce sens que l'ennui est un châtiment, et le pire. On se tue moins parce qu'on souffre que, parce qu'on ne peut supporter l'ennui de végéter sans vivre. Les travaux forcés sont les plus agréables des travaux, me disait spirituellement quelqu'un (2) : c'est que ce sont les travaux qui

---

(1) V. Son traité *du lib. arbit.* 3-24.
(2) Un aumônier des prisons qui connaissait très-profondément et très-ingénieusement l'esprit des prisonniers.

nous font le plus vivre, du moins ceux qui combattent le mieux notre plus mortel ennemi, l'ennui.

La vie est bien brève pour ceux même qui en usent le mieux, et combien courte est la fleur de la vie, dans la vie même ! — En amour, les premières fois de toutes choses sont exquises, elles ont un charme de nouveauté que la répétition leur ôte : le premier aveu, le premier serrement de main, le premier baiser, la première lettre, la première volupté, le premier froissement même et le premier raccommodement, ont je ne sais quel parfum que la reproduction des mêmes objets n'a plus; — les douceurs de l'aube n'appartiennent qu'à l'aube, et, dans le domaine moral, la vie a peu d'aubes.

L'homme, à vingt ans, essaie de vivre; de trente à quarante, il vit pleinement, mais souvent bien tristement: de quarante-cinq à soixante, il ne vit que partiellement; après soixante ans, son intelligence vit, le reste paraît vivre; après soixante-dix ans, tout commence à mourir, et dès lors, chaque jour construit sa mort que le dernier jour achève. — Que de gens, en effet, qu'on n'a pas encore le droit d'enterrer, et qui sont bien morts !

Vivre, c'est marcher vers la mort; commencer de vivre, c'est commencer à mourir. Le temps est un faucheur régulier, mais infatigable; il n'arrête ni jour ni nuit : toute heure lui est également bonne; tout instant, toute portion d'instant, le sert de même. Entendre le mouvement d'une montre, d'une pendule, le roulement d'un tambour, le bruit des pas d'un passant; s'entendre parler, écrire, respirer, c'est, si je peux le dire, s'entendre faucher.

D'après les médecins, le soutien de la vie serait l'unique fin de l'homme. D'après la morale et la vérité, l'homme, qui meurt tous les jours, a pour fin la mort. — La mort est le dernier et le plus terrible sacrement de l'homme.

V

Un ancien disait admirablement de l'homme qui veut se diviniser : « son orgueil est insupportable aux dieux auxquels il s'égale et aux hommes dont il se sépare. » — Cela est plus vrai de notre temps que des temps antiques, parce qu'aujourd'hui le nombre des petits esprits et des petits caractères, qui voudraient se diviniser, est incalculable.

La maturité même a ses puérilités et ses illusions comme l'enfance et la vieillesse, et l'homme est toujours plus près de cesser d'être jeune que de cesser d'être enfant.

Varier et changer jusqu'à la versatilité, c'est courir après un besoin, ce n'est pas posséder un bien. — C'est au moins se tromper sur le bien, et méconnaître le bien qu'on possède. Sous le règne des aspirations outrées et des chimères, qui peut se flatter de ne pas se tromper sur le vrai bien ?

« Ce n'est pas l'homme que j'ai méprisé, ne le croyez pas ; ce sont les opinions, les erreurs par lesquelles l'homme abusé se déshonore lui-même (1). » J'emprunte cette haute langue à Bossuet pour faire excuser ma forme, par mon intention.

Que d'hommes se trompent parce qu'ils ne savent voir que le dessus des choses ; et combien se trompent encore, parce qu'ils n'en veulent voir que le dessous, c'est-à-dire le mystérieux, qui est si souvent le controuvé !

L'homme nouveau se vante du progrès de sa raison ; et de sa sagesse apparemment, de sa modération, de son esprit de conduite. Est-ce ainsi qu'il l'entend ? — Qui ne rirait pourtant de voir d'autres animaux porter, comme

---

(1) *Oraison funèbre d'Henriette d'Angleterre.*

nous, à leur ceinture, des sabres, des épées pour se défendre des leurs ou faire leur police comme nos sergents de ville, pour maintenir, comme chez nous, le bon ordre dans ce qui semble le plus favoriser la concorde : un concert en plein air, le dimanche, en habit de fête, dans une promenade ombragée, étoilée de fleurs et rafraîchie de jets d'eau ! — Tant que l'homme ne fut qu'un animal raisonnable, il fut parfois sage ; mais depuis que l'homme nouveau n'est que raisonnant ou raisonneur, il ne se croirait plus assez nouveau s'il était sage ; aussi faut-il surveiller, de près, l'homme nouveau.

Doctes ineptes qui inventez les générations fortuites de notre espèce, et la faites naître du dieu hasard, vous êtes-vous jamais dit que pour accréditer votre scientifique bévue, il vous faut persuader aux fils qu'ils n'ont point de mères ; aux mères, qu'elles n'ont point de fils ; à la femme, qu'elle n'a point d'époux ; aux sœurs, qu'elles n'ont point de frères : — qu'en un mot il vous faut extirper de l'humanité la famille et tous les sentiments sacrés qu'elle recèle, pour que votre folie puisse y croître !

L'astre de nuit répare ses défaillances : son croissant refait son disque ; sa lumière renaît après l'ombre qui l'avait un moment éteinte ; mais l'homme ne se refait, ni ne se répare. Il n'y aura d'homme nouveau que cet être inconnu, quelconque, qui remplacera l'homme mort ; car dans l'ordre surnaturel, comme dans l'ordre légal, c'est la mort qui donne naissance à l'être : c'est toujours « le mort qui saisit le vif. »

DE LA FAMILLE

Un ancien (1) nous fait ce charmant tableau des rapports de la veillesse et de la jeunesse antiques : « nos pères, dit-il, appelaient dans leurs repas les musiciens, pour qu'ils chantassent l'éloge des grands ancêtres, et que la jeunesse en fût plus ardente à les imiter; de son côté, celle-ci ne manquait jamais de rendre honneur aux cheveux blancs, les anciens considérant les vieillards comme les pères communs de la jeunesse. Les écoles d'Athènes n'eurent pas de meilleur enseignement que cette discipline domestique : c'est de là que sortirent les Camille, les Scipions, les Fabricius, les Fabius. » Ces mœurs sont si loin de nous que les citer c'est presque faire sourire : mais quel parfum elles exhalent !

Les Scipions cependant, Pompée, César et Auguste firent, jeunes, de très-grandes choses dans une société où toutes les prééminences étaient pour la vieillesse; où celle-ci obtenait, de plus, tous les respects, toutes les influences, tandis que chez nous, systématiquement et doctrinalement, la vieillesse est vouée à une sorte d'ilotisme; à la retraite officielle, c'est-à-dire, au mépris qui suit la dégradation dans l'impuissance, lequel précède même l'âge légal où l'on y tombe.

La révolution qui a brisé toute autorité, a surtout brisé l'autorité domestique. La salutaire gravité des formes n'étant plus de mise, a disparu. Il n'y a plus entre

---

(1) Valer. Max. 2-1.

un père et son fils que la différence des âges qui, d'après l'esprit des temps, est tout en faveur de l'un contre l'autre ; la vieillesse, sans le respect et l'autorité qui lui appartiennent, n'étant plus qu'une infirmité, une faiblesse, un ridicule ; un état enfin qui avilit dès qu'il n'honore pas.

Le mépris de la vieillesse conduit, de proche en proche, au mépris de la maturité des ans. N'a-t-on pas vu — non sans surprise — un philosophe déjà grisonnant, en appeler à la jeunesse des Congrès, de la routine, c'est-à-dire de l'expérience des hommes mûrs et, qui mieux est, des élus d'un pays ?

I

« Dès quatre heures du matin en hiver, écrivait Etienne Pasquier, on se levait pour la prière ; puis, on allait aux écholes jusqu'à onze heures ; on en revenait pour discuter les textes, vérifier les passages, et, pour toute récréation, lire Aristophane, les Tragiques grecs, Plaute, Cicéron (1). » — C'étaient là les mœurs du seizième siècle ; et notez qu'alors, on lisait Plaute et Cicéron en latin ; Aristophane, en grec. C'est ainsi que les récréations de la jeunesse de ce temps, étaient elles-mêmes de hautes études.

Ecoutons l'abbé Morellet (2) sur la jeunesse qu'il connut, et descendons de deux siècles : « l'esprit de liberté qu'on a prétendu nous donner a amené, dit-il, dans les jeunes gens surtout, une assurance, une audace, un mépris des bienséances établies, un oubli des égards dus à l'âge et au savoir ; enfin, une disposition à dominer dans la

---

(1) *Recherches de la France*, par Etienne Parquier.
(2) *Mélanges*, tom. 4 p. 95.

conversation, telle, qu'on peut assurer généralement que l'orateur écouté de chaque cercle, ou du moins celui qui vous force à l'écouter, est un jeune homme se croyant capable, non pas seulement de disputer comme Pic de la Mirandole, mais de donner des leçons de *omni scibili* et *quibusdam aliis*, de tout ce qu'on peut savoir et de quelques autres choses. » Je cite, ici, l'un des hommes les plus répandus dans les salons du grand monde au dix-huitième siècle ; il constate ce qu'il a pu remarquer, par lui même, d'une transition qui s'est opérée sous ses yeux, sur le théâtre où il vivait. L'origine de la jeunesse arrogante, importante et pérorante, pour devenir prédominante, est issue de cette exagération de liberté philosophique dont le XVIIIe siècle fit précéder notre licence politique ; car toutes les licences s'engendrent.

La révolution de 89, s'affaissant en celle de 93 qui procédait plus des passions que des idées, déposséda la vieillesse française de la conduite de la société. D'après ce nouvel esprit, un gouvernement que ne goûte pas chez nous la jeunesse, ne semble pas viable ; la jeunesse des écoles est notre aréopage, notre sénat romain, notre conseil de Venise : et tandis que l'Angleterre vieillit ses jeunes lords en leur imposant le décorum d'une ample perruque blanche, la France en sera bientôt réduite à farder ses ministres, et à leur imposer des cheveux blonds.

Les révolutions impliquant le mépris de la tradition, on a fait de la jeunesse sans expérience et sans traditions, l'arbitre et l'instrument des révolutions. On ne peut plus, et même on ne sait plus quelque chose, que lorsqu'on est jeune, extrêmement jeune. Un écolier qui est au collège pour apprendre, en sait assez pour enseigner ; pourquoi ? par cela seul qu'il est écolier. Il suit de là que si tous les petits rhéteurs échappés du collége deviennent avec le temps et quelque souplesse, conseillers d'Etat, sénateurs, ministres, ils n'auront plus le moindre bon sens, ou ils seront pervertis par leur bon sens. Leur expérience les aura complètement abétis; il faudra qu'ils tombent, pour faire place à l'écolier. Nos Mirabeaus et nos Richelieus sont au lycée en tunique râpée, en képi, en souliers percés et le nez humide.

O colléges, retenez moins longtemps vos trésors : envoyez-nous tous vos professeurs, tous vos proviseurs, tous vos censeurs, tous vos maitres d'études; que dis-je ! envoyez-nous tous vos concierges, tous vos guichetiers, tous vos balayeurs : les scories de l'or sont presque de l'or ; la poussière de diamant est encore précieuse ! Vos rhétoriciens nous seront d'un très-grand secours ; vos sixièmes même auront leur cote à notre Bourse politique. Venez, inondez-nous, hâtez-vous : vous étez notre Nil fécondant, vous êtes notre Gange sacré ; votre boue nous purifie et nous sanctifie ! Demi-Dieux imberbes, venez enseigner à vivre à vos pères; gardez-vous d'ailleurs de vieillir et d'être pères à votre tour, vous seriez trop déchus; vous prêteriez à rire à vos enfants !

L'intervention de l'extréme jeunesse dans la direction de l'Etat, et la censure de la vieillesse livrée aux jouvenceaux, attesteraient par elles-mêmes où en est le gouvernement de la famille, et dans quelle déchéance est tombé le respect des enfants pour leurs pères.

Qu'est-ce que l'imberbe jeunesse s'interposant pour qu'une pièce de théatre immonde, outrageant le bon sens public et les mœurs, soit jouée malgré l'opposition du gouvernement? Qu'est-ce que la méme jeunesse imberbe applaudissant ce qui a choqué le sénat comme la nation? Qu'est-ce, dis-je, sinon la déraison s'imposant à l'expérience, au nom du désordre?

« Il sert moins l'Etat celui qui juge les procès entre concitoyens, écrit Sénèque (1), que celui qui enseigne à la jeunesse l'équité, la patience, la vigueur d'âme et ce qu'il y a d'inappréciable dans une bonne concience. » — « De quel plus grand bienfait pouvons-nous gratifier la Cité, s'écrie à son tour Cicéron (2), que d'éclairer sa jeunesse ? »

Il faut, pour cela, l'accoutumer au vrai ; au vrai même qui la désoblige, mais qui la sert. — Dans une société bien réglée, les professeurs du dehors, les hommes éminents qui sont les instituteurs-nés des générations, ne doivent pas leur tenir un autre langage qu'un père ou une mère honnêtes. Les insurger contre la famille n'est pas seulement un tort, c'est un crime ; c'est un sacrilège..

La jeunesse n'est qu'un état transitoire: on n'est jeune que peu de temps et précairement, de dix-huit à vingt-cinq ans à peine, au moins en France. Mais on est longtemps homme mûr, mari, père, chef de maison, vieillard. Ceux qui courtisent le jeune homme, uniquement en tant que jeune homme, en tant qu'inexpérimenté, l'exploitent au détriment de ce qu'il sera comme père, mari, chef de maison, vieillard, homme pratique et digne dès lors d'enseigner ce qu'il a, jusqu'alors, besoin d'apprendre.

J'affirme donc, sur cela, que les courtisans politiques de la jeunesse sont, non-seulement les corrupteurs de la jeunesse, mais les corrupteurs du long avenir qui attend la maturité de la jeunesse.

Ce que surtout j'envisage ici, c'est la jeunesse officielle ; celle qui se prévaut de la pression collective de son ensemble. — Pris individuellement, les membres de la jeunesse française ont, en général, la droiture et les qualités

---

(1) *De la Tranq. de l'âme*, Ch. 3. (2) Sur la *divinat.* 2-2, 4.

requises d'un âge honnête qu'animent les illusions généreuses. C'est la jeunesse s'érigeant en corps d'état, si je peux le dire, et se fourvoyant par les prétentions qu'on lui donne pour l'exploiter ; c'est celle-là qui mérite qu'on l'avertisse. Cette sorte de jeunesse s'étend, elle est contagieuse ; elle nuit à l'ordre public qu'elle veut régler et ne peut comprendre ; elle se mutile elle-même en sa fleur ; elle sacrifie ses fortes et viriles années à quelques jours ; elle vend un patrimoine pour un ragoût.

II

Je ne sais de quel intérêt peut être, pour les novateurs modernes, « qu'on ne puisse établir par mille raisons que le Christ ait élevé le mariage à la dignité de sacrement. » S'il n'était pas un sacrement dans le Christianisme, il y aurait lieu de s'étonner que ce seul culte offrît cette imperfection : mais il a ce mérite, au contraire ; il a fait du mariage un sacrement. Pourquoi lui en dénier l'honneur, et nous en ôter le fruit? Pourquoi cette soif, en cela comme en tant de choses, de nous ravaler aux bêtes qui se passent non-seulement du sacrement, mais du contrat, et ne penchent pas moins pour le divorce que nos novateurs? Ceux-ci m'expliqueraient-ils leurs goûts pour la bestialité?

Quelle haute idée peuvent concevoir du lien conjugal ceux qui se marient exclusivement devant l'officier de l'état civil, avec le sans-façon qu'inspirent le lieu, les personnes, et d'après une formule qui n'est guère plus noble que celle par laquelle on achète un bœuf ou un cheval ?

L'Eglise dit aux époux : « Il est vrai que vous êtes deux, mais vous ne faites qu'une même chair : *Jam duo*, *sed una caro* (1). — Que dit la loi ? Vous êtes deux et vos intérêts ne se confondront jamais. Pas le moindre douaire légal pour le mari qui observerait le veuvage ; même dédain pour la femme, dans le même cas : et si les époux s'oublient (ce qui n'est pas rare) la loi n'est pas moins distraite : *una caro!*... Les Coutumes avaient plus de vigilance ; le mariage était resté chrétien dans les *Coutumes* chrétiennes.

Una caro!... La loi ne songe au conjoint survivant, dans la succession de l'autre époux, qu'après tous les parents du douzième degré dans les deux lignes (2). — C'est qu'il appartient, dit-on, à une famille étrangère dont il héritera. — Comme si les trois quarts des unions ne s'opéraient pas entre gens n'ayant à peu près rien, et ne devant rien espérer des leurs, tout aussi pauvres ! Et comme si la première des parentés, d'après l'Evangile, n'est pas entre gens à qui l'Evangile prescrit, en les unissant, de quitter père et mère, pour ne rien préférer à eux-mêmes, tant il importe qu'ils ne soient qu'un ! — L'Evangile leur dit donc : vous n'êtes qu'un, *una caro*; la loi civile leur dit : vous avez entre vous vingt-quatre degrés de parenté possibles ; car, si les douze degrés de la ligne paternelle de l'époux prédécédé sont vacants, il faut alors que les douze degrés de la ligne maternelle s'épuisent : *una caro!*

Non-seulement, époux chrétien, la loi ne vous donne pas, au nom et en cas d'oubli de l'autre, la moindre part de son patrimoine, mais elle ne vous en donne pas même le moindre usufruit ! Pas même un droit d'usage ou d'habitation ! Préparez-vous donc à un congé brutal, comme le reçoit un simple locataire en retard ou à bout de bail.

---

(1) St-Marc, 10-8. — St-Paul *aux Corinthiens*, 1-6-16.
(2) *C. Nap.*, art. 767.

Je me trompe : la loi daigne ne pas renvoyer la femme toute nue ; elle lui accorde, sur la succession de son mari, de quoi se couvrir ; mais c'est pure décence. Le privilége de ce haillon légal ne s'étend pas au mari ; la nudité de l'homme est plus chaste ou moins sordide apparemment !... *Una caro !*

Mais quelle grave raison y a-t-il donc d'accorder aux enfants une réserve légale et de refuser à la veuve, restant veuve, un douaire ? Quelle raison de ne rien réserver au mari sur les biens de sa femme si, fidèle à cette douce mémoire, il reste veuf ? — J'entends ; on veut stimuler au mariage, par le besoin : mauvais moyen, et très-propre à vicier le résultat ! Les vieillards d'ailleurs se remarient-ils ? Pourquoi donc les immoler, je veux dire les oublier ?

Qu'un mari obtienne qu'on le sépare de sa femme adultère, il faut qu'il paie pension à sa femme. Restituer à la femme ce qui lui appartient, soit ; mais pensionner l'Adultère, c'est trop fort. Singulière humanité qui se passe de morale ! — Nourrir la femme adultère des sueurs du mari trompé, et continuant de l'être !

D'autre part, de quel droit le mari qui abandonne sa femme, la livre au besoin, à la famine, et rompt le contrat de mariage autant qu'il est en lui, poursuivrait-il sa femme en adultère ? Quand donc l'indignité du poursuivant éleva-t-elle une fin de non recevoir plus péremptoire ? Le premier auteur de l'adultère de la femme, c'est le mari qui l'abandonne ; c'est lui qu'il faudrait d'abord châtier : on ne punirait la femme que subsidiairement, modérément, comme précipitée dans sa faute par le crime de l'abandon du mari, source de tout mal.

Quand la femme fuit du domicile conjugal que la loi la plus stricte lui fait un devoir d'habiter, on se contente de lui retenir un revenu qu'elle n'a pas. — Quand c'est le mari qui abandonne sa femme, celle-ci est sans recours et sans ressources. Je parle de ce que j'ai vu cent fois. Quand il plaît à l'ouvrier ou à l'un de ces milliers de maris qui épousent sans fortune, mais non sans gagne-pain, de planter là leur femme et plusieurs enfants en bas âge, qu'on me dise quel est le recours de la femme!

Je me rappelle encore, une sorte de spectre qui n'avait pas trente ans; c'était une mère de quatre enfants que son mari, bon cordonnier, avait quittée depuis trois ans, pour fuir avec une concubine. Il vivait donc dans une autre ville que sa femme avec sa maîtresse. Celle-ci était une prostituée grasse et fleurie; l'épouse, je l'ai dit, un spectre littéralement vide de sang. Elle s'était épuisée, pendant trois ans, à vivre et à faire vivre ses enfants du métier de laveuse à un franc par jour, quand on l'employait. Je ne pus pas obtenir du mari, par voie hiérarchique et par l'emploi des influences légales, le moindre secours pour sa femme : il menaça de décamper de son nouveau domicile, et tout fut dit.

Une autre femme fut quittée, comme celle-là, avec trois enfants et sa vieille mère. Son mari n'omit pas de l'abandonner le jour même où l'un de ses enfants mourait: la bière seule de l'enfant coûtait cinq francs, on ne les avait pas; il fallut que la charité privée y pourvut. *Mariette* était une fille des champs de la race la plus fine, de la taille la plus svelte, du regard le plus vif et le plus charmant; il y avait dans sa démarche quelque chose d'aérien, dans sa langue une poésie native : la violette piquée du soleil a moins de parfum rustique. Elle était née dans le coin d'un bois, comme la fleur du fraisier, le liseron, l'églantine, et ces mille fleurettes aux charmes divins que le grand artiste sema sur la terre avant que la main des hommes les eût travaillées pour les gâter. Mariette se fit laveuse, frotteuse de parquets, garde-malade, ensevelisseuse de morts, tout ce qu'on voulut, tout ce qui fut honnête pour vivre et soutenir sa mère et ses deux enfants, jusqu'à ce qu'une mère de famille l'appelât dans sa maison comme femme à tout faire, charmée d'ailleurs de sa douceur et de sa vaillance. Telle était cette jeune femme, comme je l'appris de celle qui l'avait recueillie. Telle était Mariette qui ne croirait pas, si elle me lisait, que je parle d'elle, ou qui rougirait comme une rose qu'on trouvât si flatteur ce qui n'est que vrai. Elevée aussi simplement que pieusement par sa famille, toujours prête par goût et par devoir à pardonner à son mari, dont elle ne parlait que pour répondre à ceux qui l'interrogeaient, et avec l'accent d'une fierté tendre, les yeux baissés et mouillés, en laissant tomber ces mots : *Il ne pense pas à moi!...* Qui me dira ce qu'est devenue Mariette ? — Où végète, où rampe, où retrouverait-on ce frais liseron des bois, depuis que la généreuse branche, qui était son support a péri, car elle a péri? Ou Mariette ne vit plus, ou, si elle vit, ce n'est pas son robuste et dur mari qui la soutient, c'est quelque pauvre comme elle, ou c'est Dieu.

D'aussi criants abandons sont fréquents; ils sont presque à l'état normal dans certaines classes; comment sont-ils impunis? Pourquoi ne pas ériger en délit correctionnel ce qui est plus noir et plus pernicieux que la plupart des délits connus sous ce nom? La poursuite de ce délit sera, dira-t-on, délicate. Est-ce que le ministère public ne remplit pas chaque jour mille devoirs délicats? Ne saurait-il donc discerner ce qui ne doit pas être poursuivi à raison de ses causes? Les tribunaux ne sauraient-ils amnistier ce qui est digne d'excuse; ou acquitter ceux qui le méritent?

Les pères qui ne nourissent pas leurs enfants quand ils le peuvent, les enfants qui ne nourrissent pas leurs parents quand ils le doivent, sont des délinquants du même ordre. La police correctionnelle est faite pour eux.

Puis, quelle autorité n'aurait pas l'entremise officieuse du magistrat, accrue d'un droit de poursuite ; et que cette poursuite elle-même serait rare quand les mœurs redressées par la justice armée, en rendraient l'objet si difficile !

Dans les deux cas précités et tous autres du même ordre, je voudrais la publicité des jugements par affiche ou par la presse. Par ces mesures si simples, un millier d'infractions monstrueuses aux lois de la famille disparaîtraient magiquement par la seule vertu du châtiment. Que de ménages seraient purifiés ; combien d'autres seraient préservés! Que de scandales qui souillent nos mœurs s'évanouiraient?

III

On ne protége pas assez la femme du peuple, où l'on voit trop souvent tel mari, taillé en hercule et possédant un mètre d'épaules, élever et soutenir la prétention d'être nourri, chauffé, vêtu et rafraîchi par sa femme, sans autre devoir, pour son compte, que d'être dans sa maison un fléau, un parasite, un vampire ; mais on exalte outre mesure les prétentions de la femme appartenant aux classes mondaines.

Le dernier des Saint-Simoniens, M. Legouvé, veut que les femmes (1) soient jurés, électeurs, fonctionnaires pu-

---

(1) « La femme, dont on invoque toujours la liberté, quand on aspire à l'opprimer ou à la corrompre, » dit très-bien le Père Hyacinthe dans une de ses poétiques et fortes conférences. — 1ᵉʳ décembre 1867.

blics, ministres. Je m'inscris dans le parti de ceux qui disent, comme certains vaudevilles : « Les hommes doivent faire la guerre et les femmes la soupe. »

La nature de la femme est plus pure que la nôtre ; elle n'est pas moins forte en son genre. La femme est, pour ainsi dire, plus près de Dieu que nous par le sentiment ; elle est l'ange consolateur de l'homme qui est, à son tour, son ange gardien. Partout où les peuples honorèrent les femmes, on vit éclater toutes les noblesses, toutes les grandeurs de l'âme ; partout où les femmes sortirent de leur rôle, elles pervertirent tout comme elles, hommes et choses. L'ordre éternel, dans lequel fut placée la femme, fait partie du vrai éternel.

Il n'est point de pays où l'on ait fait une plus large part qu'en France au rôle incontesté de la femme dans l'intérieur de la maison. Il n'en est pas non plus où on l'ait plus ridiculisée hors de ce milieu ; et, dans ce milieu même, le ridicule a pénétré pour tempérer l'abus du pouvoir ; car, on remarquera qu'en général, chez nous, dans les classes aisées, si c'est l'homme qui propose, un autre y dispose. — Cependant la femme ne porte point la couronne en France ; le peuple français, comme le peuple romain, n'obéit qu'à l'homme.

Une femme, qui se travestit en homme, ne me paraît pas présenter un spectacle beaucoup plus imposant qu'un homme qui se travestirait en femme. La nature attache un air faux et grotesque à tout ce qui est tenté contre ses lois, comme elle attache une sorte de perfection naïve à tout ce qui l'imite.

Hommes, qui voulez bêtement qu'une femme soit homme, proposez-lui donc nos poings et notre barbe ; faites-lui présent de notre calvitie précoce et de nos lunettes ! — Par compensation pour nous-mêmes, dans cette parfaite parité, donnez-nous le don d'accoucher et le bonheur d'allaiter les enfants que nous devrons aux femmes !

Hommes féminins, qui prétendez que la femme soit homme, ignorez-vous que c'est la faire cesser d'être femme ? Que c'est lui ôter son charme, par conséquent sa puissance ? Votre femme-homme cessera donc d'être une femme sans être un homme ; ce sera un monstre et même un monstre comique, comme toute faiblesse ambitieuse.

Il serait très-heureux que nos jeunes filles n'eussent pas d'autre enseignement que ceux que donne une bonne mère au coin du foyer ; mais cela ne se peut, cinquante fois sur cent, pour cause d'indigence, d'incapacité, de désordres internes, et pour vingt autres raisons qui poussent l'enfant au dehors, tantôt pour son dommage, tantôt pour son bien. — Mais souhaitons-lui, si c'est une fille, qu'elle évite toute école d'orgueil et de pédantisme : on n'en connaît guère en ce genre que celles qu'on fonde bruyamment ; celles qui s'ouvrent, tout naturellement, se proposent mieux.

Ce que je crains surtout de l'éducation des femmes par les cours publics, ce n'est pas l'enseignement supérieur en soi, qui est une perfection de plus, quand il ne nuit à rien et qu'il est sain ; ce que je crains, c'est la nature de ce qu'enseignent dans ces cours, de jeunes novateurs plus ou moins déguisés, plus ou moins progressifs, plus ou moins subversifs. — Ce que j'appréhende, c'est qu'il sorte des cours en question des dames Roland ambitieuses, prétentieuses, envieuses ; des muses du 10 août, des *tricoteuses* girondines et phrasières, provoquant et justifiant des tricoteuses sans phrases ; et quand je vois qui recommande ces cours en général, je sais à qui ils profitent, et ils m'inquiètent.

Quant à ceux qui ne dormiront qu'après l'émancipation de la femme française, nous leur conseillons de prendre haleine. Il ne reste à la femme mondaine, en France, qu'un vœu à former ; c'est que sa volonté se fasse au ciel aussi amplement qu'elle se fait sur notre terre.

IV

« Vous n'élevez vos enfants que pour vous, non pour l'Etat : en cela, dit un ancien (1), vous offensez non-seulement votre fils, mais la patrie. Un fils n'est pas fait uniquement pour notre agrément; il faut qu'il serve l'Etat, il faut que les besoins de la patrie le trouvent prêt dès qu'ils le réclament. »

C'étaient d'admirables instituteurs que les anciens : « Tu fais un citoyen digne de Rome et du peuple, s'écrie Juvénal, si tu rends ton fils propre aux travaux rustiques, à ceux de la guerre et de la paix. Ce qui importe essentiellement, ce sont les mœurs, ce sont les arts dans lesquels tu élèveras ton fils. »

Les anciens racontent que, dans un cataclysme où l'eau et le feu se disputaient la terre, les enfants qui avaient chargé leurs vieux parents sur leurs épaules furent épargnés par les eaux et par le feu, comme si les éléments mêmes respectaient ceux qui respectent leurs pères (2)!

Quand, de notre temps, les confédérés américains entreprirent cette vaste lutte qui ébranla leur continent, ils jurèrent de ne pas dégénérer de leurs pères, et cette piété filiale les inspira si vigoureusement, qu'ils furent près de triompher comme leurs ancêtres. — Pourquoi nous

---

(1) Cic. *Cont. Verr.*, 7-159.
(2) V. Aristote, *Lettres sur le monde*.

moquons-nous des nôtres? pourquoi n'oserions-nous invoquer ceux qui ne datent pas d'hier? ou pourquoi, parmi ceux d'hier, n'en invoquons-nous que quelques-uns, si même nous ne rougissions, comme des charbons ardents, d'avoir pu invoquer en France un ancêtre, un aïeul quelconque?

On répète souvent que les parents doivent se sacrifier pour leurs enfants; ce sentiment est faux et dangereux. C'est une exagération dans les termes, et souvent un fard pour l'égoïsme; la faiblesse et le calcul s'en emparent tour à tour. Cette maxime est fausse, car le sacrifice ne peut jamais être un devoir comme la justice; elle est dangereuse en ce qu'elle rend les enfants exigeants, même irrespectueux lorsqu'on leur apprend que la justice des parents qui ne va pas au sacrifice, est mesquine (1).

J'admirerai toujours la magnanimité de tendresse par laquelle un père ou une mère se sacrifiera pour son enfant, mais je ne lui en ferai pas un devoir. C'est, en pareil cas, la maxime du *devoir* qui est un mal.

L'ai-je bien lu? « Le père doit respecter dans le fils et le *fils dans le père* (sic.) la loi de la conscience moderne. » — Qu'est-ce que cette conscience moderne? La conscience m'avait toujours paru fort vieille. Je ne connais, pour ma part, d'autre conscience moderne que les trente-six consciences du journalisme quotidien; laquelle de ces trente-six consciences est la bonne? La mienne, me dira chaque journal; c'est juste, je n'y songeais pas. — Venons au fond : le père doit nourrir son fils, il ne doit pas se permettre de l'élever; le fils doit pardonner au père sa maturité et son expérience; il ne doit pas le gronder; il ne doit pas le morigéner trop durement, selon la

(1) V. le *Journal des Débats* du 21 mai 1867.

conscience, très-moderne assurément, d'un professeur de morale libre à la Sorbone.

« Nous nous plaignons de notre jeunesse, mais à qui s'en prendre? Nous élevons nos enfants dans la soie; ils marchent peu, on les porte toujours; ils ne quittent un bras que pour en prendre un autre. S'ils disent quelque impertinence, nous en sommes fiers; nous leur rions, nous les embrassons à chaque sottise. Quoi d'étonnant! il répètent ce qu'ils nous entendent dire; nos festins, nos théâtres leur rappellent nos belles maximes de conduite; ils assistent à tout ce qu'il faudrait leur cacher. Ces habitudes leur deviennent une seconde nature, et ils aprennent à mal vivre avant de comprendre même le mal. » — C'est ma réponse au professeur en question : un grand homme de bien (1), qui fut un grand lettré, l'avait faite, il y a dix-neuf siècles, aux précurseurs de l'écrivain qui règle les rapports des pères et des enfants au dix-neuvième. — Les anciens nous ressemblaient en ce qu'ils donnaient de mauvais exemples à leurs enfants; nous différons des anciens en ce que nous instruisons nos enfants à mal penser.

V

On dit fréquemment aux pères à qui leurs enfants désobéissent : « vous n'avez pas l'air de savoir prendre vos enfants; » mais, si cet art était commun, ou s'il était tout-puissant, qu'importerait le respect des enfants pour leurs parents, et pourquoi tous les peuples érigeraient-ils ce respect en précepte? Pourquoi ce respect constituerait-il une sorte de piété dans l'univers? Est-ce qu'un enfant

---

(1) Quintilien, *Instit. de Orat.*, I, ch. 3.

très-habile n'a pas à respecter un père moins habile? Est-ce que la volonté d'un père n'est pas chose d'autant plus sacrée pour son fils qu'il est plus intelligent, c'est-à-dire mieux fixé sur ses devoirs?

Pourquoi l'injure commise publiquement par un fils contre son père, ne serait-elle pas poursuivie d'office par le parquet, comme intéressant l'ordre public, malgré le pardon, c'est-à-dire la faiblesse du père? — La dignité du père importe à l'Etat, et ce n'est le droit de personne d'humilier la majesté paternelle.

Le Christianisme veut, dit-on, l'équité dans la famille. — Il y veut, avant tout, la piété filiale; il y veut si bien le respect du fils pour ses parents, que l'Eglise en fait un commandement formel. Il y veut surtout la discipline sans laquelle l'Etat souffre des mêmes désordres que la famille, sa racine. — Mais l'esprit du temps, répliquera-t-on? Fausse raison! raison de décadence! décadence qui veut justifier la décadence!

La révolution a désorganisé la famille pour y régner par la division. La famille était (comme l'Eglise) une place forte de la société bien constituée; la révolution l'a prise en s'y ménageant des auxiliaires. On a donc tendu le fils contre le père comme, dans l'armée, on a tourné le soldat contre son officier; comme dans l'ordre social on a poussé tout l'effort des basses classes contre les hautes. S'étonnera-t-on que la jeunesse soit révolutionnaire, au détriment de la vieillesse qui l'attend? Quoi de plus juste, en somme, qu'un fils rebelle, devenu père à son tour, gémisse d'un fils rebelle, et que le mal s'éternise comme sa cause?

Les adoptions furent la source de la grandeur romaine et de la perpétuation de son génie politique. La famille était, d'ailleurs, si fortement constituée à Rome, que l'autorité du père de famille eût pu s'y passer, sans peine, du concours de l'adoption : celle-ci nous serait un aiguillon dans la famille ; elle donnerait à l'autorité paternelle un nerf que les lois lui refusent. Pourquoi ne pas permettre au père de léguer son nom même et sa gloire, comme sa fortune, au plus digne, et de choisir un étranger là où les enfants dégénèrent ? Les cas d'adoption seraient, d'ailleurs, réglés par les tribunaux ; les abus en seraient facilement écartés ; la tyrannie du père y serait déférée et brisée ; le droit y serait protégé contre l'arbitraire.

Le jurisconsulte Basnage déplorait que les parents ne pussent réprimer l'inconduite des enfants par l'exhérédation. Guy-Coquille exprimait le même regret ; il appelait cet obstacle légal, « la servitude des pères (1). » — La Novelle 115, longtemps suivie en France et pesant, des pays de droit écrit, sur les Coutumes, autorisait l'exhérédation pour violences envers ses parents ; pour la provocation, aux tiers, d'outrager le père ou la mère ; pour le commerce avec les scélérats ; pour la dénonciation, contre les parents, de crimes autres que ceux de lèse-majesté ; pour instigation de procès graves ; pour attentat contre la vie des parents ; pour l'inceste de l'enfant avec sa belle-mère. — Nous avons conservé l'essentiel des cas précis d'exhérédation ; nous en avons exclu ce qu'ils offraient d'arbitraire. L'exhérédation s'est appelée chez nous l'indignité ; mais nous avons exagéré la doctrine de la réserve légale.

La réserve légale est-elle une dette du père envers l'enfant ? N'est-elle pas une mesure d'ordre pour la conservation de la fortune publique, ou du moins pour sa

---

(1) « C'est grand ennui à bon et honnête cœur, dit-il, de sentir sa servitude et privation de la liberté. »

bonne répartition? La réserve me paraît encore plus une mesure d'ordre qu'une dette du père envers l'enfant. — Que doit le père à l'enfant? L'éducation et une profession, selon son rang; à part cela, tout ce que s'est acquis le père appartient exclusivement au père. Je ne repousse pas, d'ailleurs, la réserve. Ce qu'un père a reçu du sien, il doit le transmettre, mais dans la mesure de ce qui est juste; et la justice due à un mauvais fils est fort restreinte. La réserve obligée de la moitié du patrimoine, est excessive; pourquoi ne pas la réduire au quart, là où la loi actuelle la veut de moitié? — Pourquoi ne pas donner au père un pouvoir plus grand sur la quotité disponible, sous la tutelle des tribunaux, derniers juges et juges désintéressés des cas d'abus? Où serait le mal, de mieux armer le père de famille, sans sacrifier l'enfant devenu le pupille des magistrats?

« La loi naturelle, dit Montesquieu, ordonne aux pères de nourrir leurs enfants, mais non de les faire héritiers (1). »

M. Le Play (2) voudrait reconstituer le droit d'aînesse au gré du père. L'aînesse ne résulterait plus de la nature, mais du choix par lequel le père instituerait l'un de ses fils le chef de la famille. Ce serait là une forme d'adoption restreinte à la descendance même: je la goûterais d'autant mieux que je voudrais élargir l'adoption et lui faire franchir le cercle de la famille. Cependant l'attribution d'une plus large part de la quotité disponible accordée au père, équivaudrait amplement à la résurrection du droit d'aînesse, comme l'entend M. Le Play.

---

(1) *Esprit des lois*, II, ch. 6.
(2) V. sur la *Réforme sociale* de M. Le Play, Michel Chevalier, *Journal des Débats* du 25 octobre 1864.

S'il est un cas où la *réserve* me paraît sacrée, c'est quand elle concerne un vieillard, un ascendant. Il y a tel ascendant que la loi frustre de la réserve (1), parce qu'il pourra tendre la main à ses petits enfants, et leur faire un procès pour l'aider à vivre. Triste remède à une triste situation! Pourquoi provoquer le remède par la situation?

Lorsqu'en 1791, l'Assemblée constituante régla le droit de succession, elle agita celui de tester : « Quel est le motif de cette faculté, dit Robespierre? L'homme peut-il disposer de cette terre qu'il a cultivée, lorsqu'il est lui-même cendre et poussière? » Vaine image, voilant une pensée vaine! Un mort ne dispose de rien; mais il faut permettre à un mourant d'exercer un droit qui a pu le faire respecter vivant. Le droit de tester qui protége l'autorité du père de famille, pendant son existence, est aussi sérieux que la phrase de Robespierre est vide.

Elle étonnera surtout de la part du chef d'une école, par laquelle une génération éphémère veut constituer, à perpétuité, les générations futures. N'est ce point là le droit de tester dans tout son abus?

Tronchet opposait à Robespierre : les récompenses que peuvent mériter ou tel dévoûment filial, ou les travaux de tel fils utile à la fortune du père, ou les bienfaits de tel étranger qu'on n'oublierait pas sans ingratitude, ou le hasard même enrichissant un seul des enfants et rompant l'équilibre de leur position future. La Convention nationale, qui vida le débat, sacrifia le père. Aucun cas — l'indignité même — ne put priver le fils des biens paternels. La présomption d'impeccabilité fut pour le fils; la question de respect, fut tranchée en faveur du fils. Le dogme de

(1) *Code Napoléon*, art. 750.

l'insurrection dans la famille fut inaugurée par le mépris légal du père. Une assemblée de dissolus, irrités contre d'honnêtes parents, n'eût pas fait pis.

L'absence de réserve légale, pour l'époux survivant, est d'un fâcheux exemple : en voyant ainsi traiter le lien conjugal, les enfants respectent moins le lien filial. C'est par l'insensibilité de la loi, pour les époux, que les enfants apprennent la dureté pour leurs parents; et l'exemple de la loi devient la loi des ingrats.

Autre dureté : le père et la mère d'un enfant naturel ne sauraient légalement lui faire du bien, mais ils peuvent légalement lui nuire. Ils ne peuvent point, par par exemple, lui donner plus que la loi ne lui accorde, et ils peuvent réduire de moitié (1) sa maigre part. — La loi arme ici le coupable contre l'innocent, et, ce qui est pis, contre sa victime.

Poursuivons : nous sommes tolérants pour l'adultère, et barbares contre les enfants adultérins. — Autre iniquité ; nous punissons, sur les enfants, l'inceste des parents; et la loi ne s'occupe de ce crime que pour en châtier le fruit.

De bons esprits voudraient revenir à la majorité de vingt-cinq ans : c'est qu'en effet la majorité de vingt-un ans n'est que fictive, tandis qu'à vingt-cinq ans elle est vraie ; c'est qu'à vingt-un ans l'homme est encore enfant, et qu'à vingt-cinq ans il est homme à peine.

La majorité politique à vingt-un ans n'est-elle pas surtout dérisoire ? Que sait-on, à vingt-un ans, en politique ?

Quoi de plus choquant que de voir le suffrage politique accordé au jeune homme de vingt-un ans — qui ne peut comprendre son vote — comme à l'homme en cheveux blancs, sur qui, peut-être, se sont portés plusieurs votes ?

---

(1) *Code Napoléon*, art. 761.

Que l'inégalité soit inévitable entre les votants, soit ; mais qu'elle ne puisse exister qu'entre hommes !

Disposer de son patrimoine à vingt-un ans, c'est beaucoup ; mais disposer de son pays même, c'est grave, — Un père, un grand-père, qui donnent à leur vote politique tout le poids de leur âge, de leur expérience, de leur position sociale, vont voir leur vote annulé par trois de leurs enfants ou petits-enfants, élèves en droit, en médecine, ou commis marchands. Est-ce sage ? — Est-il prudent que le corps électoral se renouvelle tous les vingt-un ans, au profit et selon le caprice de votants à peine émancipés, et pourquoi ? Pour étonner de ses tendances (1) ?

L'autorité paternelle est la première et la plus noble image de l'autorité du Souverain, et le mépris du père tient de bien près — qui ne l'éprouve ? — au mépris du Prince.

VI

« Il est dur, sans doute, de rendre les fils responsables de leur père ; mais les lois le veulent sagement, pour que l'amour des pères pour leurs enfants leur rende la république plus chère (2). » — Au premier coup d'œil, cela choque, et Cicéron, qui tient ce langage, semble excessif ; car si les fautes sont personnelles, le crime des pères n'est pas celui des enfants. Il est bon pourtant qu'ils en puissent souffrir et que la solidarité de la famille (3) nourrisse

---

(1) Le suffrage universel est-il nécessairement l'*égalité* des votes ?
(2) *Lettres* de Cicéron à Brutus, 26-209, édit. Panckoucke.
(3) « Qu'on se plaigne de la solidarité des générations ; des idées, des actes, des liens des enfants et des parents... c'est le fait général du monde qu'il faut accuser. » — Guizot, *Méditations religieuses*, 1-56.
« Le dogme de la reversibilité est un mystère. Je crois qu'il faut l'adorer comme tel, non l'expliquer. » *Ibid.*

l'esprit de famille; nous sommes tellement institués, et la famille est si précaire, en France, que chaque membre peut l'oublier impunément. Personne ne la lui rapellera que pour en faire surgir, non la tache, mais le ridicule. On fera sentir sa racine au parvenu pour le punir d'être parvenu; on jouera le même tour au faux gentilhomme, mais bien moins par discipline sociale que par orgueil personnel. La famille, en soi, importe peu; ce qu'on veut, c'est qu'un tiers ne s'étale pas avec trop d'excès.

La famille moderne est livrée aux impressions vagues des sentiments du père pour le fils, du fils pour son père ou sa mère; il n'y a plus de pouvoirs domestiques. La famille est rentrée dans l'état de nature; elle n'est pas sérieusement organisée : les sauvages n'ont pas une autre famille que la nôtre. Je me trompe; il n'est pas possible qu'ils n'en aient point une mieux réglée.

Le mari est tantôt trop désarmé contre la femme qui le fuit; tantôt trop armé contre la femme qu'il fuit lui-même. Il peut punir les désordres dont il donne l'exemple; il peut châtier la femme qu'il abandonne; cela est monstrueux.

En Chine (1), le culte des ancêtres a quelque chose de si impérieux et de si profond; c'est, sur ce point, un tel fanatisme, qu'on peut dire que c'est là une institution qui tient lieu de religion. — Le manque de respect pour un ascendant y est puni de mort sur le témoignage de l'ascendant (2). Il est vrai que les parents sont responsables, jusqu'à leur mort, du crime de leurs enfants (3) : il en coûterait, en Chine, de négliger sa famille.

---

(1) Voir là-dessus l'abbé Huc, *Empire chinois*, 2-252-253.
(2) *Ibid.* 2-310. (3) *Ibid.* 2-295.

La dépopulation nous préoccupe en France ; le discrédit de la famille n'y serait-il pour rien? Montesquieu remarquait judicieusement que de petites causes peuvent contribuer à la reproduction des hommes. Il comptait parmi ces causes, en Chine, le respect filial et la forte autorité des pères (1).

Madame de Maintenon (2) travestissait fort ingénieusement les commandements de Dieu, pour peindre, vers 1714, les mœurs du temps. Sa parodie commence ainsi :

Père et mère mépriseras, et les verras très-rarement;
De ton mari te railleras, avec tous, indifféremment.

Il se pouvait que les mœurs de l'aristocratie française méritassent alors les sarcasmes d'un esprit si sévère ; mais l'histoire de ces temps est pleine d'illustres repentirs que notre siècle ignore, et les mœurs de la bourgeoisie étaient alors sans reproche.

Qui ne connaît le tableau ravissant (3) de la famille rustique par Burns ? — Par un froid de novembre, un paysan écossais, recru de travail, rentre au logis avec ses bêtes harassées comme lui. Son retour est salué par de jeunes enfants qui attendent leur père autour d'un feu pétillant, et raniment son cœur avant qu'il repose ses membres. — Les aînés, venus du dehors, où ils servent chez divers maîtres, se rencontrent sous le toit natal; ils se réjouissent de se revoir et se demandent réciproquement s'ils prospèrent; la plupart déposent des gages, péniblement

---

(1) *Lettres persanes*, lett. 119. — (2) *Lettres édifiantes*, 2-435.
(3) *Le samedi soir dans la chaumière.*

gagnés, pour aider leurs chers parents. Le père adresse, à tous, les admonitions convenables ; tous les enfants sont avertis d'obéir à leurs nouveaux maîtres ; on leur interdit les amusements frivoles, on leur prescrit la crainte du Seigneur. — Mais quelqu'un frappe doucement à la porte, il inquiète et fait rougir Jenny. On s'explique, la mère de famille est heureuse ; il s'agit d'un beau et bon sujet qui donne dans l'œil de la mère, comme il plaît au cœur de la jeune fille. Puis vient le souper, et la mère, en faveur du jeune homme, apporte un fromage réservé, que l'étranger déclare très-bon. — Après le souper, le père prend sa grosse Bible, ôte respectueusement sa toque, et toute la famille chante avec lui les chants de Sion. Après ces chants, on se sépare et se repose. — « La grandeur de la vieille Ecosse, s'écrie alors le poète, prend sa source dans ces mœurs ; c'est par là qu'on l'aime au-dedans, qu'on la respecte au dehors. » — J'ajoute, à mon tour : ces mœurs ont inspiré leur poète et il leur doit la gloire.

Il est consolant de penser que ce soit l'Assemblée législative et la Convention, c'est-à-dire la plus faible et la plus violente de nos assemblées politiques, qui aient énervé la famille, l'une sans savoir pourquoi, l'autre le sachant trop. La Convention alla, d'ailleurs, jusqu'à la déshonorer en récompensant la fille-mère. C'était déjà de la morale indépendante ; de la morale qui se passe de mœurs.

L'*Encyclopédie*, au mot *Enfant*, osa dire : « c'est le besoin aveugle, souvent même l'attrait du plaisir, qui produit la conception de l'enfant. Sa naissance est même un soulagement pour la mère, qui se délivre ainsi du fardeau qu'elle tient des plaisirs auxquels elle s'est livrée. » — Soit : mais qu'elle est la horde qui avouerait cette genèse de la famille ? et de quel bourbier put sortir un tel langage ? Qui s'étonnera que, lorsque l'ordre social puisait son esprit dans de tels principes, on parut factieux parce qu'on était père de famille; parce qu'on avait quelque étincelle de ce sentiment de dignité qui relève un père (1)! Mais quoi! l'on renversait le pouvoir des pères pour mieux livrer les enfants aux nouveautés. Portalis ne s'y était pas mépris (2).

L'ignoble article de l'*Encyclopédie*, au mot *Enfant*, déclare : que les parents n'ont pas le droit de donner des ordres à leurs enfants (sic) ; qu'aucune considération ne doit, d'ailleurs, autoriser un père à cesser un moment de travailler pour eux. « Ces obligations paraîtront dures, ajoute le sot auteur de l'article; aussi n'est-ce pas une petite charge, à laquelle un homme s'expose en devenant père. » — Moralité : jeunes gens, ne vous exposez pas à cette charge. Ayez des filles-mères; on primera votre concubine, on vous déchargera des mois de nourrice; vous aurez le plaisir d'avoir des enfants sans être pères; l'Etat s'enrichira et s'ennoblira de bâtards !

Un ami de Chaumette disait, dans une société populaire de la Nièvre : « qu'on approchait du temps où l'attachement d'un père pour son enfant, où le respect filial seraient *punis* comme des *attentats* à la liberté naturelle des êtres (3). » — Ceci relève de Charenton.

« Se sacrifier à ses enfants! » langage d'égoïste, à qui les mots coûtent peu, pourvu qu'il ne fasse rien. — L'esprit de sacrifice n'est pas naturel à l'homme; le sacrifice n'existe pas s'il n'est pas libre, et on ne peut pas l'impo-

---

(1) « J'ai plusieurs fois éprouvé moi-même, dit le tribun Duveyrier, qu'il n'était plus possible de parler de la dignité des mariages sans être plaisamment rangé dans la faction des pères de famille. Bernard, *Histoire de l'autorité paternelle en France*. (2) V. son *discours sur le mariage*. (3) *Histoire parlementaire de la Révolution française*, par Buchez et Roux, tome XXXII, p. 84.

ser. L'esprit de sacrifice trouble bien des familles, l'esprit de justice n'en compromet aucune; on peut même dire qu'il les sert toutes. Que de parents vantent l'esprit de sacrifice pour s'épargner celui de justice, le seul qui ne fasse ni dupes, ni ingrats; le seul qui maintienne dans la société cette mâle équité que soutiennent le sentiment et le pli de la règle !

Le pouvoir paternel, disais-je, est d'ordre public; il importe donc que l'Etat rentre dans ce pouvoir quand le père ne peut, ou bien n'en sait pas user. J'ai connu, comme homme public, un père de famille riche ayant trois enfants, et ne s'occupant que de boire. Sa femme, jeune aliénée, assez tranquille, promenait partout, comme une vagabonde, deux jeunes filles malpropres comme elle. Un fils aîné, sorti du collége par une fraude qu'imagina sa paresse, en vint jusqu'à vouloir tuer sa mère pour s'emparer de sa fortune. Il prépara un voyage nocturne avec elle, et la manqua d'un coup de pistolet à bout portant. J'omets des détails horribles. Ce jeune parricide, de moins de dix-sept ans, fut condamné aux travaux forcés à perpétuité. Depuis lors, son père continuait à boire, et sa mère à promener la malpropreté de ses jeunes filles qui restaient sans éducation comme sans soins. — Pourquoi ne pas suspendre ici l'autorité paternelle, si malsaine, et faire intervenir l'Etat pour les orphelins? — Il est vrai qu'il fallait que l'Etat intervînt pour des orphelins ayant père et mère; or, comment, et d'après quel texte? Combien j'ai déploré mon impuissance !

Je prie la jeunesse de considérer combien je la défends quand je parais l'attaquer: combien, en restreignant le sans-gêne de l'adolescence, j'accrois la dignité, la force de l'âge mûr et de la vieillesse. Quand je plaide ici contre l'enfant qui sera père, je défends le père contre l'enfant:

quand je défends l'autorité du chef de famille, je défends l'esprit de famille ; je préserve l'âme de la famille, si je peux le dire : mais qu'on remarque que je ne repousse pas moins la tyrannie du père que l'insolence du fils. Quand je propose des peines correctionnelles contre le père qui méconnaît ses devoirs ; quand je propose la suspension des pouvoirs du père, s'il n'en sait pas user ; quand j'en appelle, de l'abus de quelques prérogatives de sa puissance, aux tribunaux, je protége autant l'enfant que le pouvoir paternel.

L'amélioration des lois qui règlent la famille est bien plus urgente qu'une onzième (1) et vaine Constitution, qui n'est qu'une commotion de plus dans un Etat politique déjà si précaire.

Montesquieu (2) dit très-bien, que c'est un indice d'extrême sagesse chez le législateur, qu'il accorde aux pères une grande autorité domestique : « rien, poursuit-il, ne soulage plus les magistrats, rien ne dégarnit plus les tribunaux, rien ne répand plus de tranquillité dans un Etat où les mœurs font toujours de meilleurs citoyens que les lois. » Que d'instance ! et que de conviction dans cette instance ! Mais qui justifia mieux ce bon sens que ces fausses lois qui nous firent si longtemps de fausses mœurs, et que le moindre retour aux mœurs rendit si odieuses ?

Point de liberté sans mœurs, point de mœurs sans familles fortement et noblement cimentées par l'ascendant

---

(1) Comptons nos richesses en ce genre : la Constitution de septembre 1791 — l'acte constitutionnel de 1793 — la Constitution de l'an III — celle de l'an VII — le sénatus-consulte organique de l'an X — la charte de 1814 — l'acte additionnel de 1815 — la charte de 1830 — la Constitution de 1848 — enfin celle qui nous régit en ce moment, sans parler de deux déclarations de droits, et de nombre d'actes quasi-constituants. Quelle opulence ! et qui ne nous contente pas.

(2) *Esprit des lois.*

du père, infusant à ses enfants sa sagesse et son expérience. « Donnez-moi des foyers et je vous donnerai des forums, » s'écrie éloquemment un prédicateur moderne ; quel penseur, quel homme sensé, connaissant la vie, oserait le contredire ? N'est-ce point le cri de la conscience publique ; n'est-ce point la leçon des siècles ? Est-il un seul publiciste qui ait jamais affranchi les lois, des mœurs ?

Dans une conférence ultérieure, le même orateur dit : « les réformes urgentes et décisives sont les réformes de la vie domestique ; les réformes politiques n'ont que le second rang (1). » Rien de plus vrai ; c'est par la famille que l'Etat se forme, s'épure, grandit ou décline. Là où la famille est inconsistante, l'Etat est instable.

Tout ce dont la discipline de la famille souffre, l'Etat le ressent, par contre-coup ; c'est dans la famille qu'est la pépinière des citoyens ; c'est de la famille bien ou mal conduite que sortent les honnêtes gens, ou les factieux ; les grands hommes, ou les grands coupables.

(1) V. le journal *la France* du 7 janvier 1868.

DE L'HUMANITÉ

Tout homme mis en contact avec un autre homme lui fait subir et en reçoit une influence morale. Cette double influence fait naitre une responsabilité réciproque, laquelle engendre à son tour des droits et des devoirs respectifs.

Nous sommes même en une sorte de société avec certains animaux, et nous relevons, à leur égard, de quelques devoirs, par un sentiment de cette justice absolue qu'il ne faut pas fausser, même à leur sujet, de peur d'en corrompre en nous l'idéal ; puis, par le sentiment de l'utilité matérielle dont les animaux sont pour nous l'instrument ; enfin, par l'exemple que chacun doit, à tous, de son respect de l'humanité dans tout ce qui peut souffrir ; mais surtout par le souci que doit inspirer la vie des êtres dont Dieu a fait nos serviteurs ou nos auxiliaires.

« Les générations des hommes sont comme celles des familles : le vent sème les feuilles à terre, puis la forêt bourgeonne et en produit d'autres quand vient la saison du printemps. Ainsi meurent et naissent les générations humaines. » — C'est bien ainsi que l'humanité naît et se perpétue ; mais Homère n'en explique point, par là, la vie morale.

L'homme est simple, la société est multiple ; il est un, elle est diverse. La société, qui est composée de mortels, est immortelle ; nous sommes ou jeunes ou vieux, elle est en même temps jeune et vieille ; nous sommes ou fous ou sages, elle est en même temps sage et folle, juste et injuste, grave et frivole ; elle est pleine de contrastes, de dissonnances ; et ces contrastes, ces dissonnances semblent se fondre finalement dans une immense harmonie.

L'océan réunit les eaux des fleuves, et l'ensemble de ces eaux n'est plus le même : il n'a ni la même couleur, ni la même saveur que l'eau des fleuves ; ses végétaux sont autres, et les poissons qu'il nourrit sont non-seulement plus gros, mais tout différents.

Chaque homme vit dans le milieu général où il naît et dont il dépend ; mais il vit, de plus, sujet d'un milieu personnel circonscrit qui continue le milieu général de la société dont il est membre : les Tartares sont Lamas ou Bonzes noirs, dès leur naissance, d'après la volonté de leurs parents qui leur rasent la tête ou laissent croître leurs cheveux (1).

Il y a, dans les forêts, des chênes, des peupliers, des hêtres, des pins, des trembles et cent sortes d'arbres ; et ces arbres sont ou nains ou géants : il y a les arbres à haute tige, les arbrisseaux, les ronces, les broussailles, les feuilles sèches, les herbes ; et tout cela constitue la forêt. Toute forêt a sa vie particulière, ses végétations qui lui sont propres, ses mousses, ses lierres, ses champignons ; elle a ses oiseaux, ses papillons que d'autres n'ont pas ; elle a ses sources mystérieuses ; enfin, les forêts ont leur magnétisme : elles attirent les nuages sur le penchant des montagnes ; elles en aspirent, elles en retiennent les eaux : — double image et de la société et de l'humanité ; double rapport d'un tout avec ses parties ; d'un ensemble, avec une collection d'ensembles !

(1) V. *Voy. en Tartarie,* par l'abbé Huc, 1-193.

Bossuet (1) fait comparaître devant Dieu les plus grands rois, dépouillés de leur majesté, « pour y subir sans cour et sans suite le jugement de tous les peuples et de tous les siècles. » — N'est-ce point là une manifestation supérieure du sentiment de la personnalité du genre humain?

Il est vrai qu'il n'y a dans l'humanité que des hommes; mais il y a des ancêtres, des descendants, et un pieux patrimoine commun — matériel, intellectuel, moral — que tout ancêtre doit enrichir pour ses descendants.

L'humanité inscrit sa vie dans ses légendes, dans ses poèmes, dans ses monuments, au moyen du pinceau, de la truelle ou du ciseau. Elle l'écrit surtout par le prodigieux instrument de l'imprimerie qui donne, à la vie infinie de l'humanité, une manifestation infinie.

Dieu pose l'idéal des grandes civilisations chez les grands peuples; et les grandes civilisations constituent, en l'élargissant, l'idéal terrestre des sociétés. Dans le monde antique, Athènes, Alexandrie, Jérusalem, Rome; dans les temps modernes, Venise, l'Angleterre, la France, Rome encore, Berlin peut-être et les Etats-Unis d'Amérique représentent cet idéal des peuples, type des grandes civilisations, lesquelles sont à leur tour le germe d'un idéal supérieur.

De même que chaque homme a sa vocation, toute société a sa mission; — quelques hommes sont ouvriers de la civilisation; mais tout homme est ouvrier ou serviteur de l'humanité.

L'humanité n'est pas un être, comme le prétendent les hégéliens; mais c'est une des grandes lois des êtres.

---

(1) *Orais. funèb.* d'Henriette d'Angleterre.

I

Il y a trois choses qui constituent l'essence de l'homme : c'est d'être un corps, une âme, et d'avoir un caractère qui s'incorpore à cette double nature.

Ainsi, l'homme ne peut point n'être pas sociable : la société est sa fatalité extérieure, il ne peut y échapper ; la sociabilité est son essence intérieure, il ne peut s'en dépouiller. — L'humanité est, à chaque société, ce que chaque société est à chaque homme. Pascal considère l'humanité comme solidaire dans ses générations ; et, le genre humain, comme un seul homme qui vit toujours et apprend sans cesse (1).

Plus l'isolement de l'homme dans la société se restreint, plus l'isolement des nationalités diminue, et plus le rôle de l'humanité s'étend. Pourquoi ? Parce que, plus l'homme et les nations sortent de leur moi, plus leur rôle est large ; ce qui ne veut pas dire que l'homme ou les nations doivent sacrifier leur moi. — En somme, tout ce qui socialise et étend l'activité de l'homme, lui rend les lois de la société plus fécondes ; comme tout ce qui étend les communications et le rôle des sociétés dans l'humanité rend les lois de l'humanité plus sacrées : — de là, l'étude plus nécessaire des sociétés et de l'humanité ; de là, la philosophie de l'histoire. — Mais cela veut être bien compris ; car que de gens sacrifieraient l'homme à l'humanité, la chose au fantôme, le corps à l'ombre !

Les révolutionnaires considèrent l'homme dans l'humanité comme une feuille sur un arbre. Qu'importe telle ou telle feuille à cet arbre ; que lui importent même tels

---

(1) Fragment d'un *Traité sur le vide*.

rameaux ou telles branches : ce qui importe à l'arbre, c'est son tronc. Par le tronc, il refait ses branches qui refont, avec leurs rameaux, leurs feuilles. C'est là le système jacobin : dans ce système, on saccage volontiers feuilles, rameaux, branches ; il suffit que le tronc survive.

Ce système est aussi faux que cruel : l'homme est un tout dans un ensemble. Ce n'est pas une feuille issue du chêne, c'est le chêne lui-même éclos dans la forêt comme les pins, les hêtres, ou leurs congénères ; il existe dans la forêt comme eux, au même titre qu'eux. — Enfin, sans figure, l'homme est une petite humanité que contient une plus grande, sans lui être supérieure parce qu'elle ne lui est qu'identique ; l'homme et l'humanité s'équivalent. L'homme ne peut être exclus de l'humanité que dans des cas déterminés par celui qui fit le genre humain comme l'homme : si bien qu'on peut dire que, d'après ces lois, un juste est plus sacré que mille coupables, et que l'humanité n'a nul droit sur l'homme que d'après les lois qui la régissent elle-même.

L'homme n'est pas directement né pour l'humanité ; il est né pour lui-même, en vue du ciel. Sacrifier l'homme à l'humanité, c'est le sacrifier au dieu Panthéisme. De quel droit l'homme exigerait-il, pour lui-même, le sacrifice d'un juste ? De quel droit vingt ou cent, prescriraient-ils ce qu'un seul n'a pas le droit d'exiger ?

« Les hommes, dit le Dante (1), sont des insectes défectueux, des vers qui n'accomplissent pas leur destinée. » — Vouloir améliorer le genre humain est d'un excellent sentiment ; mais quelle indiscrétion chez l'homme, qui sait si peu pour lui-même, de se charger opiniâtrément du bonheur commun ?

---

(1) V. le *Purgatoire*, chant x.

Si chacun ne vivait que pour cet être abstrait, l'humanité, il s'ensuivrait que le genre humain, dupe de cette illusion, ne vivrait pour personne, et que la vie de chaque homme, individuellement, serait de ne pas vivre. Qui justifierait ce non-sens? — Si chaque homme s'améliorait lui-même, comme c'est son devoir, l'humanité en serait bientôt plus parfaite. Où puiserait, un scélérat, le droit de perfectionner l'humanité qu'il déshonore?

L'amour de l'humanité qui ne comprend ni celui des rois, ni celui des prêtres, ni celui de l'aristocratie, ni celui de la bourgeoisie, ni celui des riches, ni celui des honnêtes gens qui prêchent le respect de la modération et des traditions, n'est que de la haine politique recouverte d'un fard philosophique.

S'il est vrai que le jacobin n'aime dans l'humanité que le jacobin; le girondin, que le girondin; le noble, que l'aristocrate; le clérical, que le dévot; le luthérien, que le luthérien; le calviniste, que le calviniste; le catholique même, que le catholique, comme le mormon n'aime que le mormon; ce grand amour de l'humanité n'est qu'un travestissement de l'amour de sa faction; et de soi, dans sa faction.

Selon Mazzini, l'humanité progressant d'idéal en idéal proclame son Dieu, ou bien c'est Dieu qui se proclame par la voix de l'humanité. — Très-bien; mais comme l'humanité a cent dieux contradictoires et autant de grandes voix que de dieux, quelle est la véritable voix qui proclamera le vrai Dieu? quel est le vrai Dieu dont nous entendrons la vraie voix?

L'homme n'est chargé, parmi nous, que de lui-même; c'est bien assez, souvent c'est trop. L'homme qui veut se charger du sort de l'humanité, empiète sur Dieu. Quand l'homme entreprend le bonheur de l'humanité, il entreprend de la torturer pour son bonheur. Tous les crimes révolutionnaires partent du principe ou du prétexte du bonheur commun. L'inquisition religieuse n'eut, pour raison d'être, que le bonheur des hommes : il fallait les sauver, c'est-à-dire les béatifier malgré eux. L'inquisition philosophique visait au même but, par le même dogme : les mêmes causes, quelque nom qu'on leur donne, engendrent les mêmes effets.

II

Pourquoi voulons-nous étendre notre nom, notre action, notre gloire partout où s'étend l'homme ? Pourquoi ce besoin de dilatation, d'expansion? Pourquoi voulons-nous être en contact avec tout, presque, dans tous les siècles ? — Ce besoin qui existe et qui est une notion de conscience, montre assez que la fin de l'homme n'est pas exclusivement solitaire. L'homme ne vit pas tout entier en soi, ni pour soi ; il y a quelque chose de l'homme qui est destiné aux autres hommes.

Le rocher — qui n'a pas la puissance d'expansion — se borne à résister ; mais les tempêtes, puissances expansives, le brisent ; la pluie seule, puissance expansive, l'use et le détruit.

La navigation, la presse, la vapeur, le suffrage universel, puissances d'expansion, élargissent l'homme dans l'humanité, parce qu'ils l'y multiplient en quelque sorte. — La télégraphie électrique sert de véhicule au cœur et au cerveau des peuples ; le télégraphe est le porte-voix des nations.

Par ses moyens d'expansion, l'Europe qui a peuplé et civilisé l'Amérique, pénètre l'Afrique ; elle y entre par le nord, le sud, l'ouest. Elle inonde l'Asie, des frontières de la Perse au Birman; elle l'assiége au Caucase et au Kamtchatka; elle domine dans l'Océanie; elle se flatte d'envahir, de policer, d'unifier le globe : grand dessein ! qui pourrait n'être qu'une grande erreur, s'il est plus aisé d'aborder les peuples que de les transformer !

Notre ardeur humanitaire franchit même notre globe : nous commençons à nous intéresser chaudement aux populations astrales; nous nous attendrissons sur nos congénères de la lune, de Mars, de Vénus, de Jupiter, de Mercure, d'Uranus, de Saturne et de Neptune, en attendant mieux ; en attendant que nous puissions brûler pour les habitants de toutes les étoiles du ciel, ce qui, j'en conviens, n'est pas proche.

Quelques esprits ne comprennent plus les astres s'ils ne sont habités, ce qui revient presque à dire, qu'à moins de prouver que l'or, le marbre, l'ivoire, la brique, l'ardoise, le granit, l'étain, le rubis, le saphir, l'émeraude, les bijoux, les tableaux, l'argenterie, les statues, les miroirs, etc., soient habités, ils ne sont rien. « O mondes splendides qui voguez loin de nous dans les cieux, s'écrie-t-on (1), serait-il possible que cette munificence, qui semble être votre apanage, fût donnée à des régions solitaires et nues, où les seuls rochers se regarderaient éternellement dans un morne silence!... Merveilles de de solitude et de mort, en vérité! continue notre philosophe astronome, comme si une danse de globes de terre dans les vides infinis pouvait être la manifestation de la puissance divine, et servir mieux à sa gloire qu'un concert de créatures pensantes (2)! »

---

(1) Flammarion, *Sur la pluralité des Mondes habités*, p. 161.
(2) Un concert de penseurs ! Où voit-on cela ?

O crêtes sublimes du Mont-Blanc et de la Jungfrau, m'écriai-je à mon tour avec non moins de ferveur, se peut-il que vos splendides glaciers, vos suaves aurores, vos étincelants midis, vos riches crépuscules, ne soient que pour vous ? Qu'êtes-vous, si vous n'avez au moins, sur vos cimes, un mouton qui broute, et un pâtre qui le voie brouter? O constellations, ô prodiges d'éclat et de grandeur, qu'êtes-vous, si vous ne recelez point, je ne dis pas le moindre serpent, le moindre crocodile, le moindre loup, le moindre assassin ; mais du moins un chanteur, un danseur quelconque ! Et comment louera-t-on Dieu dans vos solitudes, si elles n'ont pas le moindre philosophe, le moindre Institut. Si elles n'ont pas le moindre poème du genre de la *Pucelle* de Voltaire, le moindre dictionnaire philosophique dans l'esprit du même auteur ! Car, qui ne comprend la misère des mondes qui seraient privés de tout cela, et tout l'ennui de Dieu que ne célèbreraient pas les philosophes ou, comme parle notre écrivain, un concert de penseurs !

C'est ainsi que les humanités planétaires agitent déjà nos philosophes du dix-neuvième siècle, trop gênés dans cette étroite humanité, qui occupa si sagement leurs prédécesseurs du dix-huitième.

D'après M. Auguste Comte (1), l'inclinaison de l'écliptique (2) est une palpable imperfection terrestre (3); il ne désespère pas que les efforts des humanités combinées ne puissent parvenir à le redresser (4), et je n'en désespérerai pas plus que lui, dès qu'il me sera démontré

---

(1) Ne pas le confondre avec le docte et charmant naturaliste M. Achille Comte, trop tôt enlevé à la science et à ses amis. (2) Cercle penché que paraît décrire la terre. (3) V. Flammarion, qui le cite dans sa *Pluralité des Mondes*, 199. (4) *Ibid.*, p. 200.

que les efforts combinés de cent troupeaux de moutons auront changé la configuration des Alpes, abaissé leurs sommets, corrigé leurs pentes.

Soyons sérieux : l'axe de la terre est toujours oblique(1), mais il oscille plus ou moins dans cette obliquité, comme le ferait l'axe oblique d'une balance selon les poids mis dans ses plateaux. Les pôles aplatis de la terre sont les plateaux sur lesquels pèse le système sidéral; et, suivant les révolutions séculaires de ce système, l'axe de la terre, ou penche davantage, ou corrige son obliquité. Qu'en penchant de plus en plus, quoique graduellement, l'écliptique refroidisse légèrement les saisons; ou qu'en se redressant très-graduellement encore, elle les réchauffe légèrement; en somme, la face de la terre change peu, et l'on voit toujours ceci : notre système sidéral faire l'inclinaison de l'écliptique, et cette inclinaison (si vicieuse selon M. Comte) faire nos quatre saisons, comme nos saisons produire les fruits particuliers créés pour notre espèce. C'est qu'au fond, et en un mot, il est démontré que le globe, tel qu'il est, n'est pas moins fait pour l'homme qui l'habite, que l'homme qui l'habite n'est fait pour ce globe tel qu'il est; si bien qu'à moins de changer l'homme, on ne changera pas ce globe où vit l'homme. Si M. Comte eût réfléchi sur tout cela, il n'aurait pas donné ses conseils à Dieu, qui peut s'en passer.

Si l'axe du globe n'était pas incliné sur le plan de l'écliptique, il n'y aurait aucun changement de saison.

---

(1) « On désigne sous le nom d'*obliquité de l'écliptique* l'angle que l'écliptique fait avec l'équateur; cet angle est variable par suite de l'action des planètes sur la terre. — Selon Delambre, il diminue d'environ 48" par siècle.

On nomme *axe* de l'écliptique une droite perpendiculaire au plan de l'écliptique, et passant par son centre.

La zone torride serait embrasée de feux continuels ; les climats tempérés n'auraient ni l'été qui mûrit les fruits, ni l'hiver qui repose la terre. — C'est par l'effet de l'inclinaison du globe sur son orbite (23° 28') que se produit le changement annuel des saisons. — O merveille, c'est une imperfection apparente qui produit tant de perfections ! Dieu nous garde de la perfection des hommes corrigeant les imperfections de Dieu !

Nos rêves sur les astres ne sont pas seulement insensés, ils sont malsains. Le cosmopolitisme, n'est rien en comparaison de l'*humanitarisme*, qu'on veuille me passer ce jargon ! L'homme humanitaire n'est ni Français, ni Anglais, ni Russe, ni Allemand, ni Espagnol, ni Turc, ni Grec, il est humanitaire : sa patrie est de n'en avoir point. Il aime la Cochinchine qu'il ne connait pas, autant que la France qui lui donna le jour, en même temps que la culture d'esprit dont il abuse : il aime autant la lune que la Cochinchine, et la planète Jupiter autant que la lune. Il aime trop tout l'ensemble de l'univers, pour se restreindre à en préférer quelque chose : son rêve est illimité comme l'infini ; c'est un malade pour qui rien de tangible n'existe, et qui ne vit plus dès qu'il s'éveille.

III

L'humanité de l'avenir se composera-t-elle de sociétés confédérées, ou n'aura-t-elle qu'un même régime, celui de l'unité et de l'indivisibilité. En cela comme, en politique, les esprits divergent.

L'unité fut, dit-on, le point de départ de l'homme ; elle doit se retrouver à son terme : hypothèse à l'appui d'un rêve ; prémisses qu'un abime sépare de leurs conséquences ; formule d'idéologue, que la nature ignore et dédaigne !

J'ai déjà dit (1) que l'homme abstrait, que l'homme des philosophes n'est qu'un rêve de cabinet; qu'il n'existe pas, qu'il n'a pas plus existé que l'hippogriffe; qu'il n'y a que des hommes, des individus, des êtres concrets en chair et en os, se nommant *un tel*, ou *un tel*. — J'en dis autant de l'humanité prise dans son abstraction totale : il n'y a pas une humanité absolue, indivisible; il y a des sociétés, des humanités, si je puis le dire : en un mot il y a des groupes dans l'humanité comme, pour la civilisation, ou certaines civilisations, il y a des zones.

Il y a plusieurs humanités dans l'humanité, comme plusieurs hommes dans le même homme. Prenez plusieurs photographies du même homme, chacune vous donnera tour à tour l'expression de la fierté, de la bonté, de la bassesse, de la méchanceté de cet homme. — Comme c'est dans le visage, ce miroir de l'homme, que se puisent ces variétés de l'âme, c'est dans la physionomie bien sentie des sociétés qu'on retrouve aussi les variétés de l'humanité.

Il y a dans le monde plusieurs mondes, comme dans le ciel plusieurs astres; il y a sur la terre des couches d'hommes vierges, comme des couches épuisées : les premières donneront leur ferment à l'humanité sur le cadavre des autres. — Tous les âges et tous les hommes, du même mondes, sont solidaires. Mais tous les mondes de la terre ne sont pas solidaires : ils se succèdent, ils ne se continuent pas. Chaque grande race d'hommes a son tempérament, ses besoins, ses aptitudes; elle se circonscrit dans son milieu comme le rhinocéros, l'éléphant, la martre, le lion. Si l'âne et le cheval produisent le mulet, ils s'arrêtent là; mais le mulet meurt stérile. — Le monde grec ne fut jamais le monde romain, ni le monde romain le monde

(2) V. ce que j'ai écrit, ci-dessus, *sur l'homme*.

grec; et, au monde métis appelé greco-romain, succéda la barbarie. L'homme vierge prit alors la place de l'homme épuisé; un monde neuf s'assit sur un monde éteint.

Le Christianisme purifia la société qui le vit naître, en purifiant chaque homme en particulier; il procéda du simple au composé; de l'individu, à l'ensemble. Que chaque peuple se purifie en soi, et l'humanité sera bientôt purifiée : *medice cura te ipsum*. Ce qui importe le plus aux peuples, comme aux générations, ce sont moins les conseils que les précédents; moins les leçons, que les exemples.

Certains esprits disent gravement : l'homme souffre, il est vrai, le mouvement de l'humanité le brise; mais l'humanité se perfectionne. — Je comprends mal ce qu'est l'humanité sans l'homme, et comment le tout est distinct de la partie. Que ne dit-on qu'une grappe de raisin se perfectionne en bloc, quoique chaque grain, pris à part, avorte !

IV

Le sentiment de la patrie, l'amour et le respect qu'il inspire, sont des notions de conscience. Qui ne les connaît? Quels peuples et quels hommes ne les éprouvèrent? Que regrette-t-on dans la patrie? Le sol, les habitants, les institutions, les mœurs. Chacun même a, dans sa patrie, une patrie locale : la patrie de son cœur, le berceau de son enfance, le pays natal; et, dans ce pays même, la famille, la maison paternelle. Celui qui n'a plus de parents ou d'amis, celui qui ne possède rien dans la grande patrie, en aime et en revendique le nom: celui qui n'a pas de foyer dans son lieu natal, en chérit le ciel, les eaux, l'atmosphère; il y respire mieux l'existence; l'air natal le dilate et le vivifie. Donc la société vit dans notre cœur; elle y a des attaches et des racines. Les ruines même d'une patrie remuent nos fibres les plus intimes; le souvenir de la société perdue nous agite souvent plus que la réalité, parce que nous sentons moins le bienfait de la possession, usé par l'habitude, que le regret de sa perte, qui nous était imprévue. La Pologne et la Judée ont-elles péri dans le cœur de leurs peuples? Non; quelle ténacité même dans le goût de cette personnalité?

Nos prières pour nos morts, les cérémonies commémoratives de nos malheurs collectifs, ou des malheurs de nos pères; celles par lesquelles nous honorons leur gloire, leurs désastres, témoignent de la personnalité des sociétés. Les sociétés vivent instinctivement de leur foi dans leur mission; cela est décisif.

Si la tradition de l'expérience des pères était nulle pour les enfants, que deviendrait la conscience des siècles; et qu'aurions-nous besoin de l'histoire?

Si notre identification sociale, si notre assimilation européenne s'étend au monde entier — ce que je juge impossible — nous n'aurons qu'une seule race artificielle d'hommes; qu'une seule forme artificielle d'institutions pour cette race artificielle; qu'une seule opinion factice pour régir cette société factice; qu'un seul livre pour exprimer les doctrines de ce seul esprit collectif; qu'un seul journal pour manifester cette seule volonté collective; qu'un seul critique pour publier la gloire philosophique du seul doctrinaire qu'il goûtera, et ce critique sera de la force de Suard ou de Morellet: ce sera Pancruche ou Tournesol (1). C'est à cela que nous mènent les deux esprits combinés de jurande et de cosmopolitisme.

Mais ces sociétés tournant dans un cercle, au moins

---

(1) L'assimilation tend à l'unité absolue; l'unité, à l'identité. Je suppose ici l'extrême et dernier résultat de l'unification.

apparent, qui semble proportionner l'horizon et la portée des événements, aux moyennes facultés des hommes, c'est par là que l'humanité échappe à nos rêveries.

Les *congrès* (1) qui prétendent régler la marche de l'humanité, sont le sanctuaire de toutes les sottises humaines débitées par tous les fourvoyés de la terre.

L'humanité a une longue expérience parce qu'elle a une longue vie, mais l'individu ne fait que passer. Il ne peut juger les événements qu'à un point de vue partiel, transitoire; si bien que, ce qu'il prend pour définitif et concluant en tel sens, à telle date, est précaire et finit par devenir concluant en sens inverse. Un tel est mort avec telle grande conviction politique, qui aurait perdu sa conviction, s'il eut vécu. Combien l'épreuve de 1848 a dissipé de convictions politiques! Combien d'hommes sont morts dans leur fausse conviction pour les dogmes que 1848 détruisit! Bossuet vit le rétablissement des Stuarts, il ne vit pas leur ruine; il vit les premiers désordres du protestantisme, il ne vit pas son triomphe. En sens inverse, il vit le triomphe de la royauté française, il ne vit pas sa chute. Que dirait-il aujourd'hui de ces imprévus?

Sur la marche des événements humains, il faudrait toujours dire: *attendons la fin*. L'humanité peut le dire. la société aussi : l'individu ne le peut.

Un peuple qui ne vivrait que pour soi, serait odieux; un peuple qui ne vivrait que pour les autres (pure hypothèse!) serait absurde. — Un peuple sage et généreux, sait vivre pour les autres, en vivant pour soi ; il sait éviter l'odieux et l'absurde.

---

(1) Je suppose qu'on ne confondra pas ce que ni les hommes, ni les choses ne rendent semblable. Il y a congrès et congrès.

DE L'INDIVIDUALISME

« Chaque chose s'aime plus que tout, » dit vigoureusement Pascal. L'homme sait manifestement qu'il n'est qu'un point dans une immense sphère, et il se fait centre de tout. — Il est vrai que l'homme, pris collectivement, semble le centre de tout sur la terre ; mais l'homme individuel, veut être tout l'homme ; chaque homme se dit : la société, c'est moi ; l'humanité, c'est moi.

Dans les sociétés antiques, chacun resserrait son moi pour faire place à la société, à la patrie : dans les sociétés modernes, dans la société actuelle surtout, chacun étreint la société de son moi. Il y a tel moi qui ne prend que les proportions d'une ville, tandis que tel autre moi prend les proportions d'un empire. Il y a tels égotismes, faciles et même inutiles à citer, tant tout le monde les connaît, qui usurperaient volontiers la place de l'univers, s'il était possible.

« Parfois il s'abime en lui, comme si l'univers s'était retiré dans son âme ; le monde qu'il se crée, le monde qu'il y renferme tout entier lui suffisent, et les objets qui l'entourent au dehors disparaissent à ses yeux (1). » Ce que Gœthe écrit ainsi sur le génie, qui s'absorbe dans sa contemplation, ne convient pas moins à l'ambitieux, qui

---

(1) Gœthe, *le Tasse*, 3-5-4.

attire et noie tout dans son moi, pour ne vivre que de ses aspirations et de lui-même.

Nous nous disons volontiers : personne n'étant tenu de mourir pour moi, je ne suis tenu de vivre pour personne; je mourrai dans les mêmes conditions que j'ai vécu. Le philosophe, qui doit mourir pour soi, veut vivre pour soi ; c'est là son égoïsme philosophique. L'ambitieux obéit au même instinct raisonné, et c'est là son égoïsme politique. L'un comme l'autre, mourant pour soi, vit pour soi.

L'individualisme, nouveau nom de l'égoïsme, est une importation américaine, chez des hommes et dans un milieu, qui n'ont rien d'américain. — Nous ambitionnons les bénéfices de tous les régimes qui ne sont pas les nôtres, mais nous rejetons les charges de tous les régimes. Nous aimons toutes les aises, nous ne supportons aucune des gênes de la liberté.

Nous nous disons républicains, et ce mot ne répond qu'imparfaitement à notre fierté; mais que nous sommes loin de ces temps où Euripide (1) faisait dire à l'un de ses héros, aux applaudissements d'Athènes : « Moi fuir ! moi priver ma patrie des jours qu'elle m'a donnés !... Ah ! si chaque citoyen, réalisant les avantages qui sont en son pouvoir, en faisait jouir son pays, combien les cités seraient consolées et florissantes ! »

I

Benjamin Constant, l'un des apôtres de l'individualisme moderne, veut surtout qu'on restreigne l'autorité. Nous n'obéissons que trop à ce conseil, sans nous douter

---

(1) Dans *les Phéniciennes*.

que c'est par le respect de l'autorité que la vraie liberté diffère de la licence. Nous restreignons si bien l'autorité, dans nos rêves politiques, que nous la supprimons. C'est en cela que les Anglais, qui savent si bien la respecter dans les larges limites qu'ils lui assignent, se rient des disproportions que nous méditons pour nos mécanismes politiques.

Il y a dans les sociétés deux sortes de droits : le droit collectif et le droit individuel. C'est le premier qui protége le second quand il est faible ; c'est le second qui, s'il est trop fort, opprime le premier. Nous vivons là-dessus de chicanes ; nous faisons prédominer l'esprit de marchandage non-seulement sur celui de sacrifice, mais sur celui de concession. L'individu indépendant, ambitieux, sauvage, dispute à la société son droit de protection ; il lui demande, au moins, le plus de protection possible, au moindre prix possible. Nous traitons la société en usurière, et, quand nous le pouvons, nous lui refusons non-seulement l'intérêt de ses avances, mais ses avances même. Nous croyons que prendre à la société, c'est s'enrichir ; tandis que c'est souvent s'appauvrir.

Le mot décentralisation plaît surtout à l'individualisme ; car plus vous décentralisez, plus vous individualisez. La décentralisation exagérée subordonnerait l'administration à la souveraineté de clocher ; comme l'indépendance individuelle subordonne la liberté à la licence ; c'est-à-dire, à la souveraineté de l'homme.

Quand je parle ainsi de la décentralisation, je l'entends de la décentralisation exagérée, car celle qui ferait éclore des caractères, ne serait pas un mal.

Par le système des adoptions, par celui des affranchissements, par celui de la clientèle individuelle, strictement rattachée à un patron librement élu ; par la clientèle collective des cités et des provinces soudées à un illustre patron de leur choix, on comprendra combien il fut vrai que toute la société romaine reposa sur l'esprit de famille. Il est certain que les racines, les ramifications de la famille civile et politique, naturelle ou factice, furent telles qu'on peut dire qu'à Rome l'individu (je l'entends de l'homme isolé et déclassé) n'existait pas. Point de méprise : le moi, qui nous complaît, n'existait pas à Rome ; mais l'homme, le citoyen, le père, existait en son entier dans les beaux jours de l'institution républicaine. Quand le personnalisme y fit percer, puis régner le moi par les Gracques, les Scipion, Sylla, Sertorius, Marius, Pompée, César et leurs complices, la république périt ; c'est que république et égoïsme s'excluent, et qu'individualisme et égoïsme se confondent.

En 646, Albucillus, Préteur en Sardaigne, y ayant châtié quelques pillards, s'adjuge une couronne civique et demande un décret d'actions de grâces au Sénat, qui, choqué de tant de vanité, la refuse, — et c'était encore le bon temps ; la mort du dernier des Gracques était récente.

Il n'était pas de grande maison romaine qui n'eût, dans un appartement consacré, l'*enfeu* (1) de ses pères. Les survivants visitaient souvent cet enfeu ; ils le produisaient au grand jour dans les funérailles de quelqu'un des leurs. Il était l'objet de leurs respects comme il faisait partie de leur gloire. Cet *enfeu* n'appartenait pas moins au peuple romain qu'à la famille. Le public romain savait remar-

---

(1) Vieux mot français, d'une signification profonde, qui nous appartenait et qui nous manque, mais que j'ai retrouvé chez le paysan breton qui ne laisse rien périr de ce qui est pieux et moral. — A certaines époques de l'année, en Bretagne, on illumine les tombes. Le luminaire, par lequel on honore le souvenir des morts a, probablement, fait donner à ce souvenir le nom d'*enfeu*.

quer si l'homme dont on honorait la dépouille était dégédéré des siens ou de Rome. C'est ainsi que, par cette religion de la famille, l'enfant se rattachait au père, celui-ci aux ancêtres et, par les ancêtres, à tout le peuple romain dans sa durée. On peut apprécier combien l'esprit de cette solidarité patriotique répugne à l'individualisme ; c'est que, si l'esprit d'individualisme est un dissolvant social, l'esprit de solidarité est un ciment.

Le socialisme est tantôt la négation radicale, tantôt la glorification absolue de l'individualisme, selon qu'il s'agit du socialisme de Louis Blanc ou de celui de Proudhon, quoique, après tout, le second aboutisse fatalement au premier et le premier au second, comme deux oscillations nécessaires dans l'essai de l'impossible.

Il est évident qu'on ne prêche tant l'individualisme que pour désagréger la vieille société et lui substituer l'ordre nouveau. C'est en ce sens que l'individualisme, qui est l'opposé du socialisme, en est l'auxiliaire préalable, en attendant que le système qu'il sert l'engloutisse.

Sur trois hommes, il en est un qui est la minorité ; s'il veut injustement prévaloir contre les deux autres, il est révolutionnaire. En vertu du droit révolutionnaire de la minorité, on abat un prince, un ministre, soi seul et par un moyen quelconque. On règle seul, en vertu d'une folie qu'on appelle ses principes, le sort commun de ses concitoyens, et cela est d'autant plus monstrueux que cela surgit de certains dogmes.

Il faut d'autant plus s'étonner du dogme social de l'individualisme contemporain, qu'en politique nous le pratiquons moins. En effet, dans l'ordre politique, point de caractères individuels ; nulle personnalité stoïque, intrépide. Nous sommes collectivement arrogants, collectivement serviles ; l'esprit de régiment nous domine ; nous n'avons qu'un caractère d'ensemble ; nulle spontanéité, nulle vie propre. Résister seul ! qui donc y songe ? Et le ridicule, s'il vous plaît ? Il n'est pas plus de mode, en France, de résister seul que d'y porter seul la perruque à bourse et le tricorne.

II

« Etre son pape et son roi, » telle est la formule que le socialisme recommande à chaque homme ; c'est là le fonds des utopies régnantes, quel que soit le nom qu'elles revêtent. Elles proclament leur principe, comme toujours, sans envisager sa possibilité pratique, sans songer que les hommes sont si divers, que l'uniformité leur est meurtrière ; qu'il faut au faible d'autres règles qu'au fort ; au timide, d'autres règles qu'à l'audacieux ; à l'homme malade, d'autres règles qu'à l'homme en santé ; à la femme et à l'enfant, d'autres règles qu'à l'homme mûr ; au vieillard, d'autres règles qu'au jeune homme. « Etre son pape et son roi, » qui le peut ? Un sur mille ? un sur cent mille ? un sur cent millions ? — La belle formule pour les idiots, les culs-de-jatte, et pour tant d'infirmes à deux pieds, qui sont des hommes !

La patrie, ce n'est pas le sol, ce sont les institutions, c'est la vie morale et collective d'un peuple institué selon ses besoins. Que signifie le mot patriotisme dans un Etat qui ne connaît que des individus vivant de la liberté absolue de tout faire, de s'appartenir tout entiers, et résumant l'Etat en chacun d'eux ? Quand chaque homme peut se dire : la patrie, c'est moi, il y a autant de patries que d'hommes, c'est-à-dire point de patrie.

L'individualisme est le chemin par lequel on arrive tout naturellement et tout droit au Titanisme ; à cet orgueil qu'on ne peut assouvir, encore moins diriger, et qui ne connaît qu'une protestation, la révolte; qu'un succès, l'empire.

Les anciens stoïciens étaient illogiques en ce que, très-sévères, en fait, sur la responsabilité personnelle, ils étaient fatalistes, en principe, puisqu'ils étaient panthéistes. Nous offrons, de notre temps, une contradiction pareille; nous sommes dogmatiquement panthéistes et nous pratiquons l'individualisme. Au fond, pourtant, ce que nous préférons, c'est ce que nous pratiquons; preuve de plus que nous obéissons plus à nos instincts qu'à nos doctrines.

Garibaldi n'en proclame pas moins, dans ses adieux à l'Angleterre, le principe de la solidarité des peuples qui repousse l'individualisme à la mode; car, là où il n'y a que des individus et point d'Etat, il n'y a que des hommes et point de peuples.

Dans le banquet donné à la mémoire de Shakespeare (pourquoi Shakespeare?), les novateurs formulent, entre autres doctrines que « la patrie, c'est l'univers. » Tout ce qui est né dans un pays appartient à tous les autres; l'univers le réclame au nom de tous, et la même revendication revient toujours. Comment concilier l'individualisme de l'homme avec le panthéisme des peuples? Si les peuples ne forment qu'un tout, un seul tout, comment, dans ce tout auquel rien n'échappe, l'homme, prétend-il être à lui seul un tout, un tout distinct du tout et de tout. Mazeppa, lié sur son cheval tartare, ressemble assez à ce soi-disant souverain de certains utopistes (l'homme) qu'emporte le cheval furieux des panthéistes, savoir, le monde.

L'individualisme est cette lèpre moderne qui, après avoir décomposé les sociétés au profit des individualités, décompose les empires au profit des nationalités, pour finir par le cercle vicieux de décomposer les nationalités au profit de quelques hommes.

Grâce au dogme de l'individualisme, les sociétés se fractionnent en partis, les partis en groupes, les groupes en personnalités distinctes. Nulle force de cohésion dans ces groupes; une seule force : la destruction, la décomposition même de soi. Depuis que tout le monde peut être tout, tout le monde aspire à tout, ce qui aboutit à n'être que soi dans tout.

« La société, répétait Napoléon Ier, est en poussière. » — Pourquoi? C'est qu'à la place des ordres et des corporations d'autrefois, à qui le temps avait fait leur masse et assigné leur orbite, en même temps qu'il usait leur prestige, il n'y a plus qu'un chaos d'individus sans communauté d'esprit et d'intention. Comment relier ces individualités? Comment les agréger par de communs sentiments, par de communs intérêts? Comment les empêcher de se combattre et de se dissoudre, autrement que par une pression voisine de la contrainte? — C'est là le difficile.

N'avons-nous pas vu tel journaliste, justement puni pour ses écarts, tellement gonfler son individualisme irrité, qu'un prétendant à l'empire eût fait moins de bruit, et que Coriolan ne fut certainement pas si glorieux quand il fit trembler Rome?

Un prophète n'eût pas mieux deviné notre état social contemporain que l'écrivain de génie qui peignit, dans ses *Lettres persannes*, la société supposée des Troglodytes : « Ceux-ci, dit-il, conjurèrent contre leur roi, le tuèrent et exterminèrent toute la famille royale. — Le coup étant fait, poursuit l'écrivain, ils s'assemblèrent pour choisir un gouvernement, et, après bien des dissensions, ils créèrent des magistrats; mais à peine les eurent-ils élus qu'ils leur devinrent insupportables, et ils les massacrèrent encore. Ce peuple, libre de ce nouveau joug, ne consulta plus que son naturel sauvage. Tous les particuliers convinrent qu'ils n'obéiraient à personne ; que chacun veillerait uniquement à ses intérêts sans consulter ceux des autres. — Cette résolution unanime flattait extrêmement tous les particuliers(1). » — Cette fiction romanesque est notre histoire, cette fable est notre vérité.

Là où chaque homme se fait son principe et sa fin, que devient la société? Celle-ci veut de l'union, de la concorde, un concert de vues. Les hommes dont je parle ne lui apportent que ce conflit perpétuel, systématique, irrémédiable, qui découle toujours de tout mal érigé en principe.

III

En jetant les yeux sur une statistique du théâtre (2), je vis avec douleur que *Rodogune, Athalie, les Horaces* n'avaient été joués, en douze mois, qu'une fois ; *Cinna* et *Britannicus,* deux fois; *Phèdre* et *le Cid,* trois fois. En revanche, *les Fourberies de Scapin* avaient eu l'honneur de vingt-une représentations; mais la pièce *Moi!* de M. Labiche, s'était élevée à trente-six, tant le mot attire, tant il est tout puissant, universel, et peint l'époque !

Là où l'individualisme prévaut, la démagogie triomphe ; car j'appelle individualisme l'égoïsme autorisé du plus fort.

« Qui me dira, s'écrie M. de Custine (3), où peut aller une société qui n'a pas pour base la dignité humaine? »

---

(1) Usbeck à Mirza, *Lettre XI.* (2) V. le journal *la Comédie,* du 1er janvier 1865. (3) *Voyage en Russie,* 2-193.

— Qui me dira, répliquerai-je, où peut aller une société basée sur un tel orgueil particulier, qu'il pousse jusqu'au suicide social?

L'humanité et l'individu ont supprimé la patrie, déjà fort réduite par les doctrinaires, qui ne l'appelaient plus que le pays. Quand l'individu veut s'affranchir des devoirs qui le pressent, dans la société dont il est membre, il en appelle à l'humanité, mot si vague qu'il répond à tout et dispense de toute autre raison l'égoïste astucieux ou violent qui veut vivre en exploitant ses semblables. — L'humanité est le refuge du parasite.

Dans la cité antique florissante, le personnalisme fut difficile, l'institution s'y subordonnait l'homme; dans la décadence de la cité, le personnalisme prévalut: ce fut l'homme qui se subordonna l'institution.

Nous trouvons partout le conflit du panthéisme et de l'individualisme, et, peut-être, ces moteurs contraires ont-ils un but commun, savoir : le mélange des peuples par le panthéisme; l'affranchissement de tout lien social par l'individualisme.

Qui cèdera pourtant, de la société ou de l'homme? L'homme veut la société sans les conditions qui la font vivre: la fin sans les moyens. Il veut l'extrême civilisation, dans l'extrême liberté; il veut vivre à Paris comme dans une forêt du nouveau monde, est-ce possible? L'homme cèdera donc, parce que la société est plus forte que l'homme, et que les hommes sociables sont incomparablement plus nombreux que les insociables.

DU PHILANTHROPISME

Je me demande en quelle fibre secrète du cœur humain naît cet amour, je ne dis pas du prochain qui nous touche peu, mais cet immense amour du genre humain qui nous dévore? — Comment un tel, qui ne donnerait pas un cheveu pour sauver sa femme, sa mère, son proche voisin, est-il tout brûlant de l'amour de l'humanité? — S'il n'est pas actionnaire de cette commandite qui exploite le genre humain, comment s'expliquer ce contraste? Comment définir ce Turcaret déguisé en saint Vincent-de-Paul.

L'amour de l'humanité a introduit, dans le monde, une nouvelle fraude : le philanthropisme. C'est, par le philanthropisme — mensonge de la philanthropie — qu'on aigrit mille plaies sociales, sous prétexte de les plaindre et d'y vouloir remédier. C'est par là qu'on a plus tendu que jamais les pauvres contre les riches ; les petits contre les grands ; la plèbe, ou même la bourgeoisie, contre l'aristocratie. C'est de là qu'est née la guerre ou l'hostilité des classes : c'est sous le masque du philanthrope qu'on s'est fait aboyeur, spoliateur, guillotineur, malfaiteur ; c'est sous prétexte d'aimer l'homme qu'on l'a le plus torturé.

J'ai bien peur que cet amour des hommes qui consiste à les égorger pour en hériter, ne soit que l'amour de leurs dépouilles ; j'ai bien peur que tel philanthrope ne soit enchanté de déjeuner, dîner et souper de l'homme.

En effet, tel philanthrope vend sa philanthropie, comme un épicier vend son café, ses citrons, son sucre, son fromage : le philanthrope exerce la philanthropie, comme l'épicier exerce l'épicerie.

Androphile quête pour les pauvres afin de se dispenser de leur donner lui-même. C'est Mirabeau qui, lorsqu'un mendiant lui tend la main, dit à un ami : « Mon ami, donnez, pour moi, cinq francs à ce malheureux. » Androphile n'aime pas les hommes : ne lui parlez ni d'un tel, il le déteste ; ni d'un tel, il le déchire ; ni d'un troisième, il le méprise : si vous voulez qu'il s'attendrisse, parlez-lui de l'homme abstrait, de l'homme qui n'existe pas : voilà ce qu'il aime. Androphile cultive d'ailleurs le délinquant, le vagabond, la prostituée : il patrone tout ce qui le patrone lui même ; il feint de chérir, il chérit peut-être tout ce qui le fait vivre. Au fond, l'amour de l'homme est l'enseigne du métier qu'exerce Androphile, lequel aime son métier sans se croire obligé d'aimer les hommes. Androphile est un mélange d'Alceste et de Philinthe : Philinthe pour l'homme, Alceste pour les hommes, qui ne lui semblent pas même faire partie de l'homme.

La philanthropie est un sacrifice, le philanthropisme est un calcul ; la philanthropie est une sainteté, le philanthropisme est un vice ; c'est l'hypocrisie d'une sainteté.

Le faux philanthrope est le parasite de l'homme ; il vit sur l'homme, comme la chenille sur l'arbre ; il vit très-grassement du prétendu bien qu'il dit faire aux autres et qu'il ne fait qu'à lui-même.

II

Le philanthropisme Russe est très-tendre pour les slaves (Hongrois, Bulgares, etc.) — Il est plus tendre encore pour les Grecs, c'est-à-dire, pour la Morée et Constantinople, sans compter l'Asie-Mineure pour laquelle ce philanthropisme s'attendrit d'autant plus, qu'elle fut et peut redevenir très-belle.

Les philanthropes révolutionnaires veulent abolir la peine de mort, quand ils conspirent contre le pouvoir existant; ils la rétablissent, ou la remplacent largement par les meurtres à domicile, quand ils gouvernent : — les violents ne sont jamais doucereux qu'au profit de leur violence.

Lorsqu'au début de la République, le décret du 26 février 1848 supprima la peine de mort en matière politique, la raison d'Etat n'y contribua pas moins que l'humanité. Il fallait craindre les souvenirs du terrorisme : ceux qui les avaient contre eux les conjurèrent par cet expédient; mais que de fois, au moindre obstacle, les journaux avancés — *la Réforme* par exemple — ne rappelèrent-ils pas la vieille utilité des violences et leurs souvenirs funèbres ! Qui ne sait d'ailleurs comment on suppléa largement à l'abolition légale de la peine de mort par les massacres et les raffinements de cruauté qui accompagnèrent les journées de juin ? Qui doute que si ces journées eussent autrement tourné, l'échafaud ne se fût relevé plus florissant que jamais ; car à qui importe-t-il plus qu'au minorités ?

Le Congrès de la paix à Genève, en 1867, est instructif (1). Dès l'ouverture de ce congrès de la paix, le président recommande surtout la conciliation, et immédiatement, Garibaldi déclare la guerre au gouvernement romain, et le vice-président donne sa démission. Beau début, et digne de son objet ! mais quand on lit ce qui suivit, com-

---

(1) V. *journaux* du 11 septembre 1867, et suiv.

ment contester que les comédiens du congrès de la paix, abusèrent de l'odieux et du ridicule ?

Le congrès de la paix ne flétrit pas la guerre qu'il fait aux autres ; mais seulement celle qu'on lui fait à lui même : candide congrès !

On a vu, par l'exemple de Genève, que les congrès Jacobins s'arrangent mal des pays qui ont des mœurs et des institutions franchement libres, et qu'il faut les réserver pour les Etats bâtards qui ne sont ni républicains ni monarchiques et qui n'ont que des mœurs bâtardes comme leurs régimes.

Ce fut, au dix-huitième siècle, un point convenu entre les philanthropes et les ministres leurs disciples que, la prospérité d'un peuple n'est qu'illusoire si elle ne profite à tous les autres; et c'est par là que le prosélytisme chrétien devint une tracasserie philanthropique.

Les philanthropes de profession, ont horreur du sang : mais parlez-leur de crever les yeux à l'homme (1) ; de le mettre à la gêne ou en cellule ; de le tenir au cachot dans les ténèbres; de le réduire au régime du pain sec sur la paille; de le fouetter régulièrement soir et matin pour le purifier : oh! pour cela, les bons philanthropes sont tout cœur ; ils vous applaudiront, ils vous embrasseront ; ils auront banni la mort, mais désolé la vie ! ô bonheur ! — Oui, c'est leur bonheur ; mais quel bonheur ?

III

Tuer les gens parce qu'on les hait, fi donc! cela n'est pas digne des philanthropes. Les tuer parce que leur

---

(1) Le philanthrope Eugène Sue substituerait, à la mort, cette barbarie empruntée au Bas-Empire. V. *les Mystères de Paris*.

meurtre est utile, à la bonne heure ! Ainsi font les ours, les lions, les tigres, les vautours ; ils tuent pour se repaître ; ils tuent pour vivre. Donc, tuer son ennemi pour le tuer, cela est barbare ! Détruire, même par le sang, un obstacle, cela est naturel et conseillé par nos philanthropes : Machiavel, leur saint patron, dirait-il mieux?

« Par un mouvement instinctif j'ai sauvé la vie de Stralenheim sans le connaître, comme j'aurais sauvé celle d'un paysan ou d'un chien : quand je l'ai connu, je l'ai tué, non par vengeance, mais parce qu'il était notre ennemi. C'était un rocher placé sur notre passage ; je l'ai brisé comme eût fait la foudre, parce qu'il s'interposait entre nous et notre destination véritable. » Voilà qui est clair : voilà comme Byron (1) fait parler un personnage vraiment né philanthrope. Ce monsieur ne tuait jamais pour se venger, il ne tuait que ce qui s'interposait entre lui et son but, qu'il appelait sa destination ; c'est cela qui distingue le philanthrope des hommes vulgaires, des mal-appris qui tuent par vengeance et par passion, au lieu de tuer naturellement et froidement, par simple calcul.

C'est la presse philanthropique du Mexique qui a commandé le meurtre de Maximilien qui s'opposait à la destination véritable de la presse démagogique, c'est-à-dire philanthropique, de l'heureux Mexique.

Les philanthropes révolutionnaires font souvent d'exquises citations évangéliques. Ils nous donnent de nouvelles éditions de l'Ecriture ; on y voit comment y peut parler Jésus-Christ interprété par le grand Italien, par le grand apôtre Machiavel.

Ceux qui ne respectent le sang que quand c'est une faute de le répandre, sont bien près de le verser quand il leur

---

(1) Dans *Werner*, act. 5, ch. 1.

plaît; car qui les obligera d'appeler faute un meurtre qui servira leur secte ou leur haine? Les cannibales aussi croiraient faire une faute s'ils tuaient un homme pour le tuer, non pour le manger.

« Dans les Etats policés, le contraste des horreurs qui se commettent et des belles paroles qui se débitent, écrit M. de Custine (1), rend le crime plus révoltant et montre l'humanité sous un point de vue décourageant. » Oui certes, cela décourage; car, d'ailleurs. l'hypocrisie est incurable; et quel monstrueux contraste que celui des belles paroles des philanthropes révolutionnaires et de leurs procédés teints de sang! Qu'importe qu'on nomme libre un Etat où les nobles doctrines qu'on proclame, sont constamment violées par les actes ; où des maximes bénignes ne conduisent qu'à des expédients atroces? Un pareil Etat n'est ni policé, ni libre, ni même supportable.

Que penser des sentiments d'une société où l'on patronne des congrès qui nous vantent — en matière de libéralisme —la légitimité du révolver, celle du poignard : et où l'on pratique les bombes Orsini, l'explosion des casernes ou des prisons ; n'est-ce point là une société vraiment philanthropique, c'est-à-dire, horrible ?

Les Indiens remuaient, en Amérique, pendant la guerre civile de leurs conquérants. Eux aussi pensaient à leur nationalité; mais toutes les nationalités ne sont pas de mise: s'il en est qu'on peut défendre, il en est d'autres qu'il faut abjurer : pourquoi ? je l'ignore : qu'on le demande aux inventeurs du dogme ! Les Indiens qui remuaient donc pour leur nationalité, reçurent, par les journaux, l'avis suivant: (2) « le colonel Backer prétend que rien ne guérira les Indiens que le froid de l'acier:

---

(1) *Voy. en Russie*, 4-274. (2) Voir le *Constitutionnel* français du 10 septembre 1866.

que c'est une courtoisie dont il les honorera impartialement. *Le progrès*, dit-il, *exige l'extermination des Indiens.* » Voilà un progrès très-philanthropique ; mais que n'extermineraient pas les républicains pour vivre, je m'entends, pour dominer !

Les philanthropes n'ont qu'un mot : l'humanité ; et qu'un moyen : l'extermination des classes ou même des races. Ils appellent humanité le goût du meurtre. Entre tel philanthrope et tel malfaiteur, il n'y a souvent qu'une intervalle : la potence.

« ... ille
Crux sceleris premium tulit, hic diadema. »

III

On lit dans un roman grec (1) très-goûté de Racine, « que les Sages Perses touchés de l'irrésistible beauté de Chariclée leur captive, ne la condamnèrent qu'à être brûlée toute vive. » — Cette humanité rèssemble fort à celle que nous vantons et dont nous nous infatuons.

Nous ne nous intéressons pas aux bons, ils sont si stériles ! De quoi nous préservent-ils, et que nous rapportent-ils ? Parlez-nous de ces pauvres méchants ; les pleurs qu'on leur accorde ne sont jamais perdus. Quand ils ont leur jour, nous touchons notre bénéfice. Les larmes qu'on donne aux méchants sont fécondes ; elles sont comptées ; elles produisent au delà du taux légal ou moral. Vivent les méchants ! C'est le cri, du moins apparent, de quiconque sait vivre avec les méchants et des méchants.

Philanthropisme privé qui contrefaites la charité et qui n'en êtes que l'imposture, si vous n'empruntiez le man-

---

(1) *Théagène et Chariclée.*

teau qu'ont si bien porté saint Martin, saint Borromée, saint Vincent-de-Paul, Larochefoucault-Liancourt, Penthièvre, Chevérus, Champion, qui ne vous fuirait?

Philanthropisme politique, vous croyez aimer le pauvre; vous haïssez avant tout le riche: vous dites aimer le petit, mais vous enviez et ne pouvez supporter le grand; vous êtes, aux sociétés que vous agitez, ce que le requin est à la mer.

Un grand esprit méprise les hommes, un grand cœur les aime. Celui qui réunit, à un grand cœur, un grand esprit, méprise les vices des hommes, mais non leurs misères: leurs souffrances lui cachent leurs défauts; et il sert l'humanité parce qu'il l'aime. — Le philanthrope se contente de la flatter pour l'exploiter.

Philanthrope cruel, qui vous permit de déshonorer et d'insulter un empereur pour honorer votre plume? Ne pouviez-vous vous taire plutôt que de mettre à ce prix votre entremise? Etes-vous bien sûr que vous ne mourrez pas un jour comme lui; plus mal que lui?

Patriote étrange qui qualifiez de fils de Camille et de Brutus des Italiens ingrats qui combattent la France votre mère et leur bienfaitrice, ignorez-vous qu'il n'y a rien de romain dans le sang que vous louez; et oubliez-vous que le vôtre est tout français? Philanthrope étrange qui pleurez si pompeusement, mais si froidement, les jeunes gens qui défendaient le garibaldisme à Mentana, oubliez-vous qu'ils tuaient, tant qu'ils pouvaient, nos Cathelineau, nos Charrette et ceux que vous chantiez si haut quand ils brillaient à la cour, où ils faisaient retentir vos chants! Philantrope étrange, les Garibaldiens ont-ils seuls des mères? Nos jeunes Français de Nantes, de Lyon; nos jeunes chrétiens accourus des divers points de l'Empire et de l'étranger, n'ont-ils point leurs mères? Ils rougiraient, sans doute, d'être loués comme des femmes; ils rougiraient, ces braves soldats, qu'on s'occupât de leurs doigts roses et de leurs cheveux blonds (1). A ces yeux mâles qui virent le feu sans pâlir, il leur importait peu d'être bleus ou noirs, pourvu qu'ils fissent trembler. Ces héros qui dédaigneraient vos mignardises, regretteront peu de n'avoir pas été pleurés comme des poupées. — Mais pourquoi vos larmes anti-françaises? Pourquoi cette partialité philanthropique contre nos troupes? D'où vient ce cœur si sec pour nous, si tendre pour l'étranger? Que dis-je? et qui ne comprend que les pleurs de parti sont de faux pleurs? Consolons-nous: ils ne feront pleurer personne, pas même ceux qu'ils feignent de plaindre! Ce sera leur châtiment. — Mais des pleurs versés contre la patrie sont plus que stériles, ils sont coupables; et ne pas les flétrir, c'est les absoudre.

V

Les Chrétiens furent des brebis qui vinrent pacifier des loups; nos philanthropes sont des loups qui éprouvent le besoin furieux de pacifier les brebis. J'estime peu les philanthropes qui attendent leur récompense de la terre; qu'on gratifie de pensions, de sinécures, de décorations, d'emplois, sans lesquels leur philanthropisme ne naîtrait pas, ou durerait peu : vertu vénale et fardée, à laquelle il faut l'argent et le théâtre!

(1) Tenez, ce front hagard qu'une balle *ouvre* et *fend*,
C'est l'humble tête blonde...
Cette main froide, auprès de ces paupières closes,
A fait jaillir ton lait sous ses petits doigts roses...

Et tout est dans ce goût.

Vers 89, la sensibilité fut non-seulement un don, une qualité, mais un devoir : quiconque n'était pas sensible, affichait de l'être ; celui qui ne l'était que peu, s'efforçait de le paraître beaucoup. On ne rêvait que perfection, bonheur, bergeries, et l'on tomba dans le sang jusqu'aux genoux. —Ni la sensibilité générale ne prouve la charité: ni l'idylle n'exclut la férocité parmi les hommes. Partout où se forme la bergerie, je crains le fauve.

Le misanthrope fuit les hommes, il les évite au moins, parce qu'il les craint : la misanthropie est une certaine défiance des hommes, bien plus que leur mésestime : car il y a chez le misanthrope des accents tendres (1) en faveur des hommes : et si le misanthrope se tracasse au sujet des hommes, il ne les tracasse pas. Il me semble que le philanthrope fait tout le contraire : le philanthrope ne peut pas être heureux tout seul ; c'est le bonheur des autres qui le préoccupe et le travaille. C'est un homme qui serait malheureux que vous fussiez heureux à votre manière ; il faut absolument, à son bonheur, que vous soyez heureux à la sienne. Certains philanthropes catholiques ont brûlé des milliers de leurs semblables ; ils ont fait exterminer les populations d'un grand continent, pour donner à leurs victimes leur propre paradis ; certains Réformés ont fait, en cela, comme certains Catholiques. Que ne tenta point l'Angleterre pour doter l'Irlande de l'anti-papisme ? Que n'ont point fait nos philanthropes politiques du dernier siècle : le bon Danton, le bon Robespierre, le bon St-Just, le bon Collot-d'Herbois, le bon Couthon, le bon Fouché, le bon Carrier, le bon Dumas et même le bon Joseph Lebon? Une révolution qui a produit tant de braves gens, traitant les hommes avec tant de bonté, avec les procédés

---

(1) Par exemple : chez Tacite, Alceste, le duc de Saint-Simon.

si expéditifs et si doux de la bonne guillotine, méritait bien que le chantre de Mentana l'appelât la *Bonne*. Les philanthropes que je décris ne s'intéressent pas aux victimes, mais aux assassins ; et Lacenaire et Dumolard savent remuer leurs entrailles.

Un de nos historiens sensibles ne manque pas de faire un crime politique de la pitié. Il n'est que copiste en cela ; mais comment ne pas copier l'excellent... comme il l'entend?

Les humbles bienfaiteurs de l'humanité, si dignes d'en être connus, ont péri avant leurs œuvres : *transierunt benefaciendo*. Le bien qu'ils ont semé, a fleuri ; leur nom s'est éteint. C'est qu'ils aimaient les hommes et n'affectaient pas de les aimer ; ils n'eurent pas besoin de tréteaux, ou ils n'eurent, pour tréteaux, que leurs consciences. Ces demi-dieux ignorés, ont fait place à de faux dieux adulés.

Le jacobin fait tout bien, pour peu qu'il soit jacobin : l'avarice du jacobin, est sobriété ; sa débauche, est courtoisie ; tout change de nom pour louer ce type. Plus il tue, plus il est doux, car plus il tue, plus il est jacobin. Est-ce moi qui parle ainsi de lui? N'est-ce pas lui-même ?

Autrefois, nous fûmes charitables par dévotion ou bonté ; nous sommes philanthropes par ambition ou par peur ; nous voulons exploiter ou apaiser ceux que nous disons secourir. Notre apparente humanité n'est que calcul ou poltronnerie.

J'ose dire que la philanthropie du jacobin est la forme la plus odieuse du jacobinisme. Je préfère au fanatisme masqué ou fardé, le fanatisme cru et sans masque.

Démocastre (1), je veux dire le philanthrope politique, ou mieux encore le philanthrope humanitaire, appartient à tant de familles et à tant de classes, qu'on ne sait ni

---

(1) Une corruption de Démocrate.

comment déterminer sa filiation, ni comment le classer lui-même. Il se vantera parfois d'être issu de mendiants ou de repris de justice, et, d'autre part, il se dit du sang des comtes, des marquis, des ducs dont il montre les titres; et l'un et l'autre est vrai. On l'a vu jadis avec l'habit à paillettes, la perruque poudrée et parfumée, la batiste, le bas de soie; avec le jabot et la manchette à dentelles. Il porte aujourd'hui la fleur des draps de Sedan, la chemise à petits plis, les gants jaunes, le velours, les broderies d'or ou d'argent; ou bien la blouse, le haillon, la casquette grasse, en attendant le bonnet rouge; il revêt au besoin le pantalon collant, la culotte courte, ou se sent et se dit sans-culotte. Sa physionomie n'est pas moins multiple que son origine ou son costume. Démocastre possède ou reflète les traits les plus étranges, les plus disparates: il a quelque chose de l'agneau et du loup; quelque chose du buffle et du renard; quelque chose du serpent et du vautour, du phoque et de la fouine; quelque chose de l'homme et du singe: c'est un caméléon, c'est un protée, c'est un mirage perpétuel: il est aussi changeant que l'air, aussi mobile que le vent. Sa figure exprime parfois ce qui plait à l'homme; plus souvent ce qui déplait à l'honnête homme.

Un philosophe n'a pas de patrie: Démocastre n'est donc ni Français, ni Anglais, ni Espagnol, ni Italien, ni Grec, ni Polonais, car alors il ne serait qu'Italien, Français, Espagnol, Polonais ou Grec; il ne serait pas philanthrope. Ce philanthrope n'aime pas, d'ailleurs, tous les peuples: il n'aime que les peuples inquiets, les peuples insoumis, les peuples révolutionnaires. Tout peuple qui se révolte est son pupille, son favori, son peuple: il oublie même tous les peuples qui se sont révoltés pour celui qui est en révolte ouverte et flagrante. Le peuple qui a su s'apaiser, s'organiser, se constituer, ne compte plus pour Démocastre ; c'est un peuple éteint, un peuple mort, un peuple tranquille.

Démocastre n'aime jamais tout un peuple, mais certaines classes du peuple : la populace, la plèbe ; la classe mécontente, la classe sanguine, la classe inexpérimentée et remuante ; cette portion du peuple qui se plait à changer, à briser, à détruire : il caresse surtout ce qui vit dans la rue ou dans les écoles.

Démocastre hait les catholiques ; il méprise également les protestants, les musulmans, les juifs ; faibles esprits qui croient à quelque chose, au lieu de croire à quelqu'un, à Démocastre, par exemple, ou du moins à Robespierre, à Marat, au père Duchesne, à Babœuf, ou à tout ce qui les rappelle dans le temps présent. Démocastre est, avant tout, libre-penseur, c'est-à-dire athée, et ne tolère qu'une religion : l'athéisme. Au nom de la tolérance, qui est son cri de guerre, Démocastre pratique l'intolérance ; il finit même par professer tout haut l'intolérance ; c'est là son dernier dogme : Démocastre, devenu fort, ou se croyant fort, ne tolère que l'intolérant.

Démocastre n'a d'entrailles que pour les violents et les dissolus : un pamphlétaire, un diffamateur, un insulteur public qui attaque ce qu'il y a de plus élevé ou de plus sacré — le prêtre, le souverain, la reine, et dans la reine la femme — voilà l'homme qui exalte, qui attendrit, qui fait fondre d'amour Démocastre. Ne lui parlez pas de l'honnête homme insulté, qui n'a pas même la faculté de se défendre ; c'est là le vrai coupable pour Démocastre : le plus grand tort de l'insulté, c'est de se plaindre ; et si l'insulteur a quelque chose à se reprocher, selon le philanthrope Démocastre, c'est de n'être pas assez méchant, assez offensant, assez barbare.

Démocastre ne dira pas la reine Marie-Antoinette, mais la veuve Capet ; il ne dira pas la reine d'Espagne, mais Christine ou Isabelle, tout court, et encore dans les bons moments : il appellera le roi d'Espagne Pâquo ; le roi de Naples, Bomba ; l'impératrice du Mexique, la folle Charlotte : ce crocheteur se croit gentilhomme parce qu'il insulte en crocheteur ; ce goujat se croit grand, parce qu'il outrage quelque chose de grand !

Le philanthrope Démocastre ne peut souffrir que le soldat porte un sabre dans les rues, car c'est là, dit-il, une source de massacres. Comment le soldat armé de son sabre ne massacrerait-il pas le peuple, selon Démocastre ? C'est donc comme meurtrier que le soldat ceint, d'après lui, ce sabre qu'en fait il ne tire même pas une fois l'an pour sa défense. Mais que l'ouvrier s'arme d'un compas, d'une pioche, d'une gouge, d'un marteau, d'un couteau, contre le soldat qui passe en se promenant ; que l'ouvrier insulte ce soldat, l'attaque, le blesse ou le tue, le philanthrope ne s'en émeut pas : ce qu'il veut, c'est que le soldat attaqué ne se défende pas ; qu'il ne blesse pas le peuple, c'est son expression ; comme si un garnement quelconque était le peuple, ou comme si le soldat n'était pas peuple aussi ?

Démocastre n'aime pas l'armée permanente, qui le gêne ; mais la force ouvrière qui le sert ; il n'aime pas la guerre étrangère qui honore la France, mais la guerre civile, la guerre révolutionnaire qui la décime. Démocastre aboie contre l'impôt, mais il décrétera les réquisitions, les assignats, le maximum, les confiscations. Démocastre court les congrès internationaux, pour y vociférer la paix, et ces congrès sont déjà la guerre, et les peuples rugissent et se soulèvent sous l'impression de ces congrès pour la paix.

Démocastre ne connaît pas *Androphile* (1), ou, s'il le connaît, c'est pour le dédaigner. Celui-ci exploite l'homme en particulier; à titre privé, pour ainsi dire. Qu'est-ce que cela pour Démocastre qui exploite un peuple en grand; qui exploite les peuples en général, et qui tend à exploiter le genre humain? Androphile ne fait que vivoter à l'ombre de Démocastre; ils ne se communiquent leurs mots de passe que superficiellement. Androphile est le manœuvre de la philanthropie, dont Démocastre est l'artiste; le métier d'Androphile le conduit à présider quelqu'établissement de soupes économiques pour les pauvres; à faire donner quelques litres de plus, de lentilles et de vin, aux détenus; à se faire traiter lui-même assez grassement en qualité d'inspecteur soit de prisons, soit de pénitenciers, ou d'asiles pour les enfants trouvés : son ambition ne saurait viser plus haut. Démocastre, d'agitateur public se fait député, conseiller d'état, sénateur, ministre, consul, président de république; il se fait lieutenant général d'un pays, régent, en attendant mieux, s'il est possible; et que ne peut rêver Démocastre à force d'aimer les hommes, c'est-à-dire de les immoler à ses vanités, à ses avidités, à ses espérances?

Démocastre proclame que le peuple est Dieu, mais il se proclame, ou il prétend qu'on le proclame le dieu du peuple : — qu'il soit question de deux nègres et de trois mulâtres, Démocastre les prend sous son égide, et se déclare l'orateur du genre humain.

La parole ou la plume enrichissent parfois Démocastre : il fait alors des économies; il trafique de l'argent mignon qu'il possède; il fait travailler cet argent, il le fait suer dans les fonds publics qu'il sait agiter pour qu'ils lui rap-

---

(1) Voy. ci-dessus, p. 228

portent. Il n'en crie pas moins, il n'en crie que mieux contre le capital qui exploite le pauvre monde. Il plaint fort ce pauvre monde ; ces misérables dont il décrit avec exagération les plaies hideuses; il envoie au pauvre, contre argent, ses épîtres, ses chansons, ses discours, ses romans, ses brochures, et le tout fréquemment, et à la grosse ; car Démocastre est fécond, le bonheur du peuple l'inspire.

Quant à donner de l'argent à celui qui en manque, c'est une vertu que Démocastre ignore et qu'il ne peut comprendre ; s'enrichir et déclamer contre le riche, voilà sa spécialité. Il écrit donc dans une île enchantée, à côté de buissons de roses et sous des acacias en fleurs, auprès d'une eau vive et jaillissante, pour les malheureux pêcheurs de la mer, ou pour ceux qui se morfondent au soleil. Il les plaint d'avoir à fendre le sol ou briser la pierre, tandis qu'il respire lui-même les jasmins et les chèvrefeuilles, en pantoufle, en robe de chambre légère, soyeuse, soutachée, traînante. Cependant le peuple achète très-cher ces déclamations outrées qui donnent à Démocastre de meilleurs vins et des dîners plus somptueux.

Il y avait à Lyon, sous le dernier roi, un bon homme très-instruit, très-lettré, d'une grande opulence acquise dans l'industrie. Ce bonhomme, qui s'appelait Fulchiron, avait toujours sous sa main un gros sac d'écus ouvert pour les pauvres, lequel sac se vidait et se remplissait tous les jours, tant les pauvres connaissaient Fulchiron ! Mais qu'était-ce que Fulchiron pour Démocastre, sinon un réacteur, une borne, un peu moins qu'un homme.

Le duc de Luynes, l'un des plus grands noms, l'un des plus grands seigneurs de France, l'une des plus grandes fortunes du temps, court à Rome, en hiver, prodiguer à ceux qui souffrent des partisans de Démocastre, des secours, de l'argent, des vêtements, des soins personnels qui fatiguent et épuisent sa vie à soixante ans. Il meurt donc, doucement et sans regret, à se dévouer pour ceux que Démocastre fait égorger, fusiller, sauter dans leurs casernes pendant qu'ils dorment. Mais qu'est-ce, en somme, que ce duc, si ce n'est ce que Démocastre et les siens nomment un dévot, un clérical, un aristocrate, un de ces hommes qui pèsent à l'humanité dès qu'ils pèsent à Démocastre. Je donnerais cent libres-penseurs, cent phraseurs, cent agitateurs, cent frondeurs, cent rhéteurs, cent révolutionnaires pour ce simple grand seigneur, ce duc de Luynes, qui fut un si grand citoyen, un si grand homme de bien dans le vrai sens du mot : mais que suis-je moi-même qu'un de ces obscurs réacteurs, si peu digne de comprendre Démocastre que j'ose bien vanter Fulchiron et le duc de Luynes!

Qui le croirait? Le farouche Démocastre fréquente le bal après boire, et quel bal! le bal décolleté, le bal Mabille. On l'y surprend assez gaillard, et l'on se dit : « Tiens, vois donc Démocastre! » Mais il jure qu'il ne vient dans ce bal — véritable orgie — que pour l'étudier et en faire rougir le gouvernement ; comme si le gouvernement lui avait prescrit d'y folichonner.

La femme philanthrope, la femme qui admire Démocastre et ses menées, n'est plus une simple mortelle; Démocastre et les siens la divinisent : qu'elle ait été belle un jour, elle est éternellement belle ; à soixante-dix ans, on dira d'elle encore, comme à dix-huit ans, la belle Hermance. Il est vrai qu'elle est obèse, que ses doigts sont surchargés de graisse, qu'elle se traîne difficilement ; ce n'en est pas moins l'élégante Hermance, aux belles mains, à la taille svelte ; ce n'en est pas moins la muse éternellement radieuse et célébrée. Que n'ont pas dit d'elle vingt amants qui l'ont poursuivie ou dédaignée tour à tour? N'importe, la vertu d'Hermance est officielle pour Démocastre; peu s'en faut que Démocastre n'affirme que cette vieille matrone qui a tant fait retentir ses bons tours, est vierge. — En général, la femme philanthrope peut être bigame; elle peut courir le soldat; elle peut se transformer en cantinière, en poissarde, elle n'en est pas moins décente, modeste, sainte, sacrée; elle n'en est pas moins de la trempe de Jeanne d'Arc, pour les philanthropes. Il est vrai qu'en retour il n'est pas de reine, pas de grande dame, pas de sœur de charité, pas d'honnête femme, aimant un peu la paix dans la cité comme dans la famille, qui ne soit une coureuse et une Messaline, selon les philanthropes, puisqu'elle n'aime pas Démocastre.

Cet homme sensible demande à grands cris au pouvoir, qu'il redoute, l'abolition de la peine de mort; c'est sa cocarde, c'est son enseigne; j'ai déjà dit que c'est un mot d'ordre tant qu'il n'est qu'opposant : mais il ne s'assied au pouvoir que pour demander tant de têtes et tant de sang qu'il en dégoûte, et finit par en fatiguer ses amis même.

C'est alors que ce philanthrope guillotine, sabre, noie, mitraille ses adversaires, par humanité. C'est alors qu'il s'écrie avec Carrier, faisant fusiller de jeunes femmes, et des enfants de treize à quinze ans : « La seule grâce qu'on puisse accorder à ces rebelles, c'est de leur donner une prompte mort, et c'est par principe d'humanité que je purge la terre de tous ces monstres (1). »

Androphile n'est qu'un étroit égoïste; Démocastre est un spoliateur sanguinaire. — L'un fait de la philanthropie comme un cordonnier fait des bottes, à juste prix,

---

(1) *De la justice révolutionnaire,* par Berriat, St-Prix, n° 18, p. 2.

pour faire bouillir son pot; l'autre mettrait tout un peuple à Montfaucon pour l'équarrir, en vendre la peau, les os, et en manger les meilleurs morceaux. C'est un niveleur, c'est un équarisseur politique; il vit de sang, de dépécements, de détritus sociaux et d'équarissage.

Démocastre n'a qu'un ennemi redoutable; ce n'est pas l'honnête homme dont il connaît la patience et la couardise, c'est un philanthrope comme lui qui, par jalousie de métier, le compromettra, le ruinera, le détruira, le supprimera, comme Démocastre a lui-même détruit et supprimé tout ce qui ne lui semblait pas philanthrope.

Démocastre est-il donc miné par le philanthrope son rival; se sent-il compromis dans quelque ténébreuse affaire? Il paie d'audace; il en appelle au peuple, à ce peuple pour lequel, dit-il, il a tant fait, et si le peuple ne l'entend pas, s'il ne le délivre pas, « il vaut mieux, s'écrie-t-il, être un mendiant qu'un tribun du peuple! » Monte-t-il à l'échafaud, il fait la moue au public; il le traite de vile canaille, comme tout ambitieux déçu et à bout de voies qui, n'attendant rien du peuple, ne le flatte plus. — Démocastre ne se gêne donc plus pour montrer enfin ce qu'il fut toujours : un corrupteur, un contempteur, un ennemi du peuple.

Démocastre aime en effet les sociétés comme un patrimoine; il les aime, par exemple, comme le renne aime le lichen qu'il broute; comme la guêpe aime les raisins qu'elle suce; comme l'ivraie aime le blé qu'elle étouffe; comme le loup aime les troupeau qu'il décime; en un mot, comme le milan aime la fauvette, et le lion l'antilope. — Le philanthrope est le parasite, c'est le vampire des temps modernes. Au fond, je n'apprendrai rien à personne en disant que Démocastre n'est point un homme, mais une faction; la faction de ceux qui, sous prétexte d'aimer l'homme, fatiguent, tourmentent et exploitent le plus les hommes.

Démocastre enfin est un parti, et peu s'en faut qu'on n'en trouve un reflet dans tous les partis. — Il en est l'hypocrisie et la violence !

Le philanthrope vulgaire aime les hommes chez soi, l'humanitaire les aime chez eux. Le philanthrope se borne à la France, l'humanitaire parcourt le globe et même les astres pour y porter, quand même, la perfection ou la sottise qu'il rêve. L'humanitaire éclaterait sous l'écorce d'un simple philanthrope : l'humanitaire est un philanthrope dilaté, comme le philanthrope est un diminutif de l'humanitaire. Quand l'humanitaire traite le philanthrope d'égoïste, quand celui-ci traite l'humanitaire de fou, ils se font justice ; mais qui connaît mieux le philanthrope que l'humanitaire, et l'humanitaire, que le philanthrope ?

De très-grands esprits ont méprisé les hommes, de très-grands esprits les ont estimés ; de très-grands cœurs les ont servis, et les plus grands les ont aimés jusqu'à s'immoler pour eux.

Ceux qui méprisent les hommes, les dominent par la peur et les défaillances ; ceux qui les estiment, les conduisent par leurs côtés nobles. En général, les philanthropes de théâtre, les philanthropes de profession, exploitent les hommes.

L'Irlande et l'Italie ont produit les plus grands jongleurs contemporains dans l'art du philanthropisme.

Les humanitaires préfèrent leur dogme à leur patrie, ou plutôt ils n'ont point de patrie ; ils sont entre leur famille et l'humanité, et disent : je préfère l'humanité à ma famille. On leur répondrait, à bon droit : occupez-vous plus de celle-ci ; car si vous servez honnêtement votre famille, vous servez l'humanité par votre famille. Dieu vous charge bien plus de l'une que de l'autre. Vous êtes assez grands pour votre famille, vous êtes bien petits pour l'humanité.

Le poète Barthélemy s'écriait un jour dans un accès de son ultrà-radicalisme : «

> « Et qui pourrait compter tous les tours de harpie
> « Joués sous le manteau de la philanthropie ! (1) »

Ce qui effrayait le poète, je ne le tenterai pas, tant il est plus aisé de flétrir de pareils tours que de les compter.

O! que, si les mots répondaient aux choses, le siècle serait autre ! Que d'outrages de moins pour ce qui est honnête ! Que d'applaudissements de moins pour ce qui est violent ou frauduleux ! Que de concorde au lieu des hostilités qui nous agitent ! Que de bienveillance au lieu des malignités, des envies, des destructions qui nous acablent ! Que de respect pour ce qui est saint ! Que d'empressements pour ce qui en est digne ! Que de sévérités pour soi, que d'indulgence pour les autres ! Quelles transformations en mieux, si le siècle, au lieu d'être philanthropique, se contentait d'être juste !

(1) *Némésis,* aux égoïstes.

DU PROGRÈS

C'est une illusion bien naturelle à la jeunesse, chez qui tout est progrès, de croire au progrès ; comme c'est une erreur commune à la vieillesse de croire que tout dépérit, quand elle décline : par suite de cette double illusion, on croit aisément au progrès d'une nation jeune, comme à la décadence d'une nation vieillie ; mais, indépendamment des illusions et des erreurs, il est des règles d'après lesquelles le progrès peut s'apprécier. C'est sur ces règles fondamentales que porteront nos réflexions.

Le système du progrès répond aux idées modernes sur la formation successive du globe, d'abord gaz, puis eau bouillante ; puis condensé par le froid des espaces interplanétaires ; puis prenant une croûte de douze lieues d'épaisseur ; puis se couvrant d'eaux refroidies graduellement, en même temps que d'herbages et de fougères ; enfantant des bêtes après les végétaux, et l'homme après la bête. Que cela soit, ou qu'on l'ait simplement accrédité par cet esprit d'utopie qui a besoin de romans pour s'absoudre d'ignorer le passé ; toujours est-il que c'est surtout l'inexpérience qui s'enivre de cette loi du progrès qui la dispense de rien savoir, en lui permettant de tout enseigner. Mais celui qui sait ou qui a beaucoup vécu, doute profondément du progrès, mirage naturel de la jeunesse.

Les partisans du progrès se mettent à l'aise : n'osant le placer dans le présent où chacun sait ce qu'il souffre, ce qu'il souhaite ou regrette, ils se réfugient dans l'avenir. Ils placent le mal dans le passé, dans le lointain des sociétés mortes ; dans les fables, bien plus que dans l'histoire ; dans des romans sur Rome, sur la Grèce, sur l'Inde et l'extrême Orient, en remontant au déluge. Ils argumentent, sans rire, de ce qui précéda l'homme ; ils entretiennent le public de choses que les doctes savent peu, savent mal, que le public ne sait pas du tout et qu'il prend du premier venu, comme celui-ci les lui offre. Tel est le mal, et le cadre du mal, selon les défenseurs du progrès : il est dans le passé, dans ce qui n'est plus, dans ce qu'on ne connaît plus. Quant au bien, au bonheur social, il sera dans l'avenir, dans ce qui n'est pas encore, dans ce qu'on ne peut connaître encore. Que répondre à cette habileté, sinon qu'elle est trop habile ? Que lui dire, sinon qu'elle fuit le contrôle des réalités, et que son progrès n'est qu'une fiction trop semblable aux contes de fées qu'on fait aux petits enfants pour les étonner ou les distraire.

Il y aurait quatre questions à faire sur le progrès : en quoi le fait-on consister ? A quelle date le fixe-t-on, depuis les temps antiques ? Chez quelle nation le place-t-on ? A quelle cause l'attribue-t-on ? — En général, ces questions sont tournées ou résolues arbitrairement ; souvent, contradictoirement. Les plus fins, je l'ai dit, placent le progrès dans le futur, car ils ne se sentent vraiment inexpugnables que dans l'invisible.

La doctrine du progrès peut être bonne pour exciter nos efforts vers le mieux ; mais, comme ce mieux est terrestre, il exclut toute idée de sacrifice, et c'est un premier mal. Que sera-ce si l'on se trompe fondamentalement sur le mieux auquel on vise, et si ce prétendu progrès vers le mieux, n'est qu'un progrès vers le pire?

Si l'on ne voulait que perfectionner le bien en tendant au mieux d'un bien connu, la méthode serait sage et probablement féconde; mais on veut sauter du bien, et même du mieux, au parfait; et l'on change tellement de voie pour changer d'objet, que ce qu'on a fait ne guide plus sur ce qu'on doit faire; ni ce que l'on connaît, sur ce qu'on ignore. Tel est le danger qui consiste à chercher, non le mieux, mais autre chose que le mieux. On veut sortir des chemins battus, on saute dans le vide ou dans les ténèbres, et tel tombe dans un trou, qui appelle cela progrès.

Quand surgit une idée nouvelle, elle est suivie, pour ainsi dire, d'un cortège de maux et d'avantages. C'est à l'homme d'Etat, c'est au praticien, d'apprécier si le bien l'emporte, et comment le mal lui-même peut être pallié par le bien qui l'accompagne.

La foi au progrès est, je crois, un sentiment plutôt qu'un principe; et, sans doute, on ne démontre pas sa foi comme on démontrerait un principe : mais si ce progrès est une doctrine, non une intuition ou un mystère, cette doctrine a ses principes, ou elle n'est pas. Il y a chez chacun de nous, je le reconnais, des préventions favorables au progrès : mais ce ne sont que des impressions personnelles. Mille voix répètent ces impressions : où en est la doctrine, et sur quoi repose-t-elle?

I

Si l'homme ne progressait pas, quel serait, dit-on, son but sur la terre? — Quel est donc, répondrais-je, le but de l'abeille? quel est celui du castor, du cheval, du lion, du rossignol, du cygne ? Quel est le but de ce qui ne progresse pas ? Quel est le but du chêne, du peuplier, de la rose, du rocher, des fleuves, de la mer ? Quel est le but de la terre, du soleil, des comètes, des astres, lesquels, loin de progresser, semblent ou décliner, ou s'obscurcir, ou s'éteindre, ou disparaître. — Le secret du but des choses est celui de leur créateur : il existe quoique l'homme l'ignore ; il ne cesse pas d'être, quoique l'homme le travestisse ou le dénature.

J'insiste et j'ajoute : si l'homme n'a pas de but sans progrès, pourquoi naissent des hommes qui ne progressent pas ? Pourquoi le laboureur, le berger, le bûcheron, le vigneron, le batelier, le soldat, le maçon, le cordonnier, le charpentier, le manœuvre, le sot, l'imbécile, le fou, le portefaix ? — Quel est le but de tout cela qui ressemble si fort, dans l'état actuel, à ce qu'il fut (1) il y a trois mille ans ?

Que si le progrès, dans le sens moderne, est toute la vie de l'homme ; des masses de peuples éteints, les Egyptiens des Pharaons, par exemple, ne vécurent pas ? Car, qu'importa notre progrès actuel à ces hommes ? et que nous importent les progrès qu'auront faits nos neveux dans trois mille ans ? Comment nous intéresserions-nous plus à leur mode d'existence que les roses du temps de Sésostris ou de Cyrus ne s'intéressent à la rose du roi, de la reine ou du prince Albert ? Ou le progrès est de tous les temps, et il n'en faut pas tant prôner la découverte aussi vieille que le monde, ou l'homme a pu s'en passer jusqu'à ce jour, et dès-lors il n'est pas essentiellement notre but : cela semble clair.

---

(1) « L'homme n'est pas perfectible. » — Georges Sand, *Lett. d'un Voyageur* (Revue des deux Mondes, 15 mai 1864). — Cela est vrai et faux, on le verra ci-après.

Plusieurs grandes nations ont diversement progressé ou déchu. Celles qui ont progressé, l'ont souvent fait sans s'en rendre compte : le progrès a été plutôt le résultat que le but de leur existence. Dans ce qui précède, je ne réfute que la formule moderne, savoir : que les sociétés ne vivent qu'autant qu'elles *vivent pour le progrès*. C'est cette erreur doctrinale, érigée en axiome, que je combats, parce qu'elle subordonne toute la vie présente au bonheur futur, ou à la chimère future du bonheur de l'être abstrait appelé l'humanité.

Chaque savant restreint le don du progrès à la science qu'il aime. Ecoutez un économiste, qui d'ailleurs se croit le détenteur de tous les trésors sociaux : tout le progrès consiste à produire la richesse et à la bien répartir ; mais comme cela est mesquin et ressemble à l'économiste de profession ! à l'économiste qui n'est qu'économiste !

La science, même dans ce qu'elle a de plus vaste et de plus universel, n'est pas le signe certain du progrès : Faust et René sont aussi intelligents que malheureux, et malheureux peut-être d'être intelligents ; et l'on est plus tenté de les croire dégénérés que perfectionnés : et leur science est une partie de leur corruption, de leur aveu même.

II

Notre bonheur ne consiste pas dans le progrès de l'*être* abstrait appelé la société, l'homme, l'humanité. Il consiste dans la plus grande félicité possible de chaque homme, dans chaque société. Tout autre prétendu bonheur n'est qu'un mensonge qui ne sert qu'à pallier l'usurpation du bonheur social par quelques-uns, au détriment du grand nombre.

La fortune et le confort donnent les jouissances qui leur sont propres, mais qui n'ont rien de commun avec les bonheurs de l'âme, qui ne relèvent ni du comfort, ni de la fortune.

Nos populations ont des douceurs que ne connurent pas leurs devancières : elles sont incomparablement mieux vêtues, elles sont mieux logées et mieux nourries; elles ne sont plus la proie les unes des autres, selon les caprices des saisons ou le malheur des temps; mais peut-être souffrent-elles plus, moralement, par l'excès des tentations qui les agitent (1); par le malaise que les mécontents leur apprennent à sentir; par les bonheurs imaginaires que les charlatans leur promettent. Que ces mauvais aiguillons soient un stimulant pour le progrès, j'en doute. Ce ne serait, d'ailleurs, que pour le progrès matériel qui accroît mais n'assouvit jamais nos désirs, et ne fait qu'exciter nos appétits, tant qu'un frein moral ne vient pas nous appaiser, en les contenant.

Le berceau des sires de Quélen est, en Basse-Bretagne, dans les montagnes de la Haute-Cornouaille, au petit bourg de Locarn dont la pauvre église, couverte d'un bouquet d'arbres, domine un frais vallon. Une fois l'an, dans le mois de janvier, au jour fixé par le sire de Quélen, le Voyer de Carhaix lui devait un diner, ainsi qu'à vingt-quatre chevaliers. Ce Voyer était le lieutenant de police de la contrée : où dressait-il la table et qu'y posait-il? La table placée non loin d'un beau feu sans fumée et dans une salle spacieuse, reposait sur un lit de paille fraîche; elle était éclairée de torches. Sur la table se voyaient assiettes, écuelles, bassins et toute une vaisselle en frêne tout neuf, assorti d'une garniture convenable de vases

---

(1) Blanqui, *Hist. de l'Economie polit.*, 2, 139.

contenant du sel et des oignons. Disons pourtant que le service éclatait sur une nappe blanche, et que chaque chevalier avait son *touaillon* (1). C'était la taverne de Carhaix qui fournissait le vin; du vin de Bretagne et de Carhaix! on me comprend. Point de potage; le dîner était de trois méts : bouilli, ragout et rôti. Qu'était le bouilli? Du porc salé, un chapon ou une géline, des choux et des naveaux; de la moutarde au besoin. Dans le ragoût reparaissait le porc, mais du porc frais à la sauce verte, avec poivre suffisant et raisonnable. Le rôti consistait en chapons ou gélines, honorablement lardées; le tout par écuelles. Un fromage à la crème tenait lieu de dessert. C'était le moins que le Voyer ne pût ni changer les mets stipulés, ni les relever sans l'assentiment de son hôte; ni surtout desservir sans le commandement du sire. Celui-ci avait pris ses précautions (2). L'acte de redevance était sur ce point très-formel. Quels Barbares! Pas le moindre parquet ouvré et marqueté! Pas le moindre tapis de Smyrne ou d'Aubusson! Pas le moindre plat de vieux Sèvres en pâte tendre! Point de turbot, point de truffes! Il n'est que trop vrai : ces temps grossiers avaient moins de cuisiniers que nous, ils n'avaient que plus d'hommes.

Un jour que je déjeûnais dans un de ces moyens restaurants dont Paris abonde, je vis s'asseoir près de moi un quidam à larges épaules, à forte barbe, à mains carrées, à lèvres épaisses, bien mis d'ailleurs, comme on en rencontre un peu partout. Le garçon lui propose rondement du rosbif, de la blanquette ou des rognons : il n'écoute

---

(1) Torchon.
(2) Voir sur les détails de cette redevance, remontant au XIIIᵉ siècle, l'aveu fait au roi, en 1679, par messire Hyacinthe Anne, sénéchal de Kercado seigneur de Quélen.— Archives de la Chambre des comptes de Nantes, *Déclarations de Carhaix*, vol. VI. nᵒ 36.

pas. Le garçon, haussant la voix et accentuant, offre alors du filet de sole, des perdreaux, du homard, et le gros monsieur de secouer la tête et d'accepter, faute de mieux; puis il demande du meilleur Bordeaux et des huitres d'Ostende, mais bien d'Ostende; on ajoutera même une omelette soufflée. Il va sans dire que le dessert, le café et le plus fin curaçao ne comptaient pas plus dans le menu du personnage que son poivre et son sel, ou le citron dont il arrosait son perdreau : mais les temps sont si durs, et l'estomac des financiers, je veux dire des caissiers (c'était un caissier), est si modeste!

Le progrès ne changera jamais l'essence des choses. Il ne fera pas que l'homme ne soit plus l'homme; que la terre ne soit plus la terre. Si l'homme n'était et ne restait chargé de maux, il ne serait plus l'homme, il serait Dieu, ou semblable à Dieu; et si la terre n'était pas et ne restait pas chargée de misères, elle ne serait plus la terre, elle serait le ciel, et l'on ne saurait plus comment, sur la terre, souhaiter le ciel.

Dans l'ordre moral, si le progrès éclaire les bons, il n'éclaire pas moins les méchants; et si la logique des bons se rectifie, celle des méchants se raffine; si bien que, à tout prendre, le bien et le mal s'équilibrent dans le mieux, comme ils s'équilibrent dans le pire.

Dans le système du progrès, le bonheur n'est jamais qu'un espoir; nous l'atteindrons dans cinquante ans, dans un siècle au plus tard; nous en tenons le programme, il ne faut plus que le réaliser; c'est si peu! Que faut-il en effet que tout bouleverser, tout refaire en un tour de main; tout balayer, comme disent les novateurs, et tout reconstruire. Après tout, ils savent si bien l'un, s'ils ne savent l'autre! « Aujourd'hui donc le labeur, le bonheur demain » : devise illusoire que les enfants devraient siffler, et dont les hommes se contentent!

III

Ce progrès est-il susceptible d'être infini? C'est peu probable. Il est aisé de comprendre que, dans le monde que nous connaissons, l'ensemble et les détails, le système et les êtres qui le composent forment un tout borné, restreint dans de certaines limites et assujetti aux lois du fini : ce que nous voyons naître, croître et mourir autour de nous, nous enseigne un progrès restreint et une décadence inévitable. Où voyons-nous qu'une décadence invincible n'ait pas suivi le progrès? Sur quelle expérience se fonderait l'espoir d'un progrès indéfini?

Le progrès continu n'est pas même plus probable que le progrès infini : l'objection qui repousse celui-ci, repousse celui-là. Quand tout est mobile et variable sur la terre, où serait la base du progrès continu de ce qui n'est pas assuré de vivre? L'humanité ne meurt pas, dit-on ; soit : mais de combien d'aspirations diverses et contradictoires ne vit-elle pas? Puis, qu'importe à la partie malheureuse de l'humanité, le bonheur de l'autre. Qu'importe, par exemple, au Samoyède de notre temps, que Paris existe? Et quand Ninive périt, que lui importa qu'elle pût ressusciter en Paris? Que l'humanité soit un tout immortel, je le veux bien: j'accepte cette immortalité présumée: mais chaque société dans l'humanité, et tout homme dans chaque société, sont des touts périssables. Quand une société meurt, que lui importent les sociétés subséquentes? Que sentirai-je dans ce qui me survit? On ne fait rien de continu de ce qui meurt quotidiennement ou à court terme.

Bossuet (1) dit très-bien « que d'observations en observations, les inventions humaines se sont perfectionnées ; qu'après six mille ans l'esprit humain n'est pas épuisé ; qu'il cherche et qu'il trouve encore, afin qu'il connaisse qu'il peut trouver jusqu'à l'infini, et que la seule paresse peut donner des bornes à ses connaissances et à ses inventions. » D'accord ; mais j'exclus d'abord de la pensée de Bossuet le progrès moral qui n'y entre pas ; puis, dans le sens restreint que le grave esprit de Bossuet mettait à l'étendue de ses termes, il eut raison (2) ; mais de ce que le progrès de l'homme ne s'arrête pas à telle borne connue, s'ensuit-il qu'une borne n'existe pas? Et ne comprend-on pas qu'il est des choses que l'esprit humain ne peut savoir? Puis, j'insiste et je dis : j'ignore ce que sera l'homme futur ; je sais ce qu'il est aujourd'hui, et que c'est de ses dons présents qu'il faut qu'il use ; car ce qu'il sera dans deux mille ans lui est étranger. De ce que je puis grandir, il ne s'ensuit pas que je sois déjà grand ; et la riche taille qu'auront mes petits-fils n'ajoute rien à la mienne. C'est le leurre des utopistes de supposer l'homme actuel comme il sera dans les temps futurs, ou de vouloir que tel homme de 1869, se considère comme l'être abstrait dans lequel vivra l'homme du trentième siècle ! Non, là où le *moi* s'évanouit, le *non-moi* commence ; et, puisqu'il me faut parler allemand pour être clair, je dis que le *non-moi* n'est jamais le *moi*.

S'il était vrai que le progrès fût indéfini ou même simplement continu, nous serions encore très-barbares ; et de quel droit prétendrions-nous constituer le progrès de nos neveux? De quel droit leur dicterions-nous ce qu'ils

---

(1) *De la connaissance de Dieu et de soi-même,* p. 255. (2) Le domaine intellectuel de l'homme s'accroît avec le temps, non sans perte cependant, comme nous verrons.

sauront mieux que nous ? Nos neveux eux-mêmes ne seront que des barbares auprès de leurs descendants. Allons plus loin : de quel droit nous moquons-nous de nos pères, que nos neveux ne puissent nous l'opposer ? Selon la doctrine du progrès continu, nos neveux rougiront de nous, comme leurs descendants rougiront des nôtres, et cela à l'infini ; si bien que l'avenir ne promet que du mépris à l'avenir, qui devient si promptement le passé ; combien c'est flatteur ! Plus l'homme de l'avenir progresse, plus ses pères lui semblent barbares et méprisables ! — Que répondra-t-on ? car la doctrine du progrès continu mène là. Ne serions-nous, par hasard, que l'âge de pierre d'un avenir supérieur ? Oui, selon la doctrine ; mais que m'importe ? En quoi ma destinée présente s'en ressent-elle ?

Si le progrès est indéfini sur la terre, j'y suis éternellement misérable, parce que j'y ressens des infirmités qui disparaîtront un jour, et que j'y pressens un bonheur que je n'y goûterai jamais (1). Mes enfants et toute ma race, et la race de leur race, et les générations qui suivront encore seront éternellement malheureuses, et de ce mal toujours présent, qui doit disparaître : et de cet espoir toujours frustré qui est un second mal, lesquels seront leur tourment jusqu'au dernier homme.

Qu'est-ce qu'un premier progrès dans l'infini ? C'est le premier effort d'un nageur dans l'Océan. — L'hérésiarque Pélasge soutenait le progrès indéfini que l'Eglise eut raison de condamner, si je ne me trompe (2).

---

(1) Qui dit progrès dit amélioration, c'est-à-dire défectuosité corrigée.

(2) Il soutenait au moins quelque chose d'équivalent, savoir : que l'homme, par le secours de la nature, peut atteindre à la perfection dans cette vie. — C'était affranchir l'homme de la tutelle divine, ce que veulent tous les novateurs modernes.

IV

M. Ballanche (1) est un des premiers qui aient proclamé ces dogmes, dont on a tant abusé, savoir : l'unité sociale du genre humain ; la mission providentielle qui agite les nationalités ; la solidarité universelle ; — doctrines plus curieuses qu'utiles, constamment conjecturales pour l'avenir, et perpétuellement stériles pour le présent.

Il y a dans l'humanité plusieurs mondes qui ne se confondront jamais. Ni l'Inde, ni la Chine, ni certaines portions de l'Asie, ni l'Afrique ne seront jamais européennes par leurs mœurs ou leurs tendances ; il y a là des questions de climat, de race et de destinée que je crois insolubles. Ce n'est pas l'uniformité qui paraît dans les vues divines, mais la diversité.

On disait autrefois *ex Oriente lux ;* car c'est de là que nous sont venues les religions, ces étoiles polaires des sociétés. L'Occident n'a su produire que le progrès matériel, mécanique ; celui qui suppose l'adresse des mains ou de l'esprit appliquée aux produits corporels ; car les mathématiques, l'astronomie même nous viennent de l'Orient. Est-ce donc le progrès que cette vaine inquiétude, cette stérile activité autour des choses tangibles, qui nous fait oublier soit Dieu ; soit la contemplation de la nature ; soit les sentiments profonds de la vie patriarcale et domestique ; enfin la paix de l'âme et le bonheur intime d'être et de se sentir vivre ? Serait-ce un gain que ce qui leur ferait préférer l'âpre et futile recherche de nos pauvres inventions? Les Arabes, que nous avons promenés au sein de notre civilisation, n'ont été étonnés que de s'y voir, et ils

---

(1) V. l'essai sur les *Institutions sociales,* publié en 1818.

ont pris en pitié nos merveilles. — Que les Orientaux riraient de nous s'ils savaient ce que nos fastueux ignorants pensent d'eux?

On nous parle aujourd'hui de l'Orient dégradé, et l'on nous dit: « Voyez ce que produisent les religions, les institutions, le climat de l'Orient. » — Soit: mais remontez aux splendeurs de l'Orient, et méditez les institutions qui firent sa gloire, et vous verrez un Orient tout autre. Il y a déjà deux Orients, comme il y aura un jour deux Europes. — Que serait-ce si les Orientaux ne voulaient voir dans notre Occident que le chaos des invasions barbares, la première nuit du moyen-âge, les oppressions féodales, nos guerres religieuses, nos conflits révolutionnaires, nos discordes civiles, notre babélisme intellectuel et nos souillures?

Pourquoi dit-on (1) que l'Orient n'est pas le règne de la pensée, mais de l'imagination, et qu'il n'entrevoit la vérité que sous les voiles et à travers les images? Oublie-t-on que l'Égypte fut l'institutrice de la Grèce qui, sur bien des points, ne l'atteignit pas? Oublie-t-on que l'Orient grec fut pour Rome un maître intellectuel que l'occidentale Rome n'égala pas? Après tout, penser n'est pas ergoter: ce que l'Orient pense, il ne s'amuse pas à le sophistiquer. L'Orient a deux facultés fort grandes: l'intuition et la prescience. Si l'Orient raisonne peu, il affirme et il pratique ce qu'il affirme (2). Ce sont là deux grandes qualités que nous pourrions lui envier, nous qui ne savons ni que croire, ni que pratiquer, et qui, à force de raisonner et de divaguer, ne perdons pas moins le sens du vrai que du juste. Qui nous dit que ce n'est pas

---

(1) M. Vacherot. (2) La Judée et toute l'école d'Alexandrie l'attestent.

en Orient que notre scepticisme moderne trouvera son remède ? L'Orient n'a-t-il pas guéri l'antiquité de ses rhéteurs (1)?

Les Turcs, qui sont surtout orientaux, font résoudre leurs guerres civiles par le résultat du premier conflit : c'est là, disent ils, le jugement de Dieu. — Quelle sagesse dans ce sentiment! Combien il épargne le sang sacré des concitoyens et qu'il est supérieur à celui du *congrès de la paix,* qui n'admet que la guerre civile, parce qu'on s'égorge pour une idée ; l'idée d'un sot !

Les Barbares ont toujours vécu dans le monde comme leçon ou comme menace ; comme débris, ou comme berceau de nations. Les Barbares sont la réserve de Dieu ; ils sont le meilleur marteau et le meilleur levain des peuples déchus ; c'est par la passion, c'est par le sentiment, c'est par le mépris des sophismes qu'ils subjuguent les esprits caducs des vieux mondes.

V

Nos professeurs de progrès se placent dans une position fort commode. Il est très-long d'étudier une société dans les faits ; il leur convient mieux de la constituer d'après leurs rêves. Ils font donc des songes doctrinaux sur la société antique, et disent : « telle est cette société, selon la critique moderne ; le reste n'est qu'un détail oiseux ou suspect. » Ainsi s'exprime l'oracle ; mais comme chaque doctrinaire contemporain nous conte son rêve et rêve tout autrement que ses rivaux en rêveries, il y a mille rêves contradictoires contre une vérite, sur la société

---

(1) L'esprit le plus élevé des temps antiques ; leurs sages les plus profonds, Platon et Pythagore, furent deux disciples de l'Egypte.

antique. Il n'est rien de plus impertinent que ces songes, si ce n'est l'aplomb avec lequel on les affirme. — Tel nous parle de Rome comme on peut parler du Thibet ou du Lahore, ou comme s'il était question de l'Ile sonnante ; sorte de délire de l'auteur, qui ne peut se passer du délire de son lecteur.

Nous nous attribuons tout ce que les anciens eussent reçu du temps, comme nous ; nous les jugeons sur l'état où nous les avons laissés, non sur celui où ils pouvaient parvenir comme nous-mêmes. Ne pas naître et mourir ensemble, rend tout parallèle défectueux pour tout ce qui tient à l'effet de la durée. En dehors de cette condition fondamentale, tout rapprochement pèche par sa base et ne permet que le roman grave du doctrinarisme.

Tel écrivain veut que nous décidions entre les anciens et nous, par l'esprit des masses. Au lieu de comparer Caton ou Socrate à tel de nos modernes, il rapprochera les chevaliers du moyen-âge, des esclaves ou des affranchis des temps antiques. L'heureuse idée ! et comme les sujets se ressemblent ! — Voulez-vous m'édifier sur l'esprit des masses ou du public antiques, prenez les œuvres qn'on leur adressait ; et quel public que celui pour qui écrivaient Socrate, Aristophane, Euripide, Sophocle, Tite-Live, Sénèque, les Pline, Virgile, Horace, Juvénal, Tacite ! Ce n'est pas tout ; les masses exprimèrent leur propre esprit par leurs organes : Esope, Phèdre, Térence. Syrus, Epictète livraient à leur public ce que, dans l'esclavage même, l'âme a de plus délicat et de plus pur. En sens inverse, que nos masses sont grossières à certaines dates, après même une longue incubation chrétienne, s'il en faut juger par Rabelais; les *Caquets de l'accouchée ;* le *Moyen de parvenir,* par Béroalde de Varville, et toutes les impuretés actuelles de nos livraisons à quatre sous!

La civilisation gréco-romaine, c'est la cité douée de vertus patriotiques que notre societé connut médiocrement; c'est le règne du droit et de la loi : c'est la langue, l'éloquence, la poésie, les arts, élevés à la perfection classique. C'est ici que Hégel est surtout vrai, quand il soutient que le règne de l'esprit ne commence qu'avec la Grèce et Rome.

Les grandes civilisations sont les grands courants par lesquels Dieu remue la terre (1), et sait même en renouveler la face. Ce que le monde moderne renferme de beauté, de justice, de science, de religion, il le tient de la Grèce, de Rome, de l'Orient même; les renier, ce serait renier notre famille, notre foyer, l'esprit sacré de nos ancêtres et de nos instituteurs.

Quand nous plaçons notre âge d'or devant nous, nous ne songeons qu'au perfectionnement de notre raison; quand les anciens le plaçaient derrière eux, ils ne songeaient qu'à la pureté, qu'à la perfection native du sentiment. Ils nous donnaient du moins ce grand exemple d'honorer surtout leurs pères (2); tandis que nos dogmes modernes nous enseignent le mépris raisonné des nôtres.

VI

En étudiant bien la marche de l'humunité, on sent que les sociétés se transforment plus qu'elles ne progressent ; car elles n'acquièrent rien d'un certain côté qu'elles ne

---

(1) A ce point de vue, la civilisation et les Barbares se tiennent et se complètent; car celle-là travaille pour ceux-ci, d'après l'histoire.

(2) Voir ci-dessus, p. 171, 195 et suiv.

perdent presqu'autant d'un autre. C'est du moins ce qu'on pourrait constater à partir d'une certaine sauvagerie qui n'est pas encore l'état social. C'est donc un grand sujet d'erreur que d'appeler progrès ce qui n'est que transformation.

La doctrine du progrès a conduit de proche en proche à la doctrine de la transformation des substances; et de celle des substances, à celle des espèces. C'est ainsi que le monde inerte est devenu le monde animé. On nous fait naître d'une autre espèce que la nôtre, et l'on nous destine à une espèce supérieure. Que n'a pas rêvé Fourier pour notre perfectionnement physique! Nous ne supportons ni l'imparfait, ni l'incomplet : dès que nos tables ont tourné, on les a fait parler, peindre, chanter : il a fallu même qu'elles évoquassent des esprits qui ne disaient, il est vrai, que des sottises. On ne sait ce qui a le plus tourné, à cette date, de nos tables ou de nos têtes. Nos tables ne tournent plus, il est vrai, mais nos têtes tournent encore : c'est une supériorité qui nous est propre.

Pour savoir si, se transformer, c'est progresser, je dis : quand le ciel se couvre d'étoiles, est-il parfait? et décroit-il quand le soleil, brillant à l'horizon, chasse les étoiles? Le ciel progresse-t-il, quand plusieurs étoiles s'éteignent successivement pour faire place à d'autres étoiles? En un mot, le ciel qui se transforme si visiblement, progresse-t-il? — Autre question : dans un pays où les constitutions se succèdent comme les étoiles au ciel, progresse-t-on? Ne fait-on que se transformer, sans progresser?

VII

Nous avons créé de nombreux chemins de fer; nous allons d'un point à un autre, fort rapidement et sans fatigue; nos routes d'ailleurs sont à peu près droites ou en pentes fort douces; nos voitures y roulent avec mollesse; la courbure des ponts a disparu; le macadam remplace le pavé dans nos rues; nous nous promenons sur le bitume; les combats d'animaux aux barrières ne subsistent plus; nous assommons nos bœufs plus énergiquement et plus promptement; le voiturier ne tue plus son cheval en pleine rue; on arrose et l'on balaye soigneusement les places publiques; on éclaire, le soir, les décombres; on respecte les moineaux, les hérissons, les crapauds; on débite du cheval; on cultive les huîtres; on en mange beaucoup, fort chèrement il est vrai; on écrit des journaux à deux sous et à cinq centimes; on fait des conférences auxquelles on ne préfère que le bal et la chansonnette : qui nierait le progrès ?

Alfred de Musset demandait plaisamment si le progrès perfectionnerait ses bottes ou son pied ?... quoiqu'il soit moins aisé de perfectionner un pied que des bottes. Il se demandait encore si l'on perfectionnerait son habit ou son tailleur ? La meilleure preuve du perfectionnement des tailleurs, c'est qu'ils font des journaux comme des culottes, et qu'ils s'attachent des journalistes comme des coupeurs. Un grand tailleur de notre temps ne conduit pas seulement les modes, il conduit et fait même l'opinion : un grand tailleur moderne est presque un gouvernement.

Et l'habit se perfectionne comme le tailleur : l'*habit garni*, par exemple, est un fort grand progrès sur l'habit simple. Qu'est-ce, dira-t-on, que l'habit garni ? Demandez-le, de grâce, aux riches tailleurs qui habillent les fils de famille, ou aux jeunes clients qui ont besoin que les tailleurs songent à ce que doivent contenir les poches de l'habit garni que commandent les fils de famille ! Demandez-le aux tripots et aux coquettes !

Pour certains, le progrès c'est tout simplement « le bien-être terrestre, sans nul souci des préoccupations du salut, qui sont, suivant eux, égoïstes et avilissantes (sic). » Le paradis, disent ces dévots de la matière est, non après nous, mais autour de nous. Dans une société démocratique, la religion des appétits est naturelle : il importe d'y boire et d'y bien manger, sans compter le reste. — Il est pourtant d'immenses régions où l'on contemple et où l'on prie encore plus qu'on ne mange. L'Arabe et l'Indien se démocratiseront difficilement, au moins dans notre goût.

« Le bien-être n'est pas méprisable, même pour l'âme, » écrit M. Vacherot. — Méprisable, non. Il est naturel d'y prétendre, non de le diviniser : mais c'est moins l'âme que le corps qui en profite. Les maladies exercent l'âme, la pauvreté l'ennoblit et la fortifie. Je crois que l'âme fleurit en sens inverse du corps, et que, c'est dans les souffrances qu'est sa gloire. C'est là du moins le dogme du stoïcisme, lequel, quoique très-noble, est exclusif. Je ne l'en préfère pas moins à ce dogme du bien-être que je recommanderai surtout à la brute dont il est digne.

Que M. Vacherot (1) ne voie que sots et insolents panégyristes chez ceux qui ne vantent que les merveilles de l'industrie, les jeux de la force, les miracles de la Bourse ; quand la vie, quand le parfum de la société, n'a plus d'asile qu'en quelques âmes d'élite, je suis de son avis.

Les statisticiens supputent gravement le nombre de jours, tels quels, que l'hygiène publique ajoute à notre existence, et s'écrient : quel progrès ! depuis cent ans la vie moyenne s'est allongée d'un an, de deux, de trois ans même ! Mais, quelle est cette vie moyenne qu'on allonge ? Consiste-elle à veiller, ou bien à dormir ? Prolonge-t-on la santé, ou la maladie ? la virilité, ou la caducité ? la vie heureuse, ou la vie inquiète ? la vie active, ou la vie infirme ? Dans un temps de fièvre morale, qu'allonge-t-on, sinon cette fièvre des esprits qui n'est qu'un état malsain ? Qu'importe, même à celui qui meurt à vingt ans, qu'un vieillard quelconque aille jusqu'à cent ? Cette vie moyenne n'est qu'un leurre et qu'une abstraction. Je voudrais qu'on se proposât le problème de prolonger la santé dans le bonheur ; mais qui le résoudrait ?

La civilisation elle-même n'est qu'un faux progrès, ou qu'un progrès fort étroit. Elle n'éclaire et ne féconde qu'un point du globe, et n'agit qu'un instant sur ce point même. Tout ce qu'elle n'éclaire pas est dans la pénombre, dans l'ombre, dans les plus sombres ténèbres ; et, là où elle cesse de luire, la mort commence. Qu'est-ce que ce prétendu phare de l'humanité qui n'éclaire pas le centième des peuples, et ne luit pas sur le millième des hommes ?

Toutes les sociétés en déclin virent le progrès dans le développement des mêmes arts : les arts plastiques, les arts mécaniques, les arts somptuaires et voluptuaires. Toutes se vantèrent, la veille de leur mort, du même genre de supériorité relative sur leurs devancières. Toutes commirent l'erreur de se croire immortelles, et de ne pas comprendre qu'à force de se polir, le métal s'use.

Parce qu'on a trouvé l'art de dissoudre tous les corps, on croit possible celui de tout créer! La chimie n'est que l'anatomie de la matière; ce n'est que l'art de diviser ce qui est inerte, rarement de le reconstruire. Ce qui échappe essentiellement à la chimie, c'est la vie; elle ne sait rien voir que dans ce qui est mort. La chimie ne fera jamais respirer un atome, un simple ciron.

Appellerons-nous progrès, l'art de détruire les hommes? l'art de subvertir les peuples? celui de dissoudre les sociétés? En ce sens les Vandales, les Goths, les Huns, furent de grands artistes : mais reconnaissons au moins que ceux qui imitent les Goths, sont des Goths; que ceux qui imitent les Huns, sont des Huns.

Quiconque veut organiser l'absolu sur la terre, exclut le progrès; car, qui dit absolu, dit chose achevée, parfaite. Qu'ajouterait-on à ce qui est parfait? — Nos utopistes tombent tous dans cet illogisme de nous promettre, au nom du progrès, un bonheur parfait : mais, ou ce bonheur sera perfectible, dès lors imparfait; ou il sera parfait, et le progrès mourra. Y a-t-on songé? — J'affirme, pour mon compte, que la perfection terrestre et le progrès s'excluent, et je défie l'utopiste le plus subtil de me réfuter.

VIII

On dira plus facilement en quoi le progrès ne consiste pas, qu'en quoi il consiste. « Le progrès, dit M. Thiers (1), est un mot bien vague et qui, par ce motif, me plaît peu : mais il a tellement prévalu dans la langue politique, qu'on n'en peut employer un autre. » Que dit M. Guizot? C'est

---

(1) Au Corps législatif ; discours du 14 janvier 1864.

que « l'ordre moral a ses lois comme l'ordre physique, mais plus difficiles à démêler, et qui ne se laissent pas réduire en formules et en chiffres (1). » En effet, on ne mesure pas le progrès comme un champ; on ne le toise pas comme une tour ou une maison; on ne le calcule même pas comme l'ellipse d'un astre. — Donc, deux grands esprits, souvent divisés, pensent identiquement sur le progrès. Disons, comme eux, que c'est un mot vague qui couvre une réalité bien complexe. Disons aussi que tout le monde connaît le mot; bien peu, la chose.

Il nous faudrait, pour apprécier le progrès (2), une statistique historique, politique, morale, de l'humanité. Elle consisterait en éléments très-compliqués, très-divers, très-difficiles à combiner dans leurs proportions, et leurs propriétés respectives.

M. Boulay de la Meurthe, à propos d'une question de haras, dit que le progrès est chose bonne et utile; mais que, s'il n'est mûri ni par le temps, ni par l'expérience, il n'est qu'une funeste et imprudente innovation. — Le Corps législatif s'écrie : *très-bien*. Le pays, poursuit l'orateur, a surtout besoin de stabilité: il n'y a point de progrès sans stabilité. Là dessus, M. Rouher (3) objecte que « quand le progrès est parvenu à la maturité, l'immobilité est quelque chose de non moins fâcheux, et de non moins regrettable; » — et cela est vrai. M. Boulay de

---

(1) Voir son discours à la Société biblique de Paris, dans le journal *la France,* du 11 janvier 1864.

(2) Le progrès des sciences physiques étant certain, nous n'étudierons que l'ordre moral, cet ordre impalpable que les sciences physiques ignorent comme le corps ignore l'âme.

(3) Réponse à M. Boulay de la Meurthe sur la question des haras, *Moniteur français* du 26 février 1864.

la Meurthe et M. Rouher ont raison tous deux : l'un, comme principe ; l'autre, comme application. Il s'agit ici d'une institution déterminée, où le point de maturité peut s'apprécier. Les haras, la carrosserie, la boulangerie, l'art de filer les soies ou la laine, toutes les industries matérielles ont des lois que l'expérience révèle ; on en peut calculer l'effet avec précision. Il n'en est pas ainsi du progrès d'une société. Comment y dresser le compte des gains et des pertes ? Comment savoir jusqu'à quel point ce qu'on gagne en science, on le perd en moralité ? Que de disparates ! Que de quantités délicates à rapprocher ! Que d'à peu près dans ces calculs ! Que d'inconnues négligées ! Qu'espérer d'un total fait sur des bases si défectueuses ? Plus on infère d'un faux calcul, plus on se trompe ; les erreurs qu'engendre une mauvaise statistique sont les plus perfides.

N'appelons pas progrès ce qui n'est que le goût dominant d'un siècle. Que nous préférions le coton au lin, le lin est-il un progrès sur le coton ? Que nous préférions la harpe au violoncelle, la harpe sera-t-elle un progrès sur le violoncelle ? — Un peuple d'aigles vous dirait que le jour est un progrès sur la nuit ; mais un peuple de hiboux prétendra que la nuit est un progrès sur le jour, et ses tribuns le jureront. Notre goût ne change point l'essence des choses. Je ne dirai pas, au peuple, comme ses courtisans : « le progrès c'est ce qu'il te plait ».

Il y a des gens qui se soucient plus de marcher que d'arriver, ou qui ne marchent toujours que pour n'être pas contraints d'arriver, c'est-à-dire de s'arrêter. Les vents et les orages sont plus raisonnables ; ils ont leur but, ils savent s'arrêter en l'atteignant. — Je vais plus loin, et je dis que le progrès recule, au besoin, pour ne pas rétrograder.

On nous entretient quelquefois de je ne sais quel progrès d'ensemble, d'un progrès géologique pour le perfectionnement de la terre ; d'un progrès animal pour le perfectionnement de l'homme. Mais qu'est-ce que cela qu'un abus de mots ? — Qui constatera le perfectionnement de la terre ? — En quoi le perfectionnement du cheval améliorera-t-il l'homme ? En quoi l'amélioration de l'homme profitera-t-elle au singe ? Que l'homme perfectionne le coq, la poule, le porc, le cheval, les animaux domestiques ; qu'en éprouvera le monde des fauves ?

Si le progrès est difficile à déterminer, il ne l'est pas moins de le nier absolument. Le dogme du progrès m'a longtemps séduit. Je me disais : si l'homme est ici-bas pour un travail durable à travers les âges ; si ce travail doit répondre, dans ses résultats, à la masse et à la continuité des efforts simultanés qui le produisent, l'action multiple et prolongée de l'homme, ici-bas, a donc un but total. Dans chaque famille les pères travaillent à la fois pour eux et leurs enfants ; dans chaque nation, chaque génération vit pour son compte et pour celle qui suivra ; dans l'univers, il y a des peuples qui vivent pour eux-mêmes et pour d'autres peuples ; Dieu lui-même s'est choisi, selon l'Ecriture, un peuple providentiel, c'est-à-dire révélateur, éducateur pour les autres peuples : il y a donc sur la terre autre chose que des individualités isolées ; il y a des individualités collectives et durables. A travers les âges, ces individualités vivent par leur esprit, et cet esprit, accru par les siècles, c'est le progrès.

Je poursuivais, et je disais : dans l'échelle des êtres collectifs appelés peuples, n'est-il donc nulle différence essentielle entre les peuplades sauvages, par exemple, et l'Angleterre ? L'idéal anglais n'est-il pas supérieur à celui, non-seulement de telle tribu d'Amérique que les seuls pionniers européens détruisent en la foulant, mais plus grand que celui de toutes ces vieilles ou récentes nations indiennes que l'ascendant anglais s'assujettit? Et le signe de la supériorité d'un peuple sur un autre, n'est-ce pas son triomphe par le contact de sa civilisation? Faut-il démontrer qu'en Angleterre la vie de l'homme est plus facile, plus respectée; la propriété mieux assise et plus féconde; l'intelligence plus exercée, la pensée plus souveraine, la dignité personnelle plus haute, l'existence plus spiritualisée, plus vaste, plus variée, plus savante, plus merveilleuse, que dans telle tribu de l'Orénoque? Et n'y a-t-il pas, entre celle-ci et la grande nation, la distance immense qui sépare le premier venu, d'un grand homme?

S'il en est ainsi, s'il y a supériorité manifeste d'une civilisation, n'est-ce pas que le travail collectif de la nation, qui a produit cette œuvre, a fructifié par des progrès successifs? et le grand résultat de la civilisation totale n'en est-il pas le prodige? N'est-ce point par un travail collectif et continu que le peuple supérieur s'est développé lui-même; que, de petit, il est devenu grand; de pauvre, riche; d'ignorant, savant? N'est-ce point par le travail collectif de plusieurs peuples déployant en même temps leurs civilisations respectives, quoique inégales, qu'un continent tout entier produit sa civilisation générale, bientôt homogène? N'est-ce pas ainsi que le premier monde policé eut ses civilisations homogènes — orientale et occidentale (1) — que connurent la Grèce et l'Egypte; comme le Nord eût ses civilisations homogènes — orientale et occidentale, — que lui transmirent Rome

---

(1) L'Orient et l'Occident sont toujours relatifs, selon les peuples comparés : l'Egypte est l'Occident, pour la Judée ; l'Orient, pour Alger.

et le christianisme? Et que furent ces civilisations, sinon le fruit du progrès?

Dans ces termes, le progrès n'est pas contestable. Entre la peuplade et le monde policé, la différence est saillante; elle l'est moins quand on compare les civilisations entre elles. Si la première a inspiré la seconde, et celle-ci la troisième, aucune n'a complètement hérité de l'autre; si bien qu'on ne peut pas dire que ce que la première a possédé s'est transmis intact à la seconde, et de celle-ci à la troisième. Pourquoi? C'est que les vertus de race ne se transmettent pas; c'est que, de même qu'un père ne transmet pas à son fils son génie comme ses terres, les peuples ne transmettent pas leur âme comme leurs dépouilles. C'est par l'âme des peuples qui les créèrent et les soutinrent, que les civilisations diffèrent; c'est par là qu'elles sont insaisissables, même au savant.

Pour déterminer les proportions du progrès avec certitude, il faudrait que le savant pût étudier les couches morales de la civilisation, comme la géologie en étudie les couches terrestres; mais on n'étudie pas les mœurs, les idées, les vertus, les caractères, comme on étudie un débris d'Iguane ou de Plésiosaure.

IX

Les discussions sur le progrès roulent exclusivement sur le mouvement des sciences où le progrès est manifeste et n'est contesté par personne, en un sens général; car, en quelques points, la science a plutôt perdu qu'acquis, ou, si les discussions sur le progrès entrent dans l'ordre moral, ce n'est guère que pour traiter des manières, des habitudes, de l'extérieur de l'homme, ou de ce bien-être vague et suspect, qui n'a rien de commun avec leur essence. Du progrès de l'âme et des mœurs, de la pratique du devoir, de l'esprit de sacrifice, pas un mot; ou bien la discussion n'est là dessus qu'une affirmation sans preuve, un tournoi de mots, un jeu de convenu qui fait pitié. — Vantez à nos cléricaux le temps présent, rien n'est plus détestable; aucun siècle ne vit de mœurs pareilles. Parlez à ces mêmes cléricaux du paganisme, et les voilà répétaillant l'orgie païenne, le pain et le cirque, et toutes les sottises, desquelles il résulte que les hommes eurent grand besoin du christianisme pour en venir... où ils sont. Mais qu'êtes-vous donc, pauvres chrétiens dégénérés, que les plus corrompus des hommes ? Votre pain, ce sont des journaux purulents; votre orgie, elle ne vit que de vices trempés dans le sang; votre christianisme, vous le traînez aux gémonies. A qui donc s'appliquerait mieux qu'à vous cette Apocalype dans laquelle Saint-Jean maudissait Rome ? Répondez, surtout point de phrases !

Les progrès matériels se traduisent en agents, en instruments perfectionnés que l'homme emploie mal et à sa ruine, si le sens moral, qui apprend à les appliquer au bien, ne suit le même progrès; or, le plus souvent, le progrès de l'un nuit à l'autre; le progrès du luxe, par exemple, nuit aux mœurs. — Que le progrès perfectionne le crédit public, qu'y gagnons-nous si le crédit public nous inocule la fureur du jeu ? s'il nous donne des convoitises sans frein ? s'il nous fait courir après ces fortunes subites qu'on acquiert d'un coup de dé ? si tout le fruit du travail légitime se perd à la Bourse ? ou, s'il vaut mieux, y spéculer, les mains dans ses poches, que labourer la terre ? Qu'importe que nos chemins de fer triplent l'énergie des transports, s'ils peuplent nos grandes villes de bras oisifs et dépeuplent nos campagnes ?

Le progrès industriel ou scientifique est compatible avec un certain abaissement des sociétés ; pourquoi ? c'est que là, un principe s'ajoute à un autre, une recette à une autre ; c'est que là, tout croît, tout s'augmente de front et par accession. L'ordre moral est plus mobile et les lois qui le régissent sont plus capricieuses.

C'est la condition de l'ordre moral qu'un perfectionnement apparent s'y introduise généralement avec un mal correspondant, et que, ce qui survient en bien, altère souvent ce qui existait en mieux. C'est ainsi que ce qu'on gagne en sagacité on le perd parfois en équité, en bonté, en générosité native ; c'est ainsi que la douceur détruit souvent le courage ; que la richesse tue la tempérance et toutes les vertus dont elle est la source ; qu'une philanthropie exagérée combat le patriotisme. — Nous nous tuons pour un rien, pour un espoir trompé : les vieux Français ne se tuaient pas plus qu'ils ne se laissaient tuer ; ils supportaient, ils défendaient mieux que nous leur vie. Ils ne faisaient pas de barricades, j'en conviens, mais ils cherchaient l'honneur de verser leur sang pour leurs croyances. Serions-nous bien sûrs de valoir mieux, moralement, que les vieux Croisés ?

Les civilisations sont solidaires dans toutes leurs parties. Chaque élément de ce tout complexe explique, rectifie, tempère, complète, perfectionne l'autre. Il ne faut juger d'une civilisation que par son tout. Associez le pourpoint et la fraise, du temps d'Henri II, avec notre frac moderne, et combien la fraise et le pourpoint seront grotesques ! Mais montrez-les dans une fiction motivée, sur la scène, avec le léger manteau de satin, la toque à plume et le maillot de soie, quel brillant effet total ! Il en est de même des civilisations ; elles veulent être jugées sur leur cadre, et surtout, dans leur ensemble.

Le progrès du sentiment ne suit pas nécessairement le progrès de l'idée : le raffinement des intelligences, mène au calcul qui exclut le sacrifice, tandis que l'énergie du sentiment y pousse. Il y a des siècles de sentiment où les caractères éclatent ; il y a des siècles de raffinement intellectuel où c'est l'esprit qui brille.

Trop s'instruire, c'est souvent dégénérer par l'âme, sans quoi tous les savants seraient des héros, et ils en sont loin. Les premiers chrétiens n'eurent pas plus d'esprit que les païens, ils eurent plus d'âme ; ils furent plus grands par leurs vertus : c'est par là qu'ils en triomphèrent. Si l'instruction donnait l'âme et les vertus, les chrétiens n'auraient pas conquis un monde plus instruit qu'eux ; les Romains eussent vaincu les Barbares ; les Grecs, les Romains.

Dans son histoire de dom Pèdre Ier (1), M. Mérimée rend grâce à la civilisation, non de perfectionner la nature humaine (il n'ose le dire), mais de restreindre le pouvoir de mal faire. — Je crois le contraire ; car si la civilisation ne perfectionne pas notre nature, quoiqu'elle augmente nos instruments pour le mal, elle accroît notre pouvoir de mal faire. Que la civilisation transforme les moyens du mal, c'est incontestable ; mais, en perfectionnant les instruments, elle accroît la facilité du mal : reste à savoir si la civilisation réprime le penchant au mal : non, si elle n'améliore pas notre nature. Les prisons et les casernes qui sautent, en nos temps civilisés ; les bombes Orsini, qui se propagent et se recommandent ; les affreux programmes qui les accompagnent ; ce qu'on appelle les moyens moraux du siècle, disent assez comment les civilisations raffinent et pratiquent le mal.

---

(1) p. 293.

Pourquoi tant de lois dans nos grandes civilisations, sinon parce que l'esprit du mal y accompagne et y poursuit, sous toutes ses formes, l'esprit du bien? — Pourquoi nos Codes criminels s'augmentent-ils de nouveaux délits, sinon parce que le génie du mal invente des délits? — Il est vrai qu'il y a des infractions aux mœurs qu'on punissait jadis (1) et qu'on tolère aujourd'hui; mais qu'y gagnent les mœurs?

On vient de voir que le progrès moral est incontestable; mais le progrès physique du monde et le progrès intellectuel des sociétés sont-ils sans éclipses? Ne se composent-ils que de bénéfices? N'éprouveraient-ils pas des pertes?

S'il est vrai, comme les savants le soutiennent, que plusieurs terres, ou plusieurs formes de la terre, ont précédé la nôtre, la nôtre ne se compose donc que de débris antéhumains? Or, combien de forces périrent avant que que notre faible nature pût éclore et surtout durer! Que de fougères gigantesques ont précédé nos humbles fougères! Je m'arrête sur un immense sujet, trop peu de mon ressort; mais qui ne sent qu'ici comme ailleurs, progresser, c'est perdre?

Entrons plutôt dans le domaine de l'intelligence humaine et des sciences: nous n'avons peut-être qu'un poète épique, et il date de trois mille ans. Quel livre contemporain égale la Bible, qui se perd dans la nuit des temps? Quels lettrés compétents préféreront, en certains genres, l'esprit contemporain à l'esprit antique? Quel historien, par exemple, comparerons-nous à Thucydide et à Tacite, ou simplement à Tite-Live ou à Polybe? Où trouverait-on, parmi nous, un magistrat qui fût en même

---

(1) La sodomie, l'amour avec la bête, l'inceste, la sorcellerie.

temps, comme Jacques de Thou, excellent homme d'État, grand historien en deux langues et, par surcroît, bon poëte ? Il est vrai qu'il lui profiterait si peu d'être, qu'il vaut mieux qu'il ne soit pas.— Notre langue a-t-elle beaucoup gagné en vigueur expressive depuis Rabelais ? Notre français a-t-il plus de couleur, plus de simplicité, plus de tour, plus de précision, plus de variété, plus d'humour, plus de souplesse, plus d'élévation, plus de grâce, plus de charmes en tout genre que nous n'en trouvons dans la langue de Montaigne ? Et Pascal, qui l'a souvent imité, l'a-t-il surpassé (1) ?

La statuaire a évidemment dégénéré depuis Phidias. Que sont devenus l'art du verrier, l'art du damasquineur, celui du corroyeur, l'art du tailleur de pierres, l'art de teindre le vélin en pourpre, l'art des émailleurs de Limoges et, en général, les arts céramiques ? Que sont devenus l'art de la mosaïque, celui des aqueducs prodigieux, celui de la grande architecture ? Il a fallu retrouver, à tâtons, l'art de la guerre qu'on avait perdu pour y substituer l'art ou simplement le goût des massacres. — Qui ne sait que les Étrusques désespéraient Cellini par leur adresse à traiter les métaux précieux ? Leur céramique nous ravit autant qu'elle nous étonne. Les anciens avaient un art de fixer les couleurs à la cire, dont le secret s'est perdu ; je regrette peu le feu grégeois, mais il s'est perdu comme tant d'autres choses. On ferait un livre de tout ce dont les anciens, ou nos pères (2), ont emporté le secret ; et, la meilleure preuve du cas que mérite leur

---

(1) Un de nos plus charmants lettrés contemporains voudrait bien égaler Régnier, il en convient.—V. Alfred de Musset, *Sur la paresse*.
(2) Les grands artistes somptuaires du moyen âge.

génie, c'est le cas que nous en faisons (1). Qui ne recherche et ne paie chèrement une de ces élégantes, une de ces rares et précieuses vétustés que notre art pacotilleur sait encore contrefaire, mais non reproduire?

On dirait que le progrès se meut — comme tout — dans un cercle infranchissable, et qu'il en est de lui comme du flux de l'Océan, qui ne dépasse jamais les grandes marées. L'esprit humain a aussi ses grandes marées, après lesquelles il rentre en son lit normal; mais la plus grande marée n'est, en somme, qu'un maximum du possible; quelque chose qui n'excède que, de peu, le normal; une dilatation, une extrême tension du normal.

X

Si l'on compte les générations moyennes par l'âge de trente-trois ans, il faut ainsi soixante générations moyennes de nous à Jules César; mais si nous comptions par génération de cent ans (et chaque siècle a, partout, son centenaire continuant un centenaire), tout pays se rattache à Jules César par vingt hommes au plus, à Homère par trente hommes; si bien que cinquante centenaires, bout à bout, qui nous donneraient la main, la donneraient à Adam. Cela posé, le monde paraîtra bien jeune, et nous serions bien téméraires de vouloir le constituer définitivement (2).

Que si le monde avait la prodigieuse antiquité que certains savants lui attribuent, cette antiquité justifiée ne

---

(1) « Les moyens de l'art progressent; le génie de l'art ne progresse pas. » Georges Sand, *Lettre d'un voyageur*. — *Revue des Deux-Mondes* du 15 mai 1864. (2) En ce siècle de progrès à vue, à la vapeur, les œuvres *définitives* abondent, selon les progressistes ou leur claque; mais qu'importe, à la claque, l'illogisme?

prouverait que la prodigieuse lenteur du progrès des choses, et dès lors, une sorte de loi divine de l'extrême lenteur du progrès parmi les hommes.

Et non-seulement le progrès est lent dans ses résultats, mais il est insensible dans ses procédés. La nature ne marche que graduellement, qu'insensiblement, en quelque sorte. Le jour, qui commence chaque matin, a si peu d'éclat, qu'il ne fait que nous montrer les ténèbres ; l'aurore n'est qu'un développement de l'aube ; la première aube est presque la nuit ; le soleil du midi est au soleil du matin ce que l'aurore est à l'aube. Tout est nuance et degrés dans les lois du grand artiste à qui nous devons l'univers ; et combien de siècles la nature ne met-elle pas à composer une pierre précieuse, cet éclair de sa propre beauté !

Notre impatience française veut le progrès immédiat, et de plus elle le veut absolu, complet et tel qu'on n'y puisse rien ajouter. Qu'est-ce que cela, sinon nier ou supprimer le progrès ? Si nos pères avaient tout fait pour nous, nous n'aurions rien à faire ; et si nous accomplissions tout le progrès futur, que feraient nos neveux ? — Marcher n'est pas courir ; et courir, voler même, n'est pas arriver ; encore moins être arrivé.

Les peuples ne modifient que par degrés leurs habitudes ; leurs besoins ne changent que très-lentement ; les nouvelles législations tiennent aux précédentes par des anneaux nécessaires qu'on ne rompt jamais sans obscurcir l'esprit d'une législation ; et les lois morales sont bien plus strictement engrenées que les lois écrites.

Le progrès moral dépend essentiellement de la perfection relative de l'idéal religieux ; car l'idéal religieux étant le point de départ de la raison humaine, cet idéal, pénétrant et perfectionnant tout l'homme, celui-ci s'élève en raison directe de son idéal religieux, s'il ne l'abdique pas ou ne le fausse pas. L'idéal religieux perfectionne donc seul l'âme humaine, tandis que les arts, les sciences et l'industrie ne travaillent que pour le corps. — Les partisans exclusifs du progrès par les sciences, l'industrie, les arts, sont de purs matérialistes, comme, du reste, ils le proclament; mais cela suffit pour juger leur panacée. — Les matérialistes sont les vétérinaires du corps social.

Les véritables progrès s'opèrent essentiellement par le temps ; mais ce sont surtout les grands hommes qui les constatent et les instituent dans les sociétés. C'est ainsi que le progrès, en soi, émane et du travail du temps et de celui des grands hommes.

Ce n'est pas tout ; une invention n'est utile qu'à la date où telle autre invention la complétera ou la rendra praticable. « Les inventions trop au-dessus de leur époque restent inutiles jusqu'au moment où le niveau des connaissances générales est parvenu à les atteindre. Ainsi, quel avantage pouvait présenter une poudre plus vive et plus puissante, quand le métal des canons n'était pas capable de résister à cette poudre (1) ? » Cela est décisif.

Les êtres qui grandissent lentement s'élèvent lentement; comment donc les savants, qui veulent que l'homme soit physiquement la transformation de la bête — du singe, par exemple, — par le travail d'un nombre infini de siècles, exigent-ils que son éducation soit soudainement parfaite ? Cela est inconciliable.

Il est vrai qu'entre l'ode de Sapho à Phaon et le *Lac* de Lamartine, il y a tout un monde de sentiments ; mais que de sociétés ont péri entre ces deux mondes! On aura beau faire, le progrès ne marchera qu'au pas de l'homme.

---

(1) Louis Napoléon, préface *du passé et du présent de l'artillerie*, par le colonel Favé.

Ce qu'ignorent les utopistes, les hommes d'État les plus radicaux, le savent : « Les progrès les plus durables, écrivait à ses électeurs (1) M. Emile Olivier, s'accomplissent avec lenteur. Ce n'est pas en un jour que, du gland mis en terre, s'élance le chêne aux branches vigoureuses. Il n'y a de subit que la tempête ; mais la tempête déracine, renverse, dévaste et ne laisse après elle qu'un long souvenir d'effroi ? »

XI

S'il suffisait de décréter pour fonder, que n'aurions-nous pas fondé, car que n'avons-nous pas décrété ? C'est l'immense erreur des révolutionnaires de supposer qu'il suffit de décréter pour fonder : il est vrai qu'il suffit souvent de décréter pour détruire, et que ce que peut anéantir en peu d'instants un fanatique ignorant, est incalculable. Une torche et quelques heures suffirent pour faire évanouir les trésors de l'esprit humain, sur l'ordre d'un Barbare ; mais ce n'est qu'une image de ce dont la sottise puissante est capable.

Si le progrès est indéfini, et s'il est le fruit des révolutions sanglantes, les révolutions sanglantes sont donc indéfinies comme le progrès ! Mais qu'est-ce alors que ce progrès infini du bien qu'accompagne un progrès non moins infini du mal ? Qu'est-ce, dans l'humanité, que cet ordre placé entre deux désordres, et dans le court sommeil de deux révolutions ?

Autre réflexion que suggère la précédente : Je suppose que la terre appartienne exclusivement aux lions, sera-t-elle en progrès sur la terre appartenant exclusivement

---

(1) Voir les journaux français du 11 mai 1869.

aux brebis? Que peut gagner le progrès au succès des lions sur les brebis? Que les hommes violents chassent de la terre les hommes paisibles, qu'aura gagné la terre?

Rechercher le vrai partout, dans le passé comme dans le présent, est sage ; mais sur quoi repose cet adage de notre temps « qu'il faut marcher en avant? » Aller en avant, ce n'est pas nécessairement marcher droit, sans compter que souvent un détour conduit mieux au but que la ligne droite : mais « marcher en avant est commode ; » l'ignorance n'en demande pas plus, et l'esprit de parti s'en contente.

Il est telle étoile faisant soixante-dix mille lieues par seconde, qui met, dit-on, cinq millions d'années à nous montrer sa lumière, preuve éclatante que ce qui marche le plus vite et le plus constamment, n'arrive pourtant qu'à son heure.

Suivons cela : quel exemple de lenteur dans le progrès ne nous donne pas l'auteur de toutes choses ! Que de temps il attend la création du premier mammifère et du premier oiseau! Que de siècles pour former ces vastes régions constituées de si menus coquillages, que cent cinquante, bout à bout (1), ne donnent pas la longueur d'un millimètre! Que de temps pour créer ainsi la Touraine, le Périgord, la Champagne, les Alpes maritimes, une partie des Pyrénées et de la Provence, une partie du Portugal, de l'Espagne, du Tyrol; le comté de Salisbury, la Russie! C'est par les animalcules (2) construisant les terrains crétacés; c'est par les atômes vivants, imperceptibles, qu'avec un temps qui nous effraie, celui qui peut tout relia

---

(1) V. *La Terre avant le Déluge,* par M. Figuier, p. 217. (2) A côté des gigantesques Izzards pullulaient les animalcules : ces foraminières, dont les restes minéraux sont répandus aujourd'hui en infinie profusion dans la craie, sur une surface et une épaisseur immenses. Les

les continents épars que formaient des terrains antérieurs ; ceux que la science appelle terrains primitifs, et divise en terrains siluriens et devoniens ; en terrains tertiaires et jurassiques. Quel prodige ! Mais ici tout est prodige : les résultats, l'instrument, et surtout la patience du grand artiste. — Je parle aux savants d'après leurs systèmes.

Ceux qui veulent le vrai progrès, qu'on obtient par la patience, songent surtout aux peuples, lesquels ne mourant pas, peuvent attendre ; ceux qui veulent de grands progrès immédiats, ne songent clairement qu'à eux-mêmes qui ne peuvent attendre parce qu'ils meurent.

L'homme déclare ses droits, mais c'est la nature de l'homme qui les ratifie. L'homme a des droits proportionnés à ses besoins ; mais tout droit implique un devoir correspondant et, dès lors, le devoir lui-même est un besoin comme le droit : en effet, tout devoir violé compromet un droit, lequel, compromis à son tour, manque à un besoin. Tout cela se tient très-heureusement ; tout cela s'est toujours fait sentir à tous ceux qui n'ont voulu que des droits sans devoirs.

Comment se fait-il qu'en ce siècle de progrès tout aille de mal en pis, suivant les novateurs eux-mêmes ? Est-ce donc que la doctrine du progrès est fausse, ou bien, est-ce que les novateurs l'appliquent mal ? Je crois l'un et l'autre. Je doute de la doctrine et des professeurs ; et la société dit assez, par la bouche des professeurs eux-mêmes, que ni professeurs, ni doctrines ne lui profitent.

De bons observateurs, vivant dans tout le mouvement de Paris, osent écrire : « C'est dans le passé qu'il faut au-

---

débris calcaires de ces petits êtres, par leur nombre incalculable, ont couvert un moment une partie de la terre. — La puissance ou l'*épaisseur* des terrains formés pendant cette période (crétacée) est de 4,000 mètres environ. — Figuier, *La Terre avant le Déluge*, p. 222.

jourd'hui chercher le progrès (1) » — Preuve au moins qu'ils ne le voient pas dans le présent!

Essayons toujours, essayons tout, dira-t-on : mais il est des choses qu'on n'essaie pas impunément. Quel novateur essaierait de la mort, par exemple, pour tenter la merveille de sa résurrection?

On courtise les hommes comme on ne le fit jamais : l'homme collectif est pour nous ce que le Prince-Dieu (2) fut aux temps antiques ; il est, pour nous, impeccable ; il est infaillible. Voulez-vous savoir ce qu'il lui faut? Sachez ce qu'il veut. Voulez-vous savoir ce qui est juste? Sachez ce qui lui plaît. L'homme, dit-on, veut ceci, l'homme veut cela. On va jusqu'à dire : « L'homme ne veut plus être infirme, etc... » Qu'il cesse donc d'être homme! — Le cheval ne veut plus porter ; qu'il se fasse cavalier! Le bœuf ne veut plus labourer ; qu'il se fasse rentier! Hommes grands ou petits, nous sommes ce bœuf et ce cheval, et nous ne cesserons d'être hommes que par celui qui nous fit hommes!

On nous vante chaque jour le progrès pacifique par les idées, on refuse à l'homme le droit de mort sur l'homme. — Mais on écrit, en même temps, que le progrès ne marche que par les révolutions ; et que les révolutions ne végètent que par le sang, par des torrents de sang ; on va jusqu'à citer le Christ et ses martyrs. Comment concilier ce chaos dans les doctrines? Comment concilier la paix et la guerre, la douceur et le meurtre? Mais que de gens qui n'ont que l'horreur du sang qu'ils ne versent pas!

Si l'esprit humain progressait autant qu'on le dit et qu'on croit le démontrer de nos jours, s'armerait-il,

---

(1) V. *le Diable à quatre* (fait par quatre beaux esprits contemporains), du 27 mars 1869. (2) V. *Tacite et son siècle*, tom. I, p. 453.

comme il le fait, des révolutions ? Pourquoi le concours de la violence, des spoliations, du sang pour ces miracles de rénovation que le seul ascendant du plus éclairé sur sur le moins intelligent devrait produire ? Ignorons-nous qu'intelligence et brutalité, s'excluent; et que, quiconque soutient une idée par le glaive. n'est qu'un fou qui prend un glaive pour une idée.

XII

Il y a trois choses importantes, par lesquelles le monde vit et se perpétue; ce sont : les choses dont il hérite, celles qu'il crée, puis celles qu'il prépare.

L'homme de cinquante ans, est assurément en progrès intellectuel et moral sur celui de vingt-cinq; mais en progressant, il vieillit; et en vieillissant, il se décompose. L'homme jeune aura le même sort : seulement il a plus de temps à vivre et à vieillir. — L'humanité ne meurt pas, il est vrai ; mais les gouvernements et les sociétés meurent : ils ont le sort de l'homme.

Il y a des hommes qui déclinent en mûrissant; il en est d'autres qui n'ont leur vraie valeur que dans la vieillesse; d'autres enfin qui sont toujours verts comme certains arbres. Les peuples les plus connus, ont donné le même spectacle : la Macédoine ne fut, comme son héros. qu'un éclair ; la Grèce n'eût que de la jeunesse ; la Chine a paru toujours vieille ; Rome seule a su être jeune, grandir, mûrir, vieillir, épuiser sa destinée jusqu'au dernier terme de la décrépitude. — Les philosophes de l'avenir apprécieront, à ce point de vue, les peuples modernes.

Quand, pendant la tempête, une vague monte démesurément, tandis qu'une autre s'affaisse, on n'appelle progrès que la vague qui s'élève : on ne compte, on n'aperçoit pas celle qui s'affaisse. Le mouvement des choses humaines provoque, dans leur turbulence, la même illusion.

Ni ce qui tombe, ne peut voir un progrès dans ce qui le fait tomber ; ni ce qui s'élève, ne peut voir une décadence dans ce qui l'élève.

Les sociétés se développent-elles aussi carrément, aussi logiquement qu'un théorème mathématique? Non. Ce qu'elles font n'est guère que ce qu'elles peuvent, non ce qu'elles veulent : elles subissent une influence occulte toute puissante appelée de divers noms, mais certaine. Ni les nations ne croissent, ni les nations ne décroissent mathématiquement ; elles ont leur germe de vie qui les dilate, leur germe de mort qui les dissout. On sait, en somme, qu'elles prospèrent par leurr qualités et périssent par leurs vices : les programmes abstraits, qu'elles se font ou qu'on leur propose, n'y peuvent rien.

De nos jours, on appelle perfectible une constitution qu'on ne veut perfectionner que par la sape ; et qui ne sera parfaite, pour les partis, que lorsqu'ils l'auront détruite.

Ce n'est pas le progrès qui recule par intervalles, c'est le faux progrès. Les mécomptes des partisans inintelligents du progrès, ne sont pas les mécomptes du progrès. — En général, les enfants prématurés meurent ; en général aussi, ce qu'on hâte, à tout prix, avorte.

« Ce sont les agriculteurs, dit M. Dunoyer (1), qui perfectionnent l'agriculture : les arts sont avancés par les artistes, la science par les savants ; la politique et la morale, par les moralistes et les politiques. » Cela est-il sûr? est-il constant qu'en somme c'est aux spécialités qu'est dû le progrès? Cela serait vrai si l'expérience et la routine

---

(1) *Traité d'économie politique,* 1-9.

suffisaient pour le progrès des choses ; s'il n'y avait pas, à côté du métier, la théorie, dont le métier profite. — En effet, n'est-ce pas la théorie qui invente et l'expérience, ou l'habileté pratique, qui approprie la théorie à chaque chose ? M. Dunoyer confond ici l'idée avec le fait : le progrès dans l'ornière, avec le progrès hors de l'ornière ; l'amélioration d'un mauvais ou médiocre système, avec la rénovation du système ; la succession progressive dans telle voie, avec la réforme qui change la voie.

Il y a deux écueils dans le progrès : le mépris de l'idée et le mépris du fait ; si bien que l'oubli de l'une ou de l'autre de ces deux conditions qui se complètent, savoir l'invention et l'expérience, la nouveauté et la tradition, l'absolu et le possible, fausse le progrès.

Il faut que le progrès sache éviter ses deux éternels ennemis : la témérité et la routine.

Les économistes nous disent « que la division du travail fait progresser les nations (1) ; » et je dis que la division du travail ne fait progresser les nations que dans la division du travail. C'est que la division du travail ne profite qu'aux œuvres qui n'en souffrent pas ; et que, tout ce qui n'en est pas susceptible, en souffre ; c'est que là où le métier tue l'art, et le manœuvre l'artiste, la division du travail nuit plus qu'elle ne sert, et qu'alors, au lieu de grandir par certains travaux, les nations décroissent : car, si la main s'y perfectionne, comme en Chine, l'esprit s'y perd.

Depuis 1789, le langage officiel, en France, est fort rassurant ; tout y est fleurs, tout y est sourire et caresse de Prince à peuple. Sous chaque régime, le peuple français est plus heureux que jamais, ou va l'être, et cela se

---

(1) V. l'*Histoire de l'économie politique,* 2-221.

dit la veille d'une révolution, dont le nouveau régime tiendra le même langage, en attendant sa chute. — Au fond, ni le gouvernement, ni la société n'ont le sentiment de leur sécurité, et tout tremble provisoirement, en attendant que tout croule définitivement.

L'immobilité sociale ne permettrait, à rien, de naître; mais l'instabilité politique ne permet, à rien, de vivre.— Le progrès, quand on n'en limite pas le programme à tel terme, quand on ne le déduit pas de principes précis, n'est que le dogme du changement perpétuel, du provisoire incessant, des expédients permanents; c'est l'instabilité déguisée, c'est la dissolution sociale fardée; c'est la mort sous un beau nom.

Le progrès est lent, il faut qu'on l'attende : nul homme vivant ne peut jouir que du peu de progrès que fait son siècle ou son quart de siècle. Se presser pour forcer le progrès, c'est suer stérilement : on n'ordonne pas au progrès de se faire, et l'on constate fréquemment que le hasard l'apporte. « Hâtons-nous, dit-on, pressons le progrès pour nos neveux »; mais si nos neveux en font autant, qui donc jouira du progrès? *Est modus in rebus, sunt certi denique fines.* On dit au laboureur : « sème moins et fume mieux; » disons-le surtout aux novateurs.

Un homme de belle tournure, étant tombé chez je ne sais quelle tribu de bossus, on s'y moqua fort de lui; on se proposait même de l'étouffer comme un monstre, quand un sage bossu, qu'inspirait un grand cœur et le sentiment de sa supériorité, proposa d'épargner le faux bel homme et d'aller remercier les dieux de la gibbosité dont les bossus étaient ornés. Que de novateurs sont ces bossus! Que d'esprits pour qui le progrès c'est la bosse, c'est la difformité dont les dieux les gratifient!

S'il s'est fait de grands progrès dans ce siècle, c'est surtout dans l'art de détruire les hommes ; c'est dans l'art d'agiter les peuples, de saper et de dissoudre les sociétés. La tactique des révolutions a bien plus bouleversé que l'effort des armes. Les Vandales et les Huns modernes, ce sont les révolutionnaires.

Si tout ce que le temps amène est nécessairement un progrès, l'homme n'a pas à se mêler du progrès, le temps le lui apporte tout fait, quoi qu'il apporte.

Nous appelons progrès notre instabilité, comme si tout changement était un progrès ! — Mais que d'affreuses modes remplacent des modes charmantes, uniquement parce que la mode est variable ! Il est vrai qu'on change de modes impunément ; mais nous appliquons notre instabilité dans les modes, aux fondements de la société même : nous changeons les bases de notre état social aussi facilement que notre costume, aussi aisément qu'une glace d'appartement ou qu'une tenture.

Quand un cheval n'a que trois jambes, on a beau le fouetter, il ne marche pas ; c'est le propre des novateurs ignorants de fouetter, pour le faire marcher, un cheval qui n'a que trois jambes.

Marcher en avant, marcher en arrière, deux locutions également vicieuses et même vides de sens : l'important, pour atteindre un but quelconque, c'est d'être dans la voie qui y mène, soit qu'on marche tout droit, soit qu'on recule, si c'est en reculant qu'on reprend sa voie. Aussi chercher le progrès, c'est chercher le vrai ; et loin que le progrès soit le vrai, c'est le vrai qui est le progrès.

Celui qui mettrait le progrès à marcher toujours en arrière serait un maniaque, et celui qui met le progrès à toujours courir en avant, n'est pas moins fou. — Le progrès consiste à marcher, selon ses forces, vers l'idéal qu'on se propose. Qui dépasse ses forces s'excède sans arriver, et qui sort de sa voie n'arrive pas. Celui qui, pour arriver à Rome, courrait vers Londres, est assez l'image de celui qui use son activité à manquer sa voie.

L'homme sait partout, et presque d'emblée, ce qu'il faut pour vivre avec ses semblables; il a facilement les choses nécessaires. Les choses superflues qu'on veut à telle date, les choses de luxe voulues à cette date, n'arrivent pas. Quand elles viennent, c'est que l'heure de leur utilité a sonné. La boussole a attendu son heure; l'imprimerie, son heure; la vapeur, son heure; l'électricité, son heure. Il ne dépend pas plus de nous de rejeter ces présents du siècle quand ils viennent, que de les hâter, que de les précipiter quand ils ne viennent pas. Il est bon même que la prudente nature nous ôte la direction de ce qui nous enfièvre plus qu'il ne nous sert, de ce qui nourrit plus notre orgueil que notre sagesse.

Qui pourrait convaincre certains esprits que le siècle qui a inventé les omnibus, les chemins de fer, les vaisseaux cuirassés, le télégraphe électrique, la photographie, la machine à coudre et le caoutchouc, n'a pas immensément fait pour le génie de l'homme, pour l'âme humaine, pour l'amélioration des mœurs, et n'a pas assis sur des bases indestructibles la paix publique et le bonheur social?

Les anciens connaissaient, comme nous, le progrès des sciences, des arts, des commodités et des sensualités de la vie; seulement, ce qu'il nous plaît d'appeler progrès, ils l'appelaient décadence; et nous nous armons contre eux des déclamations qu'ils s'infligeaient pour honorer chez eux ce que nous blâmons chez nous. Les anciens crurent si peu au progrès moral qu'ils en appelèrent toujours, sur ce point, à leurs ancêtres : leurs hommes les plus vénérés, c'étaient ceux qui conservaient ou qui pratiquaient volontairement les vieilles mœurs. Être homme simple et sobre en toutes choses (*homo frugi*), c'est à cela que les anciens reconnaissaient l'homme antique, c'est-à-dire le type et l'honneur de l'homme.

Les conservateurs outrés qui ne voudraient rien changer, et les révolutionnaires qui voudraient fonder l'absolu, d'un trait, suppriment également le progrès, les uns en le niant et les autres en l'affirmant comme ils l'affirment ; car les uns voudraient s'immobiliser dans le passé, et les autres immobiliser l'avenir : erreurs égales, nées d'une exagération pareille.

La question du progrès fait confondre bien des choses, savoir : le changement, qui n'est qu'un changement et souvent un empirement ; le renouvellement, qui est un bien quand c'est son heure ; la maturité, qui n'est qu'un épanouissement du renouvellement normal ; l'instabilité, qui est la mort de tout et le fruit de renouvellements précipités. Ce chaos s'appelle progrès chez tous ceux pour qui changer est progresser.

Les homœopathes prétendent donner à un atome liquide qu'ils mêlent à l'eau claire, une vertu prodigieuse par un secouement prolongé qu'ils appellent, scientifiquement, la *succussion*. Le mot progrès, secoué par les journalistes, les écrivains et les rhéteurs, produit un merveilleux effet du même ordre. La succussion qu'on lui imprime fait sa fortune : ajoutons qu'elle ne fait pas moins celle de ses secoueurs.

Si notre but définitif était la terre, et s'il était prochain, le progrès indéfini serait un mensonge ; si le progrès est limité, qu'est-ce qu'un tel progrès et où le borner ? problème !

Si Dieu eût voulu le progrès rapide et continu, il eût laissé vivre et se perfectionner la même race d'hommes : que de temps, perdu dans l'éducation des nouvelles générations, on eût gagné, et que d'illusions eût fait rejeter une expérience personnelle si sûre ! — Mais que fussent devenus les utopistes?

Si le progrès suivait le raffinement de la raison, les civilisations raffinées ne finiraient plus, et c'est tout le contraire : la décadence et les raffinements se tiennent; c'est par les raffinements que commencent les dépérissements.

La question du progrès est fort mystérieuse : nier le progrès n'est pas possible; affirmer un progrès indéfini, dans l'ordre moral, semble chimérique.

Nier la possibilité du progrès, c'est nier la possibilité de l'empirement; et nier le progrès et l'empirement, c'est professer l'immobilisme, c'est-à-dire le fatalisme. Poursuivons : nier le progrès, c'est nier l'effet de l'éducation, c'est dire que la science et l'ignorance se valent; qui l'oserait? Et si l'individu progresse, par l'éducation, la société progresse : j'en conviens — mais qui ne sait que les individus comme les sociétés ne supportent qu'une certaine dose d'éducation et s'arrêtent pour décliner et mourir? C'est là le revers du tableau. D'autre part, quelle dose de progrès comportons-nous? C'est là la question.

L'homme n'est point parfait, dit-on; il n'est que perfectible, il ne s'élève à la vérité que par degrés, il n'acquiert les notions du juste que pièce à pièce; de là, la mobilité de nos lois. Cela est vrai, mais non tout le vrai. Est-ce que les lois ne changent qu'en bien? Est-ce que les passions n'y prennent pas la moindre part? Est-ce que la décadence n'y éclate pas comme le progrès, et même plus que le progrès, selon les temps? « Nous souffrons autant de nos lois que de nos vices » écrivait Tacite, sous Trajan, à l'aurore de cette ère enchantée des Antonins qui fut l'âge d'or antique. Tacite exagérait sans doute, mais eût-il écrit si durement sur la mobilité des lois, si elle n'était qu'une perfection ?

Le progrès de l'homme consiste dans le perfectionnement de son caractère, de son esprit et de ses mœurs : celui de la société consiste dans les mêmes conditions se manifestant dans la vie publique. J'ajoute que ces conditions se tiennent, et que la supériorité de l'esprit ne remplacera jamais, soit chez l'homme, soit dans la société, ce qui manque à ses mœurs ou à son caractère. A ces conditions capitales, peut s'unir le bien-être en ce degré qui n'est pas la mollesse avec laquelle les conditions vitales du progrès sont incompatibles. — Qu'au même prix, les moyens de communication matériels ou moraux soient nombreux, que le commerce et les arts se déploient, s'il est possible ; qu'une nation accroisse enfin, dans l'intérêt de sa paix et de sa dignité, ses forces militaires défensives ; c'est le progrès, comme je le comprends, si ce n'est même toute la perfection que nous comportons. C'est ainsi que j'aime à l'espérer plus que je ne l'attends.

Il est des gens qui vous diraient avec non moins de gravité que d'ineptie que, depuis trop longtemps, les cercles sont ronds et les cubes carrés, et qu'il est urgent, qu'il convient surtout au progrès du dix neuvième siècle, que les cercles soient carrés et les cubes ronds.

Cependant l'homme ne peut rien sur ce qui n'est pas de son domaine, et il ne changera pas plus l'essence des choses que sa propre nature.

On amuse les enfants avec des ballons rouges remplis d'un gaz léger qui fait qu'ils leur échappent souvent pour nager dans le vide, ou qu'ils crèvent et s'aplatissent sous les petites mains qui les manipulent : on donne le ballon-progrès aux adolescents à qui ce ballon joue les mêmes tours, par les mêmes causes.

« C'est toujours l'impatience de gagner qui fait perdre, » disait sensément Louis XIV, à propos d'un siège. De son côté Vauban (1) le confirmait quand il disait que « la précipitation ne hâte point la prise des places; qu'elle les recule souvent et ensanglante toujours la scène. » — Toutes les tentatives violentes en faveur du progrès ont avorté dans le sang, d'après ce principe.

Ce qu'il y a de capital dans la question du progrès, c'est moins de savoir s'il existe un progrès quelconque dans les sociétés — car ceci n'est pas douteux — que d'apprécier si ce progrès est limité ou infini. C'est entre la *limite* et *l'infini* qu'est le problème : il ne faut pas s'y méprendre. — Nous disons que le progrès infini n'est qu'une pure hypothèse indémontrable, que l'histoire même repousse : nous ajoutons que le progrès infini et la perfection sociale absolue, s'excluent ; cela est mathématique.

La doctrine du progrès est, tout à la fois, utile et consolante : utile, car elle est un stimulant pour le travail (2) ; elle profite aux inventions ; elle ennoblit l'homme : mais son excès est dangereux en ce qu'il engendre le mépris du passé et de l'expérience ; en ce qu'il enivre la raison et l'infatue ; en ce qu'il veut hâter les temps, et précipiter le présent dans l'avenir ; en ce qu'il nous repait de chimères, d'impatiences, d'aspirations, d'inquiétudes qui, à force de nous rapetisser le présent, nous l'ôtent. Il nous nuit

---

(1) V. *Diction. de la Guerre* : aphorismes militaires.

(2) Le besoin est un stimulant non moins énergique ; il a précédé l'autre.

enfin, parce qu'à force de nous rendre ambitieux, il nous porte à fausser notre destinée en nous faisant chercher ici-bas, des consolations futures que notre courte individualité ne peut attendre, et qui n'existent pour tout mortel que dans l'imortalité surnaturelle dont Dieu ne flatterait pas le genre humain qui la proclame, si elle n'était qu'imaginaire.

S'il m'était permis de conclure en matière si difficile, je dirais: nous voyons souvent, le progrès où il n'est pas; la décadence où elle n'est pas; nous cherchons parfois le progrès par des moyens qui lui nuisent ou le déshonorent. Le problème du progrès moral, mystérieux dans son objet, dans sa marche, dans sa solution, n'est que médiocrement dans nos mains; il ne s'accomplit qu'avec des précautions et des lenteurs infinies; il renferme des germes périlleux, obscurs; il donne des résultats minimes pour chaque génération; il ne nous est pas permis d'enchaîner nos descendants à nos préjugés sur le progrès moral. Enfin le plus sûr moyen d'épurer l'humanité, pour le présent, c'est de s'épurer soi-même; quiconque fait sur ce point beaucoup pour soi profite merveilleusement aux autres. Médecin, avant de chercher à me guérir, guéris-toi toi-même : *medice cura te ipsum!*

DE LA MORALE INDÉPENDANTE

Les philosophes nous recommandent comme règle de conduite le bien absolu qu'ils appelent le *bien en soi*. L'homme, disent-ils, doit se proposer le bien en soi sans esprit de récompense et sans peur d'un châtiment. Cela me paraît abstrait; je ne vois là qu'une sorte de formule algébrique ou géométrique. Qu'est-ce que ce bien en soi qui prévaudrait tellement, en l'homme, qu'il l'arracherait au vice et l'élèverait jusqu'à soi sans autre attrait que lui-même ?

Kant nous apprend que le bien en soi « c'est ce qui est universellement utile et bon ; » très-bien, mais j'insiste; qu'est-ce qui est universellement utile et bon ? Car une pétition de principe ne me satisfait pas; une définition non moins vague que la chose, l'éclaircit peu; et une solution reculée, ne résout rien.

Selon Wollaston « le bien et le vrai se confondent: » mais je le nie. Si le bien est toujours le vrai, il ne s'en suit pas que le vrai soit toujours le bien : car j'ignore quel bien moral résulte de la formule, parfaitement vraie, que, deux et deux font quatre. — Je vais plus loin: il y a tel mensonge généreux qui est un bien ou qui produit un grand bien : donc le vrai et le bien sont distincts.

★

M. Cousin, dans un livre vanté, distingue essentiellement le vrai du bien, quoiqu'il ne fasse connaître ni le vrai, ni le bien, à moins que disserter, ne soit conclure.

Clarke et Montesquieu veulent que le bien soit « dans le rapport de la nature des choses » et j'y consens, pour mon compte, à la condition que je comprendrai le rapport de la nature des choses. En stipulant cela pour moi, je le stipule un peu pour mon lecteur qui n'aimerait pas moins à le comprendre que moi-même; et, par exemple, il y a rapport entre la nature du loup qui mange l'agneau et celle de l'agneau que le loup mange : est-ce là le type du bien ?

D'après Aristote, les Stoïciens, Mallebranche, Wolf, Jouffroy et d'autres, le bien consisterait pour chacun, « à remplir sa fin, dans ses rapports avec la fin universelle des êtres. » Soit; mais quelle est ma fin, la fin universelle des êtres, et quel rapport existe entre la fin universelle des êtres et ma fin?

Tant de définitions, des définitions si vagues et si discordantes, prouvent ceci : c'est que la philosophie qui ne peut même définir le bien, est impuissante pour imposer à la raison ce qu'elle ne comprend pas elle-même.

Le bien, dit l'école (1), n'est pas la volonté de Dieu : le bien est ce qu'il est, non ce que Dieu veut. « Le bien plaît à Dieu, selon M. Cousin, parce qu'il est le bien; il n'est pas le bien parce qu'il plaît à Dieu. » l'Ecole applaudit cela; mais la formule contraire à celle de M. Cousin vaut la sienne ; et si je dis: « le bien est le bien, parce qu'il plaît à Dieu, » ou « le bien est ce qui plaît à Dieu, » j'exprime une idée plus claire et plus saine que celle de M. Cousin : car tout émane de Dieu, même le bien; et quel homme

---

(1) *Manuel de Philosophie.*

de sens admettra qu'à côté du monde issu de Dieu, il y ait quelque chose en dehors de Dieu? — Dieu, dit-on, a créé les êtres pour une fin; sa volonté *éclairée par sa raison* (sic) a tracé leurs lois; obéir à ces lois, c'est-à-dire à la volonté de Dieu, c'est le bien. — Que m'importe? O philosophes qui faites déterminer Dieu, comme en Sorbonne, après mûre réflexion et un pesant déliberé avec lui-même, que m'importe comment Dieu a voulu le bien? Il l'a voulu, donc sa volonté, c'est le bien : nous reviendrons sur ce point, pour le préciser.

Okkam pensa que c'était de la pure volonté de Dieu qu'émanait le bien ; saint Thomas lui répondit : cela est contraire à l'Ecriture d'après laquelle (psaume 103) c'est la sagesse de Dieu qui a tout fait. — M. Cousin se range du côté de saint Thomas par la même erreur, je crois, qui consiste à comparer la volonté infaillible de Dieu avec la volonté faillible de l'homme ; mais tout ce que Dieu veut est sage, pourquoi? Parce que Dieu est Dieu (1).

J'ai le droit d'accomplir ma fin, comme vous la vôtre ; c'est là notre bien respectif, disent les philosophes, et ils prétendent que je n'ai pas plus le droit de vous empêcher d'accomplir votre fin, que vous ne pouvez m'empêcher consciencieusement d'accomplir la mienne. — Très-bien ; mais quelle est, monsieur, votre fin et quelle est la mienne? Vous voulez être préfet, cardinal, ministre; peut-être prince, consul, président de république, empereur ou roi; ou, simplement riche? Mais je veux être un peu tout cela comme vous ; Paul le veut comme moi, et Jacques

---

(1) Voir du reste dans le livre *Du Vrai, du Beau et du Bien,* par M. Cousin, p. 329, l'argumentation quintessenciée de celui-ci sur cette thèse. Vraiment, ce n'est que de l'air tissu, je dirai plus bas comment M. Cousin se réfute lui-même, p. 400 de son livre. — V. p. 363, note 3 ci-après.

comme tous trois. Nous luttons, nous nous combattons en conséquence ; nous nous détruisons, tant que nous pouvons, comme rivaux : vous gênez ma fin, comme je gène la vôtre ; pourquoi ? C'est qu'apparemment nous nous trompons sur notre fin. Au surplus, c'est moi qui arrive et je dis : « j'accomplis ma fin, » mes rivaux le contestent ; pourquoi ? Parce que notre fin est obscure, et qu'on peut me supplanter, comme j'ai supplanté mes rivaux ; c'est que la fin de l'homme — qu'inventent les philosophes — est tout ce qu'il nous plaît d'imaginer ou de convoiter.

I

Poursuivons : étudions les bases du prétendu code moral de la philosophie ne relevant que d'elle-même, d'après ces manuels honnêtes qui n'ont guère que le tort d'obscurcir ce qu'ils traitent. L'homme a, dit-on, trois fins, pas une de plus : être bien avec soi, avec ses semblables, avec Dieu. — Je comprends cela ; mais comment être bien avec soi, avec ses semblables, avec Dieu ? La philosophie l'apprend-elle ?

L'homme sait qu'il y a un bien absolu ; là-dessus, disent les philosophes, l'instinct est infaillible ; — d'accord : mais qu'en conclure ? Que le bien est trouvé ? non, mais qu'il faut le chercher : la belle avance !

« Agis, nous dit Kant (1), d'après des maximes telles, que toi-même, si tu étais législateur universel, tu pusses les ériger en loi pour des êtres raisonnables. » — J'importunerai Kant, et lui demanderai comment se formulent ces belles maximes que, si l'on était législateur uni-

---

(1) *Principes de la métaphysique et de la morale,* traduction de Tissot, et *Critique de la raison pure,* liv. I, ch. 1.

versel, on imposerait à des êtres raisonnables? S'il ne répond pas, je lui dirai qu'en voici une qui les vaut toutes : « ne fais pas aux autres ce que tu ne voudrais pas qu'on te fît. » Cela est simple et à la portée de tout le monde ; cela même est si vieux que Kant eût pu le connaître. D'où vient donc qu'il l'ignore ou qu'il le gâte?

Respectons le corps que Dieu nous donna, disent les philosophes; protégeons-le par la sobriété, par la continence, par la médecine; développons-le par la gymnastique. — Oui ; mais le moyen d'être sobre et continent, si je suis riche et dispos? C'est là ce qui me fuit; la philosophie me le rend-elle?

Ne dégradez pas votre âme, disent encore nos professeurs; — je l'accorde. Il ne faut pas dégrader son âme, il faut même la perfectionner en l'épurant; mais comment? Comment épurer et perfectionner son âme quand tout ce qui nous entoure, nous sollicite aux plaisirs sensuels si fâcheux pour l'âme? — Tout devoir est double, disent les philosophes : il défend le mal, il prescrit le bien. — Nous savons cela ; mais dites-nous le grand secret qui fait remplir le devoir. Ma conscience m'apprend assez ce qui est bien et ce qui est mal, ce que je dois faire et ce que je dois éviter ; mais comment éviter ce que je dois éviter ; comment faire ce qu'il faut faire? J'en suis souvent embarrassé, et bien des gens le sont comme moi ; philosophes, ne nous ressemblez-vous pas?

Quand vous me dites qu'il faut concilier l'Epicuréisme et le Stoïcisme, et chercher le bonheur par la vertu, je suis de votre avis. Il ne faut pas plus sacrifier le corps à l'âme que l'âme au corps; il convient d'user honnêtement de l'un et de l'autre ; mais comment? De grâce, comment?

II

On nous dit chaque jour que c'est la science, indépendamment de tout appui surnaturel, qui constituera la morale. — Quelle est donc la morale à constituer? et quelle science la constituera? Sera-ce la physique, la balistique, la mécanique, la chimie, l'astronomie, la zoologie, l'algèbre, l'anatomie, le spiritisme, la pathologie? Sera-ce l'Institut, sections réunies, qui décidera du bien et du mal? Ou bien l'Académie française (qui décerne exclusivement des prix de vertu) fera-t-elle aussi la vertu?

Si je ne me trompe, ce ne sont pas les préceptes de morale qui manquent, ce sont les honnêtes gens. J'oserai presque défier un savant quelconque de préciser quelque chose de neuf en morale, à moins qu'il ne dît, comme cela s'est vu de nos jours, que Dieu c'est le mal; que la propriété c'est le vol; que l'homme produit le vice aussi légitimement que l'herbe produit son grain, et la canne à sucre, le sucre. Cela est neuf et n'est pas près de s'épuiser; mais, en dehors de ces belles nouveautés, la vraie science de la morale est faite, et la chimie ou l'astronomie n'y peuvent rien.

Quand la raison elle-même ne sait comment mener le cœur, je comprends peu comment la science prétendrait le gouverner, lorsqu'on sait que le cœur ne connaît pas plus la science que la science ne le connaît lui-même. Je serais curieux de savoir comment les sciences physiques, qui ne connaissent que les corps, parleraient à l'âme? Pour que le corps parlât à l'âme, il faudrait qu'il eût un entendement; et quel est l'entendement du corps, quant aux lois de l'âme? Que nous veulent les savants avec leur jargon que l'âme entend bien moins que l'on n'entend le thibétain ou le chinois en Basse-Bretagne?

Il est vrai qu'on nous parle, pour l'homme, d'un cœur nouveau, et certes, il le faudrait fort nouveau pour que la science y pût quelque chose; mais attendons, pour ce cœur nouveau, des cieux nouveaux! Jusque là, que la science laisse en paix le cœur qui l'ignore, et qui s'en passe depuis qu'il existe.

En fait de morale, les poètes sont plus instructifs que les savants. Archimède et Euclide n'ont rien codifié; la morale ne les connut pas. Les vers orphiques, les vers dorés de Pythagore, quelque frustes, quelque insuffisants qu'ils fussent, firent plus pour les mœurs que toutes les combinaisons des géomètres. Tous les moralistes s'inspirèrent d'Homère, et la société païenne en vécut, comme la société chrétienne vit de l'Evangile.

Quoi d'étonnant que les poètes influent plus sur les mœurs que la science! Les poètes s'adressent aux masses, le public les sait, les femmes et les enfants les récitent.

Les mœurs n'ont pas besoin des savants; mais les savants, quels qu'ils soient, ont besoin de mœurs. C'est que tel savant, qui est un puits de doctrine, n'est souvent qu'un chaos intellectuel; que celui qui voit juste, en sait plus que celui qui voit beaucoup; que celui qui pratique sensément les choses humaines, est préférable à celui qui ne les voit qu'abstraitement; et qu'il y a loin d'un savant à un sage, tant les mœurs donnent, à la science même, sa droiture!

De nos jours, la morale n'a pas besoin d'être inventée, mais obéie, et le *Pater* bien pratiqué pourrait nous suffire. Que, si la science, si nos médecins, qui prétendent guérir notre âme, veulent absolument inventer, le champ est vaste. Depuis trois mille ans, on cherche un remède à la peste, au cancer, à la rage, à la phthisie, à l'épilepsie, à la goutte, etc. Messieurs les docteurs, trouvez ce remède; moins que cela, guérissez-nous de l'hypocondrie ou de la migraine; moins encore, guérissez-nous, s'il vous plaît, du coriza! C'est peu, c'est très-peu ; mais préservez-nous ou sauvez-nous du coriza! — Ah! messieurs les savants de la matière, qui portez vos mains sur tous les maux de notre âme, ne sauriez-vous guérir nos cors; entendez-le bien, ne vous méprenez pas; il ne s'agit que de ce petit rien qui gêne nos chaussures, que nos chaussures gênent, et qui gêne encore plus votre savoir.

III

Les promoteurs de la morale indépendante prennent, pour type de l'homme primordial, le produit épuré et civilisé des siècles; le fruit du travail des religions et de la morale humaine, depuis qu'elles existent; le savant honnête homme de Paris, par exemple. Mais prenez l'Abyssin et dites-nous ce qu'il fera, livré à lui-même? Nous le savons : les noirs souverains de l'Afrique et le roi Theodoros peuvent nous l'apprendre. Livrerons-nous l'Abyssin aux lumières de sa haute raison, aux sentiments délicats de son âme? Non. Eh bien! tout homme est plus ou moins Abyssin quand il n'a pour unique guide que sa raison ou ses sentiments.

L'éducation modifie l'homme, c'est vrai, mais en quel sens ? Dans le sens de son éducation. Dès son enfance, le jeune arabe n'entend parler que de meurtres et de combats. Le plus considéré, celui qu'on dit le plus sage et le plus vertueux, c'est celui qui tue le mieux et le plus souvent; c'est l'homme qu'on craint. « Ici, dit le lieutenant

Gérard (1) qui les connut tant, un père ne reconnaît dans son fils un homme qu'autant que, pendant la nuit, il a surpris dans son douar un vieillard ennemi de sa famille et l'a égorgé dans son lit, sous sa tente, au milieu des siens » — La Sorbonne pense mieux, j'en conviens ; mais le jeune arabe ne la suit pas.

Nos études mêmes ne passent dans nos mœurs qu'à grand peine, si nos penchants leur sont contraires ; tandis que s'ils en sont flattés, elles triomphent de tout, même des bonnes habitudes, tant il convient que les préceptes et le pli de la vie soient solidaires ! Tant la discipline et la leçon doivent concorder !

C'est ainsi que notre éducation est bonne ou mauvaise selon nos maîtres ; selon le milieu que traversent nos jeunes ans ; selon les conseils qu'on leur donne ; selon les exemples qu'on leur montre ; selon tout ce qui, dans leur premier cours, les porte au mal ou au bien.

Quand la philosophie prend exclusivement la raison pour guide, elle obéit à autant de raisons qu'il y a de raisonneurs ; elle construit autant de systèmes métaphysiques qu'il y a de philosophes, et autant de morales que de métaphysiques : car, pour tout bon logicien, la morale est un corollaire de la métaphysique, si bien que, si le rêve métaphysique nous trompe, il faut que la morale que nous en déduisons nous égare ou que nous soyons illogiques. — Être illogique ou absurde ; plus que cela, être illogique ou méchant, c'est ce que nous impose une mauvaise philosophie, ou même une philosophie incertaine, et laquelle ne l'est pas ?

Notre vice originel, celui dont Larochefoucault a si bien peint les transformations, c'est l'amour-propre ;

---

(1) V. *Chasse au lion*, p. 210.

c'est l'amour de soi : c'est, tranchons le mot, l'égoïsme. Aussi, toute la morale du rationalisme repose-t-elle sur l'intérêt bien compris. D'Alembert conseillait cette base : selon lui, l'intérêt bien compris suffisait à la conduite de l'homme ; et il convenait sûrement à la froide trempe de d'Alembert, à son esprit géométrique, à sa nature éminemment circonspecte et cauteleuse ; mais je lui demanderais s'il a prévu, dans sa morale, l'esprit de sacrifice ; le patriotisme ; le dévouement jusqu'à l'héroïsme, jusqu'à la mort ? Evidemment non ; car quel intérêt bien compris pousserait, je ne dis pas un chrétien, mais un géomètre, un philosophe matérialiste, à la mort, dans un sublime intérêt public ou privé, étranger à celui qui s'immole ? Quel intérêt personnel bien compris animerait la mère qui meurt pour son fils, le fils qui meurt pour son père, l'amant qui meurt pour ce qu'il aime, le grand citoyen qui meurt volontairement pour son pays ? La prudente morale de l'intérêt bien compris, est purement négative ; elle tend à préserver, non à produire. La charité lui est inconnue ; elle se défierait de l'hospitalité. Prise dans son meilleur sens, c'est celle d'un égoïste prudent ; d'un d'Alembert, d'un Fontenelle. L'homme de cœur la repousse ; je dis mal, il la méprise.

Pratiquée dans sa légitime rigueur, la morale de l'intérêt bien compris (que chacun comprend comme il veut ; dont l'homme fin fait un piège, dont l'homme fort fait une violence) ; n'est après tout que le hobbisme, et qui ne connaît le hobbisme, s'il a lu Hobbes ? Qui n'y a vu, en toutes lettres, que l'homme est un loup pour l'homme ? Qui ne sait que ce système autorise le fort à opprimer, dépouiller, tuer le faible ? Que dès lors la société ne peut vivre sans un tyran, sans un de ces monstres qui sont l'horreur de la terre ; qui règnent par l'effroi et ne sont légitimes qu'autant qu'ils sont terribles. Tel est le hobbisme, sans contredit ; il est si connu qu'il suffit de le nommer.

L'élégant corrompu, que décore une certaine énergie, un de Camors appartient, si l'on veut, au hobbisme ; il est acquis au système de l'intérêt personnel qui s'immole tout ce qu'il peut s'immoler, femme, enfants, vieil ami, famille, société, mœurs, et se croit honnête, ou le paraît, si — pour des gens de sa sorte, — il pare ses vices et sa cruelle nature, de quelques dehors coquets, d'un faux éclat, d'un triste courage dont le fond n'est d'ailleurs qu'un âpre et sec égoïsme.

La philosophie aura beau faire, la pure raison ne sera jamais la sagesse. — Je ne blâme pas la raison de vouloir être la raison, c'est son droit, c'est même son devoir ; mais il faut la blâmer de vouloir être plus que la raison. Quand la raison veut être tout l'homme, elle se méconnaît ; elle oublie que l'homme appartient autant et même plus, au sentiment, qu'à elle-même. Quand elle veut éteindre, en lui, la divine lumière du cœur ; quand elle veut briser, en lui, le grand ressort du sentiment, la raison est un danger pour l'homme et il faut le lui signaler pour qu'il l'évite ; il faut qu'il sache que le cœur excite et défend la raison, comme la raison excite et défend le cœur.

Adam Smith a construit une ingénieuse théorie du sentiment, qu'il donne pour base à la morale : selon lui, le bien est ce avec quoi nous sympathisons ; le mal, ce que nous repoussons naturellement. — Ce serait donc par la joie ou la peine quelles exciteraient, que se caractériseraient les actions humaines ? Mais la même action ne peut-elle exciter des impressions contraires, selon les dispositions du spectateur ? Ou, peut-elle être bonne et mauvaise en même temps, si tel spectateur la goûte pendant que tel autre la repousse? Le Barbare goûte la barbarie ; le méchant, la méchanceté. Smith a compris le point faible de sa doctrine et a cru la fortifier en disant que, c'est par les impressions générales et permanentes des hommes, que nous apprécions sainement le bien et le mal : Mais que cela est confus ; que c'est arbitraire ! Car combien le sentiment est diversement réparti chez les hommes ! et comment connaître la tradition, je ne dis pas dans les applications les plus saillantes du sentiment à la morale, mais dans les détails infinis de la vie pratique?

Il est très sûr que les hommes sont beaucoup moins inégaux par le sentiment, que par la raison : c'est une vérité d'expérience et qui se démontre. En effet, si les hommes naissent avec du sentiment, ils ne naissent qu'avec de l'aptitude à la raison ; c'est le sentiment qui est chez eux ce qu'il y a de plus naturel, de plus hâtif. Ne sait-on pas que l'enfant, si longtemps sans raison, est promptement doué du sentiment, lequel n'est même pas étranger aux bêtes? Ne sait-on pas que, si la raison est complexe et laborieusement perfectible, le sentiment se développe tout seul, ou presque seul? La morale puisée dans le sentiment, est sans doute vague et bornée : elle l'est moins pourtant que la morale fondée sur la raison ; elle est beaucoup plus féconde et plus active. car le sentiment est le ressort de la raison : la raison a, surtout, beaucoup plus d'erreurs que le sentiment et, quoiqu'on dise sur la science inventant la morale, un mathématicien est le dernier homme que je consulterais sur ce point ; je lui préférerais une marchande de fruits ou de légumes. Ce n'est pas que je n'aie connu de rares et brillantes exceptions. mais la règle est sûre ; la sèche raison du mathématicien ignore le monde immense, le monde mystérieux et prodigieux du sentiment.

Dans le système de la morale régie par le sentiment, il faudrait trouver le secret de hiérarchiser les passions et de subordonner, la moins pure, à la plus noble ; sans cela, comment ne pas suspecter le mobile passionné d'après lequel nous jugerions soit des actes d'autrui, soit des nôtres ? Comment savoir s'il n'y a rien de légitime, ou ce qu'il y a d'acceptable dans la colère, l'amour sensuel, la paresse, l'orgueil, l'avarice ? Car tout cela relève du sentiment et peut n'être coupable que par le degré ; comme excusable par son rapport avec tel sentiment supérieur qu'il faut satisfaire. Fourier qui a tenté de hiérarchiser les passions, n'a guère introduit que des classifications ridicules et des noms grotesques. La passion pivotale ou cardinale prête à rire ; que nous apprend-elle ?

Quand la raison a voulu créer, en nous, le sentiment religieux, elle y a échoué : le sentiment religieux se développe par l'éducation ; mais c'est, par le sentiment, que l'instinct religieux croît et fructifie. Le sentiment religieux a les caractères de l'amour ; il relève des tendresses de l'âme, on ne l'enseigne pas comme l'arithmétique ou la logique.

Ni le sentiment ne peut suppléer la raison, ni la raison ne peut suppléer le sentiment ; et comme les hommes ne sont égaux, ni par la raison, ni par le sentiment ; qu'un tel sent mal et raisonne bien, tandis que tel autre raisonne bien et sent mal, nous n'assiérons la moralité de nos actes, ni sur la base imparfaite de la pure raison, ni sur la base meilleure, quoique imparfaite encore, du pur sentiment. On ne peut la trouver que dans la raison et le sentiment réunis, et même alors cette base, large et complète sous le rapport humain, manque d'un élément supérieur, de ce mystérieux élément actif qui pousse à pratiquer ce que la conscience, qu'éclairent la raison et le sentiment, commande (1).

IV

Certains modernes croient trouver dans le *respect de soi* une base suffisante à la morale ; mais le respect de soi produit si peu le respect de ses semblables que, c'est presque toujours par un trop grand respect de soi, qu'on manque aux autres. Le respect de soi n'est donc bon que pour soi, et pas même pour soi, s'il irrite autour de soi ; puis, ce respect de soi n'a rien de neuf. « La probité, écrit Volney (1), n'est que le respect de ses propres droits dans ceux d'autrui, respect fixé sur un calcul *prudent* et bien *combiné* de ses intérêts comparés à ceux des autres. » Volney me dirait-il comment calculera celui qui n'est qu'à demi prudent ? comment se dirigera l'imprudent, ou bien l'homme prudent qui combinera mal ses intérêts avec ceux d'autrui ? Qui ne sent le vague de cette confuse doctrine, et qui me nommerait les gens faits pour la pratiquer ? Les nommât-on, je leur dirais que cette doctrine, réduite aux termes clairs « de ne pas faire aux autres ce qu'on ne voudrait pas qu'ils nous fissent » est imparfaite (comme tout précepte passif,) si elle n'a, pour complément obligé, le dogme actif « de faire aux autres ce que nous voudrions qu'ils nous fissent. » — Le respect de soi, je le répète, ne sort pas de soi ; la base du respect de soi n'est pas autre que celle de l'intérêt bien compris ; l'une et l'autre ne sont que le hobbisme déguisé.

(1) Voir, ci-dessus, pour plus de développements, mes études sous ces titres : *Rationalisme, Sentiment*.
(1) *Loi naturelle*, ch. 12.

Quand les philosophes nous disent qu'il faut faire le bien pour soi ; qu'il faut le faire quand même, advienne que pourra ; que, surtout, il ne faut jamais compter sur quelque récompense actuelle ou future ; ils disent vrai, et ne s'en moquent pas moins de l'homme, parce que la morale des demi-dieux ne convient pas à l'homme, et qu'il n'y a pas deux philosophes sur cent qui aient pratiqué, qui pratiquent ou qui pratiqueront cette morale impossible, si peu faite pour l'homme, qu'un philosophe s'y soustrait et qu'un saint ne l'admet pas. Il n'y a qu'un parvenu gorgé d'honneurs mal acquis, ou quelque enrichi malhonnête qui ose vous dire, avec tel faux stoïcien, qu'il faut faire le bien pour soi ; mais quiconque connaît l'homme ne le mènera point par cette abstraction, disons-le, par cette sotte dureté.

Le saint — comme le chrétien — ne méprise que les récompenses terrestres ; le philosophe les repousse toutes. Dans ses livres il repousse surtout celles qu'on ne lui offre pas.

Une loi qui n'a pas de sanction n'existe point. La meilleure morale dépourvue de sanction n'existe pas davantage : la sanction de la loi est surtout terrestre ; la sanction de la morale est surtout surnaturelle, car c'est parce que la loi ne peut atteindre les pensées, les sentiments, les actes obscurs ou inconnus — la vie cachée, en un mot — qu'il y a une morale ; et cette morale ne peut avoir pour sanction que les récompenses et les châtiments surnaturels, appliqués par un être surnaturel qui sait, voit et réprime le mal ; qui récompense le bien que l'homme ignore ; et qui fait justice à ce que la justice humaine ne peut atteindre.

Et comment les récompenses terrestres nous suffiraient-elles ? L'homme, quel qu'il soit qui les décerne, ne connaît nos actions que par leur écorce; il ne connaît que ce qui les décore artificiellement ou les flétrit injustement; mais, de plus, quelles récompenses possède-t-il qui nous indemnisent de la perte d'une immense fortune ou de celle de la santé, de l'honneur ou de la vie, résultant du sacrifice fait au bien moral et au devoir? ou, si l'homme n'est pourvu que de petites récompenses pour de grands sacrifices, comment les suscitera-t-il?

Quelques-uns parlent de la considération publique; comme si elle avait des règles; comme si elle n'était pas un caprice; comme si le méchant n'était pas considéré; comme si l'oppresseur, le voleur, le menteur, l'impudique, le violent, le coquin, le monstre même qui sait faire trembler, n'étaient pas considérés! comme si la vertu, qui n'est que vertueuse, n'était pas souvent honnie; comme si, certaines vertus n'étaient jamais punies de la déconsidération quand, par exemple, elles gênent un coquin considéré!

Il est vrai que le remords expie le crime, mais il ne le prévient pas; et comme ce qui est en nous, dépend de nous, on le craint à peine. Le remords n'est donc pas une sanction, il n'est qu'un avertissement. L'expérience apprend même qu'il dépend de nous de l'amoindrir; que, plus on est coupable, plus le remords s'use; qu'enfin les grands criminels l'étouffent ou en suspendent l'action, tant qu'ils prospèrent. Qu'est-ce donc qu'une sanction qui n'arrête qu'une conscience pure, et qu'une conscience souillée méprise? Qu'est-ce qu'une sanction qu'un grand criminel brave, et qu'il comprend d'autant moins qu'il est plus coupable? Parlez donc de remords à un Lacenaire ou à tel trafiquant d'assassinats qui le vaut bien!

V

Les stoïciens eurent leurs grands hommes ; mais qui connût un peuple de stoïciens ? — Dans la secte même, la tourbe fut déplorable ; elle vécut de momeries, elle pratiqua la dissolution sous un masque austère. Cicéron, Plutarque et Lucien l'attestent ; ils l'attestent à diverses phases de la vie antique (1) ; mais personne ne les a plus flétris que Sénèque, un des leurs. Les plus considérés s'érigeaient en dieux ; ils se plaçaient modestement au-dessus de Jupiter lui-même, par ce beau motif qu'il était né Dieu et que le sage se fait dieu. Ce sage-dieu n'en croyait pas moins aux présages et aux mille superstitions du temps ; de nos jours, il croirait aux médiums et aux tables tournantes plutôt qu'à Dieu, tant les prétendus sages se ressemblent !

Ce qui déshonorait les rêves stoïciens, c'était surtout leur dogme panthéiste qui, supprimant la responsabilité humaine, supprime la moralité, si bien qu'Aulu-Gelle (2) appelait les stoïciens une secte de fripons. C'était trop dire ; mais à quel fripon le panthéisme est-il importun ?

Qui ne s'étonnerait de voir Marc-Aurèle déclamer contre les méchants, puis les excuser sur ce qu'un méchant n'est pas plus coupable de sa méchanceté qu'une pierre d'être pierre, ou le poison d'être un poison ? Cet illogisme en plusieurs points de l'œuvre de l'illustre empereur, est si flagrant, que je renvoie au texte de ses pensées. Elles paraîtront aussi belles, prises à part, qu'inconséquentes dans leurs rapports avec le panthéisme qu'elles professent (3) ;

---

(1) V. *Tacite et son siècle*, t. I, p. 468 et suiv. (2) *Nuits attiques*, liv. 1, ch. 2. (3) V. *Tacite et son siècle*, t. I, p. 260 et suiv.

mais, si les stoïciens métaphysiciens sauvaient leur excellente morale par l'illogisme : tous les stoïciens ne sont pas métaphysiciens ou n'affectent pas de l'être, et leur morale n'en est que plus pure.

Les modernes, qui prétendent les imiter en professant la morale indépendante, les connaissent mal. Epictète recommande essentiellement de tenir son esprit tendu vers Dieu, et de ne tenir aux autres biens que faiblement : « Ton vaisseau entre, dit-il, dans un port pour s'y pourvoir d'eau, et peut-être t'arréteras-tu pour cueillir des coquillages, mais ne perds pas de vue ton navire ; sois alerte au cri du pilote. — Si le patron t'appelle, hâte-toi : laisse là tes coquilles, et, si tu es vieux, ne t'éloigne pas trop du vaisseau, de peur de t'essouffler à l'atteindre, ou de le manquer. » Noble image d'un noble idéal !

« La vie, dit-il ailleurs, est un festin : prends discrètement les morceaux qu'on t'offre ; ne retiens pas le plat qu'on retire ; n'étends pas ton cou comme pour montrer que tu cours après ; attends qu'il revienne ; ne t'attache pas davantage aux biens qui fuient : règle ainsi tes affections pour tes enfants, ta femme, tes magistrats, tes richesses. Pour être admis à la table des dieux, sois sobre ; imite Héraclite et Démocrite (1). »

Et plus loin : « Sois mendiant si Dieu veut que tu sois mendiant ; sois roturier, sois peuple, comme tu serais prince, par la même raison : tu n'eus pas le choix de ton rôle, remplis bien celui qui t'écheoit (2). » et puis ceci : « présumons que le gouvernement des dieux est juste et qu'il faut s'y conformer : les dieux ne sont-ils pas tout intelligence et toute sagesse ? — Sacrifions donc aux dieux

(1. P. 197, n° 21. (2. P. 200, n° 23.

selon l'usage, mais modestement, mais chastement, et soyons-leur libéraux, selon nos ressources (1). »

Tel est l'esprit d'Epictète, et Musonius (2) disait non moins gravement que Lactance ou Tertullien que « la vie d'un honnête homme a principalement pour but la mort. » — Que cela est loin de nos contemporains qui croient qu'imiter les anciens, c'est dédaigner l'instinct religieux ! Non, les anciens ne méconnurent jamais les dieux ; ils eurent quelques boutades impies ou insolentes; mais un corps de dogmes moraux étranger au respect des dieux, où le trouver? Aucun sage antique ne nous le donnera. — Sénèque paraît presque chrétien à quelques-uns ; mais ce stoïcien vante l'épicurisme. Selon lui, le stoïcisme qui se détend touche à l'épicurisme qui s'élève (3); si bien que les deux sectes, en transigeant sur ce que chacune a de faux, se confondent et se mêlent ; elles se mêlent en Dieu, dans le respect de ce que Dieu fit double, savoir : l'homme à la fois corps et âme, esprit et matière ; l'homme que méconnaissent ceux qui en font un pur esprit ; que méconnaissent ceux qui n'en font qu'un bloc de matière ; que méconnaissent surtout ceux qui se soustraient à Dieu ; je veux dire, les moralistes indépendants de Dieu.

---

(1) P. 205, n° 38.
(2) Musonius Rufus, né en Toscane, vécut sous Néron et ses successeurs. Ce qui nous reste de ce grand esprit, est empreint d'un haut spiritualisme que colore une riche imagination. — Sa célébrité le fit exiler par Néron. Tacite, *Ann.* 15-71. — Sous Vespasien, il obtint la condamnation d'un stoïcien qui en avait calomnié et fait mourir un autre. (3) V. *Tacite et son siècle,* tom. 1, p. 275.

VI

L'expression *morale indépendante* promet, à l'esprit, cette vague liberté que nous aimons d'instinct sans nous en rendre compte, et constituant chez nous un goût violent qui se contente de fort peu ; la plupart du temps, d'un mot. La morale indépendante ne dépendît-elle que des décisions d'un Institut scientifique, dépendrait au moins de cela ; elle dépendrait d'une majorité quelconque : elle dépendrait des mobilités de cette majorité pouvant décider aujourd'hui, par non, ce qu'elle aurait décidé, hier ou le mois passé, par oui : que, si la morale indépendante ne dépend de rien, si elle ne dépend que du caprice de chacun, elle n'a que la valeur d'un caprice, elle n'est pas.

On ne voit point deux hommes juger de la même façon deux choses, car chacun juge à son point de vue, selon son intérêt : et de cette indépendance individuelle sortirait une morale uniforme, certaine : une morale respectée des appétits particuliers ! En vertu de quelle morale indépendante — autre que celle qui s'affranchirait du bon sens — régleriez-vous les intérêts, les passions politiques qui divisent les opinions ? Quel sera le code moral indépendant que reconnaîtront les républicains, les royalistes, les napoléoniens, les orléanistes, les conservateurs, les socialistes ? Par quelle morale indépendante concilierez-vous Epicure et Zénon, Homère et Zoïle ?

On sépare la morale de la religion, et l'on dit : la morale précède la religion chez l'homme ; elle en est donc distincte, indépendante. Laissons de côté l'homme isolé qui n'existe pas ; étudions l'homme social parmi les siens. Où voit-on, chez quel peuple constate-t-on que la morale précède la religion? C'est le contraire qui est vrai. Les peuples primitifs ont un culte, des cérémonies, des pratiques pieuses qui leur tiennent lieu de morale; chez nous, même, toute la Basse-Bretagne et presque toutes les populations rurales en sont là; et notez que ces populations, qui manquent de morale philosophique, sont les plus honnêtes : leur piété soutient leur innocence; et leur innocence, se passant de morale raisonnée, des habitudes morales leur suffisent.

« Quelques vérités à croire, un petit nombre de préceptes à pratiquer, voilà à quoi la religion révélée se réduit; néanmoins, à la faveur des lumières qu'elle a communiquées au monde, le peuple même est plus ferme et plus décidé sur un grand nombre de questions intéressantes que ne l'ont été toutes les sectes des philosophes (1). »

En réalité, le sentiment de Dieu naît chez l'homme avec le sentiment du bien ou du mal : sans la notion de Dieu, le sentiment du bien est si obtus qu'on peut dire qu'il n'est pas. Qu'est-ce, d'ailleurs, qu'une certaine aptitude native, à la morale? En quoi cette aptitude peut-elle suppléer un corps de notions morales distinct de la religion? et même où trouve-t-on ce corps de doctrines? On le trouve au déclin des sociétés, jamais au commencement; rarement ou imparfaitement au milieu. Rome était aux trois quarts de son existence, quand Cicéron fit son *Traité des devoirs* (2),

---

(1) D'Alembert, *discours préliminaires de l'Encyclopédie*, p. 43. — Qui eut attendu de lui cet aveu? Il ne contient qu'un mot erroné : ce ne sont pas les lumières du peuple, ce sont ses mœurs qui le rendent plus ferme, dans ce qui est honnête, que la plupart des philosophes; et la religion donne surtout des mœurs au peuple.

(2) Si ce traité, qui est l'œuvre d'un homme, ne se rattache pas à la révélation, il n'en est pas moins vrai qu'il s'appuie sur la religion du temps.

encore l'emprunta-t-il à la décadence grecque. Ce fut aux sombres lueurs de la décadence romaine qu'apparut le livre de Marc-Aurèle, dont le fatalisme grossier dépare le sentiment qui en est exquis. Les peuples, qui raisonnent leur morale, sont déjà philosophes ; ce sont des peuples déchus et qui s'abaissent ; ce sont des vieillards. Les peuples religieux ont leur religion pour morale ; c'est par elle qu'ils sont purs et forts.

Quelques notions abstraites de morale ne constitueront jamais un corps de morale ; elles ne constitueront jamais un Évangile. Or, qui dit corps de morale dit règle ; qui dit règle dit soumission à la règle ; et qui dit soumission à la règle, dit sanction pour contraindre à la soumission ; rien de cela ne souffre l'indépendance. La morale, qui se prétend indépendante, a deux vices qui la tuent ; elle ne peut avoir d'unité, elle n'est donc pas règle ; elle n'a pas de sanction, elle n'est donc qu'un songe. Qui dit morale indépendante dit pour moi quelque chose comme un feu froid, de l'eau ferme, du vent immobile, un silence bruyant, un éclair obscur, un rocher qui vole.

La morale, dans ses dogmes essentiels, a quelque chose d'éternel : elle a même assez peu changé depuis les païens (1). Ce que les chrétiens rendirent particulièrement nouveau, ce fut sa pratique. La plus grande nouveauté qu'ils apportèrent au monde, ce fut la vie surnaturelle, sanction de la morale éternelle. Otez cette sanction, que reste-t-il ? Des notes sur la morale, des formules vaines, des discussions plus vaines encore sur ces formules ; des thèses philosophiques aussi discordantes qu'oiseuses ; des phrases, rien de sérieux.

(1) Qu'on me dise, par exemple, ce qui manquerait au plus parfait honnête homme de notre temps, s'il pratiquait strictement le livre des devoirs de Cicéron ? Notre paganisme contemporain le supporterait-il ?

La loi civile peut n'avoir pour point de départ que l'homme ; elle ne régit que les actions extérieures : mais la loi morale qui régit l'homme intérieur (les sentiments, la pensée), a pour point de départ nécessaire Dieu qui, seul, a quelque autorité sur l'homme intérieur.

Autre considération : la morale, c'est le devoir volontaire ; le devoir volontaire, c'est le sacrifice ; le sacrifice, c'est une victoire contre notre nature ; c'est je ne sais quoi de surnaturel qui suppose Dieu, sans lequel l'égoïsme de l'homme l'emporte. — Qu'on ne me parle pas d'un Socrate ; je parle de la masse des hommes, d'Alexandre ou d'un bouvier, auxquels il faut que la pensée de Dieu s'impose pour qu'ils s'imposent le devoir.

Quand les moralistes indépendants m'assurent qu'ils ne rejettent point Dieu, qu'ils se contentent de s'en passer, ils ne m'abusent pas ; car si Dieu ne nous est pas nécessaire il est inutile ; et le déclarer inutile, c'est le supprimer. Disons donc que toute morale indépendante de la religion, n'est qu'une fausse morale ; un fantôme, un mot, un son qui frappe l'oreille et rien de plus. Elle est même un mal si elle tient la place d'un bien indispensable dont elle nous prive.

VII

Je demande à ceux qui courent après la morale indépendante en quoi la morale connue, en quoi la morale chrétienne (1) est défectueuse ? Je les défie de me le dire. Je leur demande en outre en quoi consistent les trou-

---

(1) Le sage et utilitaire Franklin écrivait, peu avant sa mort : « Je suis convaincu que le système de morale et de religion que Jésus-Christ nous a transmis est ce que le monde *a vu* et *peut voir* de meilleur. »—*Correspondance*, lett. au docteur Stiles, 9 mars 1790.

vailles de la morale indépendante? Je les défie de me répondre.

Que la théologie ait des casuistes faillibles, quoi d'étonnant! ne sont-ils pas des hommes? Ne peuvent-ils se tromper comme les légistes et les médecins; ou les erreurs des casuistes sont-elles plus, la théologie, que les erreurs des légistes ou des médecins ne sont les lois ou la médecine? Que serait la philosophie s'il lui fallait répondre de toutes les lubies des philosophes? et quel délire de malade enfiévré vaudrait le sien?

Les philosophes (1) reconnaissent que la morale et la Théodicée sont si strictement liées qu'elles se font, l'une à l'autre, de fréquents emprunts; c'est trop peu dire : la morale et la Théodicée sont tellement solidaires qu'elles sont indivisibles, et qu'il n'est pas de morale, sérieusement pratique, sans la sanction que lui prête la Théodicée.

Quiconque veut être honnête homme, disaient les stoïciens (2), doit s'exercer à la vertu. Il ne suffit pas de déclamer contre la dissolution, il faut s'accoutumer à la vaincre; il ne suffit pas de mépriser la peur, en paroles, il faut affronter, par temps, le danger pour s'y fortifier.

C'est cet exercice du devoir, ou des pratiques qui le protégent, qui constitue ce que nous appelons le culte; c'est, par le culte et l'excellent pli qu'il nous donne, que les vertus sortent de leur domaine idéal pour entrer dans les mœurs et nous conduire.

Résumons, en somme, ce qu'on peut considérer comme bases de la morale : il en est de fausses, il en est de solides; voyons d'abord les fausses. La *raison* est indivi-

---

(1) *Manuel de philosophie,* par Amédée Jacques, etc., p. 383.
(2) V. Musonius Rufus, p. 240, n° 20.

duelle, diverse, contradictoire : les raisons diverses, se combattent plus qu'elles ne s'entendent ; l'unité de la règle n'en peut sortir. Comprend-on l'autorité d'un principe de morale voté par un corps délibérant à la majorité plus un, plus vingt, plus trente? Le *sentiment* suppléera-t-il la raison? Non; car, ou le sentiment n'est que l'instinct de la raison, et les instincts variant comme les raisons, il faudra compter les instincts comme les raisons, ce qui soumet le sentiment au même scrutin que la raison; ou, le sentiment n'est que la volonté, et comment le bien ou le mal, sortirait-il de la volonté? Il faut à toute volonté sa raison, comme à tout sentiment et à toute raison son unité, son autorité; où les trouver dans cette indépendance que la morale, que je combats, proclame? — D'autre part, la *loi* ne règle que les actes externes, et il faut régir jusqu'aux intentions qui soulèvent les passions ; il faut réfréner les passions qui poussent aux actes ; il faut, pour la morale interne, créer les mœurs qui sont le meilleur auxiliaire des lois (1), et sans lesquelles les lois sont malsaines. Comment les lois créeraient-elles ce sans quoi elle ne sont pas, ou ne sont qu'un mal? La loi réprime l'homme, mais la morale l'épure; la loi n'est pas la morale, elle en relève. — Quant à la *considération publique*, elle vaut ce que valent les mœurs d'un peuple ; telles sont les fausses bases de la morale.

Voyons-les vraies : par l'immensité, par la diversité, par l'étendue de son personnel sur la terre, l'Eglise est une humanité dans l'humanité; par sa hiérarchie, par l'unité de ses principes, par le nombre de ses pasteurs et de ses troupeaux pensant de même, elle engendre une

---

(1) V. dans l'*Esprit des lois*, tout le livre XIX, sur ce principe que nul grand penseur ne conteste.

conscience publique universelle : l'Eglise est, dès lors, la conscience du genre humain catholique. C'est donc elle qui peut seule, avec quelque autorité, proclamer le bien ; voyons ce qui en résulte : — Les hommes ne créent pas le *bien en soi*, ils le déclarent ; la philosophie en convient. Quand la philosophie constate le bien en soi, elle ne le crée pas, elle le proclame ; mais le droit de le proclamer est, pratiquement, le droit de le créer, car qui peut décréter : « ceci est bien, ceci est mal, » crée, pour la pratique, ce bien ou ce mal. Soit donc, que la philosophie ou l'Eglise, que la raison ou la révélation proclament le bien, en proclamant qu'il est, elles proclament ce qu'il est ; ceci est capital et on le rend facilement concluant. Qu'on me nomme une autorité sur la terre qui puisse, mieux que l'Eglise, créer le bien, le promulguer, déclarer en quoi il consiste ! — En effet, en quel nom le proclame-t-elle ? c'est au nom de l'autorité de la volonté divine qui peut seule s'imposer comme règle à l'homme : donc, quand l'Eglise enseigne que le bien émane de Dieu, de l'autorité de Dieu ; quand elle prescrit le bien comme une obéissance à Dieu, elle enseigne ce que la philosophie ne peut contester ; mais elle l'enseigne avec une autorité dont la philosophie manque ; elle l'enseigne comme conscience publique du genre humain ; elle l'impose au nom d'une puissance surnaturelle qu'elle représente. La règle du bien a donc une autorité visible, l'Eglise ; et une sanction, les promesses de l'Eglise. Pesez la philosophie avec l'Eglise, que pèse la philosophie ? Qu'elle détruise bien, soit ; mais que fonde-t-elle ?

Croyons-en l'Eglise quand elle soutient que la religion et la raison ne s'équivalent pas ; car si la raison égalait la religion, celle-ci serait de trop.

Croyons-en l'Eglise, quand elle n'admet pas « que le droit soit la force, — que l'autorité soit la somme des forces matérielles, — que l'injustice heureuse ne viole pas le droit, — que Dieu ne s'occupe pas de l'homme, — que c'est la raison humaine qui crée le vrai ou le faux, le bien ou le mal (1)... » Car l'évidence est pour l'Eglise ; car ce qu'elle condamne est monstrueux, comme tout ce qu'enfante une morale indépendante des mœurs et du bon sens.

J'ouvre une théologie (2), et j'y lis : « Jésus-Christ a fondé la morale sur sa vraie base, sur la volonté de Dieu, souverain législateur (3); sur la certitude des récompenses et des peines de l'autre vie : il nomme ses commandements, *la volonté de son Père;* il le représente comme le Juge suprême qui condamne les méchants au feu éternel et donne aux justes la vie éternelle. Mais ce divin Maître n'a oublié aucun des motifs naturels et louables qui peuvent exciter l'homme à la vertu : il promet aux observateurs de ses lois, la paix de l'âme, le repos de la conscience, l'empire sur tous les cœurs, l'estime et le respect de leurs

---

(1) Ces propositions sont comprises dans le *Syllabus;* mais qu'on accepte ou non ce *Syllabus,* qui ne repoussera les folies qu'elles contiennent ?

(2) *Dictionnaire de Théologie* de l'abbé Bergier, au mot *morale*.

(3) « Si Dieu est tout juste et tout bon, il *ne peut rien vouloir* que de bon et de juste ». M. Cousin, du *Vrai*, du *Beau* et du *Bien*, p. 410.— Pourquoi donc discutailler, comme ci-dessus, p. 299, entre Okkam et saint Thomas ? — M. Cousin va même trop loin quand il ajoute : « Et comme il (Dieu) est tout puissant, tout ce qu'il peut il *le veut*, et par conséquent, *il le fait* »(*ibid*.).—Quoi ! Dieu qui a créé le monde et qui peut le détruire, le détruit parce qu'il le peut ? Logique étrange ! Poussons-la jusqu'au bout : le monde existe, c'est un fait d'évidence ; or, je puis prouver, par la doctrine de M. Cousin, qu'il n'existe pas. Car, *si Dieu peut tout ce qu'il veut, et si par conséquent*, il *le fait*, Dieu qui *peut* détruire le monde, *veut* le détruire, et *il l'a fait*, car vouloir et faire, ne font qu'un pour lui. — Donc, le monde que nous voyons et dans lequel nous vivons, *n'est plus*. — Quel imbroglio !

semblables (1); — et ceux qui ont le courage de faire ce qu'il a dit, attestent qu'il ne les a pas trompés (2)»— cela est complet ; et après ce qu'on vient de voir sur l'incertitude des bases de toute morale purement humaine, on appréciera ce que la théologie nous enseigne. Quelle clarté! et quelle simplicité dans la clarté! Philosophie vaine et entortillée, qu'en dites-vous (3)?

Une société s'est, dit-on, formée à Heidelberg, sous ce titre spécieux : *Agis comme tu penses.* Et quels sont ses dogmes? c'est d'abord « qu'il n'y a d'honnête homme, que celui qui met d'accord ses actions avec ses principes. » Voyons : Si je pense que la propriété est un vol, et que je vole pour me conformer à mon principe, suis-je honnête? Oui, d'après la Société. Que sera-ce, si je crois le meurtre et l'empoisonnement licites?

Poursuivons : « Le bien ne peut exister en dehors du vrai, » — maxime suspecte, reposant sur deux termes assez inconnus, le bien et le vrai ; nous avons déjà dit que le bien et le vrai sont distincts (4).

« Il n'y a de vérité, dit le conclave en question, que celle qui est donnée par la science. » — Quelle science? Que l'astronomie donne le vrai astronomique ; la physique, le vrai physique ; la chimie, le vrai chimique, soit : mais demander le vrai moral à l'astronomie ou à la chimie,

---

(1) V. *St-Math.*, ch. xxv, v. 34.; ch. xi, v. 29. (2) Ch. v, v. et 16 ch. v, v. 32. (3) J'ai lu plusieurs fois le livre du *Vrai, du Beau* et *du Bien ;* je n'y ai jamais saisi qu'assez peu de chose, à travers les élégantes draperies de la pensée. Ce livre, bien écrit, m'a toujours paru vague et froid ; c'est un feu d'artifice qui n'échauffe, ni n'éclaire. Un vers de Corneille, une mâle réflexion de Vauvenargues ou de Pascal, me pénètrent plus que cette sèche métaphysique ; et je m'écrie avec Saint-Luc, en posant le livre qui la contient : *ad tempus credunt et in tempore tentationis recedunt, et hi radices non habent.* (Evang., ch. viii.)

(4) Le livre de M. Cousin, sur le *Vrai,* le *Beau* et le *Bien.*

c'est se moquer. Quoi! Si je dis qu'il fait our en plein midi, ce vrai dépendra de la science? et si la science disait qu'il fait jour en plein minuit, la science aurait raison? Le vrai est le vrai, soit que la science l'admette ou qu'elle le nie; et une erreur de savant n'est qu'une erreur scientifique; une erreur pompeuse, tout au plus.

Le conclave d'Heidelberg poursuit et dit : « Qu'il importe de séparer la morale progressive et scientifique, de dogmes surannés, que la raison condamne et que le sentiment doit réprouver : » — Pur galimatias, aussi étranger à la raison qu'au sentiment ; et que n'entendent pas ceux mêmes qui le fabriquent !

« La conscience, d'après le conclave, repousse des doctrines qui dirigent l'homme par la peur et par les plus indignes mobiles. » — Vraiment, la peur n'est pas noble ; mais la crainte et l'espérance sont des mobiles humains ; ils sont conformes à notre nature ; et qui abusa plus de la peur que les terroristes? Quels sont d'ailleurs, les mobiles humains des révolutionnaires? Aucun d'eux ne menaça-t-il jamais ses adversaires? Aucun d'eux n'a-t-il jamais espéré le moindre emploi public de son triomphe? Aucun d'eux ne fait-il briller aux yeux des hommes qu'il veut séduire, des utopies qui donnent des espérances plus qu'imaginaires ?

« La communion d'idées entre l'homme et la femme, dit encore le conclave, peut seul fonder la famille. » — Une famille de libres-penseurs, en communion d'idées, cela serait drôle ! Vous figurez-vous un intérieur, où chacun pense comme il veut, et où tout le monde est d'accord?

« Donner à l'enfant une foi et une science négatives l'une de l'autre, d'après le conclave, c'est opposer le cœur et la raison, vicier le jugement, paralyser la volonté, préparer le scepticisme. » — Le scepticisme ! Qui m'expliquera le non-scepticisme des libres-penseurs ? Un libre-penseur ne peut donc penser en sceptique ? La libre-pensée a donc un dogme qu'on n'est pas libre de rejeter ? Mais qu'est-ce donc que penser librement, à condition de confesser tel ou tel dogme ? je l'ignore ; les libres-penseurs le savent-ils ?

« Bien des hommes, selon le conclave, proclament ces vérités (sic) ; mais faute de s'assurer fermement dans leurs convictions (les convictions des libres-penseurs !) et d'en faire la règle inviolable de leur conduite (la règle inviolable des libres-penseurs !) Ils donnent sans cesse par leurs actes, un démenti à leurs paroles. » — Comment ! est-il rien de mieux que de démentir, par les actes, des pensées folles ? cela s'est vu souvent, cela se verra longtemps encore ; des actes sensés, corrigent ainsi des pensées ineptes ; mais qu'entendent-donc les libres-penseurs, avec leurs convictions fermes et leurs règles inviolables ? Quoi ! je suis libre-penseur, et ne peux penser demain, autrement qu'hier ? Je suis membre de la société *Agis comme tu penses,* et, si ma pensée change, je ne puis changer mes actes ? Que la société des libres-penseurs, *Agis comme tu penses,* change donc son titre, ou change ses dogmes ! qu'elle commence sa réforme sur elle-même ! qu'elle biffe son enseigne, ou qu'elle mette d'accord ce qu'elle prescrit et ce qu'elle pense !

Son formulaire est celui-ci : *Pas de prêtre à la naissance!—pas de prêtre au mariage !—pas de prêtre à la mort!*—Le beau code(1) ! Ceux que ce programme séduira, ceux que le goût de la plus épaisse sottise que puisse

---

(1) L'*Avenir National* a traité le programme ci-dessus de remarquable ; c'est un éloge qui mérite lui-même d'être remarqué.

nourrir cervelle humaine, peut porter vers la société *Agis comme tu penses,* peuvent s'adresser à M. Rey d'Heidelberg, rue Baumtzgasse, 5 ; je n'ai garde de céler ce précieux renseignement : c'est chez M. Rey et consorts qu'on apprend ce qu'on doit *invariablement* penser, quand on veut penser *librement* : qu'on se le dise !

« Il est un lieu éloigné de Belzébuth, écrit le Dante (1), et le bruit d'un ruisseau qui, par une pente légère descend de la fente d'un rocher qu'il a creusé dans son cours, m'apprit que je commençais à m'éloigner des vallées infernales. Mon maître et moi, nous entrâmes dans ce chemin secret pour retourner vers le monde éclairé par le soleil ; nous continuâmes de monter, sans prendre de repos ; mon guide me précédait, et bientôt j'aperçus, à travers une ouverture étroite, une partie des prodiges du ciel : enfin, nous sortîmes et nous pûmes contempler les étoiles. »

Eloignons-nous, nous aussi de Belzébuth ; rapprochons-nous de cette source éternelle qui rafraîchit le cœur, au sortir des vallées infernales ; et, pour contempler une partie des prodiges du ciel, remontons vers le christianisme ; car c'est-là que nous apercevrons encore les étoiles. Un prêtre, mais un grand prêtre, Bossuet, fit le *Catéchisme de Meaux* (2). Ce catéchisme, fait pour un enfant, mérite d'être médité par des hommes. Tout libre-penseur, de

---

(1) Fin *de l'Enfer*.
(2) M. Cousin, qui loue le *Catéchisme de Meaux*, p. 420, s'en éloigne beaucoup quand il combat, dans sa treizième leçon, la sanction des châtiments et des récompenses. (V. p. 332, sur le *Vrai*, le *Beau* et le *Bien*). Dans sa seizième leçon, sur l'immortalité de l'âme et ses conséquences, il aurait à se démentir, s'il concluait ; mais il ne conclut pas, ou ne conclut que par *l'éloge de Louis XVIII et du gouvernement parlementaire ;* on peut m'en croire, ou s'en assurer.

bonne foi, peut le comparer à celui de M. Rey, et le préférer s'il lui convient; j'y lis :

D. Qu'est-ce que l'espérance? — R. C'est une vertu et un don de Dieu, par lequel nous attendons la vie éternelle qu'il a promise à ses serviteurs. — D. Que faut-il pour obtenir la vie éternelle? — R. Garder ses préceptes. — D. A qui devons-nous recourir dans nos besoins? — R. A Dieu. — D. Comment? — R. Par la prière. —Quelle est la meilleure prière que nous puissions faire à Dieu? — R. C'est le *Pater*.

Bossuet a raison : le *Pater* est toute une philosophie ; mais une philosophie complète, claire, sans ambages, sans jargon, et à la portée des plus simples. D'après le *Pater,* la volonté de Dieu, c'est la morale ; la sanction de la morale, c'est la vie future ou le royaume des cieux : le pain quotidien sur la terre, le pain du corps et de l'âme. c'est le vivre et la religion : le pardon des offenses, c'est l'amour du prochain soumis à la plus rude épreuve, et prescrit sur notre propre salut ; la prière de n'être pas tenté par le mal, c'est la prière d'atteindre le bien, au moyen de ce que ni l'homme, ni ses préceptes ne peuvent nous donner ; c'est l'invocation de ce secours mystérieux, interne, surnaturel, sans lequel l'homme est faible, et presque insuffisant pour le bien.

Que toutes les philosophies de la terre s'unissent pour m'enseigner le bien, elles ne m'apprendront presque rien que ma conscience ne sache, mais laquelle me donnera la force d'accomplir ce qui m'est prescrit? La force d'immoler mes intérêts, mes plaisirs, mes passions, mon honneur, ma vie même, à mon devoir? Qu'on me nomme la philosophie dont la vertu intrinsèque contraint au devoir, ou qu'on me permette d'implorer, qu'on me permette d'espérer la grâce : la grâce, mystère insondable, mais secours divin, sans laquelle l'homme, quel qu'il soit, sait et sent qu'il ne peut rien de grand, rien de difficile ; la grâce, qui fait de l'homme un Dieu, et sans laquelle il n'est qu'un ver !

Je ne puis quitter le *Catéchisme de Meaux ;* il est admirable. Veut-on voir comment la messe, la messe paroissiale, est l'image vivante de la société ? Lisons (1) : « Représenter, dit Bossuet, l'ordre de la messe solennelle, principalement comme elle était autrefois, accompagnée de la *Communion de tout le peuple ;* faire voir le clergé séparé du peuple, les hommes d'avec les femmes ; l'ordre, le silence, l'attention, tout le monde répondant, et le reste de cette sorte. » — D. Que faut-il faire pour sanctifier le dimanche et pour le consacrer à Dieu ? — R. L'employer à de *bonnes œuvres.* — D. Qu'elle est la principale ? — R. Entendre la messe, et surtout la messe paroissiale. — D. Pourquoi ? — R. Parce qu'à la messe paroissiale se fait l'*assemblée des fidèles.* — D. Pourquoi encore ? — R. Parce que le prône se fait dans la messe paroissiale. — D. Qu'est-ce que le prône ? — R. Le prône comprend deux choses principales. — D. Qu'elles sont-elles ? — R. La première est la prière publique, commandée de Dieu pour toute l'Eglise, pour les pasteurs, pour les princes, pour les *malades,* pour les *affligés,* et pour toutes les *nécessités publiques et particulières du peuple de Dieu.* — D. Quelle est la seconde partie principale du prône ? — R. C'est l'instruction pastorale ; c'est celle que l'Eglise a établie et qu'elle recommande le plus : outre que c'est là qu'on publie ses observances et ce qui regarde le service de Dieu. — D. Qu'est-ce que la communion au corps de

---

(1) Le *Catéchisme des Fêtes,* leçon 2.

Jésus-Christ ? — R. C'est la communion des fidèles, dont le corps de Jésus-Christ *est le lien.*

On voit, par ces courts fragments, ce que peut renfermer de haute et pure doctrine sociale un simple cathéchisme chrétien; en même temps, ce qui sépare un chrétien, d'un libre-penseur; et Bossuet, de M. Rey d'Heidelberg.

VIII

L'unité de morale est le fondement de la société : là où chacun a sa morale, il n'y a pas unité de morale, mais cent morales; dès lors, point de conscience publique, point d'opinion publique. Ce n'est pas tout : supprimez tout régulateur des mœurs publiques, et la morale privée disparaît; car la morale privée n'est que la conformité de la morale individuelle, à celle de tous. Substituez la morale indépendante, à la morale obligatoire, et vous substituez au fond, l'instinct et le caprice personnel, à la raison; l'appétit, au devoir; le mal, au bien.

La morale des matérialistes n'a pas d'autre base individuelle que les intérêts personnels ; pas d'autre base que la nature, bonne ou mauvaise, livrée à elle-même : ici, dominée par la raison; là, par la passion; contenue seulement par la loi, mais par la loi matérialiste ne réglant chez l'homme que le corps, la matière, et n'intervenant que par la matière : la verge ou le fer. Comment l'homme s'en contenterait-il ? Comment accepterait-il ce qui convient à peine à la brute, et dont la brute ne se contente que parce que, réglée par l'instinct qui est sa loi, elle n'a pas à vaincre des passions qu'elle ignore, et ne doit pas compte d'une raison dont elle est privée ? Bien plus, comment juger d'une nation de matérialistes par quelques matérialistes bien élevés que retient le milieu moral dans lequel ils vivent ? Qui connut jamais une nation, mais surtout une plèbe matérialiste ?

Si tout est douteux en morale, selon l'esprit nouveau, retournons à l'esprit ancien qui doutait moins, ou même ne doutait pas du tout, sur ce qui est mal ou bien. Si tout est douteux, messieurs les philosophes révolutionnaires, croyez moins à la révolution; supportez mieux la tradition; laissez-nous la liberté de croire ce qu'il nous plaît : car, si tout est douteux, tout est permis.

Qu'un sot impubère, se disant libre-penseur, m'enjoigne de penser comme lui, je lui résiste; je suis libre-penseur comme lui et à meilleur titre; j'ai plus vécu et je pense depuis plus longtemps que lui.

Les partisans de la morale indépendante sont surtout ceux qui veulent être indépendants de toute morale. — En politique, la morale indépendante n'est que la résurrection de la déesse raison, érigée en instrument de gouvernement.

Je comprends mal par quelle combinaison de rapports on démontrerait que la morale est indépendante de ce qui fonde, protége et constitue les mœurs : en un mot, comment la morale serait indépendante de la morale.

Les anciens n'eurent pas une morale indépendante des dieux que leurs sages invoquent sans cesse. D'autre part, les grands esprits chrétiens ont leur cachet à côté de l'unité qu'imprime l'idéal chrétien. Si les anciens furent individuels et pieux, nos ancêtres furent individuels et chrétiens. Qu'y a-t-il de changé dans les rapports de la sagesse humaine avec Dieu, pour qu'il faille revenir aux anciens, et que la sagesse humaine puise sa grandeur dans une indépendance qui n'existe pas et qui la dégrade ?

Un sieur Bradlaugh [1], petit clerc de procureur anglais, s'est mis dans l'esprit de réformer le monde, et voici les bases de sa réforme : il inscrit comme une sorte de programme dans son journal — le *National reformer* — que créer et détruire n'est qu'une même chose ; que toute destruction est une action louable, et que le libre-arbitre et la conscience doivent disparaître. — Cet homme est fou, direz-vous, soit ; mais il entraîne une armée de fous : cela est dangereux.

Les sociétés ouvrières de Scheffield [1] usent de la morale très-indépendante de Bradlaugh, quand elles procèdent contre ceux qui les gênent par la destruction des outils, l'estropiement, l'éversion des maisons et le meurtre ; et cela consciencieusement, par délibération de ces sociétés et à leurs frais, tant elles contrefont les lois en les violant !

Que ceux qui n'aiment ni la lâcheté, ni l'imposture, ni la comédie, ni la rapine, ni la fraude sous toutes ses formes, se gardent essentiellement de la morale indépendante et des moyens moraux de tel gouvernement qui a pris saint Machiavel pour patron.

Les moralistes indépendants, qui nous vantent la morale du Christ, interprétée par l'Institut, m'embarrassent : suivra-t-on la morale de ces docteurs, ou leurs exemples ? et, pour pratiquer leurs doctrines, oubliera-t-on leur vie ?

Les mêmes libéraux qui proclament que tout est douteux en morale, et qu'il n'y a pas de principes, accusent formellement la politique de manquer de principes. C'est ainsi qu'ils ôtent les principes à ce qui ne peut s'en passer, pour en exiger de ce qui ne vit que d'expédients depuis qu'il y a des Etats et des Politiques.

---

[1]. V. *Revue des deux Mondes* du juil. 1857, p. 419.
[1]. Voir les journaux de la fin d'août 1857.

On a d'abord professé des principes d'ordre public qu'on violait quelquefois ; puis, on a professé des principes habituellement violés : on en est enfin venu à nier les principes mêmes, pour ne pratiquer que des faux-fuyants vernis d'un décorum quelconque, et ne demander, à l'improbité que la décence. Dans un espace de quarante ans, tout au plus, j'ai pu voir naître, grandir et s'affirmer cette décadence.

Quand les coquins étaient peu nombreux, ils se disaient et s'affichaient coquins ; ils faisaient leur métier galamment, c'est-à-dire franchement. Cartouche et Mandrin furent des coquins de ce genre. Maintenant que les coquins, devenus nombreux, veulent passer pour d'honnêtes gens, et que, grâce à leur petite morale indépendante, ils colorent passablement leurs crimes, nous n'avons que d'honnêtes coquins ; je dis mal : il n'y a d'honnêtes que les coquins. Je parle ainsi des coquins en général ; mais si, par bonheur, les coquins sont démocrates, ils ne sont plus simplement d'honnêtes gens, ce sont des saints. Il est vrai que les saints de cette sorte abondent tellement, qu'on ne sait quel paradis les contiendrait (1).

IX

J'ai vu de très-près, dans une humble sphère il est vrai, un de ces corrompus fardés, qu'il convient, je crois, d'encadrer dans ces aperçus sur les bases de la morale. Il

---

(1) Un jeune homme à peine majeur, l'assassin Lemaire, voulait très-honnêtement et très-moralement, selon lui, tuer son père ; puis deux excellentes femmes, et quiconque leur eût porté secours et voulu l'arrêter dans ses honnêtes massacres. Il a eu le malheur de ne pas réussir complètement, et, par exemple, de ne pas tuer son père ; il en était confus.

enseigne ce qu'on doit attendre, en certaine couche sociale, de l'indépendance des principes en fait de morale, et comment des mots honnêtes peuvent couvrir ce qui l'est peu ; il nous apprend, surtout, quels docteurs populaires sont certains livres.

Mandroux (1) travaille habituellement dans la soie ; il est âgé de 47 ans ; il est tisseur. Sa figure est jaune, ses yeux sont creux, sa peau est huileuse, ses cheveux sont gras et plats, son menton vulgaire est à peine recouvert d'une barbiche brune : il s'enfonce le cou dans un cache-nez rouge ; il comparaît aujourd'hui devant la justice ; remontons plus haut :

Mandroux a un cœur sensible, il aime à aimer ; il écrit beaucoup, et se plaît à écrire à ce qu'il aime. On remarquera qu'il écrit solennellement ; il écrit donc (2) :

« Stéphanie, écoute-moi, il faut que le jour de Pâques (le jour de Pâques !) soit pour nous deux un jour mémorable. Je t'aime ! et je ne puis m'en défendre. Je t'aime ! et, par un caprice tout particulier, il faut qu'avant que cette amour soit gravée plus profondément dans mon cœur, que je sache à quoid m'en tenir avec toi. C'est pour quoi je m'occupe tent de toit et avec tent d'ardeur. tu et malade et tu le serat toujours, tent que je te laisserait abandonnée à toi même. Il te faut un régime de vie (un régime de vie !) et tu n'a pas assé de force de caractère pour le suivre. Il te faut un chef, il te faut un protecteur. Tu trouverat peut d'homme animé d'un pareil courage pour toi. Tu et exclave, ma pauvre amie, exclave de tes passion. C'est une entreprise pour moi quil sera bien difficile, mes enfin je veut esseyer (essayer du régime

---

(1) Je change le nom pour ménager le personnage.
(2) Je copie textuellement.

de vie ci-dessus!), et si je peut venir à bout de mon dessein (s'il peut suffire au régime), tu serat ma femme pour toujour et j'en aimerai jamais d'autre que toi. » Cette lettre inspirée par une morale lubrique assez indépendante de la morale commune, finit là. Mais au revers, je lis : « Madame vous me poussait à ce que je fasse la paix avec la Julie, je ne puis reculer de placer ma confiance en votre sagesse. (Mandroux est toujours grave et solennel.) — Si elle tient à me parler, poursuit-il, qu'elle vienne à mon rencontre à huit heure précise du soir au bout du pont St-Clair et je la recevrai encore dans mes bras... » (Dans ses bras, au bout du pont !) — C'en est assez sur cette sensibilité qui passe, avec la même ardeur grave, sensuelle et solennelle, de Stéphanie à Julie, et de Julie à d'autres. On comprend assez ce qu'est Mandroux amoureux.

Voyons-le comme père, car il est multiple :

Mandroux est veuf ; il a une fille fort jeune à laquelle il ne veut pas faire faire la première communion « car, dit-il, on l'abrutirait. » Quand la République sera venue, poursuit-il, j'en ferai une déesse de la liberté ; les hommes l'embrasseront, et cela me rapportera de l'argent (1). » En attendant, il se soigne, il vit grassement : sa fille connaît peu les douceurs de sa table ; en revanche il la morigène, il l'assouplit par la peur ; il la soumet fréquemment au martinet. Aussi « obtient-il de son enfant ce qu'il veut : son enfant parle comme il veut » (2) ; et Mandroux sait bien pourquoi, et dans quelles vues.

Abrégeons : Mandroux, place successivement sa fille dans deux ateliers bien famés, et finit par accuser les deux chefs mariés, de ces ateliers, d'avoir violé sa fille et

---

(1) **Textuel**, d'après le dossier. (2) **Textuel**, d'après le dossier.

longtemps vécu avec elle. La jeune enfant, à qui son père fait « tout dire », ratifie tous les mensonges de celui-ci ; un médecin, qui la déclare vierge, ne l'empêche pas de soutenir, avec son père, qu'on l'a violée ; puis, qu'on a abusé d'elle, pendant trois mois.

Mandroux prend donc à part les femmes des deux inculpés : ne vaut-il pas mieux s'arranger que d'ébruiter une telle affaire ? L'intérêt de l'enfant, l'intérêt des maris, l'honneur des femmes, quels beaux sujets pour l'éloquence du grave et pur Mandroux ! puis, les galères sont là pour les coupables, et Mandroux appuie très-fort sur le danger des galères ; on cède : on donnera de l'argent à Mandroux : on lui donne 200 francs, 500 francs à compte ; mais Mandroux n'est qu'apaisé. On ne le satisfait pas facilement ; un père si tendre saigne toujours de l'atteinte portée à l'honneur de sa chère fille. Il est vrai qu'on l'a vu, pendant son veuvage, coucher avec des femmes dans la même chambre que cette enfant. Mais qui le sait ? Il ignore qu'on le sait, et trouve si commode — il l'avoue (1), — de vivre sans travail ; de vivre des mensonges et des dépravations qu'il inculque à sa fille (2) ! Mais le nouvel argent qu'il espère, se fait attendre ; les maris, instruits enfin par leurs femmes, protestent contre les mœurs qu'on leur prête. Mandroux se décide : il écrit donc à son Commissaire de police :

« Monsieur, il s'agit peut-être d'un viol, tout au moins d'un attentat à la pudeur avec résidive pendant trois moi: mes le père de l'enfant se trouvant dans une position extraordinairement malheureuse et même que l'effet de ce malheur lui avait bien tent attaqué le moral qu'apeine il

---

(1) Textuel, d'après le dossier. (2) Textuel.

savez ce qu'il fésez et à force de sollicitation et de promesse à lui et à l'enfant et touchés de pitié d'une mère de famille éplorée avec sont enfant sur les bras cet homme trop bon cet laissé tenter, et vincu par la pitié d'une pauvre mère de famille a ut la faiblaisse d'accepter une petite somme en attendant des arrangement plus convenable pour l'enfant ; mais l'homme coupable à ce quil parait, n'ai bercé que par la ruse et la fausseté ; quand le moment et venu d'effectuer sa promesse c'est à dire de souscrire une somme convenable pour doter l'enfant il n'a plus rien voulu savoir en pensant que le père de l'enfant cetté compromis en acceptant une petite somme. » Ce chef-d'œuvre d'impudence est suivi de la dénonciation des faits.

Comment croire qu'un père qui s'exprime si gravement et s'arme de tant de circonstances touchantes, empruntées à tous les vocabulaires du pathétique solennel, peut mentir ? — Ne vaut-il pas mieux étouffer l'affaire ? Mandroux s'y prêterait ; mais un déménagement lui est nécessaire, car l'un des inculpés est son propriétaire, et sa fille n'habiterait pas décemment la maison d'un séducteur ; il écrit donc au fonctionnaire précité : « Je dois vous dire qu'il serait trait prudent et même indispensable que l'on m'envoit du cartier, si vous ne voulez pas pousser la chose plus loing ; et j'i consentirait moyennant une indemité équivalant au domage que peut me causer ce déménagement. » Voici son devis :

« Attendu que j'ai le renond d'avoir reçu cinq cent francs, et que je n'en ai reçu que quatre cent quatre vingt deux ; c'est juste de reecevoir la somme complète ; ci 18 fr.

« Frais de déménagement, casse ou dégât, et frais de montage ; 50 francs.

« Quinze jours de temps perdu, tent pour chercher que pour me rétablir dans un autre local, à 4 francs par jour ; 60 francs.

« Sans compter la perte que peut me faire la perte du temps de la part de mon négociant, et sans compter les autres pertes qu'il peuve me survenir, par l'efet de ce déménagement, maladie, critique, marversation de mes parents, etc. »

Cet homme n'omet rien de ce qui se paie et ne se paie pas ; Barême est moins exact que ce moraliste, et la détresse se préciserait moins bien que ce chantage.

J'omettais de dire que Mandroux est un socialiste convaincu : « Il y a dix huit ans que j'ai compris, dit-il, et que j'ai arboré le drapeau du socialisme, c'est-à-dire de l'abolition du monopole et de l'*exploitation de l'homme par l'homme* (sic), et que je propage c'est idée avec toute la force de mon intelligence. »

Mandroux qui s'indigne si chaudement de l'exploitation de l'homme par l'homme, était déjà puni, dès 27 ans, pour escroquerie. — Mais depuis, et pour avoir si impudemment exploité sa fille, il a été condamné à trois ans d'emprisonnement, par jugement du Tribunal de première instance de Lyon, confirmé par la cour. Les deux chefs d'atelier calomniés et exploités par Mandroux, ont été proclamés honnêtes ; la fille de Mandroux reconnue vierge, et Mandroux infâme à tant de titres, qu'on peut dire que cet homme, dont je n'ai esquissé que quelques traits, est un type de turpitude (1).

Prudent comme il est, il n'a pas manqué de s'enfuir après l'arrêt de la Cour, avec sa fille son gagne-pain.

---

(1) Le dossier n° 113 du cabinet d'instruction, 3,999 du Parquet, année 1867, renferme bien des choses, qu'un court précis ne comporte pas ; mais quiconque a connu Mandroux eût fait Vautrin.

Il porte ailleurs sa solennité, sa morale indépendante et son industrie : mais Lyon en est délivré, ce qui vaut presque mieux que de le conserver puni.

Dans le même temps, la même ville contemplait un autre spectacle et un tout autre homme. Inès y aimait éperdûment Eutrope, son confesseur : on remarquait chez Inès une beauté rare ; Eutrope était aussi attrayant que peut l'être un homme et un saint. Inès eut beau rechercher et solliciter Eutrope, il fut inébranlable : « Je ne m'appartiens plus, lui disait-il, car voici mon maître » et il montrait le Christ. Inès passa deux longues années à tenter Eutrope qui fut invincible. Enfin, folle d'amour et de désespoir, Inès prévient de sa mort prochaine ses parents et Eutrope, et avale un flacon de vitriol. Froide, impassible, dans son agonie, malgré les plus cruelles tortures, elle exige et obtient que son confesseur Eutrope lui ferme les yeux et prie pour elle ; Eutrope a donc prié sur tant d'infortune, comme il avait gémi sur tant de délire (1).

L'homme est ange ou bête, selon que l'âme ou le corps le mène. Mandroux est la bête que mènent son corps et sa morale indépendante ; Eutrope est l'ange que mène une âme immortelle dépendante d'une morale divine, et fortifiée par celui de qui toute force émane.

---

(1) Voir les journaux, mais surtout le *Courrier de Lyon,* des 8 et 9 décembre 1867. — J'ai connu plus de détails particuliers que les journaux.

DU DIX-HUITIÈME SIÈCLE

Le dix-huitième siècle, est l'un des plus fameux qui aient brillé parmi les hommes, par ce qui l'a précédé, par ce qu'il a été, par ce qui l'a suivi. S'il est difficile d'en parler avec nouveauté, l'on ne peut s'en taire quand on juge le temps actuel; car le dix-huitième siècle nous a transformés, et nous lui devons, en très-grande partie, ce que les uns nomment notre régénération, ce que d'autres croient notre déclin.

La Régence fut le berceau de la corruption des mœurs: on y préluda par les faits, les exemples, la vie; puis vinrent les doctrines pour justifier les vices élégants; puis, des doctrines plus fondamentales, pour provoquer le goût des nouveautés et des ruines.

Louis XIV avait fait supporter Louis XV; mais Louis XV fit guillotiner Louis XVI, excellent homme, prince médiocre, et moins fait pour être roi que berger du Lignon, ou qu'évêque.

Ce que je tente ici, ce n'est point le tableau du siècle; mais l'esquisse de l'esprit du temps capricieux et mobile qu'on appela siècle des lumières, et qui, par l'effet d'une civilisation raffinée que secondaient les loisirs d'une longue paix, fit éclore un tel mélange de vérités et d'erreurs, de réalités et de rêves, qu'il reste encore pour nous un problème, et qu'on se partage sur les fruits que nous lui devons ; les uns l'exaltant outre mesure, les autres le maudissant avec passion, quoique tous admirent son éclat, sinon ses bienfaits.

I

Si Louis XIV eut besoin de la dignité de sa mort, pour ennoblir la fin d'un règne qui traînait sa gloire dans les langueurs de sa décadence, il n'en est pas moins vrai qu'il fut roi, même grand roi, tant qu'il fut homme, comme il l'avait été, pour ainsi dire, avant d'être homme.

On peut voir dans les mémoires de Bussy-Rabutin qu'à peine majeur comme roi, c'est-à-dire à quatorze ans, Louis XIV écrit avec la fermeté, la noblesse et l'autorité que doit garder un roi dans la détresse. Ce jeune roi, qui ne l'est presque que de nom, mais qui n'oublie pas ce qu'il doit à la royauté, soutenait déjà son gouvernement, tandis qu'en ses successeurs, le gouvernement ne put même soutenir le roi.

La postérité pourra pardonner à la Régence son Régent : un de ces hommes qu'il est impossible d'estimer, mais qu'il est difficile de ne pas aimer, tant il est brillant et français ; mais ce que la postérité ne pardonnera jamais à la Régence, c'est l'abbé Dubois, cet homme qui se fit du mépris public une considération. — Ni la cour, ni le cardinalat, ni le ministère, ni la nation, ni aucune nation, n'éprouvèrent une aussi grande souillure que celle qu'inflige un tel personnage ; on n'expie un tel homme qu'à force de le maudire et d'en rougir.

Sous le Régent, le pouvoir se méprisa tant, qu'il força

la société à le mépriser; et nul ne parvint à le mépriser autant qu'il se méprisait lui-même.

Si le duc d'Orléans ne se vendit pas, il se laissa vendre à l'étranger; et il vendit, pour ainsi dire, la France à Law. Quand les duchesses en vinrent à baiser les mains (1) de ce banquier, il fut évident que la spéculation triomphait de l'orgueil et même de l'honneur français. Mais que n'a-t-on pas vu depuis, en ce genre?

Dans la rue Quincampoix, le comte de Horn, tenant à la maison de Lorraine, aux Noailles, aux Issenghiem et à d'autres, assassine un commis de la Banque, pour lui voler des billets de crédit; et, pour rassurer les agioteurs, ce petit-fils du prince de Ligne, lié d'ailleurs avec tous les filous de Paris, est roué en place de Grève, sur les instances de Law auquel le régent ne refusait rien (2).

Il courait bien des couplets comme celui-ci.

> Law, ce fils aîné de Satan
> Nous met tous à l'aumône;
> Il nous a pris tout notre argent
>   Et n'en rend à personne;
> Mais le régent humain et bon
> La faridondaine, la faridondon,
> Nous rendra ce qu'on nous a pris,
>   Biribi,
>   A la façon de Barbari,
>   Mon ami.

Le Régent ne comprenait qu'un seul devoir, le plaisir. — Il lui suffisait, selon sa mère, que ses maîtresses fussent fraîches, goulues, et ne s'occupassent point d'affaires.

---

(1) V. *Lett.* de Madame, duchesse d'Orléans, 6 octobre 1719, 2-164.

(2) *Lett.* de Madame, duchesse d'Orléans, 30 mars 1720, 21 avril 1720, 2-227, 234. — *Journal de Barbier*, 1-23.

Que ne disait-on pas de ses filles, sans trop les charger ! Transcrirai-je le couplet suivant sur la duchesse de Berry, si l'histoire ne parlait pas d'elle comme la chanson ?

> G..... à pleine ceinture
> La féconde Berri
> Dit, d'une humble posture
> Et le cœur bien marri :
> Seigneur, je n'aurai plus l'humeur aussi gaillarde,
> Je ne veux que Riom (1),
> Don don ;
> Quelquefois mon papa
> La la ;
> Par-ci, par-là, mes gardes.

Quand cette princesse mourut, la duchesse de Mouchy, sa favorite, ne trouva rien de mieux que de jouer de la flûte à sa fenêtre ; et, le jour de ses obsèques à Saint-Denis, que de donner un gros dîner à Paris, où elle s'emplit de champagne (2).

Le jeune comte de Charolais, que grondait sa mère sur ses désordres, osa bien lui répondre : « Il faut que le jeune Lassay n'ait pas bien fait son devoir, cette nuit, puisque vous êtes de si mauvaise humeur ; si vous nous donniez de meilleurs exemples, nous vivrions mieux. » Or, la dame, à qui le comte son fils parlait sur ce ton, était fort

---

(1) Son amant, que Madame, duchesse d'Orléans, appelle « tête de crapaud » ; la duchesse de Berry finit par l'épouser : *Lett*. de Madame, duchesse d'Orléans, 8 septembre 1719, — 2-153.

(2) Voir la *Lett*. de Madame, duchesse d'Orléans, 1er août 1719. — On peut lire dans la même correspondance, la lettre du 6 août 1722, sur les désordres de la duchesse de Rais, petite-fille du duc de Luxembourg. Cela ne peut se transcrire. — Marais, dit dans son *Journal* (juillet 1722) : « On vit en débauche ouverte à Versailles. »

mûre, et le jeune marquis, son amant, avait soixante-sept ans (1).

Deux jeunes voleurs, à qui l'on envoie un prêtre en prison, veulent le forcer à renier Dieu, et comme il résiste, ils lui arrachent les ongles, la peau de la tête, et le maltraitent si fort qu'il en meurt (2).

Mais quels exemples n'offrait le siècle en ce genre ! Et que put ajouter Dubois, aux souillures de sa vie, que l'infamie de sa mort ; car quel homme sut mieux faire mépriser la religion, que celui que s'était donné le Régent pour faire mépriser le pouvoir (3)?

Paris était donc un abime de corruption, comme l'écrivait (4) Madame, duchesse d'Orléans, excellent juge des mœurs, et dont les lettres, si pleines d'honnêteté, de sens, et de cette liberté d'esprit et de caractère, qui donnent tant de poids aux témoignages, prouvent la compétence.

Le doux et long ministère d'un vieillard gouvernant un très-jeune enfant, fut l'âge d'or du dix-huitième siècle. C'est la gloire du cardinal Fleury d'avoir interrompu tant d'orgies, et pour ainsi dire, endormi la France dans un bonheur décent, comme ce fut la honte de Louis XV, de les ressusciter plus sourdement, mais pour plus longtemps.

II

Louis XV n'eut rien de fier que ses yeux ; toute sa dignité fut extérieure et ressembla souvent à la morgue.

---

(1) V. *Lett.* de Madame, duchesse d'Orléans, 3 avril 1721, — 2-316.
(2) *Lett.* de Madame, duchessse d'Orléans, 30 mars 1720, — 2-227.
(3) On sait que l'abbé Dubois, depuis cardinal, ne fut prélat que de nom et que la religion le repousse autant qu'il repoussa la religion. Sur sa mort, voir Saint-Simon. (4) Le 30 mars 1720, — 2-227.

La nation put moins se plaindre du despotisme de sa volonté, que de celui de sa corruption; mais sa longue corruption gangrena son temps; c'est par là qu'il rendit la royauté pesante à la France, même sous un prince honnête; car nos lys avaient tellement trempé dans la mare qu'on n'en voulut plus.

Le règne du roi parut fait comme le roi, c'est-à-dire, pour le regard et pour la montre; ce ne fut qu'une apparence brillante ou même fardée, mais sans consistance : les douceurs de la société, les commodités de la vie, ne compensaient pas nos abaissements politiques; et nous n'achetions les loisirs de notre paix qu'au prix de notre prestige.

Le vieux gouvernement personnel, resté trop faible pour le prince, trop faible contre son temps, ce pouvoir, qui n'était ni libéralement institué, ni virilement manié, ne savait qu'irriter tout ce qu'il devait calmer ou contraindre. Ce qu'on avait longtemps appelé la bonne machine de la royauté française, se détraquait comme les meilleures machines qu'on livre à elles-mêmes, qui vont longtemps toutes seules, mais que l'ouvrier, chargé de les surveiller et de les réparer, néglige.

Sous un long règne sans esprit et sans volonté politiques, il fallut qu'intervînt très-fréquemment l'opinion publique. Les tristes et renaissantes agitations du siècle ne lui donnèrent que trop d'occasions d'éclater; et elle en prit même si bien le goût, qu'elle finit par gouverner le gouvernement.

Et l'opinion publique elle-même n'était pas pure dans un pays où le plaisir remplaçait l'honnêteté publique; où l'élégance tenait lieu de gloire; quand la France n'était plus une puissance et semblait se contenter d'être un salon.

*

Quel siècle offrit l'exemple du dix-huitième où l'on vit un des plus grands capitaines, en même temps qu'un des meilleurs politiques des temps modernes, n'avoir pour adversaire en France qu'une courtisane, et Frédéric II combattu, on sait comment, par le ministre Pompadour?

On étendait une carte géographique sur sa toilette, et là, en posant des mouches sur cette carte, elle marquait la marche et les étapes des armées. La belle stratégie, et bien faite pour le succès de nos ennemis!

Il est vrai que cette courtisane eut d'abord tout le manége, toute la dextérité de son ambition; et puis, toute la corruption, tout l'esprit de son indécente fortune : mais si cela suffisait pour le petit Trianon et pour le Roi, cela suffisait-il pour la nation?

Cependant voici comment parle un cardinal du noble commerce que Louis XV marié, père de famille, ayant eu pour maîtresses trois sœurs de la maison de Nesles et tenté la vertu de la quatrième, entretenait avec la demoiselle Poisson, femme d'Etioles, notre Pompadour; le cas est notable. Le cardinal de Bernis chante en ces termes le double adultère en question :

> La pudeur seule obtiendra notre hommage;
> L'amour constant rentrera dans *ses droits :*
> L'exemple en est donné par le *plus grand des rois,*
> Et par la beauté *la plus sage* (1).

Il faut convenir que tout cela est aussi vrai que digne d'être chanté et proposé pour exemple par un cardinal! Ceci soit dit pour montrer comment les mœurs s'imposent

---

(1) Epître à la marquise de Pompadour.

au sacerdoce même; car Bernis fut mieux qu'un poète complaisant et futile, puisqu'on le goûta comme homme de bien et comme ministre.

Il appartenait à Voltaire de vaincre Bernis en adulations, et c'était le diffamateur de Jeanne d'Arc qui s'honorait de qualifier la Du Barry de nymphe Egérie inspirant l'esprit du Numa Louis XV. C'est ainsi que ce roi de l'opinion descendait plus bas qu'un courtisan, et qu'il était autant au-dessous du personnage officiel que la Du Barry était au-dessous de la marquise.

On pourrait appeler le dix-huitième siècle l'âge d'or de la corruption des rois : trois jésuites payèrent, en Portugal, une blessure que les dissolutions du Roi lui valurent. Pour avoir un spectacle plus pur, il ne faut tourner ses regards ni sur la Russie, ni sur l'Espagne: quant à la France, il s'exhale des petits appartements de son souverain je ne sais quel méphitisme moral que l'histoire ne connut jamais, même sous Héliogabale ou Sardanapale.

Chacune des six années qui précédèrent le traité de Paris (1) ne fut signalée que par des affronts; nous en éprouvâmes au dedans et au dehors; nous en essuyâmes sur terre et sur mer. La France ne brillait alors que par ses arts; elle se consolait de ses désastres par ses illusions; ses écrivains berçaient sa mollesse; ses philosophes l'enivraient d'espérances; ce qu'ils lui promettaient lui faisait presque oublier ce qu'elle perdait. Ces éminents pourvoyeurs de chimères, avaient des panacées merveilleuses. Avec trois poissons et sept pains de leur façon, ils se chargeaient de nourrir un peuple immense. La France perdait le Canada, la Louisiane, ses armées, ses flottes; elle aboutissait au lâche traité de Paris, digne conclusion

(1) 1760.

des ineptes traités de Versailles ; mais il lui restait le parc aux cerfs, l'opéra, l'Encyclopédie ; il lui restait aussi la Pompadour, en attendant la Du Barry.

La marquise de Pompadour avait donné pour ministre, au Roi, le duc de Choiseul, c'est-à-dire, un homme d'Etat qui eut plus de génie que d'ambition, et plus d'ambition que de caractère ; un ministre qui eut l'air de faire ce qu'il ne fit que promettre ; qui se constitua bien plus le serviteur de la Cour et des lettrés, que du Roi : au fond, un brillant présomptueux, une contrefaçon d'Alberoni, un de ces esprits fiévreux qui remuent plus qu'ils ne tentent, qui tentent plus qu'ils ne réalisent, qui cherchent plus le bruit que la gloire ; un ministre enfin chez qui nul grand résultat politique ne compensa son abaissement aux pieds de la favorite qu'il servit mieux que son maître ou son pays, à moins que l'acquisition de la Corse, qu'il fallut conquérir de notre sang après l'avoir payée aux Génois de notre argent, ne nous ait suffisamment dédommagés de la perte du Canada, de l'Inde française, de nos flottes, de nos armées et de notre honneur national, ensevelis dans le traité de Paris.

La sanglante guerre de sept ans, aussi honteuse pour la France que glorieuse pour Frédéric II ; l'avortement de l'organisation de la Guyanne française, qui rappelle toutes les fautes de Law ; la chute de la Compagnie, d'abord si prospère, de l'Inde française, sont les principaux fruits du ministère Choiseul. — S'étonnera-t-on qu'un esprit aussi pénétrant que Frédéric II estimât peu le duc, malgré le pacte de famille si vanté et si stérile ?

D'inutiles et brillants faits d'armes prouvaient que, si nous étions toujours braves, nous avions perdu l'art de combattre.

Telle fut notre infériorité militaire depuis la guerre de sept ans, qu'on fit une renommée exceptionnelle au maréchal de Broglie pour avoir su n'être pas battu à Berghem; comme à Boufflers, pour quelques succès devant Gênes; comme à Richelieu, pour son coup de main sur Mahon, en attendant que la prise de Prague et d'Egra, les victoires de Fontenoy et de Lawfelt, apprissent à la France qu'elle avait un capitaine, et que Maurice, comte de Saxe, possédait un génie digne de nos armes.

Chevert et d'Assas montrèrent deux hommes à part: d'Assas, pour cet héroïsme de soldat dont nulle armée n'a donné de plus beaux exemples que la nôtre; Chevert, pour ce goût sévère du devoir, ce coup d'œil, ces ressources devant l'ennemi, cette audace dans le combat, qui distinguent nos officiers de fortune, c'est-à-dire, ceux que leur seule épée fait officiers généraux, quand elle ne les fait pas maréchaux, ou même rois.

On peut appeler le règne de Louis XV, celui de l'anarchie normale et organisée. Les transactions de son gouvernement ne furent que de lâches capitulations, si j'en excepte la tentative de contenir les parlements dont le Roi chargea Maupeou, ou dont Maupeou se chargea pour le Roi. Ce Premier-Président devenu chancelier; cet homme d'un tempérament sec, bilieux, au teint jaune tirant sur le vert, qu'on surnommait la *bigarrade,* et qui, dit-on, se fardait de blanc et de rouge, moins pour plaire que pour couvrir sa laideur; cet homme à l'œil ardent, à la volonté de fer, fut bien près de discipliner le Parlement, si la mollesse du Roi l'eût permis, et si l'indocilité des magistrats n'eût été celle de la nation. A défaut de toute autre supériorité, Maupeou,—qui avait une rare fertilité d'expédients,— secondé par une favorite adroite et sans scrupules; Maupeou, qui intéressait à sa querelle des philosophes et même Voltaire heureux d'affaiblir un corps qui soutenait la monarchie, ou mu par des motifs plus personnels et plus frivoles; Maupeou était l'homme que réclamaient ses desseins, si son génie eût égalé son caractère, et si les évènements n'eussent pas été plus forts que les hommes.

En somme, Louis XV sembla diminuer la France; il fallut de petits appartements pour ce petit prince, et ce qu'il y eut de moins honorable dans ce règne, ce fut le Roi.

Car il s'en faut que tout fût mauvais sous ce gouvernement; mais le public oublia le bon, qu'il considéra comme un étroit devoir du prince, pour ne remarquer que le mauvais. C'est le mauvais que les mécontents et la malignité publique exploitent; ce sont les fautes d'un gouvernement qui le tuent, malgré ses bienfaits ; et c'est pour cela que je les relève, car c'est par là qu'on explique ce qui suivit, non selon l'équité, mais selon les passions publiques; car il est des temps si difficiles, qu'un gouvernement qui n'a pas deux fois raison, a deux fois tort.

La faiblesse de Louis XVI lui fut p'us fatale que ne l'eussent été des vices: cet honnête homme passa une partie de son règne à se dispenser de vouloir, et l'autre partie à se repentir d'avoir voulu.

Un autre honnête homme, Turgot, voulut tout ce qu'il n'est permis de vouloir qu'avec mesure: le parfait étant l'ennemi du mieux qui, seul, se concilie avec le faisable. Turgot voulut trop, et voulut ce trop tout d'un coup : il ne fut pas soutenu, parce qu'il effraya: il tomba pour avoir trop osé, comme d'autres tombent pour ne pas assez entreprendre : un homme d'Etat sait seul ce que les temps sollicitent, ou ce qu'ils permettent qu'on leur impose.

Le probe Turgot ne fut qu'un grand penseur qui maniait aussi bien les idées qu'il maniait mal les hommes, Ce qui lui manqua principalement, ce fut le sentiment du possible ; il compromit tout, parce qu'il précipita tout. Il opérait sur la société comme sur le cadavre; elle ne tarda pas à frémir sous son scapel et à le briser. Turgot apprit donc, à ses dépens, qu'un ministre ne doit pas seulement compter avec les souffrances des hommes, mais avec leurs caprices et surtout leurs vices. Turgot, homme intègre, austère, l'un des plus grands esprits et des plus nobles consciences de son siècle, crut trop que pour faire du bien aux peuples il suffit d'avoir des vues, des vertus, du patriotisme; il ne sut pas qu'il faut même avoir je ne sais quelle fraude, quelle supercherie, quel manége qui fait agréer les bienfaits et fait pardonner aux vertus ; mais s'il se hâtait, disait-il, c'est qu'on mourait jeune dans sa famille; excuse sublime, justification qui n'absout pas entièrement le ministre, mais qui honore l'homme, et qui accroît son nom de toute la grandeur de son âme.

Ce que Choiseul voulait être, Vergennes le fut. C'était mieux qu'un brillant gentilhomme, c'était même mieux qu'un penseur au gouvernement, c'était un homme d'Etat. Vergennes donna de la puissance à un règne qui n'avait ni finances, ni roi; et il fit fonder un Etat par un prince qui perdait le sien. Qu'eût produit sa vie si elle se fût prolongée ? Sauvait-elle la monarchie ? N'ajournait-elle que sa mort ? Qui le sait ? Quoique la mort fût plus probable... Vergennes montra du moins ce que peut le génie d'un homme pour un régime aux abois.

A tout prendre, les règnes de Louis XV et de Louis XVI constituent une sorte de décomposition sociale. Les luttes des pouvoirs et des classes y sont permanentes ; lutte de savants et de lettrés ; lutte des savants entre eux, des lettrés entre eux ; lutte des Jansénistes et des Molinistes ; lutte de la royauté et du Parlement ; de la royauté et du clergé ; du clergé et du Parlement ; des contrôleurs généraux et de la cour ; de la cour et des ministres ; des ministres avec des ministres ; lutte des philosophes contre tous, et de tous, contre les philosophes ; enfin, lutte de tous les ordres, de toutes les classes sociales contre le pouvoir, et du pouvoir contre tout le monde ; un chaos enfin d'où doit sortir un nouveau monde, ou le néant.

Nous devons surtout au règne de Louis XV, qui connut des jouissances inouïes, le culte du dieu *Bien-être* ; — celui de Louis XVI, nous légua le *Turgotisme* sans Turgot, c'est-à-dire l'esprit de réforme poussé à l'excès ; la soif des vastes projets de régénération aussi mal conçus que mal pratiqués ; une perpétuelle immolation du présent au futur ; la corruption de la réalité, par le rêve ; le mécompte et l'irritation dans un bonheur que nos pères n'eussent osé se promettre et que nous perdrons pour n'avoir su le goûter.

III

Le XVIIIe siècle, c'est la grandeur de Louis XIV, abaissée et presque décriée en France ; c'est l'orgie, mais éclatante, de la Régence ; c'est la débauche dégénérant en crapule, par Louis XV ; c'est la société se raffinant et substituant, aux plaisirs, la mollesse ; à l'ordre, l'indiscipline ; c'est un ensemble où tout se détraque visiblement par la faute de tout le monde. On remarquera d'ailleurs que la vie privée y prend tout le développement que perd la vie sociale ; que chacun s'agite, bruit, vit, s'use à vivre sans interruption dans le cercle de ses relations, comme si ses jours étaient comptés; et qu'enfin le carnaval de Venise est moins animé que ne le fut un long siècle mort si tragiquement. Anne de Boulen, après quelques écarts qui lui valurent les vengeances de son terrible mari, riait de sa mort prochaine qu'elle craignait peu, disait-elle, parce qu'elle avait le cou fort petit; le joyeux et frivole XVIIIe siècle se croyait apparemment le cou petit et bravait démesurément sa mort prochaine.

C'est qu'il attendait sa résurrection, non moins que sa mort: ses souffrances seraient courtes, selon les philosophes; sa vie devait se transformer, sans s'interrompre (1): l'ivresse d'une attente infinie remplissait les têtes; on croyait à l'eau de Jouvence des charlatans politiques, comme on avait cru au baquet de Mesmer et à l'or potable; la société était prête à se lancer dans l'inconnu, comme l'aérostat (son invention) dans les airs: mais n'anticipons pas.

La France ne conservait son rang que par ses élégances, et la gloire de ses lettres rachetait l'abaissement de ses armes; de là l'extrême importance de ses modes et de ses lettres, qui donnaient le ton à l'Europe.

On ne peut douter qu'un siècle qui subordonna les rois même, aux écrivains de son temps, n'ait toujours pour lui le suffrage des écrivains, et que, si l'on tente de juger sans passion cette illustre époque, on n'ait contre soi les éloges intéressés de ceux qu'elle fit régner.

Ce n'est pas tout: l'opinion publique protége un siècle qui fut le sien comme celui des lettrés, et même par les lettrés ses fauteurs ou ses complices. Le XVIIIe siècle a donc pour gardes-du-corps, si je peux le dire, non la

---

(1) Les meneurs ne s'y trompaient pas, comme on le verra ci-après.

conscience publique qui lui échappe ; mais sa contrefaçon, — l'opinion publique, — convenu mensonger que les lettrés savent si bien substituer à la justice.

Ce fut une lecture bien nouvelle et bien goûtée que celle de ces fameuses *Lettres persanes*, dont le sens si profond, sous une forme légère, ouvrait au public français tant d'horizons, et donna tant de sel à l'esprit de fronde. On réfléchit beaucoup et l'on ne rit pas moins en lisant dans ce livre : que le pape était un plus grand magicien que le roi de France ; que toutes les religions sont fort embarrassées pour trouver des plaisirs dignes de ceux qui ont bien vécu ; — que les libéralités des rois sont onéreuses aux peuples ; que leur caractère ne s'ouvre qu'entre les mains de leurs confesseurs et de leurs maitresses ; que les ministres sont toujours la cause de la méchanceté de leurs maîtres ; qu'il suffit de leurs mauvais exemples pour corrompre le peuple ; qu'ils appellent d'odieuses lois au secours de leurs lâchetés, et nomment nécessité, l'injustice et la perfidie ; — qu'on n'entend au parlement que des pères irrités, des filles abusées, des amants infidèles, des maris chagrins ; qu'on y devrait compter les voix à la mineure, tant il est peu d'esprits justes ! — qu'on doit cependant lui savoir gré d'avoir solennellement permis à tout Français de prononcer la lettre Z comme il lui plaît ; — que les mandements coûtent beaucoup aux évêques, et que, si le Saint-Esprit les éclaire, c'est qu'ils en ont grand besoin ; — que la France est partagée en trois ordres qui se méprisent mutuellement ; que deux fois la puissance des rois est morte en France ; qu'elle y est ressuscitée deux fois pour parvenir, après un long sommeil, à cet excès de pouvoir auquel rien ne résiste ; — que les Barbares qui envahirent l'Europe n'étaient pas barbares puisqu'ils étaient libres ; qu'ils ne sont barbares que depuis que, soumis à une puissance absolue, ils ont perdu cette douce liberté si conforme à la nature; — que la faveur est la grande divinité des Français; qu'ils changent leurs mœurs suivant l'âge et le caractère de leurs rois; —que c'est par les mains des femmes que passent toutes les grâces de la Cour; que c'est à leur sollicitation que se font les injustices; que le rôle d'une jolie femme est fort grave; qu'un général ne met pas plus d'art à placer sa droite, ou son corps de réserve qu'elle n'en met à placer une mouche qui peut manquer, mais dont elle espère le succès; — que le protestantisme peuple plus que le catholicisme, parce que celui-ci fait du célibat la vertu même; — que les capucins avec leur barbe jusqu'à leur ceinture de corde, leurs pieds nus, leur habit grossier et pointu, sont si bizarres qu'un peintre en peut faire une fantaisie; que c'est un singulier projet d'aller leur faire respirer l'air de Casbin, au lieu de les laisser ramper dans le lieu qui les engendre.

Comment s'étonner qu'on ait dit que le dix-huitième siècle commença par les *Lettres persanes* pour finir par le *Contrat social*, quand l'esprit de critique mène à l'esprit de réforme; et la défiance de ce qui est, au contrat de ce qui doit être?

Le dix-huitième siècle, qui comptait finir par un peuple de sages, commença par créer la licence universelle, et fit du peuple français un peuple de Figaros; si bien qu'entre les mains d'un lettré, la plume devint un stylet, et qu'un libelliste fut aisément un sicaire.

Et pourtant jamais société dissolue n'eut plus d'agrément, de mouvement, de sel. La vie de plusieurs siècles sembla se concentrer dans ce siècle particulier, où fermentèrent tous les biens et tous les maux d'une nation, mais tel que, sous un roi plus que frivole, la société qui l'imite, absout le règne : citons quelques faits.

Un homme de qualité, le baron de Château-Neuf, âgé de quatre-vingts-deux ans, concourt à l'Académie pour le prix de poésie. Au théâtre et sur la scène, un jeune auteur, dans un rôle d'officier *boit à Cypris,* et sa maîtresse lui répond : *Je vais donc boire à Mars*, ce que disant, mademoiselle This, l'actrice en question, jette au prince de Condé une œillade dont le public loue l'à-propos en battant des mains. On répète chez madame la duchesse de Mazarin une pastorale (*Hylas et Sylvie*), que les comédiens français savaient déjà quand la police intervient pour empêcher une représentation trop graveleuse, où les gestes compliquaient le mot. — L'avocat Gerbier, qui avait trop peu dédaigné, pour sa popularité, le parlement Maupeou, est atteint du quatrain suivant, qui le perce en même temps que le ministre :

> C'est à bon droit que l'on renomme
> L'éloquent avocat Gerbier,
> Puisqu'il a fait un honnête homme
> De Monseigneur le Chancelier.

Mademoiselle Clairon et mademoiselle Dubois, qui se disputent la scène, se présentent au théâtre entre deux pièces et font pleuvoir de l'argent sur le parterre au cri de : *Vive le Roi!* à quoi le parterre répond assez bassement : *Vive le Roi! Vivent mesdemoiselles Clairon et Dubois!* Une chanson devenue fameuse, la Bourbonnaise, inonde la France; cette satire de la Du Barry, pénètre jusque dans les villages, et l'on ne peut aller nulle part qu'on ne l'entende.

La danseuse Guimard, qu'entretient le maréchal prince

de Soubise, a trois soupers par semaine : dans l'un, sont les grands seigneurs et les hautes notabilités de Paris ; dans l'autre, sont invités les lettrés et les artistes ; le dernier réunit les filles de joie ; mais les plus lascives, les plus séduisantes, celles que le monde perverti de Paris montre au doigt.

Pendant que l'Académie couronne l'épitre d'*Un fils parvenu, à son père laboureur,* et les satires politiques de Thomas, sous le nom d'*Eloges* ; un poète adresse, à ce même corps, une ode érotique d'un tel accent que Duclos est chargé d'inviter le candidat à quelque pudeur, s'il veut éviter l'entremise de la police. D'autre part, un mécontent qu'agite l'esprit d'invective, fait contre les fermiers généraux un poème qu'il nomme les *Anthropophages.* S'il corrige peu les financiers, ce factum fait du moins arrêter les colporteurs, et procure à ses éditeurs la Bastille.

Le jour de la fête du président Hénault, favori de la reine, madame la comtesse de Jonsac lui présente un ananas qui s'exprime ainsi :

> Lorsqu'en l'Inde je pris naissance,
> Je ne me flattais pas qu'un jour
> Je dusse être offert par l'amour,
> A l'Anacréon de la France (1).

L'impératrice Catherine achète la nue-propriété de la bibliothèque de Diderot pour lui faire une pension déguisée. De son côté, Diderot se rend en Russie pour remercier l'impératrice qu'il proclame un prodige de génie en même temps qu'un ange d'affabilité ; ce qui est tout sim-

---

(1) Vers attribués à Boufflers. Edit. de Furne.

ple chez l'obligé et ne déplaît pas à la souveraine. Marmontel fait plus de bruit avec son *Bélisaire* que Montesquieu lui-même avec l'*Esprit des Lois*, tant ce qui flatte les passions des masses a ses jours de fête comme de mépris !

Les physiocrates qui proclament la souveraineté de la terre, sont remplacés par ceux qui proclament la souveraineté du travail. Ils sont les pères de l'économisme moderne qui parle si haut et fait si peu.

Les enthousiastes de mademoiselle Clairon font frapper un portrait de la grande comédienne et se décorent de ce portrait qu'ils appellent l'ordre du médaillon. La rivalité de Clairon et de mademoiselle Dubois fait naître un complot, fomenté par mademoiselle Clairon, d'après lequel le *Siége de Calais*, où jouait mademoiselle Dubois, serait supprimé. Cette petite conjuration s'exécute, et le jour dit, le *Joueur* est substitué au *Siége de Calais;* mais le public qui veut mademoiselle Dubois dans le *Siége de Calais*, proteste, il s'écrie même : *à l'hôpital la Clairon!* Et Clairon est mise au fort l'Evêque. Il est vrai que c'est madame Berthier de Sauvigny, l'intendante de Paris, qui l'y conduit : qu'elle est magnifiquement meublée en prison ; que les carosses en obstruent l'accès, et qu'elle y donne de somptueux soupers.

Que le comédien Molé soit malade, tout Paris prend part à ses souffrances : et les vins fins lui étant conseillés comme un stimulant, les dames titrées lui en adressent deux mille bouteilles ; et c'est la fleur des vins, dans le siècle des bons vins. — Il se fait des soupers de veuves, que la galanterie recommande et dont la volupté profite. — Une jeune fille à qui pèse l'autorité paternelle ; une jeune femme à qui son mari déplaît, se réfugient à l'Opéra comme dans un sanctuaire ; et là, on les protége, comme danseuses (1), autant qu'on les eût respectées à Rome comme vestales.

Les fats et les courtisanes régnaient si bien, qu'on en fit des couplets mordants.

> Le goût dominant aujourd'hui,
> Est de se déclarer l'appui
> De toute la plus vile espèce,
> Dont notre théâtre est rempli.
> Par de faux talents ébloui,
> A les servir chacun s'empresse.
>   Le faquin,
>   La catin,
>   Intéresse
> Baronne, marquise et duchesse.

Le duc d'Ayen ayant chanté le séjour de Choisy en vers galants comme ceux-ci :

> Ne sommes-nous pas encore mieux
>   Qu'Adam dans son bocage ?
> Il n'y voyait que deux beaux yeux,
>   J'en vois bien davantage !

> Dans ce séjour délicieux,
>   Je vois aussi des pommes,
> Faites pour charmer tous les yeux
>   Et damner tous les hommes.

> Amis ! en voyant tant d'appas,
>   Quels plaisirs sont les nôtres !
> Sans le péché d'Adam, hélas !
>   Nous en verrions bien d'autres !..

Le roi orna, dit-on, cette œuvre d'un couplet de sa main ; voici ce couplet :

---

(1) V. les *Mémoires de Bachaumont,* annotés par le bibliophile Jacob, p. 173.

> Il (*Adam*) n'eut qu'une femme avec lui,
>   Encor c'était la sienne :
> Ici, je vois celle d'autrui,
>   Et ne vois pas la mienne (1).

D'accord!... Le Roi qui voit les femmes d'autrui, ne voit pas la Reine : on s'en doute, mais pourquoi s'en vanter? Le Roi n'a-t-il rien de mieux à dire ou à laisser croire?

En ce temps, le jeune chevalier de la Barre, convaincu de sacrilége sur une croix d'Abbeville renversée et mutilée après boire, et après, dit-il, quelques lectures sceptiques, est supplicié, suivant les lois, mais atrocement : on lui arrache la langue, et on le brûle. Damiens, moins excusable, pour un attentat sur le roi, subit d'incroyables tortures. L'exécution de ce malheureux, sur lequel on accumule les supplices, fait frémir : on comprend mal ce cannibalisme chez des sybarites... Que les lois calomnient l'esprit de leur temps! ou que l'esprit du temps contredit les lois!

Un roi qui chante si galamment ses adultères, souffrira bien quelques ébats chez son chancelier. Meaupeou s'émancipe donc avec la favorite du Roi, mais pour plaire au Roi; le Roi est léger, par plaisir; Maupeou, par calcul. Il lui importe que Du Barry l'agrée, et, dans ce but il captera Zamore : or, Zamore est un jeune nègre que la favorite idolâtre plus qu'une petite maîtresse de notre temps n'idolâtre un épagneul ou un king-charles. Il amusera donc Zamore, il le fera rire. Un chancelier de France est toujours en simarre (une sorte de soutane), qu'il ne quitte qu'en se couchant. Son carrosse et son fauteuil sont

---

(1) *Mémoires* de Bachaumont. *Ibid.*

d'ébène; tout est sévère et presque sinistre autour d'un tel homme; un vieux chancelier eût toujours un air sec et sombre. Maupeou n'est point un ours de ce genre : il est caressant, au besoin folâtre; il veut qu'on sourie, il veut presque qu'on soit heureux en sa présence. Si le matin il intrigue en courtisan, s'agite en désœuvré et se trouve partout; le soir il est tout jovial, il fait sa partie, il court les fêtes, il donne à souper, surtout aux femmes, et leur dit des choses flatteuses. Il n'a point pâli sur des livres moraux ou philosophiques; il ne sait ni législation, ni politique; mais il possède, il sait un livre qui les vaut tous; il lit sans cesse, et très-couramment, dans le grand livre du monde. Il ne voit pas d'homme qu'il ne le sonde, ne le pénètre, ne le suive dans ses moindres replis. Sachant ses pareils corrompus, il connaît la vertu de la corruption; c'est la seule qu'il pratique, et avec quel succès! Je me trompe : il en pratique une autre, la souplesse, cette vertu-mère du courtisan. C'est par cette vertu qu'il lutine Zamore; qu'il lui prête ses genoux, son dos peut-être, tout au moins sa perruque, et qu'il lui prêterait sa simarre s'il ne craignait de s'en dépouiller, même en jouant. Tel est Maupeou chez la Du Barry; on pressent le reste.

Le plaisir de s'émanciper gagne de proche en proche : par une requête au roi, les Bénédictins se plaignent des minuties et des puérilités de leur règle. Ils désirent n'être plus tondus; ils voudraient faire gras, porter l'habit court; ils seraient heureux de n'aller plus aux matines de minuit; de vivre en séculiers, etc.; mais leurs prétentions ne paraissent qu'un acte d'indiscipline, on ne les écoute pas.

On publie que l'abbé de la Tour-du-Pin, prédicateur en renom, est mort d'une fièvre maligne, mais en philosophe, en repoussant les sacrements. Les vérités ou les rumeurs du même ordre se multiplient : on prétend qu'un évêque de Saint-Brieuc, qui en eût pris sur l'autel et conté à la Sainte-Vierge, surpris par le retour subit d'un mari, pendant un tête-à-tête avec sa femme, a reçu de celle-ci à la cuisse, un coup d'épée qui a montré toute l'adresse de la dame, mais mis Monseigneur au lit. Ne dit-on pas aussi que le bourreau de Soissons, trouvant le Lieutenant criminel du lieu dormant avec sa femme, a pris patience, fait rougir son fer à marquer et gauffré l'épaule du délinquant? Ceci même est plus qu'un on-dit, car on a condamné l'exécuteur des hautes-œuvres au fouet et aux galères (1).

Il court de plus, sur l'évêque de Tarbes, un récit plaisant (2) : c'est que la voiture de l'élégant prélat, ayant accroché et mis hors de service un fiacre qui conduisait une dame, le prélat a galamment offert son carrosse, pour conduire la dame en question jusqu'à l'hôtel de la Marine où elle allait; que de là, Monseigneur donnant respectueusement la main à cette dame, l'a menée chez le secrétaire général, au grand amusement des domestiques et des garçons de bureau cherchant quels rapports pouvaient exister entre la célèbre entremetteuse Gourdan, et Monseigneur de Tarbes. On ajoutait, à l'honneur du jeune prélat, qu'il était peut-être le seul qui ne la connût pas.

On jugera de la futilité des goûts du temps, par le catalogue des almanachs recherchés. On les vend sous divers titres : l'*Amusement à la mode*; l'*Après souper des Dames ou les Amusements d'Eglé*; le *Badinage amusant*; le

---

(1) *Mémoires de Bachaumont*, p. 363. — (2) Voir l'*Espion anglais*, 2-50 et suiv.

Calendrier des amis; la *Chiffonière de Vénus*; les *Etrennes récréatives*; l'*Inventaire du pont Saint-Michel*; *Je ne saurais me taire*; les *Papillotes*; le *Perroquet ou les Masques levés*; *Tout ce qu'il vous plaira*..... mais on se plaisait, on le voit, à peu de chose.

Dans un temps où règnent les Cagliostro et les Saint-Germain, comment s'étonner que le médecin Petit, croie devoir revêtir l'habit d'un sorcier (longue barbe, extérieur malpropre, baguette et chapeau pointu), pour guérir des convulsions qu'un prétendu sorcier a données à son malade. Les confrères de Petit s'en scandalisent, mais il en rit; car pourquoi ne serait-on pas nécromancien pour guérir un fou, s'il est possible? et les philosophes l'approuvent.

Mais ce qui surprend d'un artiste, en pareil temps, c'est que Natoire, directeur de l'Académie française à Rome, en ait exclu le sieur Mouton, son élève, pour n'avoir pas satisfait au devoir pascal; pour s'être contenté de se confesser, sans communier; comme si l'Académie était un séminaire, et qu'on ne pût peindre avec esprit, sans dévotion!

L'abbé Baudeau, qu'on appelle en Pologne pour y appliquer son système *économique*, se fait retenir en France au moyen de vingt mille livres de rentes qu'on lui assignera sur les postes. Il continue donc son journal des *Ephémérides,* et publie différents écrits sur le système social. On prétend qu'il se donne des correspondances supposées, pour avoir l'honneur de les réfuter; mais qu'il croit ce petit charlatanisme permis pour le succès de son œuvre et de sa fortune.

La mère-abeille des grands lettrés, madame Geoffrin, qui revient de Pologne, passe par Vienne où l'impératrice-reine et l'empereur, l'accueillent en souveraine et avec une familiarité qui relève plus la dame en question, que ses hôtes. Madame Doublet (1), moins connue que la précédente, meurt à quatre-vingt-quatorze ans. Sa maison avait longtemps été célèbre comme un rendez-vous de gens d'esprit. L'aimable paresseux Bachaumont, en était l'hôte très-assidu ; c'est là surtout qu'il puisait les éléments de ces mémoires piquants où le siècle semble revivre. Madame Doublet voulait tout savoir ; on disait qu'elle allait pour cela, du cèdre jusqu'à l'hysope : puis, chaque jour, on vérifiait chez elle les nouvelles courantes ; on en réunissait, on en contrôlait les détails ; on les soumettait à l'épreuve du bon sens et de la raison ; on ne les répandait qu'avec l'estampille de la maison, si l'on peut le dire ; mais avec tant de crédit que, pour savoir s'il fallait ou non, croire un récit, une anecdote, un trait de mœurs, une épigramme quelconque, on demandait : « Cela sort-il de chez madame Doublet ? » Eloge et garantie tout ensemble, que l'histoire des mœurs enregistre pour justifier ce qu'elle propage (2).

Le dix-huitième siècle invente les faux galons (3), qui se vendent fort bon marché, et qu'on nomme galons à la *Chancelière,* « parce qu'ils sont faux et ne rougissent pas. » — On parle même d'une *machine à feu* (4), pour la traction des trains d'artillerie, que Gribeauval expérimente. Cette machine, qui a, dit-on, traîné dans l'arsenal un socle de canon de quarante-huit, pesant cinq milliers, a parcouru, en une heure, cinq quarts de lieues. On prétend qu'elle pourra gravir les hauteurs les plus âpres et franchir

---

(1) Que représente encore aujourd'hui M. le marquis Doublet de Persan. (2) C'est à cette source que j'ai puisé.
(3) Vers 1770. (4) En octobre 1769. — Voir les *Mémoires de Bachaumont,* p. 445.

tous les obstacles que l'inégalité ou l'affaissement des routes, opposent.

D'autre part, on parle beaucoup, dans le même temps, d'un autre véhicule : il s'agit d'un *vis à vis*, que tout Paris veut voir chez le sellier. On le dit une merveille de luxe et d'élégance ; dans les équipages de la Dauphine, on ne voit rien d'aussi rare. Sur un fond d'or couvrant les panneaux, sont les armes de la Du Barry, avec le fameux cri de guerre : *Boutez en avant !* Chaque panneau porte, dans une corbeille, un lit de roses sur lequel se becquettent deux colombes. Les cœurs transpercés de flèches, les carquois, les flambeaux, tous les emblèmes de Cythère, augmentent, en l'accentuant, l'ornementation. On en remarque surtout le couronnement, composé d'une guirlande exquise en fleurs de Burgos. En un mot, rien n'est imparfait dans cet ensemble où le siège du cocher, les supports des laquais, les roues, les moyeux, les marchepieds, sont couverts de détails précieux. L'œuvre entière respire l'art et la volupté, dans la magnificence. — Bientôt, pourtant, soit que le roi trouve cela trop beau pour la favorite, soit que celle-ci veuille mieux et méprise cette bagatelle, le rare *vis à vis* est vendu au rabais, circonstance qui n'émeut pas moins que sa création, et sait préoccuper tout Paris de deux caprices.

De grands procès agitent l'opinion publique : c'est celui de Calas, que Voltaire flétrit, mais que des magistrats qui ont vu le dossier, s'expliquent ; — c'est celui de Beaumarchais, où l'esprit du corrupteur fait rire de l'honnête homme ; — c'est celui du procureur général Lachalotais, rude breton, nerveux écrivain, qui n'est exempt ni d'orgueil, ni de gloriole ; — c'est le grand et sanglant procès de Lally dont l'humeur fière et trop irlandaise, fait le malheur ; mais dont l'éloquence et la piété de son fils, font la gloire ; — c'est le procès criminel que la présidente de Saint-Vincent intente au maréchal duc de Richelieu, où ce patron de la Du Barry, ce proxénète royal, joue le rôle d'un aigrefin sans vergogne, auprès d'une femme ridicule (1); — c'est, enfin, le fameux procès du Collier, monument d'ignominie pour le cardinal, pour ses complices, pour le Parlement, et pour le siècle dont il clot, en les surpassant, tous les scandales.

Une manie anglaise, qu'expliquerait la fièvre des esprits, s'introduit en France : le suicide, si rare autrefois, devient fréquent. Les exemples, selon Bachaumont, s'en multiplient extrêmement: on en ignore beaucoup, on n'en cache pas moins, par intérêt pour les familles et pour arrêter la contagion : « le goût du suicide s'accroît en même temps que le progrès de cet esprit, prétendu philosophique, également contraire à la raison et à l'héroïsme. » Les deux belles lettres qu'écrit Rousseau sur ce texte, constatent autant le mal, que l'inanité du remède. Enfin, d'Holbach, professe doctrinalement le suicide que Rousseau, qui le combat mollement, pratiqua peut-être. Tout cela coïncide d'ailleurs avec les folies chez Nicolet, où l'on danserait sur les morts, si les morts pouvaient réjouir les vivants.

« Le 17 de ce mois, écrivait MADAME, duchesse d'Orléans, il y a eu une chose terrible à un bal masqué : six masques sont arrivés; deux portaient des flambeaux et quatre un brancard, sur lequel était un homme masqué et couvert d'un domino : ils l'ont posé au milieu de la salle et se sont retirés ; on a demandé au masque qui était sur le brancard s'il voulait danser, mais il n'a pas répondu: on

---

(1) Voir là-dessus, l'*Espion anglais*; — on peut y ajouter : les procès Sirven, Kornman, Morangiès, Waldahon, Mirabeau, La Barre et cent autres.

lui a ôté le masque de dessus la figure, et on a trouvé que c'était un cadavre (1). »

Un jour, sur une statue du roi Louis XV, on trouve cette inscription trop méritée : *Statua, Statuæ;* — à l'église de Notre-Dame, on lit sur un écriteau de la chapelle de l'abbé Grisel : « Relâche au théâtre ; » — en revanche, on dresse une statue à l'auteur de la Pucelle ; on le porte caduc sur la scène, pour en faire l'apothéose ; et s'il n'est pas Dieu, ce n'est pas la faute des hommes, qui l'appellent au moins le roi Voltaire.

Tel fut, dans ses dehors, ce siècle vanté qui célébra tout, si ce n'est la vertu ; qui mit le vice en honneur et même en doctrine ; que tout gouverna, si ce n'est le maître : ce siècle de tant d'écarts si âprement flétris par Gilbert, mais si cruellement vengés par 93, quand les lettrés immolèrent leurs patrons, les convives leurs hôtes, les clients leurs défenseurs, les domestiques leurs maîtres (2), les enfants même leurs pères ; quand il fallut que le sang des victimes et des bourreaux, lavât tant de délires ; quand une nation faillit s'éteindre dans ce rajeunissement, dont on la berçait, et qui reste encore un problème.

IV.

Le discours préliminaire que fit d'Alembert, pour l'Encyclopédie, est excellent (3) ; on y remarque une science,

---

(1) *Lett.* de Madame, duchesse d'Orléans, du 27 février 1721.

(2) « Un valet de Louis XVI, nous instruisait jour par jour, de ce qui se passait à la Cour, et le tableau qu'il en faisait ne pouvait inspirer de la vénération » Prudhomme, *Miroir de Paris,* 2-38.

(3) C'est dans ce *Discours,* ainsi que dans les notes et défenses qui l'accompagnant, que je puise les renseignements ci-après que j'apprécie.

un tact, un goût, une impartialité de jugement, une ampleur de plan, une sagesse, auxquels répondit mal le corps de l'œuvre; mais il est impossible, à quiconque lit ce discours, de n'être pas frappé de la grandeur et de l'honnêteté des vues.

Diderot, qui en était l'âme, s'était réservé de traiter des arts et des métiers; il en connaissait la langue mieux que personne; il écrivait d'ailleurs sur des mémoires fournis par des chefs d'ateliers et des ouvriers. — Le grand livre de l'Encyclopédie, se divisait en trois branches principales: les sciences, les arts libéraux, les arts mécaniques. Un corps de savants et de lettrés s'était partagé l'œuvre, dont les spécialités étaient confiés à des esprits compétents. Tous affirmaient, par d'Alembert leur organe, qu'ils ne souhaitaient qu'être utiles et oubliés. L'Encyclopédie n'en serait pas moins un sanctuaire où les connaissances des hommes s'abriteraient, disaient-ils, contre le temps et ses commotions.

En effet, les hommes du monde devaient trouver en ce livre, une bibliothèque en tout genre : il serait aussi la bibliothèque de tout savant, si ce n'est pour ce qui constituait sa propre supériorité : car dût-on convenir que le livre en question manquait, sur chaque objet, de la profondeur requise des plus doctes, il n'en contenait pas moins les vrais principes des choses : il en marquait les rapports; il contribuait à la certitude comme au progrès de nos connaissances; si bien, qu'en multipliant le nombre des vrais savants, des artistes, des amateurs éclairés, il répandrait, dans la société, de nouveaux bienfaits.

Les auteurs de l'entreprise s'étaient assurés de collaborateurs en faveur. Le médecin consultant du roi, M. Falconnet, qu'on qualifiait soit d'homme de lettres citoyen, soit d'homme d'esprit philosophe, leur ouvrait sa riche bibliothèque, et daignait revoir de nombreux articles. — Le Garde de la bibliothèque du Roi, M. l'abbé Sallier, lequel honorait, disait-on, le choix du Prince, puisqu'il savait seconder ainsi ses vues, ne s'était pas montré moins gracieux; d'autres esprits du même genre, étaient présentés comme des encyclopédistes en titre, ou honoraires. N'était-ce pas dire combien la religion et le trône seraient respectés? Aussi le prospectus de l'œuvre, écrit par Diderot, avec cette verve et cet élan d'enthousiasme qui constituaient sa nature, eut-il un succès immense. L'Europe qui le lût avidement, y fit droit; et la clientèle de l'Encyclopédie fut innombrable. Comment résister à des hommes qui sont, auprès de leur siècle et de la postérité, les distributeurs de la renommée (1), les juges des opinions et les appréciateurs des hommes? Les dictateurs de la célébrité, ne permettaient pas qu'on les méconnût.

Ce langage officiel et les épanchements familiers entre philosophes, se ressemblaient peu. Dans la franc-maçonnerie des *Cacouacs* (2), on savait le but secret de l'ouvrage; on sentait tout ce que ce nouveau cheval de Troie, portait dans ses flancs. Le livre avait un dessus et un dessous, pour ainsi dire : par exemple, on étalait de grands principes au mot *religion,* mais on les démentait au mot *superstition.* — Ce qu'on respectait au mot *certitude,* on le détruisait au mot *probabilité.* On affirmait l'âme au mot *âme,* on la supprimait au mot *animal,* et ainsi du reste.

---

(1) D'Alembert, *Préface* de 1759.
(2) « Tous les *Cacouacs* devraient composer une meute; mais ils se séparent et les loups les mangent : faites un corps, messieurs; un corps est toujours respectable; ameutez-vous, et vous serez les maitres; je parle comme un républicain » Voltaire à d'Alembert, 19 janvier 1757, — 13 février 1758.

Chaque mot capital avait son concurrent, auquel on renvoyait, comme pour le compléter, mais au fond pour le ruiner (1).

On prenait, dit Condorcet, tous les tons, on employait toutes les formes, depuis la plaisanterie jusqu'au pathétique ; depuis la compilation savante, jusqu'au pamphlet. On ménageait le tyran, pour combattre la religion ; la religion, pour combattre le tyran. On immolait ainsi le pouvoir, par les croyances ; les croyances, par le pouvoir, et, comme toujours (car cet art ne s'est pas perdu), les chefs « surent se cacher à la persécution, tout en se montrant suffisamment pour ne rien perdre de leur gloire (2). »

L'anglais Chambers avait fait une encyclopédie avant nos philosophes : il l'avait exécutée de bonne foi, sans arrière-pensée. Son grand livre s'était répandu tranquillement, comme tout ce qui est honnête : jamais la moindre récrimination n'avait inquiété le probe éditeur. Quand l'encyclopédie française fut mieux connnue, elle excita des tempêtes. L'unité de système qu'elle se vantait de posséder constituait un vrai danger, si le système était mauvais. Ce n'était donc plus une bibliothèque, avec ses enseignements divers confiés à divers esprits : c'était un livre de prosélytisme (et lequel!) s'imposant à la pensée humaine, par le manége : c'était un livre subversif, d'après d'excellent esprits.

D'Alembert le défendit vivement, mais cauteleusement, selon sa trempe. Les articles *âme* et *Dieu*, disait-il, ne

---

(1) Voir les mots : *Locke, Préjugé, Fanatisme.* — Condorcet avoue et glorifie ce manége : les erreurs respectées « devaient être trahies par la faiblesse de leurs preuves, ou ébranlées par le voisinage des vérités qui en sapent les fondements. » *Vie de Voltaire.* (2) Condorcet *Ibid* leur donne textuellement cet éloge.

sont pas du matérialisme (1); l'Encyclopédie n'est pas l'œuvre d'une société hostile à la religion ou à la morale : ce qu'il faut flétrir, ce n'est pas le livre, mais ceux qui, en l'attaquant, « ne cherchent qu'une existence et des protecteurs. » — Le gouvernement ne s'en émut pas moins des souffrances de la conscience publique; il suspendit la publication : mais les philosophes surent remuer des ministres. Choiseul, Malesherbes, plusieurs Grands, leur vinrent en aide, et d'Alembert put écrire : « Le gouvernement a paru désirer qu'une entreprise de cette nature ne fût pas abandonnée, et la nation a usé du droit qu'elle avait de l'exiger de nous (2) : formule impérieuse qui a fait école, et qui châtie toujours les gouvernements qui la méritent; persiflage dont les partis qui triomphent, humilient toujours un pouvoir vaincu.

L'Encyclopédie était, au fond, un livre mal fait : Diderot lui-même (3), l'appelait une hotte de chiffonnier, où tout était pêle-mêle, le bon et le mauvais, le certain comme l'incertain; mais surtout l'incohérent. Selon d'Alembert (4), c'était un habit d'arlequin, formé de drap passable et de haillons. Voltaire (5) l'appelle du velours et du drap d'or entrecousus; mais, de plus, un entassement de fadaises, dignes d'un laquais de Gil Blas.

Ce fut surtout Frédéric II qui méprisa l'œuvre et ses auteurs. Qu'est-ce qu'un Encyclopédiste? 'Cest, dit-il, un sectaire, qui se croit supérieur à tous les humains; c'est un cynique, prompt à débiter sans façon tous les paradoxes. Selon Frédéric, la France va devenir une république dont un géomètre sera le législateur et que les

---

(1) On a vu qu'il se plaçait ailleurs, et ce qu'en a dit Condorcet.
(2) *Préface* du 3e volume. (3) Voy. Feller, *Dictionnaire des hommes illustres,* article Diderot. (4) *Lett.* du 22 févr. 1770.
(5) *Lett.* à d'Alembert, 29 fév. 1757.

géomètres gouverneront, en soumettant toutes les opérations au calcul infinitésimal. C'est déjà le mot de Napoléon Ier, sur les idéologues ; c'est le dédain du praticien, pour le métaphysicien ; de celui qui connaît les hommes, pour celui qui ne connaît que les livres ; la moquerie de celui qui sait le possible, contre celui qui veut l'absolu.

« Ils haïssent les armées et les généraux, poursuit Frédéric ; cela ne les empêche pas de se battre à coups de plume, et de se dire des grossièretés dignes des halles. S'ils avaient des troupes, ils les feraient marcher les unes contre les autres (1). » Quel devin ! Que dirait de mieux Frédéric, s'il vivait encore ; s'il connaissait les évènements qui suivirent sa mort ; s'il voyait les continuateurs des philosophes ?

« Leurs beaux propos s'appellent des libertés philosophiques... ils débitent hardiment toutes les extravagances qui leur viennent dans l'esprit, sûrs d'être applaudis. Mon avis serait de loger ces messieurs aux petites maisons, pour qu'ils fussent les législateurs des fous, leurs semblables, ou de leur donner à gouverner une province qui méritât d'être châtiée ; ils apprendraient par leur expérience, après qu'ils auraient tout mis sens dessus dessous, qu'ils sont des ignorants ; et surtout, qu'on s'expose à dire force sottises, quand on se mêle de parler de ce qu'on n'entend pas (2). » — Ainsi s'exprimait un homme qui entendait tout ; qui connaissait les lois, les lettres, la philosophie, non moins que l'art militaire ; un de ces hommes universels, un de ces miracles d'esprit et de caractère, dont la nature est avare. Il disait vrai sur les sages, quand il ajoutait (3) : « Socrate, Aristote, Gassendi, Bayle, se

---

(1) Œuvres posthumes du roi de Prusse ; *Dialogue des morts.*
(2) *Ibid.* (3) *Ibid.*

conduisaient autrement; » il pouvait y joindre Leibnitz, bien dignes d'eux ; et vingt autres, dignes de Leibnitz.

Pour mon compte, je me résumerais ainsi sur le livre : Dans l'ordre moral, ce fut l'esprit de quatre-vingt-neuf qui le conçut, mais ce fut l'esprit de quatre-vingt-treize qui l'accomplit : le souffle de Voltaire fit naître l'Encyclopédie ; le souffle de d'Holbach l'empoisonna ; là, comme ailleurs, les déistes furent enterrés par les athées ; les libéraux par les révolutionnaires ; les Girondins par la Montagne.

V

On a dit (1) que les principes du dix-huitième siècle, se partageaient en trois courants; celui de la raison pratique et du déisme, issu de Voltaire; celui du naturalisme sensualiste, issu de l'Encyclopédie ; celui du sentiment, issu de Rousseau. — Cela n'apprend rien, car quelle société n'a pas relevé de la raison, des sens et du sentiment? Est-ce que la raison, les sens et le sentiment, ne se partagent pas le monde depuis qu'il existe? — Ce qui caractérise plutôt ce siècle, c'est le mépris de la tradition et des croyances, auxquelles il substitua, comme par la force des choses, l'excès de la confiance dans la raison; l'excès de tolérance dans l'essor des sens; l'excès d'abandon dans le sentiment. C'est que, là où le frein de l'orgueil et des passions n'est plus, la raison, les sens, le sentiment, s'exagèrent. — Comme dans toutes les sociétés en déclin, le dix-huitième siècle fut brillant; il mit du prestige dans sa décadence; il fit prendre ses désordres

---

(1) H. Martin : *Génie de la France.*

pour de la force : ce fut son secret, c'est notre illusion ; mais voilà tout.

Le mot d'ordre du temps, était celui-ci : Croyons tout, si ce n'est ce qu'ont cru nos pères ; nous vivons d'un esprit nouveau, nous sommes le siècle des lumières ; qu'emprunter dès lors aux siècles ignorants, à la barbarie, aux préjugés, qui dégradèrent nos devanciers ? Et, ce fut au nom du genre humain, que le dix-huitième siècle félicita quiconque dans un drame, un discours, une épître à succès, attaquait quelques vieux us, quelque vieille loi, quelque ancienne opinion, une vérité de tous les temps, une tradition quelconque. L'inexpérience lui sembla le meilleur fondement de toute science : vingt ou trente axiomes saupoudrés, comme de nos jours, d'autant de mots incompris (1), pourvoyaient à tout. Les plus solides publicistes n'y résistaient pas. De là, tant d'Arcadies, depuis l'abbé de Saint-Pierre, jusqu'à son homonyme ; de là, tant de Cyranos de Bergerac, si inférieurs à leur modèle, d'après Voltaire ; de là, le beau livre de Montesquieu, sur l'*Esprit des Lois*, si facilement vaincu par le *Contrat social* ; de là, Mably ; de là, Condorcet ; de là, Babœuf et sa secte : il fallait, à l'exagération, de l'enchère, et elle en trouvait.

Qui ne sait dans quels écarts des sens tomba le dix-huitième siècle ? Le Parc-aux-Cerfs ne fut pas seulement un exemple, mais une école. Les mariages du temps, sont célèbres par leur relâchement ; la *Pucelle* et le *Sopha*, témoignent de l'immoralité des lettres ; et l'on sait suffisamment que leur obscénité fut très-dépassée. Le clergé même, le clergé de cour, il est vrai, dont notre épiscopat

---

(1) C'était alors : *humanité, philosophie, nature* ; comme c'est maintenant : *aspirations des peuples, nationalités, progrès*, etc.

actuel est une si noble censure, fut corrompu. Citer ses scandales (1), serait ne rien apprendre à personne; il vaut mieux les oublier que les flétrir.

Quant à l'hyperbole du sentiment, qui la connut mieux que le même siècle? la *sensiblerie* de ce temps, est notoire; elle est restée parmi nos modes grotesques. Les âmes sensibles datent presque toutes de cet âge; l'apostrophe, l'interjection, les pleurs, l'emphase, ne fleurirent jamais autant parmi les hommes. Mais l'excès engendra l'excès, lequel ne connut plus de limites : la sensibilité commença par pleurer, elle finit par égorger; Diderot et Rousseau, furent exagérés par Raynal qui déclama ce que Marat exécuta.

La philosophie, qui professe l'amour des hommes en général et qui sacrifie la patrie à l'humanité, substitue le cosmopolitisme au patriotisme. Les Français du dix-huitième siècle aimèrent trop le genre humain; pas assez la France.

La philanthropie, fondée sur la philosophie, aime l'homme d'un amour abstrait et sceptique, dont le siége est dans la tête, plus que dans le cœur. Le philanthrope-philosophe, s'il aime l'homme, méprise les hommes; et de là, tant de philanthropes qui firent couler tant de sang par amour pour l'homme, mais par mépris des hommes (2).

Ce siècle eût des idées trop vastes pour ses mœurs, et des illusions plus vastes que ses idées mêmes. Vouloir supprimer dans l'univers la guerre, la pauvreté, l'oppression, c'était plus généreux que sage; et des hommes (3) qui prétendaient tout ramener à la nature, la méconnais-

---

(1) L'*Espion Anglais*, si bien renseigné sur les mœurs du temps, 1-182, en dit assez. (2) Voir ci-dessus, mon étude sur le *philanthropisme*. (3) D'Holbach, Rousseau et tant d'autres.

saient, ici, singulièrement. Pour supprimer la guerre, il faudrait supprimer les passions; pour supprimer la pauvreté, il faudrait supprimer la paresse, et même l'inégalité des aptitudes; pour supprimer l'oppression, il faudrait supprimer l'ambition et toutes les formes de l'ambition; car l'oppression est partout où le plus fort ou le plus artificieux, commet une violence ou une fraude.

Que signifie d'ailleurs cette formule : « Revenir à la nature? » Est-ce que toutes les natures, violentes ou basses, ne veulent pas voir la nature dans leur nature? Est-ce que l'expérience n'est pas, dans l'ordre social, le meilleur guide? Est-ce qu'elle n'est pas notre meilleure institutrice sur le caractère, la portée, l'utilité, le néant des choses, par conséquent le meilleur moyen de savoir les choses? Est-ce que la tradition n'est pas plus sûre que la divination ou l'intuition?

Pendant cinquante-neuf ans (1) la société française n'eut d'autre aliment que l'esprit. Elle n'agissait pas, elle se contentait de penser; ce fut là une des plus grandes corruptions de sa trop longue et molle paix. Car, si l'homme est noblement fait pour penser, il n'est pas fait pour ne faire que penser. C'est par l'action, qu'il corrige et vivifie sa pensée; c'est par l'action, qu'il exerce sa volonté, qu'il assouplit ses passions ; c'est, en le dénaturant, que l'oisiveté le déprave.

Dès 1762, on s'entretint beaucoup d'un livre odieux intitulé les *Trois Nécessités*. Lesquelles? Supprimer les jésuites en France; y détruire la religion chrétienne; *empêcher* M. le Dauphin. Très peu après, le titre changea; on substitua quatre nécessités, aux trois : la quatrième fut une scission avec le pape. On disait ce livre

---

(1) De 1715 à 1774.

proscrit par le conseil souverain d'Alsace qui ne l'aurait ni lu, ni connu ; mais au fond la rumeur, sur ce point, fut énorme et tint lieu du livre (1).

Le cri de *vive le Roi* commençait à être contesté au théâtre (2). Dès 1763, on acclamait sur la scène une comédie en vers (le *Bienfait rendu*), satire amère contre la noblesse, et surtout la haute noblesse (3). On y jouait, presque en même temps, une pièce médiocre (4) qui faisait fort applaudir quelques vers contre les rois héréditaires, et mettre le négligent censeur dramatique Marin à la Bastille.

Les philosophes demandent d'ailleurs qu'on fasse servir aux travaux publics les bras des condamnés à mort, et qu'on imite la fille de Pierre-le-Grand, Elisabeth Pétrowna, dont le règne fut pur de toute exécution capitale.

Helvetius, plus frondeur et discoureur que penseur, publie son livre *de l'Esprit* que juge assez bien le couplet suivant :

> Admirons tous cet auteur-là,
> Qui *de l'Esprit* intitula
> Un livre qui n'est que matière.

Mais d'Holbach prêche ouvertement l'athéisme : l'Evangile remplacé par le dogme du chaos, du néant, voilà ce qui charme ce rêveur étranger qui ne doit sa réputation qu'à son délire ; délire froid, raisonné, qui n'est pas d'un méchant homme, mais qui ne peut qu'empirer tout méchant homme.

Il se fonde à Genève un cercle où l'on n'admet pas un

---

(1) V. les *Mémoires* de Bachaumont, p. 36 et 46. — Août et octobre 1762. (2) *Ibid.*, 66. (3) *Ibid.*, 71. (4) *Théagène et Chariclée*, de Dorat.

seul membre qui croie au Christ. Un croyant qui passe sous ses fenêtres est, pour ce cercle, un objet de persifflage : on crie sur lui, on le hue, comme le feraient des enfants à l'aspect du premier capucin, et Voltaire en tressaille (1). Selon le même Voltaire, il est dur d'être borné aux gémissements contre l'Eglise : il n'en faut pas moins gémir « pour que bœuf-tigre frémisse (2). » Il écrit d'ailleurs au roi de Prusse (3) :

> Il est beau de savoir railler
> Les arlequins faiseurs de bulles ;
> J'aime à les rendre ridicules ;
> J'aimerais mieux les dépouiller.

Rousseau avait déjà dit : « Vous êtes perdus si vous oubliez que les fruits sont à tous et que la terre n'est à personne (4). » — Il provoquait Brissot de Warville à proclamer plus tard ce mot, dont Proudhon n'est que le plagiaire : « La propriété, c'est le vol. »

Selon Diderot : « Quelqu'autorisés que soient les chefs, ce ne sont toujours que des commis du peuple. Quelque fou que soit le peuple, il est toujours le maître. C'est sa voix qui élève certaines têtes, qui les rabaisse ou qui les coupe (5). »

« Vous souffrez, s'écrie Raynal (6), qu'une douzaine d'enfants appelés rois, armés de petits bâtons appelés sceptres, vous mènent à leur gré! Obéissez. — Sachez être malheureux, si vous ne savez pas être libres. » Un autre écrit : « Des milliers d'hommes dépouillés de tout par la

---

(1) *Lett.* à d'Alembert, 7 septembre 1764. (2) A d'Alembert, 24 mai 1769. (3) Le 3 juin 1770. (4) Disc. sur *l'Inégalité des Conditions.* (5) V. *Encyclopéd. méthod.* philos. anc., et moderne, art. Diderot. (6) *Hist. philos.*, 9 — 19.

dureté de leurs maîtres, enhardis par le sentiment de la liberté, encouragés par le vrai droit naturel, oseront enfin réclamer leurs droits : que risquent-ils (1) ? »

« J'ai entendu dire à un Whig, fanatique, peut-être ; mais il échappe quelquefois aux insensés des paroles d'un grand sens ; je lui ai entendu dire que tant qu'on ne mettrait pas à Tyburn (2) un mauvais souverain, ou du moins un mauvais ministre, avec aussi peu *de formalités* et *d'appareil*, de tumulte et de surprise qu'on y conduit le plus *obscur des malfaiteurs*, la nation n'aurait, de ses droits, ni la juste idée, ni la pleine jouissance qui conviennent à un peuple qui ose se croire ou s'appeler libre (3). » — C'était parler, et ce fut compris. La théorie qui conduisit Louis XVI au Temple n'attendait qu'une occasion.

Cependant, en face de nos convulsions, Raynal, dont la tête emportait le cœur, mais dont le cœur ramenait la tête, rougit de lui-même ; il eut peur de ses doctrines ; il les rétracta. Sa noble lettre à l'Assemblée constituante en est la preuve.

Je dis mal ; sans rétracter ses œuvres, il en explique l'intention : il distingue surtout ce que permet l'emportement philosophique, de ce qu'admet la sagesse législative. « Jamais les conceptions hardies de la philosophie n'ont été, dit-il, présentées par nous comme la mesure rigoureuse des actes de la législation. — J'ai médité toute ma vie les idées que vous venez d'appliquer à la régénération du royaume. — Alors, aucun motif ne m'appelait à en faire l'application, ni à calculer les effets

---

(1) *Le Prophète philosophe*, 292. (2) Tyburn était le Montfaucon de l'Angleterre ; on y voyait des potences et des pendus. (3) *Hist. philos.*, 9 — 254.

des inconvénients terribles attachés aux factions, lorsqu'on les investit de la force qui commande aux hommes et aux choses ; lorsque la résistance des choses et des passions des hommes, sont des éléments nécessaires à combiner (1). » — Très-bien ; voilà comment les hommes d'Etat doivent comprendre les philosophes.

Mais ceux-ci ne doivent pas s'étonner qu'on les comprenne si mal, quand ils sont si clairs ; et la plume est un glaive qu'il ne faut émoudre que dans la mesure de ce qu'on veut trancher.

Voltaire eût-il imité Raynal? On l'ignore. Quoiqu'il en dit, les grands désordres, les nivellements, le sang, étaient peu de son goût. Il pressentait la révolution ; il en entrevoyait l'aurore : « Il nous laissait, écrivait-il, des limes et des ciseaux ; les jeunes gens devaient voir un beau tapage (2). » — Mais tout cela ne va guère plus loin que l'esprit de fronde et de réforme.

Cependant les tendances de la philosophie étaient bien comprises. En 1768, Bachaumont (3) écrit déjà : « Il s'est élevé depuis quelques années, en France, une secte de philosophes audacieux qui semblent avoir eu le système réfléchi de porter une clarté fatale dans les esprits ; d'ébranler toutes les croyances, de renverser la religion et de la saper jusque dans ses fondements. Les uns, troupes légères du parti, armés du sarcasme et de l'ironie, ont d'abord, sous des allégories sensibles, des fictions ingénieuses, couvert d'un ridicule indélébile ses ministres, ses dogmes, sa liturgie, sa morale même. D'autres, spécialement profonds, cuirassés d'érudition, hérissés de métaphysique, se sont présentés le front découvert, l'ont

---

(1) *Moniteur universel* du mercredi 1ᵉʳ juin 1791, p. 634. (2) Au comte d'Argental, 15 sept. 1775. (3) *Mémoires,* sept. 1768.

attaquée à force ouverte, ont déployé contre elle les raisonnements les plus formidables, et, ne trouvant pas d'athlètes dignes d'eux, sont malheureusement restés maîtres du champ de bataille. Aujourd'hui que ces incrédules regardent leur ouvrage comme fort avancé; qu'ils attendent du bénéfice du temps que la lumière, gagnant de proche en proche, dissipe totalement la nuit des préjugés, de l'ignorance, de la superstition ; ils attaquent leurs adversaires dans leurs derniers retranchements. Ils prétendent prouver *que la politique n'a aucun besoin de la religion* pour *le soutien et le gouvernement des Etats.* »

De son côté, le chancelier Séguier, dans son célèbre réquisitoire de 1770, s'écriait : « La philosophie n'a point borné ses projets d'innovation à changer la forme d'un gouvernement : son génie inquiet, entreprenant, ennemi de toute dépendance, s'est également élevé contre toutes les constitutions politiques, et ses vœux cruels ne pouvaient être remplis qu'après avoir précipité le monde entier dans l'anarchie et dans tous les maux qui en sont inséparables. » Qui eut tort, du chancelier Séguier ou des philosophes ? Ils ne peuvent prétendre au moins qu'il mentît; souhaitons-leur qu'ils n'aient pas plus erré dans leurs plans, que lui sur leur compte.

Leibnitz prévoyait déjà, de son temps, une révolution européenne; Rousseau la pressentait imminente: Voltaire, on l'a vu, l'entrevoyait; Walpole écrivait de France en Angleterre, qu'on lui en parlait sans gêne.

Le mercredi 20 juillet, à Sainte-Marguerite, l'abbé Labat, prêtre habitué de Saint-Eustache, se plaignant de la négligence du pouvoir pour les intérêts de l'Eglise,

(1) 18 août.

s'écriait : « Les esprits se soutiennent par une modération forcée et une politique momentanée. — La révolution éclatera dans un royaume où le sceptre et l'encensoir s'entrechoquent sans cesse. La crise est violente et la révolution ne peut être que trop prochaine (1). » — La seule réponse que reçut Labat, ce fut d'être mis à la Bastille.

Non seulement les prédicateurs, mais les femmes même la prophétisaient. Ce qui peut surprendre, c'est qu'en la voyant on l'ait méconnue. Que disait-elle, en effet, par les Etats-Généraux, qu'elle n'eût déjà dit sous cent formes (2) ?

VI

Montesquieu, Diderot, Rousseau, Voltaire, sont les quatre grands noms philosophiques du temps : il est des enthousiastes qui les appellent le quartenaire sacré. Chacun de ces personnages fut double : il eut ses grandeurs, et sa contagion. Les libéraux, ont pour patron Montesquieu ; les républicains, Rousseau : tous les utopistes, Diderot ; tous les sceptiques, tous les frondeurs, tous les anarchistes, Voltaire.

Montesquieu fut un très-grand esprit : son cœur me semblerait avoir été médiocre : la passion, l'âme, le feu, la conviction, manquent à ses écrits. A ce point de vue, il est inférieur à Bossuet et à Rousseau même. Il a trop donné à la raison, selon sa trempe : c'est pourquoi il a

---

(1) *Mém.* de Bachaumont, 5 août 1763. (2) Les exemples que je cite sont significatifs, mais on en trouverait des milliers ; on en ferait des volumes. — Il m'a paru que l'esquisse que je fais du siècle, peut aider à le reconnaître dans sa physionomie, son mouvement général, ses tendances : on ne dit jamais tout.

plus excité l'admiration que l'enthousiasme. Un esprit pour qui le gouvernement féodal était une merveille; qui jugeait que les meilleures lois sont celles qu'on observe le mieux, et se félicitait du bonheur d'être né sous l'antique monarchie, n'était pas monté au ton révolutionnaire : un tel génie ne pouvait représenter celui des factions. Quatre-vingt-neuf l'avait pris pour guide; quatre-vingt-treize l'abandonna.

Cependant la philosophie sociale eut un brillant et puissant inaugurateur dans l'auteur des *Lettres persanes*. Montesquieu fut, par cet écrit, un chef d'école : la profondeur, le coloris, le sel de son œuvre, non moins vraie que charmante, feront vivre éternellement le goût de fronde qu'elle respire. Montesquieu représente éminemment l'esprit parlementaire français : il est l'homme de ces prétendus sages qui l'adorent lui-même sans le pratiquer, et des beaux-esprits qui, le vantant sans le comprendre, goûtent pourtant son esprit, comme les sages goûtent sa raison. Ce fut lui qui systématisa le premier les principes de la constitution anglaise; et peut-être inocula-t-il l'esprit de copie à ce libéralisme français qui, non content d'avoir mendié des institutions à l'Angleterre, en mendie aux Etats-Unis d'Amérique : en sorte que la France qui possède un si grand passé, et le premier des publicistes modernes, ne sait que calquer des régimes étrangers, aussi peu conformes à son esprit qu'à son histoire.

On peut dire que *Diderot* personnifie surtout, dans le mouvement du siècle, l'esprit industriel et artistique : il le représente, comme Turgot l'économie politique; comme d'Alembert, l'esprit mathématique : mais cet homme universel, est partout à sa date; il touche à tout, il laisse son empreinte partout. Sa tendance philosophique est un épicurisme relâché ; sa tendance sociale, un philanthropisme outré. L'hébertisme, fut un emprunt que la politique fit à Diderot ; Babœuf, fut le plus monstrueux disciple de cette école. Les écrivains improvisateurs de notre temps, nos écrivains réalistes, beaucoup de nos romanciers et de nos dramaturges, notre littérature échevelée, nos déclamateurs socialistes, quand ils peuvent exercer leur faconde ; enfin, nos athées et nos panthéistes, ont pour chef ce génie turbulent, décousu, supérieur, détraqué, verveux, mal équilibré, brillant et étrange, que se partagent également la raison et le délire. L'esprit de Diderot est celui de l'Europe révolutionnaire actuelle. Ceux qui souscrivent une statue à Voltaire, se trompent de nom ; c'est Diderot qu'ils veulent dire : peut-être ne l'osent-ils.

J.-J. Rousseau offre un tel mélange, un tel contraste, une telle contradiction intellectuelle, qu'on ne peut le définir. Est-ce un sage, est-ce un fou ? Il est tantôt l'un, tantôt l'autre ; parfois l'un et l'autre en même temps. On ne peut douter que sa vie n'ait fini par la démence, par une lésion du cerveau : pour quiconque a lu ses écrits, c'est manifeste. Son livre sur l'éducation, qu'honorent des vérités fondamentales qu'il n'inventa pas (car Montaigne, Rabelais, et surtout les anciens les lui fournirent), mais qui reçurent de sa plume un grand éclat, n'est qu'une difformité définitive. Il faudrait brûler l'écrit en question, s'il devait produire beaucoup d'Émiles et de Sophies. Sa *Nouvelle Héloïse,* si sensuelle sous sa pruderie, se souille sans nécessité comme sans attrait ; les *Confessions*, qui déshonorent sa mémoire, ont produit cent œuvres du même ordre qui ont fait la honte de leurs auteurs par les mêmes causes, savoir, l'orgueil et l'impureté du moi. Ce fut Rousseau qui inventa le premier ce *Contrat social*, imaginaire, impossible dans la pratique, et surtout vain dans ses effets, si tout contrat suppose un juge ; un juge assez pur pour l'interpréter, assez fort pour le faire respecter ; un juge qui ne peut exister, entre un prince et ses sujets, qu'à la condition de leur être étranger, dès-lors dangereux, ou d'être l'une des deux parties, c'est-à-dire, la passion même appliquant la force où doit parler la justice. Singulier contrat que celui que peuvent faire mentir à leur gré un tyran ou des rebelles ! Rousseau est plein de ces non-sens. En politique, son génie enfante ces faux républicains, ces orateurs de Forum, qui ne savent que pérorer ; ces Girondins qui provoquent étourdiment des 10 août, sans songer aux conséquences ; ces mécontents stériles, si ce n'est pour le mal, qui s'en prennent à tout gouvernement d'être un gouvernement ; qui ne montent au pouvoir que pour en tomber et montrer qu'ils n'en sont pas dignes ; des phraseurs, enfin, des idéologues, des Gracques que balaient sans peine, comme sans estime, des Catilinas de carrefour : tels sont, en politique, les disciples de Rousseau. Sieyès imagina ses constitutions d'après le Contrat social, qu'elles sont allées rejoindre dans la région des songes. Ce qui est resté de Rousseau, dans la société, c'est l'orgueil du déclassé ; c'est le goût de l'individualisme ; c'est je ne sais quelle rusticité qui s'appelle fierté ; c'est ce moi superbe et fastidieux, qui rend les grands noms si pesants et les petits si grotesques ; c'est cette manie de se plaindre ; c'est cette fiévreuse inquiétude, c'est ce prurit malsain qui ronge les hommes et les peuples contemporains : c'est l'esprit d'envie qui soulève le bas de la société contre le haut, et travaille au bonheur social par le nivellement. Je ne doute pas que Rousseau n'eût souscrit le fameux mot d'ordre : *liberté, égalité, fraternité!* Je n'affirmerais pas qu'il y eût joint la mort pour sanction. Je crois même qu'il eût proscrit ce mot par tempérament, quoique ce mot, qui n'était pas dans son cœur, pût sembler dans sa logique. Au fond, l'esprit, et jusqu'à un certain point, le ton de Rousseau, règnent dans les masses : son génie ameute le pauvre contre le riche ; et quiconque veut faire fermenter la haine des classes, médite Rousseau.

Voltaire s'est dit républicain, mais qui ne peut l'être, comme lui, du bout des lèvres ? Quant aux âmes républicaines, modestes, fortes, promptes au sacrifice, il en est peu, même parmi les républicains pratiques. Voltaire était humble avec les forts, fier avec les faibles ; républicain à Paris, despote à Ferney. Il ne fut ni le premier, ni le dernier républicain de ce genre. Quant à sa république, on ne la vit qu'à Sybaris ou à l'Opéra.

L'homme qui possédait un château et cent mille francs de rente ; le courtisan du roi de Prusse, de Catherine II, de Louis XV même ; celui pour qui, vivre avec les grands et mépriser le vulgaire fut un besoin, était un médiocre révolutionnaire. Il l'était pourtant, mais partiellement ; son objectif fut la religion, non la politique ; et Luther et Calvin n'excitaient pas moins ses mépris, que le Pape ou saint Ignace.

Pourquoi dit-on que Voltaire fut le génie de la tolérance ? S'il toléra beaucoup de mal, s'il chanta le luxe et le désordre des mœurs, il professa la plus âpre intolérance contre les croyances ; et ses irritations littéraires furent cruelles. Le froid Saint-Lambert fit mettre à la Bastille l'ingénieux Clément, son critique : Voltaire l'eût trouvée trop douce pour ses adversaires pour qui le bâton, la marque, la corde, l'exil, suffisaient à peine ; et s'il ne fit que ruiner Fréron, c'est qu'il ne put mieux.

Pourquoi dire encore que Voltaire fut le représentant

du déisme, comme si ce représentant ne fut pas éminemment Rousseau, dans ce que la langue humaine a laissé de plus éloquent : la *Profession de foi du Vicaire savoyard?* Voltaire n'est nullement le génie du déisme, mais du scepticisme. Est-ce que l'esprit voltairien, si particulier à la France, n'est pas l'esprit sceptique ? Voltaire a été le Protée de la pensée humaine : il a usé du oui et du non avec le même sans-gêne : il a flatté tout ce qu'il a persifflé, persifflé tout ce qu'il a flatté; il s'est démenti avec la même insistance qu'un autre voudrait s'affirmer ; il a eu tous les tons et tous les accents que permet l'inconsistance : ce qu'il n'atteignit jamais, ce fut la gravité ; ce qui lui manqua toujours, ce fut cette mâle autorité que donnent les convictions.

Voltaire eût été, en politique, le génie de l'intrigue : son tempérament le créait factieux et cabaleur ; il n'eût rien fondé, mais tout décrié. Dans la forme, il se fût fait le modèle de ces endormeurs (1) qui semblent cajoler tout ce qu'ils renversent. Voltaire ne se fût pas élevé jusqu'à l'audace des combinaisons d'un Gondi de Retz ; car, s'il avait l'esprit de fronde et les ressources d'un tribun, il n'en avait pas la trempe, il n'en avait pas le cœur ; tout au plus eût-il été un très-brillant Barrère. — Je dis mal, Voltaire fut roi, et il n'eût pas consenti à n'être plus roi. Voltaire fut donc roi, mais roi très-superbe. Le roi Voltaire fut aussi très-théâtral, très-personnel, très-vindicatif, très-avare, très-poltron, très-fourbe, très-dur, très-despote et très-digne de plus de mépris qu'il n'en prodiguait aux autres rois.

---

(1) Il demande à Marmontel des contes philosophiques. « On rognera, dit-il, les ongles de la bête quand on la trouvera un peu endormie. » *Lett.* à Marmontel, 28 janv. 1764.

Résumons moins l'écrivain que le personnage : Voltaire fut un vaste, brillant et charmant esprit, une âme malsaine ; une intelligence étonnamment juste à surface, non moins imprévoyante au fond, et qui eût maudit tout ce qu'elle provoqua, si elle l'eût vu faire ; un homme dont, à tout prendre, on dira toujours beaucoup de bien, et dont on ne dira jamais trop de mal ; un bienfait et un châtiment pour la terre ; un astre, un fléau ; en tout cas, un prodige, dans un siècle de prodiges ; enfin et surtout, un comédien incomparable, et le plus grand des Scapins qui aient jamais passionné la scène du monde. Au fond, Voltaire a plus fait que nous enseigner le persifflage, il nous a inoculé le mépris : mépris des choses saintes, mépris des choses graves et respectables, mépris de l'autorité, mépris de nos pères, mépris de notre nationalité, mépris du patriotisme, mépris des grands, mépris des peuples, mépris de tout. — Si nous ne respectons rien, nous le devons expressément à Voltaire ; malheur si grand, que je ne sais s'il comporte une compensation quelconque, tant les sociétés où le respect se perd, perdent tout !

VIII

Voltaire appelait le siècle de Louis XIV, le grand siècle ; et le dix-huitième siècle, le petit siècle (1). L'un était pour lui le siècle du goût ; l'autre, celui du dégoût (2). —
« Le siècle présent, dit-il en parlant du second, n'est
« presque composé que des excréments du grand siècle.
« Cette turpitude est notre lot, dans presque tous les
« genres (3). »

---

(1) Voltaire à Laharpe, 5 janvier 1769. (2) A Mme du Deffant, le 6 janvier de la même année. (3) A madame de Saint-Julien, le 3 mars 1769.

Ne prenons pas pourtant à la lettre les jugements de Voltaire : non-seulement il se dément, comme je l'ai dit, mais ce sont toujours les impressions du moment qui le gouvernent; il l'atteste lui-même dans un passage qui l'honore, et que voici : « Faites-vous lire, écrit-il à madame du Deffant (1), la prison de La Bourdonnais et la mort de Lally, et vous verrez comme les hommes sont justes. Quand je serai plus vieux (2), j'y ajouterai la mort du chevalier de la Barre et de Calas, afin que l'on connaisse, dans toute sa beauté, le temps où j'ai vécu. Selon que les objets se présentent à mes yeux, je suis Héraclite ou Démocrite; tantôt je ris, tantôt les cheveux me dressent à la tête, et cela est très à sa place, car on a affaire tantôt à des tigres, tantôt à des singes. » Malgré la familiarité de la forme, cette indignation est noble.

Le dix-septième siècle fut une ère d'ordre et de grandeur, mais tout ce siècle vécut dans le Roi; le Roi absorbait toute la sève nationale. Une telle prépotence du gouvernement, a quelque chose d'étouffant; mais le lendemain d'un pareil empire, peut en dédommager. On dut donc avoir quelque plaisir à vivre au dix-huitième siècle, comme on aime à figurer dans une orgie élégante, sans souci des jours suivants, trop souvent amers. Quoi qu'il en soit, le dix-huitième siècle est d'un mouvement extraordinaire; tout ce qui émane de ce temps, intéresse, émeut, enfièvre, en quelque sorte : tous les écrits de cette époque ont encore la verve et le feu qui les fit éclore; nous admirons le dix-septième siècle; le dix-huitième nous passionne; l'un n'a que notre esprit, l'autre a notre cœur.

Deux trop longs règnes avaient fatigué la monarchie :

---

(1) Mars 1769. (2) Il avait soixante-quinze ans.

un règne orgueilleux n'avait qu'un correctif peu français, dans un règne paresseux ; au rebours de Louis XIV, qui voulait tout régler, Louis XV laissait tout aller; un roi trop superbe avait eu pour successeur un roi trop frivole.

L'antique machine du gouvernement français était trop vieille pour supporter tout le mouvement du dix-huitième siècle, et surtout d'aussi grands soubresauts dans ce mouvement. Le régime de Louis XIV et celui de Louis XV étaient, dit-on, le même régime légal, autrement appliqué : cela est superficiel. Il est vrai que Louis XV appliquait mollement le régime de Louis XIV; mais le régime de Louis XIV s'était usé par Louis XIV, et le grand roi eût pu s'en apercevoir s'il eût vécu plus longtemps. Je reconnais d'ailleurs que, sous Louis XIV, tout a la permanence de la volonté et de l'esprit du maître: tandis que sous Louis XV et sous Louis XVI, tout faiblit, tout varie, tout mollit, selon le caractère des maîtres. Sous leur règne, une loi n'est plus une loi ; un édit n'est plus un édit; tout devient expédient, provisoire, caprice, selon l'influence du jour, qui n'est jamais celle du Prince. L'antique monarchie ressemble à un beau trois-ponts qui fait eau et que mènent tant bien que mal, non son capitaine, mais son équipage, et qui sombre encore plus qu'on ne le calfeutre.

Si les règnes de Louis XV et de Louis XVI ne furent pas despotiques, ils furent essentiellement arbitraires, comme tout ce qui émane d'une toute puissance incertaine, et à qui l'on ne permet plus d'oser ce qu'il lui serait prudent de vouloir. — En détruisant ces règnes, en supprimant des institutions que ces règnes ne pouvaient soutenir, le dix-huitième siècle détruisit l'arbitraire, mais en même temps il provoqua la dictature; ou, s'il fut loin de la vouloir, il la rendit nécessaire.

Le dix-huitième siècle apprit deux choses à la France, savoir : qu'elle peut dominer l'Europe autrement que par les armes ; et que la société peut se gouverner sans gouvernement : ou bien, la France et l'Europe le crurent d'après le dix-huitième siècle ; car il se pourrait que ce siècle nous eût légué deux erreurs, savoir : que la philosophie peut remplacer la politique et se passer d'expérience ; et que la société peut se passer de gouvernement, c'est-à-dire marcher au hasard, et vivre, non d'institutions, mais d'empirisme.

Le même siècle nous a légué, je l'ai déjà dit, le Turgotisme ; en d'autres termes, l'esprit de réforme économique en grand, sans tempérament, sans retard, avec toutes les forces d'un gouvernement dictatorial, serf de l'opinion : le Turgotisme qui commence à Turgot, sous sa forme la plus libérale, pour aller, sous sa forme la plus sanglante, à Saint-Just ; sous sa forme la plus basse, à Babœuf ; sous sa forme la plus grotesque, à Cabet.

Si l'esprit frondeur du dix-huitième siècle sapa bien des préjugés, il détruisit trop de croyances, non moins utiles au bonheur des peuples, qu'à la durée des choses : il substitua dans les cœurs le sentiment de l'inquiétude, à celui de la sécurité ; il sacrifia trop la stabilité à l'espérance, et peut-être au rêve.

Ma jeunesse se saturait, en imagination, de la merveilleuse société dont je parle : je me transportais alors — j'avais dix-huit ans — dans ces brillants salons qu'enfiévraient l'esprit de Voltaire, la puissante et poétique science de Buffon, l'éclatant génie de Montesquieu, l'éloquente ardeur de Rousseau. J'assistais aux soupers de la Poupliplinière, à ceux de madame Geoffrin, ou de madame d'Epinay ; j'étais presque avec Marmontel, chez Helvétius, ou chez l'abbé Morellet ; avec Voltaire, chez Richelieu ;

avec Rousseau, chez la maréchale de Luxembourg, non loin du chevalier de Boufflers ; avec Diderot, chez les artistes. Je parcourais, avec Montesquieu, le globe lui-même ; je connaissais les peuples divers ; j'effleurais ce monde antique que je devais tant méditer, et qui devait m'être un jour si familier (1); je vivais surtout dans le tourbillon des types vivants du siècle qu'Usbeck révélait moins aux curieux de Perse, qu'à ceux de Paris. — Que je les sentais puissantes, ces illusions dont m'abreuvaient les Lettres Persanes, ou la Nouvelle Héloïse, ou les Lettres à Sara, ou les poésies de Voltaire, ou ses brillants tableaux historiques, quand je les lisais (je m'en souviens), dans le berceau d'un modeste jardin, tout parfumé de violettes, sous des touffes de jasmins d'Espagne et de roses blanches, sous le ciel des Pyrénées, à cent mètres du torrent de l'Adour dont les sourds frémissements venaient jusqu'à moi, comme pour animer un cercle de montagnes bleues et vaporeuses qui semblaient soutenir le ciel sur ma tête ! — Le sang où s'éteignit ce siècle fameux me semblait derrière nous; pourquoi faut-il que je le retrouve en face, et que mes illusions le fuient comme l'oiseau fuit l'orage ? Pourquoi ces premiers rayons de ma vie se sont-ils voilés ? Pourquoi la triste raison m'a-t-elle gâté mon songe ? Mais vivre, n'est-ce pas se désabuser ?

Aujourd'hui, je crois voir dans ce beau siècle une sorte de feu d'artifice de la monarchie ; un feu qui brille comme le siècle, en se consumant, et que couronne un bouquet splendide devenant le plus terrible incendie qu'offusquent, sans l'arrêter, des eaux impuissantes.

Si ce temps eut ses corruptions, il eut ses parfums : Vauvenargues, Malesherbes, Turgot, Belsunce, Madame

(1) Voir *Tacite et son siècle*.

Elisabeth, Louis XVI — non le roi, mais l'homme. — Ces noms sont l'honneur de l'humanité.

Je me suis souvent demandé, je demande aux autres, s'il n'est pas piquant de penser que l'ancien régime nous ait donné les principes et les hommes de 89, et que, — d'après les partisans, les apôtres de 89, — le régime de 89 ne nous ait donné que les principes et les hommes actuels? Que seraient ces principes, si nous ne leur devions que les maux dont se plaignent leurs partisans?

Autre réflexion : Avant notre régénération, avant 89, la France était la première des puissances européennes, cela n'est pas contestable; ou l'Angleterre seule nous contrebalançait; qu'en dit-on de nos jours? Qu'en faut-il penser? N'a-t-elle plus qu'une rivale?

En somme pourtant, le dix-huitième siècle pris en bloc et dans son ensemble, fut mu par des intentions généreuses dont le crime s'empara contre lui pour le souiller en le décimant. — Ce siècle n'a pas dit son dernier mot, soit; mais quel sera ce mot?

Voltaire célèbre ou maudit ce siècle ; Montesquieu le vante et s'en accommode ; Rousseau l'outrage : il ne faut ni l'outrager, ni le maudire, mais encore moins l'imiter dans ses erreurs, qu'il faut plaindre à leur date, mais qui seraient sans excuse au nôtre.

C'est au dix-huitième siècle qu'il faut étudier les caprices du génie français, parce que c'est dans cette société, livrée à elle-même, que naissent le plus de libres fantaisies : sous ce rapport, le chevalier ou la chevalière d'Eon, le personnifie assez bien. Ce singulier et brillant aventurier, fut-il homme ou femme? « Des esprits non suspects disent les feuilles anglaises, ont reconnu qu'il était homme. » J'en dis autant du siècle.

DE L'ESPRIT PUBLIC

ET DE NOS DIVERS POUVOIRS

DEPUIS 1789

La royauté de Louis XVI avait permis qu'on l'attaquât sous toutes les formes : que n'avait-on pas dit sur la scène, contre les rois ? Que ne disaient pas, contre les Grands, les *Noces de Figaro* ?

Le 5 janvier 1793, on jouait au Vaudeville la *Chaste Suzanne*. Au moment où Daniel s'écriait : « Vous êtes ses accusateurs, vous ne pouvez être ses juges ! » c'était un tonnerre d'applaudissements. Un acteur patriote nommé Delpêche, et surnommé *Bourgeois*, crut devoir dénoncer le cas à la Commune, et, sur les ordres de celle-ci, qui menaçait de proscription, c'est-à-dire de mort, la *Chaste Suzanne* fut amendée. Comment supporter plus longtemps ce que la Commune appelait « la honteuse superstition de la royauté ? » La monarchie n'était qu'un régime arbitraire ; la Commune était le régime libre, je veux dire le régime révolutionnaire. On y avait la plus extrême liberté d'attaquer ce qui était honnête et faible, et d'outrager ce qui était à terre : louer ou défendre un malheureux, était un crime.

Les prisons de la Terreur (1) étaient une image de la société du temps : on y trouvait des orgueils, des bouderies, des vengeances, des délits, des désespoirs, des amours, des vers, des soirées, des concerts et presque une Cour.

Un jour que le procureur Duchemin venait d'obtenir, par droit de priorité, un réduit passable dans la prison de la Bourbe, le conseiller Villiers de Montmartin qui réclamait le même réduit, ajouta pour soutenir sa prétention : « Je suis surpris que vous éleviez des difficultés de *vous à moi*. » Le mot fit fortune ; on le mit en couplets qui coururent la prison, et Montmartin ne s'appela plus que : *de vous à moi*.

Un prisonnier nommé Cuny, ancien valet de chambre du duc de Coigny, se coupait la gorge dans un coin du cloître, parce que, disait-il dans son testament, « le citoyen commissaire de sa section, qui l'avait arrêté, l'avait toujours rebuté, ne lui avait pas permis de s'expliquer et l'avait traité de voleur. » On peut douter que le citoyen commissaire en question eût été capable du même genre de désespoir que Cuny.

L'ex-marquis Lafare était écroué comme ayant émis un faux assignat : tout le monde pouvait commettre à son insu quelque méprise analogue ; mais Lafare se jugeant condamné, puisqu'il était marquis, s'appuya contre le mur de sa chambre pour s'enfoncer un couteau dans le cœur ; et sa mort se confondit avec son écrou.

Le jeune élégant Duvivier, de la plus noble figure, en même temps que doux et gracieux auprès des dames, et dont la dépense annonçait quelque fortune, commit un

---

(1) D'après un document indiqué plus bas, inséré dans l'*Histoire parlem.* de Buchez et Roux.

vol de bijoux au préjudice de l'une des belles prisonnières; il s'agissait surtout d'une montre précieuse d'un prix élevé, et c'était pour une fille de l'Opéra qu'il la dérobait! Pour ce fait, Duvivier fut transféré dans une autre prison où, dit la notice qui le concerne, « il languit peu. »

A côté des suspects étaient les Pailleux, c'est-à-dire les gens de sac et de corde; lesquels, quand on les froissait, se vengeaient. La victime qu'ils attiraient dans leur antre, était placée nue sur une couverture et soumise à mille avanies; celle d'y subir l'estrapade était la moindre. Quand le concierge intervenait auprès de ces coquins : « Citoyens, leur disait-il gravement, on ne tracasse pas ainsi les gens honnêtes! » et il menaçait les citoyens en question de sa fermeté. Les citoyens Pailleux finissaient par céder à la voix du citoyen concierge, que soutenait la peur du cachot.

On lisait dans le réfectoire de la Bourbe : « L'homme libre chérit la liberté, lors même qu'il en est privé. » Forte maxime, assez inopportune peut-être, mais si vraie que c'est surtout, lorsqu'il en est privé, que l'homme libre chérit la liberté. On ne pouvait donc, plus à contre-temps, mieux dire.

C'est pourquoi je douterais que cette belle inscription fît trouver le repas meilleur, quand c'était le coiffeur du coin qui le préparait; qu'il surfaisait ses affreux ragoûts; qu'il écorchait sa clientèle, et que les guichetiers ou les valets de la prison étrennaient — les premiers — les sauces, les fruits, les douceurs telles quelles, qu'on apportait aux tristes détenus qui les payaient fort cher.

Un administrateur de police, secrétaire de la Montagne, nommé Marino, l'un des bourreaux de Lyon, très-connu pour ce qu'il valait, inspectait la Bourbe : il se présentait insolemment, avec une dignité grotesque, l'habit sale, le chapeau gras, l'écharpe en guenille. On ne s'en précipitait pas moins autour de lui pour le courtiser et l'accabler de prières. Un prisonnier se plaignant de l'insuffisance des motifs de son écrou, puisqu'il n'était que *suspecté d'être suspect d'incivisme!* Marino répondit froidement : « Suspecté d'incivisme ! J'aimerais mieux avoir volé quatre chevaux, ou même assassiné ! » En effet, le civisme n'était-il pas, en ce temps-là, le jacobinisme dont le vrai nom fut terrorisme ? et qui n'était pas terroriste, n'était-il pas plus sûrement victime que l'assassin ?

Le même Marino invitait le pauvre à manger avec le riche, aux frais du riche ; et recommandait à l'un et à l'autre, c'est-à-dire, à l'un pour l'autre : « le gigot à l'ail. »

A côté de Marino se rencontrait le médecin Dupontet; homme cordial, pour qui tout prisonnier souffrant était un ami, et dont on ne payait ni les soins, ni les remèdes. Il allait même plus loin : il fournissait de l'argent aux malheureux. C'était son bonheur de les arracher à la maladie, à la prison, à la mort. Dupontet fut un de ces hommes sublimes, dont les temps les plus monstrueux ne sont jamais vides, mais que la postérité, qui se souvient de tant de charlatans, oublie.

Le concierge de la Bourbe, Vaubertrand, ne mérite pas moins qu'on le mentionne. C'était un excellent homme qui osait et savait l'être avec péril ; sa jeune et charmante femme se montrait digne de lui. La conciergerie était une sorte de Versailles dans la prison ; les maîtres en étaient tout puissants, mais bons. On donnait des concerts chez madame Vaubertrand ; on faisait des vers chez elle, et même pour elle. On y célébrait, dans le goût du temps, sa jeune beauté, mais surtout son cœur qui répandait sur son entourage tant d'éclairs de sécurité et de bonheur

Quelquefois pourtant les réunions, généralement familières, devenaient un salon guindé; les prisonniers se constituaient en ci-devant bonne compagnie. Les dames, très-parées, se rangeaient alors autour d'une grande table, et se contentaient de répondre à leurs interlocuteurs par un froid bonjour; tout au plus permettaient-elles à leurs amis quelques chuchotteries à l'oreille. C'étaient les mauvais jours de la prison; ils ajoutaient, aux tristesses, les froissements.

La soirée amenait aussi l'huissier criminel qu'escortait sa large charrette. Il venait faire l'appel des accusés, et la grosse charrette roulait pour un seul d'entre eux comme pour trente. Souvent même l'huissier se donnait le plaisir de convoquer tout le monde pour ne prononcer qu'un seul nom. Il appelait cette petite barbarie un exemple. Quelquefois on entendait dans les corridors cette question : « Combien pour ce soir? » — Et la réponse était : « quatre, cinq, vingt, » selon le cas.

Mais, qu'était-ce encore que la prison de la Bourbe auprès du terrible cachot de la Conciergerie, surnommé, par ironie, *Bon-bec*, parce que les cadavres qu'il recelait (par vingtaines) exhalaient une telle puanteur qu'il n'y avait, pour survivants, que des mourants (1).

A la Bourbe, les prisonniers sortaient par escouades, et se promenaient militairement sous le commandement de l'un d'eux. On y remarquait un octogénaire (2), dont l'attitude droite et ferme excitait l'admiration.

L'an II de la république s'appelait, alors, l'an II de la persécution; comme le 9 thermidor s'appela la fin des

---

(1) A Nantes, les détenus *sentaient le cadavre*, même en plein air. : ils infectaient à distance. Procès *Carrier*, déposit. de Laënnec. — V. Berriat, Saint-Prix, *Justice révolutionnaire*. (2) C'était le lieutenant civil Augrand-d'Alleray.

boucheries. La veille de ce grand jour, l'écrivain Lachabeaussière adressait à sa femme, sous ce titre : *Le jour de ma mort,* un vigoureux dithyrambe que terminait ce noble cri :

> Adieu, femme chérie, on m'appelle, il est temps,
> Je pars ; songe bien moins à pleurer qu'à me suivre.
> Tu n'as pas mérité le supplice de vivre :
> L'asile des cœurs purs est ouvert — je t'attends.

C'étaient d'heureux répits pour les prisonniers que ceux où l'on pouvait écrire, dans le journal que je consulte (1) : « Du 20 au 29, rien. » On avait pu respirer.

Mais, même alors, la lecture qu'on faisait le soir, des journaux révolutionnaires, était redoutable. Il y avait tel nom qu'on lisait, qui provoquait un évanouissement dans le salon ; car c'était un ami, un père, un parent, dont on apprenait ainsi le sort.

Dans un préau de la Bourbe était un bel accacia, autour duquel verdoyait un banc de gazon. Le soir, après l'appel des accusés, on y accourait ; on y respirait le frais et la gaîté : quelquefois, pourtant, on y pleurait en commun ; mais ces pleurs étaient presque une douceur, et les veillées s'y prolongeaient tard, sans obstacle. Ne fut-ce pas dans une des tièdes et tendres rêveries de ce genre, sous quelque ombrage que caressaient de pâles étoiles, qu'André Chénier médita sa *Jeune Captive*? O poésie ! ô imagination ! que vos élancements dans l'infini des cieux et des cœurs bravent les murs et les grilles, et remplissent les

---

(1) *Tableau des prisons de Paris* sous le régime de Robespierre, l'an III de la République. — Rien de plus terriblement vrai que ce que contient cette brochure, imprimée le lendemain de Thermidor, sur du papier à chandelles : la prison y est vivante.

solitudes! O cœur de poète! que tu sais te dilater dans l'oppression!

Nos sectaires modernes nous laisseraient-ils les tristes douceurs de l'accacia de la Bourbe? J'en doute. Notre époque est celle d'une rigidité régulière qui a fait, des prisons, une institution; et, de la vie des prisons, une méthode. Aujourd'hui nous serions nourris, parqués, sevrés, décimés correctement, systématiquement, scientifiquement, mathématiquement, philanthropiquement; et que sais-je si nous ne regretterions pas ce temps terrible où les prisons permettaient encore quelques plaisirs, quand il est plus aisé de créer des crimes que des coupables?

En somme, les prisons de la Terreur réflétèrent la société de leur temps, moins le crime. Il n'y manquait que les clubs qui désignaient tant de victimes, et la Convention qui ne savait pas les défendre.

I

Les mœurs de 89 étaient encore celles de la monarchie; celles de 93 ne furent qu'une compression de la liberté humaine, sous toutes ses formes: les mœurs nouvelles ne commencent qu'au Directoire. Elles présentent une sorte de chaos des libres instincts d'une émancipation d'autant plus outrée qu'elle était moins comprise.

La Terreur avait tant accoutumé à considérer la vie comme un jeu, qu'à son tour le jeu semblait devenu la vie. Le Jeu-Bal du ci-devant marquis de Civry, rue Grange-Batelière (1), a fait époque. Dans huit salons splendidement ornés et ruisselants de lumières, s'assem-

---

(1) V. le *Miroir de Paris*, par Prudhomme, t. II - 304.

blaient plus de deux mille personnes généralement masquées, dont très-peu dansaient. Sur d'immenses tables s'étalaient des piles d'or que les râteaux des croupiers faisaient baisser ou monter, selon la fortune. Plus d'un million miroitait ainsi perpétuellement sous l'œil ébloui. On voyait là de grands personnages. Les rentiers, les négociants, les banquiers, les jurisconsultes, les hauts dignitaires y couraient pour s'y mettre à l'aise sous le masque. On y remarqua plus d'une fois Bonaparte et Duroc, qui venaient y coudoyer Talleyrand et leurs pareils. C'était là une sorte de Palais-Royal choisi, plus tentateur que son concurrent; un foyer à séductions presque élégantes, et d'autant plus dangereuses. C'était là l'une des physionomies de la société d'un temps, qui en eût tant d'autres si superficiellement diverses; au fond, si semblables.

Jouant, ou ne jouant pas, les hauts dignitaires du Directoire (certains du moins) prélevaient, sur les maisons de jeux qu'ils autorisaient ou toléraient, des pots-de-vin notoires (1), qui, légitimant la double corruption du banquier et du joueur, faisaient du tripot un passe-temps légal. De son côté, tel prolétaire en sabots, s'asseyait, un assignat en main, dans tel restaurant en renom, pour y sabler le Tokai bien supérieur au papier discrédité dont il le payait et qu'on n'osait refuser (2), quoique ce ne fût là qu'un mince désordre dans un plus grand.

Les comédiens Monvel et Molé, devenaient membres de l'Institut, comme Lalande et Laplace, en vertu d'une égalité qu'il est plus aisé de subir que de comprendre.

Du mélange des Ci-devants et des Ci-après, étaient nées les prétentions de gens mal appris, qui singeaient les

---

(1) *Mémoires d'un bourgois de Paris*, II - 306. (2) *Miroir de Paris*, I - 277.

grandes manières, à travers une éducation manquée. Un de ces gens répondant à une invitation, écrivait : « Monsieur, j'ai le regret de vous informer que je ne puis aujourd'hui aller dîner chez vous, ma tante étant au lit avec une fièvre *dont je ne puis sortir.* » Cela est textuel, et je l'ai lu.

Une femme de ministre, fatiguée de représenter, regrettait très-haut *d'être une femme publique* (1).

Sous le Directoire, les violences furent moins sanglantes que sous la Terreur, mais sans être moindres : les coups d'autorité y remplacèrent les coups de hache ; on y fut illégal parce qu'on y était faible, ou parce que le pouvoir est une arme savante, qu'on n'emploie pas adroitement parce qu'on la possède.

En 1795, on décrète un emprunt forcé de six cents millions. — Un louis d'or vaut trente mille francs en papier. La dépréciation des mandats territoriaux, qui perdaient vingt-cinq pour cent dès leur émission, est prohibée sous peine de mort, et cinq mois plus tard, on les ôtait de la circulation ; ou mieux, ils ne circulaient plus.

L'abbé Poncelin, dont le journal déplaisait à Barras, est attiré, saisi et fouetté chez le directeur. C'est ainsi que, sur le rédacteur du *Courrier Républicain,* la liberté traitait la presse. Barras faisait impunément ce que, peut-être, ne se fût pas permis Louis XIV.

Sous le Directoire, les jacobins conspirent contre les royalistes, les royalistes contre les jacobins ; les modérés conspirent contre les jacobins et les royalistes ; Babœuf conspire contre tout le monde ; et le 18 fructidor autorise le 18 brumaire, qui est définitif, parce qu'il est nécessaire et que la gloire du génie qui l'accomplit, le protège. C'est

1) *Miroir de Paris,* 2-82.

ainsi qu'après deux coups d'Etat, l'un contre les jacobins, l'autre contre les clichiens, le Directoire tombe sous un dernier, fait contre lui-même.

L'esprit parisien, qui n'est jamais en défaut, l'avait prédit : un peu avant l'évènement, il se vendait des tabatières fort recherchées, représentant une lancette, une laitue, un rat. Ce rébus, s'adressant aux Directeurs, signifiait : *l'an sept les tuera.* Paris se manifeste par des riens, et la France est comme Paris.

Le Directoire a pourtant des côtés brillants. On lui doit l'institution de la conscription militaire qui nationalisa l'armée et aguerrit la nation; le Conservatoire des Arts-et-Métiers, cette école et ce musée de l'industrie ; l'immortelle campagne d'Italie, notre épopée ; les éclatants succès, les désastres, les savantes et poétiques invasions de notre armée d'Egypte, qui servit plus la civilisation que la politique ; la mort sublime de Muiron, sur le pont d'Arcole; celle de Brueys devant Aboukir ; celle de Kléber, au Caire ; celle de Joubert, à Novi ; la gloire du vainqueur de Rivoli et de Zurich ; l'austère vigueur de Hoche : les brillantes témérités de Championnet ; le génie suspect de Pichegru ; la vaillante solidité de Moreau, et tous les éclats de cette pléiade militaire qui fit de la France l'étonnement du monde, avant qu'elle en fût l'effroi et en parût le tyran.

Sous le Directoire, la Révolution entame l'Europe avec nos armées ; mais l'étranger l'entame elle-même en France. Il était réservé à un régime plus ferme d'organiser l'esprit nouveau pour centupler ses forces.

Le Directoire ne dut ses défaites qu'à lui-même ; il dut ses prestiges à ce qui fut à côté de lui, mais plus grand que lui : les subordonnés furent alors supérieurs au maître, en attendant un maître supérieur à ses auxiliaires.

Les dissolutions du Directoire montrèrent qu'on ne change pas les mœurs d'un empire comme sa forme, et qu'on ne hâte pas le bien comme on précipite les nouveautés.

Les Théophilantropes, onctueux, fleuris, parés, travestis, inaugurèrent la religion du ridicule, lorsqu'ils commencèrent par prêcher sur des tréteaux, pour finir par prêcher dans le vide. D'autre part, des quêteuses catholiques circulant dans nos églises sous une enveloppe de gaze transparente, excitaient plus de curiosité que de charité, et l'on peut douter que la Régence même fût allée si loin.

Je résumerai l'esprit du Directoire en deux hommes : Sieyès, sa tête; Barras, son bras et même ses passions.

Sieyès, le doctrinaire de la Révolution, le constituant du Directoire, très-vanté pour sa brochure sur le *Tiers-État*, et pour sa célèbre Constitution de l'an VIII ; superficiel pour les métaphysiciens de profession: obscur pour les publicistes, gauche pour les gens du monde; ennemi des crimes de la Convention, qu'il couvrait de son silence faute d'oser les combattre, et content de vivre à ce prix ; se consolant d'être chassé du Luxembourg, par celui « qu'il croyait, disait-il, une cheville, mais qui était un « clou; » sachant ne rien penser tout haut (1), sous un gouvernement qui se chargeait de penser; qui flétrit pourtant nos modernes destructeurs de ce mot profond : « Ils veulent être libres et ne savent pas être justes! » hommme trop vanté et trop méprisé : de prêtre, devenu conventionnel; de conventionnel, directeur; de directeur, consul ; de consul, sénateur; de sénateur, pair éphémère, comme les Cent-Jours; de pair de France, un exilé qui

---

(1) En politique.

finit à quatre-vingt-huit ans une existence que l'intelligence avait quittée avant la vie ; — tel fut Sieyès.

Barras, un hobereau vantard, qui n'admettait pas que sa famille fut moins ancienne que les rochers de la Provence ; qui avait fait litière de son patrimoine, à courir la guerre dans l'Inde, et ne pouvait le refaire qu'en eau trouble ; homme d'apparat et d'apparence, avec plus de geste et de voix que de talent ; plus d'ardeur que de trempe ; méridional brusque, en même temps que violent et faux ; complice des banquiers, des fournisseurs, des agioteurs, qui se partageaient la fortune publique ; républicain de nom, sybarite de mœurs ; comme le Régent, affichant sous un luxe royal des dissolutions sans frein, et, comme le Régent, un fanfaron de crapule : tel fut cet homme qui ne craignit pas d'ouvrir un parc-au-cerf à Grosbois ; d'ériger un Directeur, en Louis XV, et la république en satrapie ; et tout cela, comme par un coup de théâtre que finit un coup de théâtre ; mais tout cela durant assez pour être hué et sifflé, même par des complices ; — tel fut même le Directoire dans ses deux plus hautes personifications.

Si le dix-huitième siècle avait été un carnaval de Venise, le Directoire ne fut qu'un bal masqué ; je me trompe, une descente de Courtille : car jamais pêle-mêle social ne fut plus étrange que ce chaos, où costumes et sentiments s'équivalaient. Le Directoire fut une régence grossière, une régence que je n'appellerai pas bourgeoise, mais populacière ; car tout fut régence sous le directoire. Voilà pour les mœurs.

Comme gouvernement, le Directoire fut flottant, passionné, faible avec l'opinion dont il fut plus le serviteur que le guide. — Ce pouvoir qui manquait de vues, manqua d'activité ; manquant de succès, il manqua de popularité ; il ne sut ni imposer le respect, ni mériter l'attachement et croula sur lui-même, comme tous les pouvoirs méprisés, sans un souvenir. Il mourut enfin de l'impuissance de vivre, comme tout ce qui n'est pas viable. Le Directoire n'eut, d'un gouvernement, que le nom; sa société fut une mascarade; son pouvoir, une ombre.

Sous cette ombre, perça pour la première fois le chanteur Garat, à la cravate raide s'élevant du menton jusqu'aux oreilles, aux prétentions incroyables, aux manières précieuses, à la voix presque divine, et dont l'air célèbre du *Point du Jour*, semblait saluer l'aurore du plus brillant consulat que l'histoire ait jamais raconté aux hommes.

II

Le Consulat fut, de son côté, l'aube d'un grand règne : La société, prise en elle-même, n'avait tiré de soi que le Directoire; le premier consul sortit de ces régions mystérieuses qui enfantent les grands hommes, comme les éclairs et les foudres. Le premier consul Bonaparte fut tout le consulat; Napoléon fut un Bonaparte mûri et vieilli, mais toujours un prodige qu'il est plus aisé de discuter que de juger : Enfin l'Empire et le Consulat se confondirent dans un homme qui les enfanta l'un par l'autre et qui, tout en variant sa physionomie, donne à son pouvoir la même empreinte.

La nouvelle société tâchait d'être (1); il la constitua : il lui donna cet admirable réseau de l'administration française, qui fit son homogénéité, son ressort, sa gloire, et

(1) D'après les relevés officiels, la population de Paris, en 1784, était de 640,000 habitants; les orages révolutionnaires et l'émigration la firent tomber en 1800, à 546,756. Paris avait perdu, en seize ans, non-seulement 93,244 habitants, mais ses classes les plus riches.

que l'Europe, qui nous l'enviait, nous copie. La magistrature parlementaire n'existait plus : il la refit ; il institua cette grave magistrature purement judiciaire qui, renfermée dans les savants devoirs de la justice publique ou privée, mais jamais politique (1), mérita cette popularité d'estime dont la partialité des partis ne la prive pas.

La dernière forme de notre droit civil est d'autant meilleure qu'elle est le produit d'éléments complets, parce que trois esprits rares se combinèrent pour ce résultat : Tronchet, qui représentait l'innovation, le rationalisme exclusif ; Bigot de Préameneu, ce docteur de l'école des faits et de la tradition exclusive ; Portalis, le jurisconsulte philosophe, le penseur, l'orateur, l'homme d'État, le magistrat, l'auteur de l'*Usage et de l'Abus de l'esprit philosophique,* dont la pensée compréhensive ralliait les tendances diverses de ses collègues, mais le tout sous l'inspiration du maître qui mit son cachet sur tout le siècle, et fit de sa codification un monument ; si bien que notre Code civil fut surtout le Code Napoléon : voilà comment s'est fondée chez nous la liberté civile, dont l'institution judiciaire fut le moyen.

L'impulsion de cette administration fut si forte, qu'en un instant l'Italie, la Hollande, la Confédération germanique, la Suisse et l'Espagne parurent françaises. L'esprit français n'y pouvait être, mais le mécanisme français s'y était ancré, car la main qui possédait la France, gouvernait plus que la France ; et de l'Elbe à la Bidassoa, il n'y eut qu'un maître.

Il se fit alors des travaux gigantesques en France et dans cette partie de l'Europe qui devenait française ; et les

---

(1) Sa juridiction sur les délits de la presse, n'a été pour elle qu'un accident fort variable et qui lui pèse.

grands vestiges de ceux qui ne furent que commencés, attestaient les grandes pensées de celui qui les avait conçus.

Alors le Français fut partout soldat : les grandes ambitions du temps furent, la croix d'honneur et la grosse épaulette ; l'occupation, fut la guerre ; on eut pour distractions, les bals, les spectacles, les fêtes, les galanteries rapides. L'officier français fut rarement brutal ; il s'élevait alors jusqu'à la sensibilité. La célèbre romance de la reine Hortense, devenue l'air national du second Empire, émût l'âme de nos pères ; le fameux guitariste Doiny l'enseignait à plus d'un futur héros. Nous aimions alors avec Parny ; nous nous émancipions avec Pigault-Lebrun ; nous vantions les séductions de Faublas ; nous étions mondains, même épicuriens. S'il est vrai qu'on jouait alors dans les cafés, dans les cercles, dans d'obscurs tripots, on ne se ruinait pas du moins à la Bourse. La vie était dissipée, aventureuse, les cœurs étaient sains ; les habitudes étaient plébéiennes, les sentiments nobles. Corneille, Bossuet, Racine, étaient encore nos dieux intellectuels.

Assurément il y eût en ce temps des militaires taquins, vaniteux, bretteurs ; des traîneurs de sabre, qui montrèrent quelque insolence. Quoi d'étonnant ! Ils étaient les maîtres, ou prépondérants, dans l'ordre social. Toute influence outrée est despotique : n'avons-nous pas aujourd'hui les traîneurs de plume ou d'écritoire ? les piliers de tréteau et de tribune ? nous épargnent-ils leurs écarts, leurs abus, leurs diffamations insolentes, par des moyens bien plus sûrs que ceux du militarisme impérial ? On savait comment réprimer un officier injurieux ; mais que faire à un journaliste embusqué dans son journal et qui tire de là, comme d'un bastion, tous les traits qu'il veut, contre qui bon lui semble? — L'arrogance humaine ne change guère ; elle revêt la forme des temps, mais voilà tout.

Sous l'Empire, nous vivions plus au dehors que chez nous; nous vivions plus du dehors que de nous-mêmes. Nous apprenions la France, à l'étranger; l'étranger, à la France. Nous respirions l'honneur, nous étions le grand peuple; et la gloire nous était si familière que, dans nos plus grands désastres, toujours illustres, nous pûmes nous réfugier dans notre fierté.

Que prouve la ridicule conspiration Mallet, — tentative d'un insensé sans programme et sans complices, — que la haute sécurité, que la vigueur lointaine de celui qui pouvait conduire la guerre à huit cents lieues de la France, non-seulement sans que celle-ci remuât, mais sans qu'elle fût moins souple, moins dévouée, moins prompte au sacrifice pour seconder les vues prodigieuses de celui qui s'était chargé de sa grandeur?

Malgré quelques mécontentements individuels, quelques prophéties funèbres, et, j'en conviens, des intuitions supérieures, la France était avec l'Empereur, à Moscou même. Les Bretons à qui l'on demandait leurs derniers enfants, priaient, à leur départ, comme à leur mort, mais ils ne les refusaient pas, ils les donnaient; ils les donnaient sans murmure à l'Empereur comme on les donne à la patrie : il y avait eu des chouanneries contre les guillotineurs et les septembriseurs, il n'y en avait plus contre l'héroïsme.

Qui ne se rappelle cette dernière fleur du peuple français, ces jeunes Gardes-d'honneur, en pelisse verte ornée de petit gris et passementée d'argent; en pantalons cerise rehaussés de bottes molles, fiers de leur colback martial et de leur sabretache traînante? Ce n'étaient là que des adolescents, mais ces adolescents couvrirent de leur sang, à Lutzen, la vallée aux Roses où ils furent chargés de vaincre; et dans la lutte, comme dans la victoire, l'honneur, le brillant honneur français « leur sortait par tous les pores. » C'est l'Empereur qui s'y connaissait, qui les immortalisa de ce témoignage.

Est-il vrai que le premier empire fit acheter la grandeur par la servitude militaire? Un livre renommé l'affirme ; je crois qu'il se trompe. L'un de ces deux termes est vrai, l'autre ne l'est pas. Il n'y a point de servitude militaire, parce que l'obéissance militaire ne s'appelle pas servitude, mais discipline. La Prusse ne se crut pas en servitude sous le grand Frédéric, ou même sous son rude père. Le premier empire français fut la grandeur, dans la discipline. Il sauvait de l'oligarchie des factions : il sauvait de la tyrannie des clubs et des comités révolutionnaires : il sauvait les partis, de ces haines farouches qui l'avaient précédé et lui succédèrent: il remplaçait la licence par l'ordre, c'est-à-dire par la hiérarchie. Si l'Empire n'avait représenté que la servitude, le général Foy, qui s'en inspirait si bien, n'en eût pas fait trembler la restauration : le régime de 1830 n'eût pas fait une si large part au sentiment napoléonien qui éclatait comme étouffé dans le cadre où on comptait le restreindre : et si l'Empire n'eût pas représenté la discipline, la nation ne se fût pas ruée vers un Napoléon, quand elle eut soif d'ordre ; et celui-ci n'eût pas si promptement refoulé le socialisme. C'est dans le sentiment national qu'il faut étudier les pouvoirs. Les beaux-esprits les dénigrent, les partis les diffament, les nations les jugent.

Le premier empire fit sentir le maître, mais un maître que l'Europe sentait comme la France. S'il y eût alors une aristocratie militaire, ce fut l'aristocratie de tout le monde, dans un temps où des tambours devenaient généraux, et tel fils de cabaretier, roi. Le principe de l'égalité vivifiait l'Empire, non pas en abaissant les sommités jusqu'à la plèbe, ce qui n'est que dégrader ; mais en élevant la plèbe jusqu'aux sommités, ce qui est régénérer. Les nivellements ne sont estimés que des âmes basses, qui, manquant de ressort pour monter, veulent nous précipiter jusqu'à elles ; mais les abjections sont peu françaises, et les niveleurs resteront, parmi nous, plus vils qu'arrogants.

Le premier empire ne fit pas seulement sentir le maître, il fit sentir la violence. Le duc d'Enghien, l'Espagne, la Hollande, le jury d'Anvers, en témoignent. Le Pape à Savonne, à Fontainebleau ; les conciles impériaux, les concordats suspects, y ajoutent. Ces grandes taches du premier empire ne se justifient pas, elles ne s'excusent même pas, elles ne s'oublient pas. Louer un grand homme de ses écarts, de ses torts (ce mot est trop doux), c'est se rendre indigne d'attester sa grandeur. Si la gloire m'attire, le crime me repousse, et la justice m'enchaîne... Préférons toujours à la gloire, la vérité et l'équité, grandeurs prédominantes et sans lesquelles tout ce qui paraît grand est petit.

On a souri des lettres impériales et même de l'état intellectuel du premier empire ; on croit avoir tout dit quand on a cité Delille, Esménard, Lebrun, Daru, Renouard, Fontanes et leurs pareils ; esprits ornés, mais sans éclat, que des esprits plus brillants ont effacés. On dirait que toute l'intelligence de l'Empire est renfermée là, et que les esprits secondaires expriment cet abaissement supposé qu'une prétendue servitude imprimait à son temps ; rien n'est plus faux. Les grands esprits naissent, se cultivent et se façonnent à certaine date ; ils produisent leurs œuvres quand il leur convient. Mais n'est-ce pas le milieu, n'est-ce pas l'âge intellectuel qui les nourrit qui peut les revendiquer? La Restauration se pare de Châteaubriand, mais il appartient, par sa trempe, à l'ancien régime; elle se pare de Lamennais et de Lamartine, mais ils appartiennent, par leur trempe, à l'Empire. Si mon principe est vrai, presque tout ce qui jeta ses fleurs sous la Restauration, végéta, crût et bourgeonna sous l'Empire, si bien que si l'Empire eût duré dix ans encore, tout ce dont s'honore intellectuellement la restauration honorait l'Empire. On étonnerait beaucoup certaines gens en leur apprenant qu'André Chénier n'est pas un produit de l'efflorescence littéraire de 1825, qu'il n'est pas le fruit de la résurrection européenne s'épanouissant en œuvres neuves et charmantes, selon le doctrinalisme convenu. Cependant André Chénier est du même âge littéraire à qui nous devons Châteaubriand et Bernardin de Saint-Pierre; ils appartiennent tous trois au dix-huitième siècle (1). Les doctrines qui veulent régénérer les lettres par les révolutions sont plus qu'absurdes, d'après l'histoire. Ma réflexion est féconde: que de convenus on peut rectifier par elle! L'éducation des écrivains, la production de leurs œuvres, quelles dates différentes et quelles conséquences diverses!

A ne prendre même que la date des œuvres, qu'opposeraient les temps contemporains au *Génie du christianisme* et aux *Martyrs*, ces deux grandes originalités de l'Empire? Qu'opposeraient-ils aux chefs-d'œuvre des

---

(1) La fin du dix-huitième siècle mérite singulièrement qu'on la remarque. La Révolution et l'Empire même, profitèrent de tout ce qui brilla depuis 89; mais les lettres, les arts, les sciences, dans ce qu'il y a de plus éclatant, *par les hommes*, tiennent au dix-huitième siècle. Les libertés de la monarchie avaient suffi aux plus grands caractères et aux plus rares intelligences.

Bonald, des Staël, des De Maistre, que peu d'œuvres postérieures égalent, que nulle ne surpasse? Et quand je songe qu'à ce point de vue Portalis, Tronchet, Merlin, Bigot-de-Préameneu, Treilhard, Berthollet, Volney, Gay-Lussac, Royer-Collard, Destutt-de-Tracy, Laromiguière, Chaptal, Chappe, Monge, Cuvier, Lagrange, Geoffroy-Saint-Hilaire, Malte-Brun, Lalande, Laplace, et que, comme eux, tant d'autres (car j'indique et ne compte pas) brillaient sous l'Empire; je ne suis pas moins ébloui de son éclat intellectuel que de ses armes; mais qu'on pèse ma distinction entre l'âge où l'écrivain fait sa trempe et celui où il fait ses œuvres, et l'on verra combien le premier âge peut, dans l'écrivain, réclamer l'homme. Quel âge, par exemple, trempa les Dupin, les Martignac, les de Serres, les Decazes? Lequel trempa Casimir Perrier, Mauguin, Berryer? Lequel trempa Manuel et Foy? lequel Maine-de-Biran, de Salvandy, Béranger, Arago, Thiers, Guizot, Casimir Delavigne, Victor Hugo même, si impérial par ses souvenirs et par son père? L'instrument n'existerait-il que dès qu'il résonne? La récolte est-elle le fruit du moissonneur, non du laboureur, du semeur, et même du sol et des saisons qui ont reçu et nourri les germes? Et ce que je dis des lettres et des arts savants, s'applique aux arts en tout genre. Les grandes licences, décorées du faux nom de liberté, sont communément stériles, sinon pour le mal; mais les grandes époques font les grandes âmes, et des grandes âmes naissent les grandes œuvres; car toutes les grandeurs se tiennent, et quand on est monté pour le grand, tout devient grand.

Les malheurs du premier Empire furent immenses, ils ne furent jamais vulgaires. Je compte parmi les malheurs de l'Empire le divorce du maître avec ce génie généreux et charmant, qui fut Joséphine ; et son mariage avec ce génie terne, froid, inerte et sans grandeur, qui fut Marie-Louise. Moscou, Leipsick, la Bérésina ne répondirent que trop à Austerlitz et à Wagram : les triomphes d'Erfurth furent vengés à Fontainebleau, où le vaincu nous émut encore par un dernier éclat personnel. Le prodige du retour de l'île d'Elbe s'éteignit dans le sang de Waterloo ; le Prométhée moderne finit sur son rocher ; mais sa gloire est sur ce rocher, et les quelques pieds de terre qui reçurent sa dépouille furent exploités jusqu'au scandale. Il fallut réprimer celui qui rançonnait sans merci un intérêt curieux, accru sans mesure depuis que le héros n'était plus uniquement français, mais européen ; depuis que l'ère impériale n'était plus un péril, mais un poëme.

L'Empereur savait se juger : quand sa puissance déclinait : « Je ne me relèverai pas, disait-il ; les peuples sont mécontents. » Et plus tard : « Les temps étaient difficiles, ajoutait-il ; j'avais de puissants ennemis, on ne m'a pas permis de détendre l'arc. »

En général, il ne faut pas juger l'homme d'Etat sur ce qu'il rêve, mais sur ce qu'il exécute, sans quoi Richelieu serait moins grand qu'Alberoni ; mais ce que fit Napoléon fut tel qu'on put l'admirer même dans ce qu'il rêvait, et dire de lui comme de César : « Le plus grand des hommes pouvait concevoir de tels desseins ; un Dieu seul eût pu les réaliser. »

Que manqua-t-il, en effet, à sa fortune, qu'un succès total impossible, puisqu'un siècle presque écoulé n'a pu ni contenir, ni régler la grande convulsion européenne, dont les soubresauts étranges attestent encore l'énergie ? — Les destins montrèrent Napoléon au monde pour l'organiser et pour l'éblouir. Il a déblayé le terrain sur lequel l'Europe doit désormais s'asseoir ; il a dressé le plan, il a jeté les fondements d'une réédification qu'il eût accomplie, si ce grand homme, venu à temps pour sa gloire, ne fût venu trop tôt pour son œuvre.

Quoi qu'il en soit, Napoléon a conduit la France à travers le monde et lui a communiqué sa gloire ; c'est pourquoi la France et Napoléon n'ont fait qu'un ; c'est pourquoi il a fallu le lui arracher pour l'en priver ; c'est pourquoi, quand le Conseil général de la Seine osait le déclarer ennemi public, le peuple de Paris courait dans ses bras.

Le 18 brumaire qu'on lui reproche était nécessaire, et lui seul pouvait l'accomplir. Cet acte fut donc légitime, et par les circonstances qui l'imposaient et par l'homme qui le tenta. C'est qu'en effet quand un homme peut seul exécuter de tels coups, il est providentiel. Exigerait-on qu'il contentât ceux qu'il renverse ?

Tout succès inconstitutionnel des factions contre le pouvoir en fonction, est-il autre chose qu'un coup d'Etat ? Toutes nos journées révolutionnaires sont-elles autre chose que des coups d'Etat contre le pouvoir régulier, c'est-à-dire, des 18 brumaires ? Blâmer les uns, non les autres, c'est esprit de faction, non civisme.

Les Césars servent ce que les rhéteurs compromettent ; et là où les Césars viennent et durent, c'est qu'ils sont utiles. Chez quels peuples manquent les hommes assez bien trempés pour être dominateurs ou tyrans ? Et pourtant on ne voit pas de tyrans chez tous les peuples. L'Angleterre moderne, l'Amérique du nord, la Suisse n'en connaissent pas, et je prends ce mot dans le sens antique ; je ne l'entends que de l'influence prépondérante d'un homme. Quand un César s'installe dans une nation, ce sont les mœurs publiques qui l'installent bien plus que lui-même ; et là où l'on assassine un César, c'est qu'il peut durer et même renaître. Les peuples qui répugnent aux Césars n'ont nul besoin de les assassiner ; ils les abandonnent et les laissent tomber, cela suffit.

Napoléon eut les deux grandes qualités privées des héros antiques : la simplicité des habitudes et le désintéressement. Il mangeait et dormait à peine ; son tricorne uni et sa redingote grise sont associés à sa gloire. Il n'était que général, sans fortune, quand le duc de Modène lui fit offrir secrètement quatre millions comme rançon de guerre et pour prix d'un ménagement dans une contribution militaire, il fut refusé (1). Cette grandeur d'âme du brillant capitaine lui était propre, dans un temps de malversations notoires, et quand tant de généraux ne songeaient pas moins à s'enrichir qu'à vaincre.

Mais il aimait la grande gloire : il l'aimait même avec ce cortège de poésie qui décore, en les perpétuant, les actes du pouvoir. Faiblesse ou sentiment de ce qui frappe les peuples, il voulait marquer son séjour dans des lieux exceptionnels, par des actes officiels qui en témoignassent. A bord du *Charlemagne,* il autorisait la publication d'un journal ; du cabinet de Marie-Thérèse, il signait plusieurs décrets ; des ruines fumantes du Kremlin, il donnait le règlement de la Comédie Française. — Il ne lui déplut pas, un jour de revue, de pousser son cheval jusqu'à Mlle Mars, toute parée de violettes, pour la complimenter sur sa bonne grâce. Il y avait de l'homme, et de l'homme charmant, chez ce grand homme.

On sait combien son éloquence secondait son génie guerrier, et que les questions d'ordre social ne lui étaient pas moins familières que les questions de tactique. Le

(1) Michaux, *Histoire de France,* 582.

czar Alexandre regretta toujours de n'avoir pu l'entendre au Conseil d'Etat où il n'était pas moins grand que dans son camp, tant la tête qui contenait tout ce génie était puissante !

Les gouvernements qui copient notre administration copient l'un des chefs-d'œuvre de l'Empire ; ceux qui copient nos codes participent à l'un de ses plus glorieux bienfaits.

A part quelques explosions de colère qu'expliquent des ombrages excusables, Napoléon jugea sainement ses contemporains, et, pour la postérité, ses arrêts font loi. Il y a quelque chose d'éternel dans l'honneur d'avoir mérité son suffrage ; c'est une déconsidération dont on ne se relève pas, que de n'en avoir été que faiblement goûté ; mais son blâme est une cicatrice, c'est un stigmate.

Fouché conseillait de le jeter dans le Danube, à Wagram ; mais qu'était-ce que Fouché ? Ce jacobin devenu duc, et non moins duc que jacobin, n'était qu'un Tigellin ; un de ces affranchis romains que les empereurs éprouvaient, si sûrs pour le mal, et qui exerçaient si virilement le crime ; inférieur même à ces affranchis qui compromettaient souvent leur maître, mais ne le trahissaient pas (1). Fouché fut une âme dure, un cœur trempé pour la perfidie, conspirant aussi facilement qu'il respirait ; le bourreau de ses complices immolés à sa sûreté, quand il fallait se faire absoudre de les avoir suscités ; un inquisiteur, un délateur, un proscripteur-ministre ; au besoin,

---

(1) Le 17 août 1868, M. le Sénateur Larabit, délégué pour représenter l'Empereur à l'inauguration de la statue de Napoléon I*er* à Grenoble, disait dans son discours officiel : « Fouché voulait livrer l'Empereur à l'ennemi. » V. le *Constitutionnel* du 24 août 1868. — On lit sur le carnet où Benjamin Constant traçait le sommaire de ses Mémoires : « Trahisons accumulées de Fouché. » Sainte-Beuve, sur Benjamin Constant.

provoquant le bien non moins que le mal, mais par calcul; en un mot, le mauvais génie, l'opprobre et la nécessité de tous les régimes; et l'Empereur, qui l'employa, n'en pensait pas mieux.

En somme, Napoléon fut plus grand que sa fortune, et nous nous ressentons toujours de son passage. Il a élevé la France et l'Europe aux proportions de son génie: il a communiqué sa gloire à tous ses historiens, puisqu'il suffit presque de l'avoir racontée pour être illustre; homme unique et non moins étonnant par ce qu'il a prophétisé que parce qu'il a tenté; un de ces hommes que les anciens rangeaient parmi leurs demi-dieux et que nous nous contentons de placer parmi les hommes extraordinaires.

III

Le succès de la restauration tenait-il à la composition de la famille royale? il est permis d'en douter. Apprécions pourtant cette famille dont on a souvent argumenté.

Louis XVIII n'était-il pas un esprit piquant et charmant, un diplomate, un philosophe, un libéral même, mais un Bourbon: un prince qui voulait tout ce qu'il était permis de vouloir à un petit-fils de Louis XIV; qui voulait enfin tout ce qui honorait, mais rien de ce qui abaissait le maître; sachant d'ailleurs immoler l'homme au roi? N'était-ce pas un protecteur fidèle, un ami tendre, un chef de famille exemplaire, un habile honnête homme sur le trône, n'ayant guère qu'un défaut, mais grand en France, ses infirmités; et chez qui l'obésité fut un vice qui diffama ses mérites?

Madame la duchesse d'Angoulême n'était-elle pas un grand cœur épuré et fortifié, mais trop aigri par une immense infortune ; une très-noble et très-honnête princesse qui méritait qu'on l'aimât, si elle eût eu le don de savoir ou de vouloir plaire ?

Le duc, son mari, n'était-il pas un homme probe, un esprit droit, une âme pure et chevaleresque, un prince vaillant, libéral, modeste, sage, un Catinat méconnu, entièrement digne du sang, comme des temps, de saint Louis ?

Malgré sa mauvaise tête, le duc de Berry n'était-il pas un excellent cœur ? Cette nature brusque n'était-elle pas loyale, intrépide, et, au fond, vraiment française sous un faux air anglais ? Son sang n'eut-il pas dû servir sa cause ?

La duchesse de Berry n'était-elle pas une Napolitaine aussi naturellement devenue française qu'elle fut facilement populaire ?

Je conviens que Charles X n'est pas sans mélange. Si j'en parlais comme le préjugé, j'en dirais que : sincèrement dévot, et féodal en même temps qu'étroit et cassant, susceptible, au fond, de commisération et fort secourable ; très-droit, mais plus gentilhomme que prince ; prenant des crises d'humeur, pour des coups d'autorité ; l'arbitraire du bon plaisir, pour la force ; des confidents, pour des hommes d'Etat, et des ministres ; qu'en somme, plus soucieux d'intrigues et de jeux que de gouvernement, et trop épris des petites affaires pour s'occuper des grandes, il fut plus fait pour vivre à côté du trône et pour animer une cour que pour régner : mais, je ne sais si les événements ne prirent pas, sous lui, des proportions telles que l'attitude qu'il dut leur opposer en fut calomniée. — On juge difficilement les princes, les princes malheureux surtout.

Une noble dynastie qui n'avait été qu'infortunée, mais qui revenait comme un dernier désastre dans nos désastres ; qui revenait comme un reproche et comme un injure ; cette dynastie légitime mais oubliée, semblait avoir envahi ou surpris le trône dans lequel elle ne faisait que rentrer. L'immense impôt de guerre dont la coalition nous faisait payer nos victoires et ses souffrances, nous parut le prix exagéré de la royauté nouvelle que nous trouvions d'autant plus surfaite que nous ne l'aimions pas. La vieille dynastie se croyait rentrée chez elle, et nous voulions qu'elle se regardât comme rentrée chez nous. Nous voulions une constitution stipulée, elle ne nous offrait qu'une charte octroyée.

Au fond pourtant, les griefs articulés contre elle étaient moins des réalités que des prétextes : et les querelles de mots ne cachaient pas des querelles de choses, si les passions et les intérêts d'un ordre privé qui prenaient un caractère général, par le nombre des mécontents, eussent pu accepter ce qui les froissait sous les formes mêmes d'une régénération libérale. Mais comment populariser les bienfaits d'une liberté qui dépouillait de leur position la plupart des partisans du règne impérial : les survivants de la république, tout le monde officiel des régimes antérieurs : les trois quarts de la France ?

Les émigrés se trouvaient en face des détenteurs des biens nationaux ; le drapeau blanc en face du drapeau tricolore ; les gardes-du-corps et les corps suisses, en face de la vieille garde ; la vieille administration impériale, en face de l'administration royaliste presqu'entièrement composée d'inconnus ; une armée d'officiers en demi-solde, en face d'officiers de naissance, ou d'officiers suspects d'avoir livré l'Empire au cosaque infectant Paris et nos provinces ; enfin, une vieille mais petite France soutenue de l'étranger, en face de la grande France nationale qu'avait à peine domptée la coalition de l'étranger : deux nations n'eussent pas été plus distinctes, plus ennemies.

En principe, l'opposition qui combattit la restauration eut presque toujours tort ; en fait, elle exprima des souffrances publiques sérieuses. Au fond, la France perdit, par le malheur des temps ou les ressentiments blessés, la meilleure occasion qu'elle ait jamais eue d'instituer le gouvernement parlementaire. La restauration voulut ce régime, mais elle le voulut par ses hommes, et à sa manière qui était correcte ; la France et l'opposition le voulurent, mais à leur manière, et dans des conditions impossibles dont les événements ont montré le vice.

Par intuition, mais raffermi par un véritable homme d'état, le roi nouveau se proclamait non le roi d'un parti, mais le roi de France ; il voulait, comme son ministre, M. Decazes, « nationaliser le royalisme et royaliser la nation : » mais la nation croyait pouvoir se passer du roi qui ne pouvait se passer de la nation ; de là, tant de conflits, malgré tant de bon vouloir et d'avances venant du trône. Le gros de la nation voulait reprendre possession d'elle-même ; choisir ses princes. Ce que la présence de l'étranger l'empêchait de tenter immédiatement, elle se réservait de l'accomplir quand elle s'appartiendrait ; si bien que, dès le début de la monarchie moins restaurée qu'imposée, ce fut un parti pris national de la chasser.

Cependant la société française paraissait renaître ; les salons brillèrent d'un éclat particulier ; les œuvres de l'intelligence abondèrent ; de puissants esprits alliaient encore la grâce ou la vigueur, à la correction ; les arts plus sensuels de la musique et de la peinture s'agrandirent ; nos théâtres retentirent de plus d'un chef-d'œuvre : celui de *Madame* en particulier, avec ses délicatesses un peu mignardes, mais d'excellent ton, sembla chargé, par sa vogue, d'épurer le genre bourgeois. Les chaires catholiques reprirent faveur; nos tribunes politiques surtout eurent un tel éclat qu'elles compensaient nos désastres en nous créant une nouvelle gloire. Enfin, notre prospérité financière put nous étonner, puisqu'après deux milliards payés l'un à l'étranger, l'autre à l'émigration, nos budgets non-seulement s'équilibraient, mais se soldaient en économies (1).

Et cependant la conspiration des partis contre la dynastie était permanente. On conspirait à Saumur, à Béford, à Grenoble; la vieille armée française s'agitait sans interruption; elle se soulevait par ses généraux, par ses colonels, par ses sergents; elle se soulevait sans cause, ou sans cause sérieuse, parce qu'elle se croyait lésée, qu'elle se croyait la nation, ou la sentait en elle; ou mieux parce qu'elle était l'instrument ardent et docile d'un Comité directeur en permanence à Paris. La jeunesse des écoles était facilement avec l'armée par instinct et par origine; et elle ne cessa de bouillonner pendant quinze ans. Les missions religieuses produisirent de nombreuses émeutes; les obsèques des célébrités en faveur, furent des occasions de conflits. Quand mademoiselle Raucourt mourut, il y eut émeute, ou commencement d'émeute; quand Larochefoucault-Liancourt et Manuel moururent, il y eut du désordre autour de leurs cercueils; quand la justice poursuivit de grands coupables politiques, il y eut de grands désordres autour de la justice; quand un intrépide magistrat osa nommer dans ses réquisitions le Comité directeur, celui-ci l'accusa lui-même et tenta de le poursuivre; quand les conspirations parurent fatiguées en

(1) En 1828, l'excédant du crédit fut de trois millions; en 1829, de quatre millions; l'excédant pour 1830 était de 6,947,000 francs.

France, Lafayette alla chercher en Amérique des ovations dont il raviva chez nous cette implacable opposition que diverses démonstrations politiques conduisirent, à travers le trône, à la Commission de l'Hôtel-de-Ville.

Comme toujours, en présence d'un danger public imminent, le pouvoir se divisait, et les hommes s'y choquaient comme les systèmes. M. l'abbé de Montesquiou combattait M. de Blacas et les siens; le prince de Bénévent combattait M. de Montesquiou et les siens; M. de Châteaubriand, le prince de Bénévent et les siens; M. de Villèle combattait M. de Châteaubriand; puis M. de Martignac, M. de Villèle. — A la Cour, le duc de Berry combattait le duc d'Angoulême; le comte d'Artois, avant d'être roi, combattait son frère jusqu'à ce que M. de Polignac combattît et s'aliénât tous ses prédécesseurs, et cela, dans un tel désordre de tendances disparates, qu'un coup d'Etat, venant du pouvoir qui avait dû le préparer, échoua, non moins par le manque de préparatifs que d'unité, et fit tomber le trône comme s'il manquait de soutien.

Et pourtant ni les institutions, ni les hommes, ne faisaient défaut; car la restauration n'eut pas moins les unes que les autres.

Le régime parlementaire y fut sincère; il fut du moins sincèrement pratiqué par le pouvoir. La chambre des pairs, où l'on comptait tant de grands seigneurs héréditaires, eut un esprit très-libéral, que les *fournées* politiques par lesquelles on pesa sur elles, ne purent changer.

La Chambre des députés, malgré les conditions de cens qui restreignaient l'électorat et l'éligibilité, fut hostile et, de proche en proche, accula le trône contre les deux cent vingt-un coalisés qui le renversèrent. — On remarquera même que, tel est l'instinct natif de l'esprit public en France, que les deux chambres de la restauration instituées d'après le privilége, ne troublèrent pas moins le pouvoir que celles où l'élément démocratique domina ; que les fruits politiques du suffrage universel n'ont pas été jusqu'à présent, plus amers que les fruits du double vote ; et qu'à travers tous les systèmes, la France regimbe.

Comment comprendre que le ministère si libéral de M. Decazes ait été flétri par l'opposition elle-même ? que ce soit sous ce ministère que le duc de Berry ait été frappé ? que ce coup, qui n'émut guère que la famille royale, n'ait été qu'un texte à injures entre deux camps ? et qu'un sang qui eût dû tout pacifier, ait tout aigri ? — Comment se fait-il que nos économistes bourgeois n'aient pas goûté les systèmes financiers si sages de M. de Villèle ? Comment ceux qui vantaient le jeu si régulier des trois pouvoirs en Angleterre, méconnurent-ils que les lois sur les majorats et le droit d'aînesse tendaient à fortifier le faible élément aristocratique sans lequel les deux autres pouvoirs s'entre-choquant, ne peuvent que se briser ? Comment montrer pendant quinze ans tant d'amour pour la charte, avec tant de persistance à la fausser et à la rendre impossible ? Répétons-le donc, ce furent les passions et les immenses intérêts personnels lésés qui s'immolèrent, sans s'en étonner, les principes. Les vaincus, qui étaient les plus nombreux et se sentaient les plus forts, voulurent le gouvernement ; — ils s'en emparèrent. Ce fut là le grand secret de la comédie de quinze ans, que ses acteurs avouèrent plus tard. Subtiliser, philosopher, se creuser l'esprit sur une si claire évidence serait pure manie et temps perdu : l'histoire parle, et, pour qui sait la lire, elle est formelle. Sur ce point, la sophistique des partis a beau faire, l'ascendant des faits l'accable : qu'elle reste l'arme comme le mensonge des factions !

Si les hommes avaient pu sauver la restauration, quel esprit fin, ferme, pratique, constitutionnel que M. Decazes, et qui sut mieux que lui faire, à petit bruit, de grandes choses ? — Quels esprits élevés, sages, intègres que les Ravez, les Lainé, (1) les Martignac ? quel noble orateur que de Serres ? quel véhément et piquant esprit que M. de Fitz-James ? Quelle âme antique et quelle puissance intellectuelle que ce Royer-Collard, dont la saine popularité servit tant, contre son gré, le parti dont il signalait les fautes et prévit si bien le sort !

Comment refuser à M. de Villèle cette simplicité d'origine et de goût qui fait aimer, dans le pouvoir, les hommes d'Etat ? comment ne pas reconnaître la fermeté qu'il donnait à ses desseins par sa souplesse à traiter avec les hommes ? comment récuser son libéralisme, son désintéressement vrai, qu'atteste sa vie si parfaitement une et si honnête ? comment nier la supériorité de son esprit pratique à manier le pouvoir, et ne pas convenir que ceux qui ne voient en lui qu'un homme d'affaires, ne le connaissent pas tout entier ? Il voulait ramener la noblesse à la campagne pour lui restituer son influence ; grande pensée qu'un simple homme d'affaires n'eût jamais conçue !

Si Châteaubriand fut l'honneur, il ne fut pas moins le mauvais génie, il fut même le fléau de la restauration. Ce Breton, d'ailleurs très-gascon, n'aima guère, de nos libertés, que celle de la presse qui servait son ambition et ses rancunes ; car à quoi l'employa-t-il mieux qu'à les secon-

---

(1) M. Lainé, comme ancien ministre, avait droit à une pension de 12,000 francs ; il la dédaigna, et il était pauvre.

der ! que n'écrivit-il pas contre Talleyrand, et avec quel peu d'égards ! que n'écrivit-il pas contre Decazes et avec quelle perfide aigreur ! Cet homme dont la plume se vantait de défaire ou de reconstituer les empires, se sacrifia constamment la monarchie. Personne ne contribua plus que lui à l'ébranler ; personne ne fréquenta plus que lui les deux camps adverses ; personne ne sut mieux servir ou desservir l'un ou l'autre ; personne n'occupa plus de place par ce *moi* qui fit école et fut notre plaie ; personne ne s'entendit mieux à donner des déclamations pour des raisons ; à substituer les images et les couleurs aux faits ; la politique d'école et de rhéteur, à la politique d'affaires ; personne n'affecta plus orgueilleusement un portefeuille, un Premier-ministère, quand personne n'y était moins propre, sinon par certaines formes du talent, au moins par l'humeur ; personne ne prit plus le bruit, pour l'effet ; personne ne fut plus théâtral et plus embarrassant que cet auxiliaire. Quand il vint plaider à la Chambre des pairs la cause d'Henri V et de la régence, on comprit par ce qu'il disait, ce qu'il prétendait ; on l'applaudit et on le laissa tomber avec la monarchie qu'il avait précipitée ; et quand, plus tard, il écrivit à la duchesse de Berry : *Madame, votre fils est mon roi*, il ne fut que ridicule ; puisque tant d'orgueil n'était qu'impuissance. — Il se relève, il est vrai, comme écrivain, et l'écrivain rachètera l'homme d'Etat qui fut fatal ou médiocre.

Si nous jugeons les hommes supérieurs par ce qu'ils sont pour l'Etat, non pour eux-mêmes, quel contraste entre Châteaubriand et le duc de Richelieu ! Celui-ci nous ménagea l'intervention de la Russie partout où elle nous fut secourable ; nous lui devons l'évacuation du sol français par l'étranger ; nous lui devons de grands ministères qu'il sut préparer, ou sous lesquels il sut s'éclipser.

— Cet homme, d'un si grand nom, qui fut toujours prêt à servir la monarchie par un sacrifice, et à subordonner l'orgueil de sa race, à un bienfait pour son pays; cet homme antique greffé d'un chrétien qui, doté de 50,000 francs de rente comme gratification nationale pour la délivrance de notre territoire, en fondait un hospice à Bordeaux, mourut lui-même pauvre pour un grand seigneur (1), comme par une sorte d'humilité dans la vraie gloire : — trop oublié depuis, mais qu'on ne peut méconnaître sans injure, et à qui l'on doit au moins de ne pas taire ses vertus.

La restauration nous offrit, en somme, le tableau permanent de deux gouvernements, de deux peuples, de deux sociétés en présence. Le plus fort des deux partis vainquit le plus faible, et cela dans tout le succès, dans toute la prospérité, dans toute la splendeur du plus faible, et sans aucune cause apparente que le besoin de la domination de l'un sur l'autre. Ce fut là un très-grave enseignement.

Il y en eut un autre : deux grandes fortunes diffamées par les longs démêlés des deux célèbres financiers, Ouvrard et Seguin (2), donnèrent le branle aux grandes spéculations aux agiotages qui éclatèrent, plus tard, en scandales.

Enfin, la république osa s'affirmer sur l'échafaud de Thouars, par le conspirateur Saugé (3).

---

(1) Il ne laissa que treize mille livres de revenu; c'est-à-dire un peu moins que le nécessaire, je ne dis pas à un Richelieu, mais a un gentilhomme de quelque renom. (2) Voir les *Mémoires d'un bourgeois de Paris,* 2-284. (3) *Ibid.* 2-214.

IV

Peu de mois avant la révolution de 1830, M. Thiers écrivait dans le *National* : « il n'y a plus de Bastille à prendre, plus de trois ordres à confondre, plus de nuit du 4 août à faire, plus qu'une charte à exécuter avec franchise. » Ce qui surprend, ce n'est pas qu'on ait tenu ce langage avant 1830, mais qu'on l'ait répété depuis ; car les causes de la première révolution n'existant plus, on a su en trouver d'autres. En effet, si l'exécution ou l'inexécution d'une constitution quelconque, au jugement, des partis, mène plus loin qu'une mise en accusation des ministres à raison de l'irresponsabilité royale, où s'arrêtera-t-on ? et quelle révolution ne voudra se légitimer par le prétexte d'une prétendue violation de constitution ?

La révolution de 1830 contenait, en germe, plus d'un coup de main du même genre. Les organes prépondérants de la bourgeoisie, le *Constitutionnel* et les *Débats*, avaient conduit l'assaut contre la restauration ; le *National* et la *Réforme*, organes du plus grand nombre, conduisirent l'assaut contre le gouvernement de la bourgeoisie, en attendant que le prolétariat levât la tête et réclamât une réorganisation sociale. Nos pères avaient pris la Bastille ; la bourgeoisie voulut le gouvernement de la société ; le prolétariat veut le patrimoine social. La révolution de 1789 nous a jetés, quant à présent, dans le plus grand de tous les maux, l'instabilité politique : ajoutez-y le conflit des classes, et presque la guerre sociale.

Ce nouveau gouvernement fut institué singulièrement ; il le fut par une fraction sans mandat de la Chambre, et par la cohue qui s'appela Commission de l'Hôtel-de-

Ville. La nouvelle constitution fut presque double : il y eut la constitution apparente, officielle, ce qu'on nomma la charte bâclée ; puis, le programme de l'Hôtel-de-Ville, toujours invoqué, jamais connu. Les uns voulurent que le nouveau roi le fût parce qu'il était Bourbon, d'autres quoique Bourbon : ceux-là, prétendaient continuer la monarchie parlementaire. Ceux-ci, enter la monarchie sur la république ; instituer enfin plus de république que de monarchie. Les partis se heurtèrent longtemps sur ce double terrain, dans les rues, derrière les barricades : les journaux semblèrent écrits avec de la poudre ; les sociétés secrètes toujours traquées, mais toujours persistantes, se trahirent par des attentats permanents contre le Prince. En somme, ce soi-disant élu de la nation fut si subordonné aux uns, si menacé par les autres, que la France ne le sentit pas roi, que l'Europe ne le sentit pas roi ; que lui-même ne se sentit jamais roi.

Qu'était-ce qu'un gouvernement parlementaire où le chef de l'Etat comptait si peu ? où la Chambre des pairs, purement viagère, sans ascendant sur le pays, n'était guère qu'une Cour d'homologation pour la Chambre élue, ou une Cour judiciaire instituée pour épargner à celle-ci l'odieux des répressions politiques ? Qu'était-ce qu'un pouvoir unique, le Parlement, devenu le fief alternatif de deux hommes dont le gouvernement personnel menait la France ?

Qu'était-ce même que ce gouvernement où la patrie se nommait le pays ? ou la bourgeoisie n'osait s'appeler de son nom, mais classe moyenne ? où le peuple était qualifié de masse ? où les censitaires dédaignaient les capacitaires : les capacitaires, les censitaires ; et où les radicaux s'affichaient comme un peuple, comme une affiliation qui avait déjà son nom : « le socialisme ? »

Qu'était-ce que cette classe moyenne qui prétendait régir la société ? où était son commencement, où sa limite ? quel était son programme ? où étaient ses traditions de gouvernement, son esprit de corps, si je peux le dire ? quel était son titre social au gouvernement ? de quel droit l'électeur à deux cents francs prévalait-il sur l'électeur à cent écus ? En quoi le nouvel éligible l'emportait-il sur l'ancien ? sur quelle base sérieuse reposait le pouvoir de ce faux peuple appelé le pays légal, et qui fut si faible au jour du combat ?

Comment, d'ailleurs, les classes moyennes gouverneraient-elles les hautes classes qui leur sont supérieures en lumières, et les masses populaires, qui ont la supériorité du nombre, sans compter la supériorité des instincts ?

On instituait donc un gouvernement qui n'était pas sérieusement monarchique : un gouvernement qui n'était non plus ni aristocratique, ni démocratique. On instituait, au fond, une fausse royauté, une fausse aristocratie, une fausse démocratie, qui ne vécut que de fictions, de mensonges, de manéges, de raccrocs (qu'on me passe le mot), et qui devait tomber, sans se défendre, avec une facilité sans exemple. Tel fut le nouveau gouvernement.

Les princes en étaient vraiment recommandables, quoiqu'on sentît chez eux quelque chose de moins royal, de moins Bourbon que chez leurs ainés. La popularité des d'Orléans, un peu trop quêtée, fut très-marchandée : la familiarité tint plus de place autour d'eux que l'attachement. Les princes qui se rapetissent, guindent leur entourage ; les nôtres permirent trop, si je puis le dire, qu'on leur frappât sur l'épaule ; et tel lettré put leur écrire, après un bienfait reçu : « Je suis content de vous ! » Ils le sentaient, du reste : ils achetaient le peu de prestige dont on voulait les gratifier, par telle corvée qu'ils

appelaient familièrement une fonction. Nemours allait
« faire ici une fonction; » là, Joinville; ailleurs, d'Aumale. Ils faisaient alors ce qui s'appelle, en d'autres
métiers « aller en ville ou à domicile. »

Qui ne sait que tout le régime de juillet reposa sur
l'appui de cette garde nationale illimitée, si connue par
ses défaillances; qui, lorsque les factions se présentent
pour prendre quelque forteresse sociale, bat aux champs
et les prie d'entrer; qu'on dirait le maître des cérémonies
de l'émeute ou mieux l'émeute elle-même en bonnet à
poil et en giberne; qui ne montra qu'un jour d'énergie,
près de l'armée, quand il lui fallut défendre à brûle-pourpoint son foyer, sa famille et, disons-le, sa boutique
et sa caisse, mais qui tourna le dos au roi son sujet,
comme elle l'eût tourné à un inconnu?

Qui ne sait ce que furent ces prétoriens de carrousel,
sans vigueur, mais non sans orgueil, auxquels il faut des
emplois, des croix, des priviléges et qui ne s'en souviennent plus dès qu'il faut les payer de quelque effort?

Depuis juillet tout fut roi, si ce n'est le roi. Quel département ne fut pas le bourg pourri d'un député? Quel
ministre n'eut pas à compter avec tel journal, avec le
Journal des Débats surtout? Quel préfet n'eut pas peur
de tel électeur prépotent? Quel magistrat du parquet ne
releva pas un peu de tout le monde? Où était le pouvoir
dans ce conflit d'influences, infirmant, suscitant ou accablant le pouvoir?

Ce n'était pas que les hommes ne fussent recommandables, mais les choses étaient malsaines et communiquaient leurs infirmités aux hommes. Une nécessité
fatale, la nécessité du faux devenu le gouvernement, planait sur l'ordre social.

Le premier mérite d'un homme public, c'était d'être habile, c'est-à-dire d'éluder la difficulté, ou de ruser jusqu'au piége avec l'adversaire ; de manier la fraude avec dextérité ; de tricher au profit de sa cause ; d'être malhonnête avec art, avec décence. Qu'on se frottait les mains avec plaisir, lorsqu'on pouvait se dire : le tour est fait! puis, qu'on se gobergeait de ce bon tour! Je n'invente pas ceci, je l'ai vu.

Un parti si habile prêtait au roi lui-même les habiletés en vogue. On ne le louait pas d'une probité simple, qui eût paru fade ou même insuffisante ; on lui créait des finesses et des expédients : on voulait qu'il sût tromper ses chambres, ses ministres : on citait telle subtile supercherie qui le faisait valoir : et, par exemple, pour retenir au ministère le maréchal Soult froissé, le roi, disait-on, l'ayant pris à part un jour de Conseil, s'ingéniait, pendant la séance, à tempérer le Maréchal dans son cabinet. On trouvait bon d'ajouter que le prince, quittant un instant ce cabinet, avait dit finement aux autres ministres : « Patience, nous avons déjà pleuré. » Scène de Scapin, qui ne peut être vraie, et qu'il fallait cacher si elle l'était. Mais quoi! le roi ne pouvant être un maître-lion, on en faisait un maître-renard. La bourgeoisie le voulait à son image, c'était naturel.

Les coalitions politiques de partis contraires, qui ne peuvent s'entendre que pour détruire, furent le scandale de la restauration et le fléau du gouvernement de juillet. Si jamais Charte fut ouvertement violée par l'opposition, ce fut quand la majorité de la Chambre ne put soutenir son ministère, et quand, plus tard, elle périt avec ses ministres et sa dynastie. La révolution traitait une Charte obéie comme une charte violée : et les faits menaient les principes, comme les ambitions menaient les faits.

On sait que le règne n'avait pour lui ni la noblesse, ni le clergé, ni la grande propriété, et qu'ainsi la presque moitié de l'Etat lui refusait son concours. Mais l'armée même était incertaine, et les masses plus qu'indifférentes : elles étaient d'ailleurs travaillées par le rêve d'une république qui les compterait plus que le pays légal. — Le barreau, les lettres, les sciences, les professions libérales, les arts étaient peuplés d'opposants dont l'ambition s'étayait d'une popularité bruyante : que possédait donc le gouvernement ? Un ensemble plus apparent que ferme : la haute industrie, la Banque, la moyenne propriété, le haut commerce, les fonctionnaires publics, qui n'étant qu'une émanation du pouvoir, ne lui donnent d'autre force que celle de leur valeur personnelle ; qui mettent la leur à ne s'engager qu'à demi, à se ménager pour la fortune, à la courtiser par un faux libéralisme ; à se dévouer aux ministres dont ils relèvent, sans oublier les ministres dont ils relèveront ; mais alors, négligeant un roi serf de ses ministres, et moins roi que des ministres se nommant Thiers ou Guizot : — c'étaient là les forces du règne.

Quel était son prestige ? Ce régime ne craignait pas moins la paix que la guerre : la guerre, car les grands appuis du gouvernement, les gens d'affaires, de bourse, les industriels, les commerçants, la repoussent ; la paix, car la France n'aime jamais un long repos, encore moins une paix sans gloire. On se fit donc des semblants de guerre et de gloire : la prise de la citadelle d'Anvers, un opéra ; le bombardement de Mogador, dont les Anglais rirent à notre barbe ; celui de St-Jean-d'Ulloa, qui ne servit qu'à notre brillant amiral ; la prise de Constantine précédée d'un désastre ; le combat d'Isly, fait d'armes stérile, s'il ne nous eût révélé un capitaine ; enfin ces grandes razzias de bétail qui ne grossirent que les épaulettes de nos officiers ; si bien qu'au fond, ces semblants de force parurent très-petits en comparaison de notre échec diplomatique en Egypte qui fut fort grand.

En somme, un régime qui craignit tant la guerre extérieure, si chère à une nation belliqueuse, périt dans la guerre des rues qui se vengeait ainsi d'une paix malsaine.

Un homme d'esprit disait que Louis-Philippe avait bien plus succédé à M. de Villèle qu'à Charles X; c'est qu'en effet, ceux qui chassèrent M. de Villèle, ne purent que le continuer, et que les gens d'affaires qui tenaient le pouvoir, le sacrifiaient aux affaires. La restauration s'était un instant trouvée pauvre, mais elle était restée pure. Après juillet, la fortune financière de la France fut moins pauvre, mais moins pure; et (chose singulière), moins pauvre et plus obérée. La restauration avait fait des économies, nous eûmes des dettes : nous étions ce riche malaisé qui a besoin qu'on lui prête, et qui rend mal.

Il y avait plus de passions sous la branche aînée ; la branche cadette connut plus d'intrigues et de convoitises. L'économie politique débordait déjà la politique sans la supprimer : les conflits avaient doublé leur théâtre ; les rivalités changeaient plutôt de camp qu'elles ne s'apaisaient ; les partis prenaient d'autres noms, mais non d'autres mœurs.

Pour un faux gouvernement parlementaire, il fallut créer de faux dogmes parlementaires ; et bientôt les formules nous tinrent lieu de doctrines : on dit alors « qu'un roi règne et ne gouverne pas ; que la majorité est mieux dans la qualité que dans le nombre ; qu'un ministère, agréé par les Chambres, peut être insuffisant et presque inconstitutionnel. » Puis, de proche en proche, la minorité voulut la prédominance ; la charte-vérité ne fut qu'un mot; l'émeute remplaça l'obéissance; la violence suppléa l'autorité; une fausse liberté, fruit d'un faux libéralisme, avait conduit là : — et, jusqu'au dernier instant, on aima mieux nommer un si grand déraillement, vie parlementaire ou liberté, plutôt que d'appeler erreur ou faute ce qui était visiblement l'un et l'autre.

La maladie morale du régime, c'était le goût de l'or et des affaires; c'était l'esprit d'industrie et de trafic; c'était la soif du gain, qui supplantaient en France cet honneur natif, si grand sous l'empire; cet esprit chevaleresque, si noble sous la restauration... Bref, « la paix et la Bourse, » répondait au cri romain : « le pain et le cirque. »

A l'extérieur, la France en fut amoindrie : l'expédition si facile d'Anvers, nos coups de main en Afrique n'égalaient pas le brillant de la bataille de Navarin, de l'expédition de Morée, de la pacification de l'Espagne, mais surtout de la conquête d'Alger. A l'intérieur, la guerre des rues, les assassinats politiques, la prise d'armes de la Vendée, attestaient assez ce que la paix publique avait perdu. L'éloquence ne soutenait qu'à peine, dans les deux Chambres, l'éclat que lui avait imprimé le régime antérieur; les budgets étaient devenus démesurés; les mœurs étaient plus dissolues, les scandales plus éclatants: les lettres même avaient baissé d'inspiration et d'accent: elles n'étaient plus même une inspiration; elles n'étaient plus une effusion, mais un pacotillage et un négoce. Au type choisi d'une aristocratie affable, attrayante, succédait le monde assez fruste d'une bourgeoisie étroite, avare, sentant le parvenu, et faisant sentir cette âpreté de toucher que les mains aristocratiques savent si bien pallier.

L'un des caractères des hommes du temps, ce fut de n'embrasser que des fonctions provisoires; de n'être rien définitivement; de tenter tout, pour exploiter tout, au risque de manquer tout, mais avec l'espoir ou l'illusion d'atteindre à tout. L'existence tout entière fut mise en agio; les grandes déconfitures du notariat datent de ce régime. Les grandes fraudes industrielles, constatées par des procès mémorables, le flétrissent.

Il y eut dans l'ensemble du régime de juillet, quelque chose du système de Law, appliqué à la politique; et la rue Quincampoix sembla se multiplier dans le royaume.

D'autre part, tandis que le capital trônait, le travail lui disputait sourdement une influence qu'il nommait despotisme, ou l'assaillait par de terribles soulèvements, ayant pour prétexte ou pour motif : « la faim. »

La société de juillet, qui avait vécu dans un certain débraillé, finit par d'éclatantes souillures, par des procès fameux qui montrèrent jusqu'où la corruption peut monter. — Enfin le règne qui s'était inauguré sous l'aile de l'Angleterre, et qui, sans cela, selon M. de Talleyrand, ne pouvait vivre, finit par un mécontentement de l'Angleterre que nous servions si bien contre nous-mêmes.

Ce n'est pas tout: une tentative de révolution était prévue; le pouvoir semblait armé pour la vaincre; il n'était bruit qus de moyens puissants, de plans invincibles; et quand le moment fut venu, rien ne fut prêt: tout perdit la tête autour du Prince; il ne vint du dehors que des conseils insolents : et ce roi, que deux cents cinquante députés avaient fait, n'en trouva pas un pour le défendre.

Quand le grand Vendôme mourut, ses domestiques pillèrent sa chambre et lui volèrent jusqu'aux draps de lit sur lesquels il expirait. La monarchie de juillet offrit un spectacle du même genre: à peine malade, elle fut condamnée; et on n'attendit pas, pour la piller, qu'elle fût morte.

La chute de Napoléon fut grandiose ; celle de Charles X, noble et sereine ; celle de Louis-Philippe, fut misérable : elle fut un opprobre, et presque un stigmate ; mais elle fait plus de honte au parti qu'au roi.

L'illustre sang d'une armée, d'abord triomphante, rehaussa du moins les funérailles de l'Empire qui parut ne tomber qu'avec la France ; le canon de Cherbourg salua l'exil de Charles X ; Louis-Philippe, quoique traqué jusque dans le tombeau des siens, eût besoin d'un déguisement pour fuir les colères d'une liberté qu'on enivrait de licence.

Mais on savait, à n'en plus douter, un grand secret : on savait que Paris défaisait les rois ; et qu'un faubourg de Paris, était Paris.

V

La révolution de 1848 ne fut pas le résultat d'un grand besoin populaire, mais le produit logique — quoiqu'alors précoce — d'un faux mécanisme social. Par sa soudaineté elle surprit jusqu'aux vainqueurs mêmes, et le grand fait de sa direction étant échu à des hommes assez petits, ce mouvement, qui n'avait rien de national, ne naquit que pour avorter.

Quand le pouvoir ne peut s'imposer, on le méprise comme inutile ; et, de son inutilité présumée, à sa suppression, il n'y a qu'un pas : mais c'est sa suppression qui révèle son importance ; c'est, quand on l'a perdu, qu'on y revient. C'est ainsi que la France, républicaine sous la monarchie, aime la monarchie sous la république ; flottant ainsi entre le goût d'activité et de nouveauté qui exerce sa nature, et le besoin de stabilité que réclament ses intérêts ; tirée vers l'avenir par ses illusions, retenue dans son passé par ses habitudes, si ce n'est même par sa raison et par ses craintes.

1848 ne fut guère qu'un terrible orage ; qu'une saturnale de projets et d'espoirs aussitôt déjoués que conçus ; un bouillonnement d'esprits faux que secondaient, que poussaient, que précipitaient des esprits gâtés (1); un conflit entre l'erreur de bonne foi et la dépravation calculée ; un prodige dont la cause, ni le sens, ni le dernier mot ne sont compris ; soit qu'ils ne puissent l'être faute d'objet, soit que le temps s'en réserve le secret.

S'il est des mouvements mixtes, dont les choses et les hommes sont également coupables, la convulsion de 1848 est du nombre ; mais s'il est des mouvements si déréglés qu'ils excèdent les forces des hommes, c'est aussi celui qui, en vingt-quatre heures, vit tomber en France tous les pouvoirs. Les hommes qui veillèrent sur nous dans ce cataclysme, auquel ils n'étaient pas étrangers, éprouvèrent eux-mêmes tant d'angoisses qu'ils méritent notre indulgence, et, que sais-je ? notre gratitude ; car, là où la mauvaise fortune sévit sur les hommes, qui peut la vaincre ? Et quel est l'effort pour le tenter, qui n'ait son mérite ? Pour les plus puissants même, le bien alors est si dangereux, qu'il faut leur savoir gré de le vouloir, à plus forte raison de le tenter ; puis, rejeter sur le malheur des temps non le crime, mais l'impuissance.

Cependant quand le gouvernement n'était nulle part, ou que plusieurs gouvernements se heurtaient pour s'établir, et que le pire pouvait prévaloir ; quand des coups de feu éclataient par explosions renaissantes ; quand le tocsin

---

(1) « Aux époques de révolutions, il apparaît toujours une race d'hommes, d'êtres pervers, à qui le mal plaît, et qui l'aiment pour lui-même. » — Lamennais, *des Progrès de la Révolution*, p. 31.

sonnait à Notre-Dame et dans les clochers voisins; quant au crépitement des coups de fusil se mêlaient d'horribles clameurs; quand des murmures, des rugissements sourds, dont on discernait mal le sens, sortaient des porches, des gradins, des fenêtres, des couloirs, des cours, de presque tous les pavés de l'Hôtel-de-Ville; quand les vitres, bruyamment brisées, volaient en éclats; quand les crosses de fusil résonnaient sur les pavés battus par des combattants enfiévrés de poudre et de colère, et dont le drapeau rouge était le drapeau; alors Lamartine fut grand, et ses services firent absoudre ses fautes.

Le sac des résidences royales; tout ce que les arts et la fortune publique y perdirent; les orgies qui les preparèrent, les accompagnèrent et les suivirent, dirent alors, comme toujours, en pareil cas, ce que peuvent les hordes que contiennent les sociétés régulières, quand le frein pour lequel elles sont nées leur manque, et que, sous le nom de peuple, qu'elles déshonorent, elles commettent ce que le vrai peuple punit. — Mais ce que perdit le travail national est incalculable.

Le bourgeois de Paris put comprendre alors sur qui retombent les leçons que son inconstance se plaît à donner aux gouvernements. Les ex-ministres tribuns, tout prêts à transporter chez l'étranger les reliques de leur fortune, apprirent à leur tour, d'évènements aisés à prévoir, combien le peuple varie ou change promptement d'idoles; et combien ils sont peu, ou même rien, dans les tourmentes!

Car ce fut un spectacle aussi moral qu'instructif que la nullité définitive des chefs parlementaires qui avaient conduit l'assaut des Chambres contre la royauté.

Mais quand les agitateurs de la veille conspiraient entre eux pour se supplanter dans la faveur populaire;

quand Lamartine avait à suspecter Ledru-Rollin, celui-ci, Barbès ou tel autre; quand Caussidière craignait Raspail ; tous deux, Sobrier ou ses pareils, qui donc pouvait se croire un pouvoir? qui donc pouvait se flatter d'être une influence? qui même était sûr de son existence? qui pouvait se dire, avec certitude, je vivrai demain? On commence de part et d'autre avec des principes, avec de nobles intentions ; mais, avec les rivalités, viennent les obstacles; avec les obstacles, les inimitiés, la lutte et la mort. Les journées de Juin, plus cruelles que des batailles rangées, burinèrent en traits de sang cette progression des choses, cette logique du mal, plus forte que les hommes. Le Gouvernement provisoire répudia sans doute l'échafaud politique; il l'abolit autant que les mots peuvent abolir les choses, mais, qui nous dit que cet échafaud ne se fût pas relevé contre le gouvernement lui-même, si certains attentats eussent réussi? qui nous dira ce que nous réservait Juin victorieux ?

Une ville, au moins, sut montrer un courage dont Paris semblait incapable : Rouen sut faire comprendre à la capitale ce que pouvait le civisme de la province, quand la vigueur normande retrempa la vigueur française ; et ce fut un grand frémissement pour les sections de Paris, de se sentir blessées ailleurs qu'à Paris.

L'histoire du chaos qui suivit le lendemain de Février est connue; elle est même vieille, car, c'est celle de toutes les anarchies: mais ce que l'histoire ne connut jamais, ce fut une anarchie sociale.

Car, ce qu'il fallait craindre dans notre situation, c'était moins le désastre d'un gouvernement, qu'un désastre social. Ce qui nous menaçait, ce n'était déjà plus Robespierre, mais Babœuf; ce n'était plus César, mais Attila.

Singulier signe des temps, que de demander une constitution à un homme qui, après s'être servi du catholicisme pour fonder sa gloire, s'était servi de sa gloire pour frapper le catholicisme ; à un Rousseau sacerdotal bien plus inconséquent, bien plus creux que Rousseau ; à une contrefaçon de Luther ; à un sectaire sans secte véritable, sans principes autres qu'un changement perpétuel du blanc au noir, par le seul effet d'un mécontentement âpre, et de l'immense orgueil d'un renégat déchu ; à un faux prêtre ; à un faux philosophe ; à un faux politique, dont le rêve constitutionnel alla retrouver les rêves de Sieyès, dans le pays des songes leur vraie patrie. — Mais, que d'esprits détraqués se reconnaissaient dans ce fier et misérable esprit.

C'était une pensée autrement grave que celle qui s'adressait au général Cavaignac pour qu'il guidât avec honneur la République. Fils de républicain, républicain sincère, comme tous les siens ; esprit sage, grand cœur, maître de lui-même, sans passion autre que celle du patriotisme et du devoir, lettré non moins que capitaine, homme de tribune rare par la netteté, la simplicité, la dignité de sa forme tout aristocratique, vêtement d'une âme toute populaire, Cavaignac était digne de développer, sous ses auspices, une République à laquelle il ne manqua que des républicains.

Il faut bien le dire, c'est qu'à part quelques cœurs de haute trempe, nos républicains français n'ont rien qui les distingue des parlementaires. Si les uns veulent le pouvoir par la bourgeoisie, les autres le veulent par le peuple ; pour les uns, comme pour les autres, le pouvoir n'est pas le moyen, mais le but ; le pouvoir est le bonheur, la vie ; et la perte du pouvoir, le néant. Le vieux patriotisme n'existe plus, car le libéralisme l'a tué. Le libéral n'est qu'un ambitieux, prêt à prendre tous les noms, tous les masques pour dominer ; partisan de la cocarde qui le met en vue, il l'arbore et la défend comme une enseigne : — « Servile pour commander ; » voilà l'homme : le voilà tout entier : tel est le libéral des décadences. — C'est, par le libéral, que toute république est impossible en France.

VI

La France, républicaine par caprice ou par accident, est monarchique par nature et par raison, elle l'est même par nécessité, par nécessité de théâtre et d'étendue ; par nécessité de salut ; par nécessité d'action contre l'Europe qui la craint et l'enveloppe ; enfin, et surtout, par nécessité de race et comme frein de cette impétuosité native qui est incompatible avec les délibérations patientes, et qui fait du gouvernement de plusieurs, en France, non plus une transaction, mais une bataille.

Là où l'on possède l'ordre, l'égalité, la justice, on a tous les biens de la liberté, sans ses périls. On se trompe, quand on prend la liberté pour un but, non pour un moyen ; et certes, la liberté qui violerait la justice, l'ordre, l'égalité, serait tyrannique. — En somme, si la liberté bien comprise est une force, la liberté outrée est une faiblesse, une cause de dissolution et de ruine ; il n'est rien qui menace plus l'indépendance nationale : l'histoire de toutes les anarchies l'atteste.

Quand la France sentit sur ses flancs l'Attila révolutionnaire, elle lui opposa le seul adversaire qui put le vaincre, elle lui opposa César, je veux dire Napoléon. Le prince Louis n'était encore qu'un nom, mais ce nom contenait un homme et même un principe.

Il était en exil quand, d'abord quatre départements, puis cinq, allèrent le chercher, pour en faire un représentant du peuple. Pourquoi l'Yonne, la Charente-Inférieure, la Moselle, la Corse et surtout la Seine, si clairvoyante, avaient-elles besoin d'un représentant de cet ordre, déjà connu par sa compétition au trône et la revendication de droits dynastiques inscrits dans nos lois? N'y avait-il point là une pensée secrète que toute la France comprit et seconda? — Il y avait plus qu'une pensée: il y avait le sentiment d'un remède. Pour sortir de l'effrayant chaos de nos dissidences sociales et de nos infirmités parlementaires, il fallait un programme bien précis qui pût prévaloir, et un grand nom qui pût le faire prévaloir. Le prince Louis apportait ce programme et ce nom : où sont ceux qui pouvaient offrir comme lui l'un et l'autre ?

Les évènements qui suivirent furent si précipités, qu'on vit bien que le premier les contenait tous. Quand le suffrage universel nomma le Prince, président de la République, l'Empire fut fait; personne ne s'y trompa, personne même ne le cacha.

A mesure que les périls croissaient, la France s'accentuait davantage : aux cinq millions cinq cent mille voix qui avaient élu le Président, succédaient les sept millions et demi qui, en lui conférant le pouvoir pour dix ans, lui confiaient le droit de le constituer; et lorsqu'il s'agit de l'Empire, la France le lui dévolut, au chiffre toujours croissant et particulièrement imposant de 7,824,189 voix.

Il ne fallut pas moins que le cri et la vigueur de la France pour triompher des timidités individuelles. Qui n'a vu ce que j'ai vu? qui n'a vu les masques du drame? les concours apportés, puis retirés; les péripéties personnelles, selon l'heure et le moment? les visages ardents ou refroidis? l'enthousiasme ou les réticences? les Thersites devenus héros, ou tout le contraire, par des raisons contraires? les esclaves menteurs d'une étroite légalité, transformés en sincères courtisans du succès, et tendant au Prince l'artificieuse main qui n'avait osé le défendre, et l'eût outragé s'il fût tombé? Qui ne l'a vu? qui n'a contemplé ce lâche et fructueux parasitisme? qui n'a vu le scandale de ces versatilités, couronné du scandale de leur fortune?

Voulez-vous trouver l'auxiliaire généreux du pouvoir périclitant? cherchez-le dans la disgrâce, car c'est là que le jette, non le Prince, qui l'ignore, mais le parisitisme qui s'empresse ; le parasitisme qui sait venir au moment où il convient de se vanter pour supplanter et pour saisir ce que d'autres avaient le droit d'attendre.

Laissons là les hommes pour les principes. — Le sentiment de l'égalité se corrompt par son excès même « quand le peuple ne peut souffrir, dit Montesquieu, le pouvoir qu'il confie »; quand il veut tout faire directement, quand il veut représenter son représentant ; quand il veut enfin plus qu'il ne peut : — c'est ce qu'on voit quand les meneurs du peuple veulent mener les représentants constitutionnels ; quand le Corps législatif, se croyant peuple, veut s'enfler inconstitutionnellement ; quand une fraction du pouvoir législatif usurpe tout ce pouvoir ; quand l'excès de vitalité de la Chambre élue, se joue à tel point de ses contrepoids constitutionnels, qu'ils ne sont plus.

Le mensonge de la responsabilité ministérielle en vertu duquel nos Princes furent toujours responsables de leurs ministres, eut chez nous ce mauvais effet, que les lois furent souvent votées, non pour le pays, mais contre tel ministre ; et que, surtout, sous le prétexte de cette vaine responsabilité, les ministres s'asservirent, annulèrent, compromirent et, finalement, renversèrent le Prince. Une si constante comédie, percée à jour, devait finir ; il fallait que les ministres ne fussent que ministres, là où le souverain tombait pour les fautes de ses ministres.

Le prince Louis ne se chargeait des destinées de la France que par la résurrection du système de la tradition consulaire de l'an VIII; et la Constitution que nous lui devons, surgit du pacte du pays avec le Prince (1). On sortit alors du régime des faux gouvernements et des utopies, pour créer les bases du seul édifice capable de supporter plus tard une liberté sage ; une liberté échappant aux clubs et aux dictatures ; une liberté dominant les barricades et l'étranger.

Quand la France, elle-même, eût institué son nouveau pouvoir, elle ne mendia plus l'appui de l'Angleterre, elle l'obtint; elle ne fut plus sa vassale, mais sa grande et glorieuse amie; et les deux peuples s'unissant plus que jamais par le sentiment de leur importance respective et de leur estime, firent des choses qui prouvèrent, avec éclat, ce que vaut cette illustre entente.

Le gouvernement parlementaire (2) a recelé dans son sein Babœuf; il a porté dans ses flancs, le carbonarisme, les sociétés des Saisons et des Droits-de-l'Homme. Il a vu la défaite d'Aboukir ; l'Egypte conquise et abandonnée ; il a vu le bombardement de Beyrouth, l'indemnité Pritchard, le concert européen; toutes les avanies que l'Anglais nous a fait boire sous le régime de Juillet et de sa paix couarde ; il a surtout vu la turpitude de ces coalitions sans pro-

---

(1) Voy. les *Titres de la Dynastie Napoléonienne*. (2) *Ibid*.
(2) J'appelle ainsi le gouvernement par les Chambres, et l'oligarchie ministérielle qu'il enfante.

gramme, qui n'enfantent que des monstres politiques. Le gouvernement parlementaire nous a donné trois révolulutions (1) et plusieurs guerres civiles. Il a **insurgé** ou laissé insurger la Vendée, Lyon, Paris; il nous a valu l'oppression de deux rois, la tête d'un autre : la terreur, la guerre européenne en sont sorties; et c'est toujours le gouvernement représentatif (2), — prétendu personnel — qui a réparé les folies des gouvernements vraiment personnels des Danton et des Robespierre; comme celui des Barras; comme celui des Chateaubriant et des Villèle; comme le plus personnel des gouvernements, celui de MM. Thiers et Guizot.

Bref, c'est une monarchie sérieuse qui peut seule nous sauver de l'oligarchie, et si la France, après tant d'épreuves, en doutait encore, les évènements reparleraient : leur leçon ne se ferait pas attendre.

---

(1) 1793, 1830, 1848. (2) J'appelle ainsi le gouvernement où les Chambres contrôlent sans gouverner; où elles sont un obstacle, non un moteur; où elles sont un pouvoir, non tout le pouvoir.

DE NOS MŒURS

ET DE LEUR TENDANCE

Duclos a fait, sur les mœurs de son temps, un livre élégamment superficiel, même pour son temps, car quelques travers individuels qui sont de tous les temps ne sont pas les mœurs d'un temps ; mais les considérations de Duclos conviennent d'autant moins au nôtre que tout est changé, hommes et points de vue. Il faudrait un très-grand peintre pour le tableau vivant des mœurs d'un temps ; il suffit d'un esprit sage et recueilli pour les réflexions saillantes ou, si l'on veut, sommaires, que ces mœurs suggèrent. Je ne tente ici que ce genre de travail.

Dans l'ordre social, ce que les mœurs n'écrivent pas n'est pas écrit : la première des institutions, celle par laquelle les autres existent, et sans laquelle elles n'existent pas, c'est celle des mœurs.

Les bonnes institutions perfectionnent et maintiennent les aptitudes d'un peuple ; elles ne les créent pas. Tout ce qui est institué contre les mœurs d'un peuple est ou violent ou artificiel, et échoue contre le naturel de ce peuple, qui l'emporte non-seulement à la longue, mais à bref délai.

L'Angleterre n'a pas des mœurs civiques parce qu'elle a des institutions politiques ; mais elle a des institutions politiques, parce qu'elle a des mœurs civiques. Là, comme partout où le même exemple s'est produit et s'est soutenu, les mœurs civiques ont créé les institutions politiques et ont perpétué, en durant, ce qu'elles avaient créé. En effet, que seraient les institutions sans des hommes propres à les pratiquer ? — Ce qu'il faut donc d'abord aux institutions, ce sont des hommes.

Le régime parlementaire nous fatigue plus qu'il ne nous sert ; nous détestons le droit d'ainesse ; nous aimons peu la royauté ; la foi chrétienne nous importune. — L'Angleterre, qui fait cas de toutes ces choses, en profite, parce qu'elle en fait cas : ses mœurs lui assainissent ses institutions ; nos mœurs nous pervertissent les nôtres, c'est-à-dire, celles que nous copions.

L'Angleterre pratique la loi du dimanche ; elle a des peines pour la faire observer ; mieux que cela, ses mœurs la dispensent de toute autre sanction que celle des mœurs. — L'Angleterre et les Etats-Unis ont leurs grands jours politiques de jeûnes et de prières. — La France, qui rit de cela, envie pourtant la liberté greffée sur cela.

I

Homère et Virgile peignent bien moins les temps reculés qu'ils racontent, que les mœurs de leur propre temps. Leurs lectures et leur imagination combinées leur prêtent leur coloris antique ; mais c'est leur propre temps qui exerce leur âme ; c'est leur propre temps que leur âme exhale.

Il me semble que le style de Labruyère a vieilli : c'est la forme auteur par excellence ; tout y sent l'art et le métier; le naturel y perce rarement; la composition, prise dans son ensemble, n'a pas de détente; l'artifice de l'ouvrier est, d'ailleurs, exquis. Mais, par ma faute ou celle du sujet, l'œuvre elle-même me paraît exhaler une odeur posthume. Quand je l'ouvre, j'éprouve l'impression d'un homme introduit dans un vieil appartement orné, mais poudreux, où sont morts de vieux marquis qui y ont laissé leur tabac et leur perruque.

Je ne sais pas le lieu où gisent plus de trésors sur l'esprit des temps que les parapets des quais de Paris. Qu'un observateur apte à juger les sociétés écoulées par leurs traits caractéristiques, par le ton de leurs hommes illustres, de leurs politiques, de leurs magistrats, de leurs capitaines, de leurs prêtres, de leurs savants, de leurs écrivains, feuillette les vieux et excellents livres que vendent à si bas prix les pauvres demi-lettrés des quais Voltaire ou Malaquais, il y trouvera, sur l'esprit des temps, des mines d'or.

A côté de la *Lanterne des Jansénistes*, il remarquera les *Mouchettes de la Lanterne*; à côté des soupirs d'*Eurydice* et des *Bains de Diane*, les pamphlets du temps et même des mandements; comme à côté de ces mandements anciens et récents, il trouvera les *Mystères de Londres ou de Paris*, le *Maudit,* les *Mémoires de Mogador,* les *vers* ou les *confidences* du premier venu. Que de choses précieuses dans ce fouillis ? que de courants contraires à discerner dans ce chaos ! mais combien l'esprit des temps, dans sa noble ou triste variété, s'y montre !

Si nos livres les plus en vogue étaient l'expression vraie de nos mœurs, cela me consternerait, car les héros de nos romans les plus recherchés ne sont que d'élégants sacripants, d'élégants débauchés, d'élégants escrocs, d'élégants parasites. Sous le vernis du romancier, ces prétendus héros sont brillants en général, bas par exception : tandis que leurs types vivants, sont bas près de douze mois de l'année, s'ils sont brillants quelques heures. Mais, ni les livres qui fardent ces parasites ne les font ressemblants, ni ces parasites ne peignent notre société que leur fausse image corrompt pourtant, et que leur personne exploite.

Il me semble qu'il n'est pas de contagion sociale plus malsaine que celle qui découle systématiquement de nos romans, et je ne crois pas exagérer en les appelant l'évangile des sept péchés capitaux.

Le malheureux besoin de spéculer de sa plume et de se mettre en scène, pour trafiquer de sa vie, en en publiant les écarts, que, tantôt on farde pour les faire accepter, tantôt on exagère pour les mieux vendre, est un des grands signes du temps : se glorifier et s'enrichir de sa honte, quel coup double, mais quel calcul !

Certains, et trop de nos écrivains, mendient le bruit, l'éclat, l'applaudissement, quelle qu'en soit la source, et presque la honte. Pourquoi nos lettrés les moins républicains saluent-ils le bonnet rouge, sinon pour que le bonnet rouge les salue, dût-il en rire ? — Système indécent ! calcul puéril ! calcul qui veut tromper, et que l'on trompe !

Le papier mécanique semble venu fort à point dans un temps où nos écrits sont sans fin et où la littérature est devenue mécanique, par des écrivains mécaniques, qui pouvaient être de grands écrivains.

L'histoire des Français des divers Etats, à travers tous les siècles de notre existence sociale; beau sujet ! mais qui ne voulait pas moins de génie que d'érudition, et que son savant auteur (1) a manqué, par insuffisance de

---

(1) M. Monteil.

touche et pour avoir faussé tout l'esprit de la vieille France, en le tamisant à travers l'esprit de Voltaire.

II

Nous avons connu une plus grande corruption de mœurs, nous n'avons pas connu une plus grande corruption de principes. Deux ancres retiennent encore nos mœurs : l'ambition et l'avarice, la soif des honneurs et l'appétit de l'argent. On gêne ses vices pour satisfaire à cette décence extérieure, sans le vernis de laquelle on parvient mal; et le goût de l'argent nous impose aussi certains calculs qui tiennent lieu de sagesse.

Les anciens s'insurgeaient contre les tyrans (1) qu'ils frappaient : les modernes attaquent surtout les bons rois. C'est que les modernes en veulent surtout à la royauté, tandis que les anciens n'en voulaient qu'à l'abus de la royauté.

Si l'esprit de l'ancienne monarchie était si mauvais, si les mœurs qu'il supposait étaient si détestables, comment expliquer les grands caractères éclos dans l'ancienne société et l'effacement de nos caractères contemporains? Car, si nous avions de grands caractères, nous ne les ensevelirions pas dans les petits manéges d'une société sans boussole, qui va louvoyant on ne sait où, malgré tout l'art du pilote. Nous nous industrions dans les contrefaçons du grand, où l'on sent toujours le petit ; nous simulons jusqu'aux souffrances qui nous rapportent; et il y a de faux malheureux politiques, comme de faux mendiants.

---

(1) Les petites républiques grecques du Péloponèse ne constituent pas toute l'antiquité qui est immense. Hérodote, lui-même, ne comprend qn'une partie de l'antiquité.

La terreur passée de 93 et la terreur qu'on croit pressentir pour des temps prochains, rendent tous les caractères poltrons en face du vrai tyran public : la démagogie. Il n'est pas de poses que ne prennent ses esclaves pour avoir l'air de braver le despote imaginaire, le fantôme appelé roi. Je ne sais rien de plus rabaissé que ce cynique travestissement de la peur.

La supériorité de l'esprit s'appelait autrefois talent ; il y a trente ans, on l'appelait encore capacité ; à la fin du régime de juillet, capacité n'a pas suffi ; on l'a nommée habileté. On ne parle, aujourd'hui, que de l'homme fort. L'homme fort fait sauter la carte au jeu de la force ; il tourne le roi ; il a les atouts, il gagne. N'en demandez pas davantage : le parvenu est toujours un homme fort. Il serait malaisé de dire quelle est la classe d'hommes, quel est le genre d'emplois où l'on trouve le plus d'hommes forts ; ce qu'il y a de sûr, c'est qu'ils pullulent.

III

Ce qui n'est plus dans les manières peut bien être entré dans les mœurs : on n'affiche plus ses maîtresses dans un certain monde, on se contente de les posséder. Il y a plus de décence dans nos mœurs, non plus de vertu.

On n'écrirait pas aujourd'hui les contes de La Fontaine, parce qu'ils n'auraient pas de lecteurs ; on ne ferait pas non plus le *Sganarelle* de Molière, parce qu'il n'aurait pas d'auditeurs. Mais, qu'on ne s'y trompe pas, les auditeurs de Molière étaient, au fond, plus ingénus, plus purs, que les spectateurs du *Mariage de Figaro* ou de la *Dame aux Camélias* ; et les contes de La Fontaine ne peuvent convenir qu'à une époque où l'esprit n'est libertin que parce que le corps ne peut l'être. Qu'avons-nous besoin d'aller chercher des fictions de volupté dans les livres, quand les voluptés vivantes courent les rues et nous pressent de les suivre? quand on ne peut faire un pas dans les grandes villes que, le matin, le soir, à midi, qu'il pleuve ou qu'il neige, on ne trouve à toute heure du jour une volupté complaisante et toujours prête?

S'il est évident que les mœurs se sont améliorées dans les hautes classes, qui me dira ce qu'ont perdu les petites? surtout les moyennes qui ont laissé si peu de mémoires et de si bons souvenirs? — Comptez-vous les brillants scandales? il y en a moins qu'autrefois : comptez-vous les petits scandales? le résultat peut changer.

L'institution des *cercles* d'hommes, se substituant aux salons où régnaient les femmes par l'adroit emploi de leur coquetterie, les a soumises à de moindres épreuves, au détriment des mille élégances de la vie privée ; au détriment de la poésie ou de ces riens charmants que les femmes font éclore autour d'elles, comme un don de nature. Cependant qui affirmerait que ce récent isolement des femmes — à Paris, au moins, — n'a pas ses piéges? Mais, si, généralement, on vit moins auprès des femmes choisies, si on les tente moins, n'est-ce pas aux dépens du même sexe? Autrefois les courtisanes étaient rares, c'était un monde fort restreint; aujourd'hui elles forment un peuple; elles sont une nation dans la nation.

En 1815, la toilette décente d'un homme n'admettait pas plus le chapeau de paille que la casquette (1); la révolution de juillet nous donna la longue et sale cravatte noire sans faux-col, et presque sans linge; nous devons à la révolution de février, le paletot-sac ; l'Empire

---

(1) *Mémoires* sur la reine Hortense, par Mlle Cochelet, 2-61.

a perfectionné le tout en nous autorisant à nous pavaner bellement en petit chapeau-berger et en veston d'écurie : il est évident que la promenade en manches de chemise et en pantoufles ne peut tarder, en attendant les bras nus et les cheveux ras; les manières se pliant tout naturellement aux principes, et baissant, quand ils s'affaissent.

Il y a des époques effrontées où le vice est grossier; il y en a d'hypocrites où le vice se farde et où il se trouble d'autant moins qu'il a pris ses précautions pour ne pas rougir. Les premiers de ces deux genres d'époques sont les plus flagellés : il se peut que les autres soient pires.

IV

Le sensualisme aristocratique du dix-huitième siècle fut hardi, mais élégant, mais spirituel, mais amusant. Notre sensualisme bourgeois n'est que du sensualisme cru, couvert de soie, ourdi de calculs et souvent de bêtise. Les exhibitions que l'aristocratie réservait pour les boudoirs, nous les plaçons sur nos théâtres. Nous appelons poses plastiques, les nudités complètes que le sentiment de l'art relève, il est vrai, pour des yeux artistes, mais où la foule qui paie ne voit guère que ce qui se montre.

Au commencement de ce siècle, nous courions encore aux tragédies : nous avions le sens, comme le goût, du sublime. Tel savetier jouait dans ses caves ou dans ses mansardes, *Mithridate* ou le *Cid* que le peuple n'eût pu se payer au théâtre. Cela est bien changé, mais non pour le peuple, qui aimerait le grand, si tout ce qui se fait pour lui : journaux, chansons, gravures, ne parodiait le grand, c'est-à-dire le beau ; et qui court au *Cid* ou à *Cinna* dès qu'il le peut.

Qu'on nous donne la *Grande-Duchesse de Gérolstein* en même temps que la *Ciguë*; la pièce athénienne exquise, savamment jouée, aura peu de public. Le bourgeois ne vient que pour la *Grande-Duchesse,* je veux dire la grande drôlesse, où le sot et l'ignoble se disputent, non sans succès, ce public choisi, qui ne connaît plus que la littérature à deux sous, et pour qui le sel attique n'a plus de saveur au prix de l'arsenic.

Paris aime tant les grands hommes, que, quand son grand homme lui manque, il fait de Polichinel un grand homme. — Ce qui est merveilleux, c'est que Paris prétend qu'il soit en même temps grand et polichinel, et grand parce qu'il est polichinel.

Voltaire n'est plus Voltaire que pour le petit nombre, pour une secte, pour une coterie, pour un conclave; mais ces gens-là ont la superstition de Voltaire comme d'autres eurent la superstition de Luther ou de Calvin. On lit dans les œuvres de Voltaire des choses inouïes; dans sa correspondance, des choses affreuses, qu'importe? — L'auteur n'y perd rien de l'estime de ses dévots. Il s'avouerait dans cette correspondance incestueux, renégat, parjure, assassin, empoisonneur, voleur, que les dévots de Voltaire ne l'en priseraient que mieux. Nous avons généralement le goût du monstre, et le goût du monstre s'accroît de tout ce qui accroît le monstre : c'est un de nos tics contemporains.

Y a-t-il un scélérat fameux qui n'excite une sorte d'enthousiasme chez les hommes, et ne tourne la tête à quelque femme? Comment se fait-il que toute grande empoisonneuse acquittée par la cour d'assises, soit la folle-enchère de vingt futurs maris? N'assure-t-on pas que la femme d'un guillotiné, guillotiné bruyamment, sans doute, pour une complication de forfaits vils et atroces, a trouvé son prétendant? Je n'en réponds pas; mais est-ce improbable? Qu'il n'y ait là que des rumeurs, soit : je m'en félicite ; mais pourquoi ces rumeurs, si le temps les répudiait?

Qui oserait dire que les assassins aux fleurs champêtres, que les assassins de femmes (Aspe et Philippe), n'en ont pas intéressé plus d'une? Qui niera, répétons-le, notre penchant pour le monstre?

On est criminel, on est meurtrier comme on est tribun : pour le lucre, si l'on peut, pour la montre ou le spectacle, tout au moins. L'assassin Tropmann, qui n'a pu voler le patrimoine de la famille qu'il s'est immolée, s'écrie en prison : « Ah! si l'on me laissait vendre mon crime, comme je ferais de l'argent! » Et un moment après : « Que disent de moi les journaux? »

L'assassin Consauve se distrait en prison à bien manger, à caresser un singe et à dire : « Vous verrez qu'on fera sur moi un drame! » — Tout veut poser, tout pose : pamphlétaire, tribun, poète, assassin. Il faut aux uns la recette, aux autres l'applaudissement, et souvent l'un et l'autre aux uns et aux autres.

Voulez-vous distinguer de la vraie philanthropie, la fausse? observez seulement ceci : Considérez que l'une coûte, tandis que l'autre rapporte. La vraie philanthropie est celle qui coûte, qui veut des sacrifices : la fausse, c'est celle qui rapporte ; c'est celle qui élève ou nourrit le philanthrope. Tous les temps ont connu des hommes sublimes qui se sont sacrifiés à leurs semblables : ils ont exercé la philanthropie qui coûte. — De notre temps rien n'est plus commun que la philanthropie qui rapporte : ses adeptes abondent, et on ne sait comment contenter leur ardente soif du bonheur de leurs semblables quand c'est sur eux qu'il se concentre ; — et nul homme de bien ne prendra ceci pour son compte (1), tant sa conscience lui criera que je m'adresse à d'autres.

V

Si la soif des richesses est de tous les temps, elle est pourtant plus ou moins intense, plus ou moins générale, selon les temps. Dirai-je trop, si j'affirme que, de notre temps, elle est plus que jamais intense et générale ?

Quelle est l'idée qui ne soit avant tout une spéculation, ou quelle spéculation ne méprise l'idée si elle n'est qu'idée ? Qui eût pensé que l'acquisition des billets de théâtre ne pourrait se faire au théâtre, dans les bureaux chargés de les distribuer ; et qu'aux grands jours de représentation, on n'en trouverait qu'aux enchères, dans des succursales voisines, où le commerce patent de ces billets, bravant les tarifs, fait fortune, et des fortunes ?

Le menu quotidien d'un dîner coûteux, mais délicat, que donnait un grand journal, n'a-t-il pas plus accru sa clientèle que ne l'eût fait la plume d'un Châteaubriand ? Et nos meilleurs journaux se passeraient-ils impunément des primes commerciales qu'ils offrent pour se soutenir ? La prime s'est bornée jusqu'à présent à des livres, à des gravures, à des patrons de modes. Qui m'assure qu'on ne finira point par offrir soit des vins, soit des bourriches ? J'ai déjà vu des Œuvres célèbres mises en vente avec prime de linge et de porcelaine. On n'épargne pas cet affront à nos grands lyriques ?

---

(1) Je connais telle âme excellente à qui je ne voudrais pas montrer une vipère blessée, tant je suis sûr qu'elle la soignerait.

Sénèque, Pline, nos vieux chrétiens et le Dante s'emportaient contre l'usage des miroirs, contre l'anneau d'or substitué à l'anneau de fer : c'était outré. Mais que diraient nos vieux Broussels, nos vieux bourgeois de Molière, en apprenant que le prix courant de la simple façon d'une robe de bal monte à cent écus? Et, si la façon coûte si cher, que sera-ce donc de la robe? Et, si ce luxe est commun, qui paie ce luxe?

Nos instincts contemporains s'exaltent sous deux formes ; si le pouvoir est faible, nous courons sur lui pour le supplanter. Chacun de nous veut être le pouvoir ; du moins, un pouvoir : voilà pour l'ambition. Que le pouvoir soit fort, vite aux affaires! En avant le gain par le jeu! Courons à la Bourse, faisons-y sauter la fortune d'autrui ou la nôtre : voilà pour le luxe, voilà pour le confort. Nous avons deux clefs d'or : le pouvoir, la Bourse.

Si nos anciens dieux sont méprisés, nous ne restons pas sans dieux : nous nous partageons entre les Gracques, Law et Cagliostro. Le courtier marron, le factieux et le charlatan nous possèdent. Sa Majesté le capital, Sa Majesté le tribun, Sa Majesté Bosco, voilà nos maîtres.

VI

De même qu'il y a dans la politique nombre de gens déraillés qui, faute d'être bons à quelque chose, aspirent à tout, de même on voit dans l'ordre social trop de gens qui, ne voulant pas être roturiers, ne peuvent ni ne savent être gentilshommes, et l'on ne sait que faire de ces métis qui, contrairement aux lois naturelles, se reproduisent et sont très-féconds.

Un de ces métis, qui se nommait Guillout, si vous voulez, et qui avait pour mère une Dantoine, très-roturière, insistait près du gouvernement pour se nommer d'Antoine avec apostrophe. Comme je lui demandais pourquoi ? — C'est par piété filiale, répondit-il. — Mais pourquoi l'apostrophe ? ajoutai-je. — Il resta muet et rougit. La piété filiale portait Guillout à renier son père et à dénaturer sottement le nom de sa mère !

Qui n'a vu parmi nos parvenus élégants (car on en voit, et qui sont nés pour ainsi dire ce qu'on les voit), ces épais parvenus qui s'étonnent d'être quelque chose ; qui paradent autour des gouvernements qui débutent ; qui s'affublent de croix et de distinctions, jurant avec leur sot physique, à qui l'on dirait chez eux : « Je voudrais parler à votre maître », et qui portent l'habit de leur charge un peu moins bien que Pierrot l'habit de marquis ? — Qui n'a vu ces faux comtes bariolés dont tout est faux, jusqu'au ratelier dont ils minaudent.

N'a-t-on pas lu récemment ces grands procès retentissants, j'allais dire presque illustrés, où l'on ne sait ce qu'il y a de plus vil, du sujet ou des personnages ?

Je lis dans Matthieu Marais qu'un prisonnier du fort l'Évêque, qui ne voulait point passer d'une chambre dans une autre, s'étant armé d'un couteau pour mieux résister, des officiers publics, venus sur le lieu, le firent tuer ; et, après le procès à son cadavre, le firent traîner sur la claie. Ce fait monstrueux ne remonte qu'à Louis XV : de nos jours (1) — à cent ans d'intervalle — pour arrêter à Blagnac deux malfaiteurs inculpés de tentative de meurtre, une portion de la force publique s'est fait mutiler sans riposter : excès contraire ! et je n'appelle pas humanité le sacrifice d'honnêtes gens.

S'il est plus aisé de flétrir les mauvaises mœurs que de

---

(1) En septembre 1864.

les vaincre, il est au moins, doux de les louer dans ce qu'elles ont d'honorable. Du sein de la civilisation romaine, Tacite félicitait l'enfance et l'heureux naturel du sage Agricola, son beau-père, d'avoir eu pour école et pour séjour Marseille, « où s'allient, disait-il, l'urbanité grecque et la simplicité des provinces (1). » Je connais près de Marseille, une grande ville de province où la cour impériale compte dans son sein des millionnaires qui aiment le travail comme s'ils avaient leur fortune à faire; j'y connais des magistrats de première instance qui ont la même ardeur dans la même opulence; j'y connais un barreau dont les célébrités — millionnaires — épuisent leur santé pour le pauvre; j'y connais, dans les affaires, tel commerçant qui réserve annuellement pour les hospices le dixième de ses immenses profits... Mais, si j'ajoute que dans cette ville, qui est la primatiale des Gaules, la religion ne fleurit pas moins que le travail et la charité, qui étonnerai-je que ceux dont je parle (2)?

VII

Ceux qui soutiennent la pureté sans tache de nos prétendues mœurs chrétiennes lisent bien peu les mandements de nos évêques et les encycliques de Rome, ou les oublient bien promptement, car ce que j'écris est bien doux en comparaison: mais aussi n'ai-je aucun titre pour parler si haut.

---

(1) Vie d'Agricola.
(2) Je n'ai pas vu de ville où il règne plus d'ordre extérieur, plus de tranquillité, plus de douce obligeance populaire qu'à Lyon. Son peuple, viril et laborieux, ne semble connaître ni l'injure, ni la simple impolitesse; et la halle même ne dément pas, sous ce rapport, la place publique. L'ivrognerie est presque inconnue à Lyon.

Comment concilier sur les mœurs, la comédie, la chaire, le journal? — Nous avons les mœurs vraies et les mœurs officielles. J'appelle mœurs officielles tout ce qu'il plaît aux intérêts de parti d'inventer pour ou contre les mœurs; mais nos mœurs ne sont pas moins discutées que notre histoire. Nos mœurs sont bonnes ou mauvaises selon que le vent est ou n'est pas à la religion; selon qu'il est ou n'est pas favorable à tel parti politique ou social; à telle fraction d'un parti social ou politique. Nous ne voyons nos mœurs qu'à travers nos intérêts ou nos caprices; l'histoire des mœurs n'est pas plus sincère que l'histoire politique.

En Angleterre, Jacques Ier, fils de Marie Stuart décapitée, occupa le trône après Elisabeth; Monck restaura Charles II, fils de Charles Ier décapité; Marie, fille de Jacques II détrôné, fut couronnée après son père; Anne, sœur cadette de Marie, fut reine après sa sœur; enfin, Georges de Brunswick, arrière petit-fils de Jacques Ier (un Stuart), fut roi après Anne. Les Anglais ne font pas comme nous, ils ne proscrivent pas les races; ils punissent ou chassent les mauvais princes; cela leur suffit. Ils ne multiplient pas à plaisir ces compétiteurs au trône, qui, par le morcellement des partis, épuisent la patrie. Les Anglais savent que les enfants qui règnent après des pères châtiés ou déchus règnent, le plus souvent, avec un autre caractère que leurs parents, dans d'autres temps, et n'ont pas plus de goût que d'intérêt à imiter leurs fautes pour mériter leurs malheurs. Les Anglais sont de grands politiques, et, comme les vrais politiques, ils subordonnent leurs passions à leurs maximes; mais nous, nous nous vengeons sur les enfants comme des enfants, et après nous être réjouis la veille, nous avons à nous repentir le lendemain. En Angleterre, la société en péril rallie, en sa faveur, Torys et Whigs comme un seul homme ; en France, la société en péril unit sans doute opposants et conservateurs, comme un seul homme, mais contre le tuteur de la société, le pouvoir, dût la société s'effondrer. Nous n'en voulons pas moins le parlementarisme anglais, sans les vertus anglaises, et faire de la France une Angleterre sans être Anglais, imitant ainsi ces pacotilleurs qui proposent des statues bronzées qui ne sont que plâtre.

En France, un homme d'Etat n'a jamais la popularité d'un pamphlétaire. Si l'Angleterre eût ses pamphlétaires très-surfaits —Vilkes entre autres— aucun n'y ébranla l'Etat comme chez nous : cela est caractéristique. L'Angleterre aime à rire de quelqu'un, mais non de soi : elle ne voudrait pas que sa grandeur payât les frais de son rire.

Depuis quatre-vingts ans, nous épuisons toutes les formes possibles de gouvernement, et toutes échouent; toutes se brisent ou fondent en nos mains sans parvenir à nous contenter ou même à ne pas nous irriter. Pourquoi ni la monarchie, ni la république, ni le régime parlementaire ne nous conviennent-ils ? — C'est que nous n'avons ni les mœurs de la république, ni les mœurs de la monarchie, ni celles même du régime parlementaire. Car, dans une bonne société, tous les gouvernements sont bons; comme dans une mauvaise, tous les gouvernements sont mauvais. Ce n'est donc pas dans telle forme précise du gouvernemeut qu'il faut chercher le remède à notre malaise social. Notre plaie, c'est de ne pouvoir souffrir l'autorité sous le nom de gouvernement, si bien qu'un publiciste accrédité, près des masses, professe l'anarchie, c'est-à-dire l'absence de tout gouvernement, comme on professait jusqu'ici le système de l'ordre public par le gouvernement. Cela ne dit-il pas jusqu'à quel point notre société est malsaine ? Les socialistes ont raison de vouloir rectifier la société ; seulement, ils ont si peu le secret de ce qu'il lui faut, qu'ils ne sauraient la toucher que pour la détruire.

Notre société se nomme chrétienne, mais, au fond, par le matérialisme qui s'y étale, par l'orgueil, le rationalisme et l'individualisme, l'indocilité, qui s'y déploient, n'est-elle point païenne ? Qui le niera, si ce n'est ceux pour qui le paganisme est l'adoration formelle de Jupiter ou de Saturne ? Mais ceux qui savent que christianisme et spiritualisme se confondent, comme paganisme et matérialisme s'identifient (1), me comprennent, et ils s'avouent sans doute que notre société, chrétienne de nom, est, de fait, païenne. Si je le voulais, — mais cela me mènerait trop loin — je défierais la société chrétienne dégénérée de trouver dans la société païenne les excès qu'elle-même présente : les exemples et les faits sont sous ma main, je veux les taire.

La meilleure censure des mœurs, c'est celle qu'on puise dans les mœurs mêmes. L'institution de la Mère Sotte — plus sage qu'on ne croit — à Dijon, se fit respecter. Sa juridiction s'étendait sur les gens de tous états. Au dix-septième siècle, non-seulement de hauts magistrats, mais les Condé et les d'Harcourt en étaient membres. Aussi, dès qu'un scandale public ou même privé : dès qu'un mariage inconvenant, une émeute conjugale, une séduction clandestine échauffaient les esprits, Mère Sotte accourait avec son infanterie dijonnaise, cornettes

---

(1) Ils s'identifient dans la langue des moralistes modernes. L'histoire vraie du paganisme est pleine de nuances et permet de très-saines interprétations de son culte, à Rome surtout.

au vent et marotte en main. — Nous avons les journaux, me dira-t-on. — Soit : mais que n'avons-nous la Mère Sotte contre les écarts des journaux ; la censure des esprits honnêtes sur les esprits malhonnêtes !

VIII

Non-seulement l'irréligion qu'on nous vante ôte à la société ses bases en supprimant la responsabilité ; mais elle ôte à tout homme son frein moral, que le frein légal supplée si peu : elle assombrit l'existence qu'elle ne console plus ; elle provoque les délires de la folie quand elle n'aboutit pas au suicide.

L'ambition politique qui nous brûle, fait germer les passions les plus turbulentes, les plus égoïstes : elle pousse à des résultats semblables à ceux de l'irréligion, qui l'accompagne d'ordinaire et la complique.

Quand il y avait de la religion, le serment était un lien religieux ; quand l'honneur était une apparence de religion, le serment était un lien d'honneur. Aujourd'hui le serment n'est ni lien de religion, ni lien d'honneur ; je dis mal, on met sa religion et son honneur à être parjure, et, mentir sous la foi du serment, c'est une vertu. — Un journal démagogique vante les « preux du faux serment », c'est-à-dire les preux du parjure. Cela promet : n'aurons-nous pas bientôt les preux du vol, les preux du viol ; les preux de l'empoisonnement et du parricide ?

Le mépris des serments conduit au mépris des contrats ; et le peuple viole son contrat social avec le Prince, comme les délégués du peuple ont violé leur serment envers la Constitution ; car il n'est pas de malhonnêteté stérile.

Lorsqu'en 1774 les Américains se jurèrent devant Dieu et devant les hommes de rompre tout commerce avec la

Grande-Bretagne, tant que l'interdiction du port de Boston ne serait pas révoquée ; ce serment, qui les fit si grands, fut le résultat de leur foi, comme leur affranchissement national fut le résultat de leur serment.

Quand la religion consolait les cœurs, quand l'ambition était restreinte au cercle étroit de la condition privée, et n'arrivait pas jusqu'à la manie des déclassements immédiats, l'aliénation mentale était rare. Aujourd'hui que presque tous nos départements ont leurs établissements d'aliénés immenses et croissant tous les jours, ces établissements sont insuffisants.

Comment s'expliquer qu'un peuple qui, dans ses mœurs privées, est si familièrement doux, débonnaire même, soit d'une exaltation sociale si féroce ? Je dis sociale, car la société française fut aussi féroce en religion qu'en politique, par l'absence de cette qualité qui fait la sagesse de l'homme comme des peuples, la mesure.

Notre tempérament français est un de ces mélanges d'air et de feu, un de ces éléments gazeux qui, lorsqu'on les comprime, éclatent, et qui, si on ne les contient pas, s'affolent ; mais où est le point de séparation ? où est le vrai milieu, passé lequel réprimer c'est contenir ? On s'évertue à trouver ce point milieu ; chaque parti prétend le posséder ; aucun ne s'y tient.

Je suppose qu'un plébiscite statue qu'il n'y aura plus au ministère, au conseil d'Etat, au Sénat, à la Chambre des députés, au maréchalat, à l'amirauté que des jeunes gens de dix-huit à vingt-cinq ans, ne serions-nous pas la fable du monde et de la postérité ? Que font pourtant les journaux démagogiques et même nos soi-disant journaux libéraux en prenant sur les bancs des écoles nos juges politiques ? et que faisait de mieux M. Sainte-Beuve dans ce récent discours écrit pour le Sénat, qu'on n'a pas trop étrangement vanté, tant les esprits sérieux le trouvaient étrange !

Que certains jeunes hommes aient un mérite précoce qu'il faille mettre à son rang, qui le nie? Je ne repousse ici que la jeunesse en bloc, et surtout cette jeunesse scholaire qui n'est prisée qu'autant qu'elle est dans les écoles, et qui ne compte plus pour la démagogie dès qu'elle en sort.

Quant au génie, il naît génie et se fait sa place de bonne heure ; les Scipion, les César, les Bonaparte, les Richelieu, les Mazarin, les Bacon, les Corneille, les Bossuet, les Pascal ne sont jamais classés, car ils se classent.

Les boulevardiers de Paris ne sont que des faubouriens en gants blancs : il leur faut la Bourse et le turf, leur grog et leur journal ; les possèdent-ils? ils ont tout. Leur manquent-ils? tout leur manque. Le faubourien des guinguettes et le boulevardier des cafés ont le même esprit ; leur trempe est la même, leur patriotisme le même. Avec ces histrions rustres ou gantés, ces coureurs de bastringues ou de chevaux, ces piliers de Bourse ou de bouges, nous en sommes à ces mœurs byzantines où c'étaient les bleus et les verts qui occupaient la cour et le pouvoir, pour chasser l'une et prendre l'autre. — Plaire aux boulevardiers et aux faubourgs est la nécessité de ces civilisations et de ces temps où l'on ne prise plus que le vice élégant et la force.

Nous aimons le bruit et la montre : nulle nation n'abonde plus que la nôtre en natures théâtrales. Leur rôle le plus en vogue en ce moment, c'est d'afficher une indépendance hautaine qui n'est qu'apparente et qu'il faut concilier avec la servilité la plus basse, tant elle descend !

En 1815, les doctrinaires péroraient habituellement sur des canapés et défilaient leur chapelet gravement en regardant la pointe de leurs souliers. — Quelques-uns de nos démagogues pérorent à leur tour en regardant en l'air; en regardant la tribune des journalistes; en y cherchant *Gorgos* ou *Mandraille*. Ils semblent leur dire : Qu'en pensez-vous? En est-ce assez? Etes-vous contents? Suis-je assez brutal? Voulez-vous que je sois cassant et même incendiaire? Faut-il être grossier? Parlez, faites un signe; daignez nous inspirer, *miserere nobis*. D'autres illustres se penchent au lieu de se redresser; ils regardent, par la pensée, dans la foule, dans le ruisseau, car chacun obéit à son maître, à celui qui le fait parler et agir, à celui qui tient la ficelle ; car tel mot, tel geste, telle interruption ou tel cri de nos indépendants ont leur ficelle; et que d'hommes ne passeraient ni pour libres ni pour libéraux, s'ils n'étaient subordonnés à la ficelle! Esclaves qui jouent les héros! pantins qui veulent mener et qu'on mène.

Tous les souverains eurent leurs courtisans; aucun n'eut des valets comme le peuple souverain, comme le peuple français surtout. On vit bien des comtes et des marquis se faire les chambellans des rois; on n'en vit point se faire leurs cochers ; encore moins les laquais de leurs cochers.

En France, on peut tout fronder : prince, ministre, pape, gouvernement, religion, mœurs, tout. — La seule chose qu'on ne puisse pas fronder, ce sont les frondeurs. Si le droit divin est méconnu chez tout ce qui semblait en relever, il est intact, il reste immaculé pour la fronde; — celui qui fronde les frondeurs est en France, une sorte de nègre-blanc; c'est un blanc parmi les nègres; — je dis mal ; car je dis trop peu : C'est un moucheron dans une ruche.

Un savant astronome a dit spirituellement : » Il y a bien des siècles que nous avons traversé la période glaciaire ; nous en sommes aujourd'hui à la période conférencière. » Au fond, les deux périodes sont-elles distinctes ou du moins inconciliables ? Ne pourrait-on être en même temps de la période glaciaire et conférencière ? Voyons : Qu'est-ce que les conférences, sinon le demi-monde de la science, la faconde superficielle, l'amusement au parlage ; un charlatanisme académique préparant au charlatanisme politique ; un jeu de sophismes ressuscité des rhéteurs antiques, parlant de tout en tout sens pour se jouer du bon sens et du public par le despotisme de cette loquacité prétentieuse que Mirabeau qualifiait si plaisamment de garrulance ? Tout cela serait-il si peu glacial ?

Franchement, l'invasion du pédantisme intellectuel par l'abus d'une instruction qui dédaigne l'éducation, invasion dont on rend les femmes complices et pour laquelle tant de bachelières minaudières, mais, surtout, libres-penseuses se guindent, n'est-elle pas l'un des caractères du temps ? Du pain et des rhéteurs, que faut-il de plus ?

Ce qu'il faut, c'est ce à quoi nos rhéteurs songent le moins ; ce même à quoi ils sont le plus contraires. Ce qu'il faut, c'est régénérer le respect du pouvoir ; c'est rétablir l'autorité et la discipline sociale par les croyances ; ce qu'il faut, c'est faire respecter l'expérience, c'est recommander les cheveux blancs ; c'est ne pas faire de la longévité un affront, ce qui en fait dès lors un chagrin.

Et la religion même n'est plus une prédication et un

précepte, mais une conférence où il semble que, ne pouvant plus prêcher, il faut qu'elle converse, et que, ne pouvant plus défendre le mal, elle se défende elle-même d'être un mal ; non que je n'admire les illustres controversistes qui font de la chaire un barreau ; ils ont raison, puisque les temps le demandent, mais je plains mon temps de l'exiger.

IX.

Rien de plus beau que notre siècle si les intentions cadraient avec les prétextes ; si les faits étaient conduits par les principes, non par les passions, je veux dire par des calculs imitant des passions ; si ceux qui veulent le bien ne voulaient que le bien ; si ceux qui veulent le triomphe du bien permettaient que ce triomphe eût lieu par d'autres qu'eux-mêmes ; si l'ambition cédait au patriotisme ; si l'esprit d'orgueil cédait à l'esprit de sacrifice; si des hommes, qui ont toutes les faiblesses de l'homme, n'aspiraient pas à cet excès d'orageuse liberté dont abuseraient des anges.

Je suis convaincu, d'après l'histoire même, que, grâce à la liberté sociale, le pouvoir absolu ne fut qu'un principe abstrait, — s'il fut même un principe — jamais un fait durable ; et que la dictature du mal fut partout temporaire et limitée à tel acte atroce, mais exceptionnel. La tyrannie est une monstruosité, comme le tyran un monstre, et dès lors, soumise à la loi des monstres qui vivent ce que vivent les monstres : le temps d'étonner.

Sauf ce que j'ai dit sur le cynisme du faux serment politique, le capricieux et fragile ressort de l'honneur est encore puissant parmi nous : c'est la dernière de nos religions, après le parjure.

En effet, quelle autre corde de morale vibre sérieusement en nous? la corde civique? la corde chrétienne, la corde poétique? la corde littéraire? — Non. Ni le sentiment, ni l'imagination, ni rien de ce qui a des ailes ne nous anime : la production, la consommation, la recette et la dépense, le doit et l'avoir couronnés du produit net : cela seul nous touche.

Notre administration matérielle est merveilleuse. Nous jetons des ponts sur les fleuves ; nous trouons les Alpes ; nous nous jouons des abimes par nos viaducs ; nous voyageons aussi promptement que la foudre ; nous nous jouons du temps et de l'espace ; nous détournons des fleuves pour abreuver nos villes que nous purgeons de tout ce qui offense l'œil ou les sens ; nous purifions l'air de ces villes, nous les pavons d'asphalte ; nos marchés regorgent de tout ce qui plait ; notre pain est délicat ; nous balayons jusqu'à nos grandes routes ; nous reproduisons les poissons et les coquillages ; les primeurs sont à peine des primeurs tant elles abondent ; la laine et le coton font des prodiges ; la houille nous chauffe, nous mène et nous donne des couleurs si brillantes qu'elles blessent l'œil et ne pèchent que par l'excès du beau ; le gaz nous éclaire splendidement en attendant mieux ; nous tirons le sucre de la betterave ; le vinaigre, du bois ; nous fabriquons le vin et tous les vins ; nous avons institué des cours d'adultes, des écoles professionnelles, des caisses de retraite pour tout le monde ; nous avons l'instruction gratuite, les bains pour les pauvres ; des loteries, des bals, des souscriptions pour le malheur ; des pénitenciers pour nous amender ; des prisons si douces que certains en font leurs auberges et les fréquentent plus que les ateliers de travail ; — enfin, les asiles pour la démence, les crèches, les chèques, les institutions de crédit, les dispensaires, les bureaux charitables, les sociétés de secours mutuels ne nous manquent pas : nous avons le télégraphe, lequel est aérien et sous-marin ; nous possédons la vapeur, l'électricité, les vaisseaux blindés, les fusils chassepot, nos grands et même nos petits canons ; que nous manque-t-il de ce dont le corps peut jouir ou frémir ? rien. Mais où sont les vertus de l'âme qui savent apprécier tant de trésors ? où sont celles qui nous apprendraient même à nous en passer comme nos pères, qui n'en souffraient pas trop ? Mais si le bonheur nous gâte, pourquoi donc sommes-nous inquiets ? pourquoi malheureux ? pourquoi prétend-on et nous persuade-t-on (1) que nous ne fûmes jamais plus malheureux ? et pourquoi tant de subversions pour obvier à nos malheurs, puisque ces subversions les aggravent ?

Concluons : Toute nation qui a des mœurs fortes, a des institutions politiques fortes : elle les a, parce qu'elle les mérite ; elle les a surtout parce qu'elle peut alors ce qu'elle veut ; — c'est dans les mœurs qu'est toute la garantie des lois ; — c'est dans la religion qu'est toute la garantie des mœurs ; — ceux qui comptent faire (par les lois) les mœurs et la religion, commettent une triple erreur ; car il est évident qu'ils n'entendent ni lois, ni religion, ni mœurs.

(1) Du 1er janvier au 31 décembre 1867, il y a eu à Paris 700 suicides : sur ce nombre, on compte 418 célibataires que les charges de la famille n'accablent assurément pas ; joignez-y 7 suicides d'enfants au-dessous de 16 ans : 4 garçons et 3 filles, — ajoutez à ces chiffres 215 tentatives de suicide pour Paris et sa banlieue. — *(Statistique administrative)*.

DE NOTRE ESPRIT SOCIAL

AU XIXe SIÈCLE

Le dix-neuvième siècle proprement dit, a vécu jusqu'à présent sous trois formes, savoir : la guerre et l'action extérieure, — la lassitude de la guerre et de l'action, remplacées par la vie méditative et littéraire, — la lassitude de la vie méditative se manifestant par un retour à l'action et à l'essai des utopies.

Nous en sommes venus en Europe à un résultat fatal, mais nécessaire, à cette paix armée, la meilleure garantie des ménagements que la crainte réciproque impose, mais un fléau pour les nations dont elle épuise stérilement les richesses ; nous vivons sur un pied de paix plus onéreux que la guerre, en même temps que sous un ensemble de nuées noires destinées à crever en s'entrechoquant, quand un bruyant réveil finira le long et doux rêve de notre paix.

Nous nous partageons en France entre le Fayétisme, le Turgotisme et le Césarisme : — Le Fayétisme, ou le libéralisme parlementaire, au profit du principe bourgeois ; le Turgotisme, ou l'économie politique qui veut régner sous le nom de socialisme, au profit du prolétariat ;

enfin, le Césarisme appelé à dominer, dans l'intérêt national, le Turgotisme et le Fayétisme.

S'il faut beaucoup suer pour gouverner les peuples modernes, cela prouve combien les gouvernements modernes sont difficiles, et c'est tant pis pour les peuples ; car il n'y a guère d'honnêtes gens qui courent aux pouvoirs difficiles ; mais les pouvoirs ne sont difficiles que chez les peuples difficiles à contenter, et on appelle indociles les peuples difficiles ; or, l'histoire apprend où vont les peuples indociles.

Les Princes, plus débonnaires que jamais, mais dont les meneurs révolutionnaires ont discrédité le pouvoir, ne croient plus à eux-mêmes ; et ils en sont venus à douter de leur droit comme de leur puissance.

La France est le pays où l'on demande le plus au gouvernement, et où on le seconde le moins ; celui où l'on veut que le gouvernement fasse tout, et où on le chicane sur tout.

Là où la plus large vie constitutionnelle ne suffit pas, la dictature intervient comme un salut.

La chute d'excellents rois au sein de la prospérité de l'Etat : Symptôme effrayant !

Si je savais persuader aux peuples qu'il n'est rien de plus pressant pour leur bonheur qu'un pouvoir fort et respecté, de quelque nom qu'on le décore, je me croirais leur bienfaiteur.

I

La sainte alliance des rois a créé la sainte alliance des peuples, ou plutôt, des factions qui prétendent représenter les peuples : elle a créé cette solidarité des novateurs qui s'entendent si peu pour fonder, mais qui savent si bien détruire.

L'esprit de rénovation et d'anarchie s'asseoit sur les bases de l'association des minorités européennes qui simulent ainsi des majorités. En tout pays, chaque faction s'appuie sur toutes les factions du continent. Tout agitateur indigène a pour parent, pour ami, pour support politique tous les agitateurs étrangers. C'est par là que les minorités coalisées s'appellent légion. Les agitateurs ainsi organisés se présentent comme les missionnaires du genre humain, et ils en ont l'air, par leur origine (comités ou congrès internationaux). — Ne convient-il pas d'opposer les coalitions pour l'ordre, aux coalitions pour le désordre ? les conservateurs de tous les pays aux destructeurs de tous les pays ?

Je ne l'entends point d'une ligue qui, en dehors des pouvoirs légaux, se subordonnerait les gouvernements et les rendrait plus faibles : mais d'un concert, d'une discipline sociale pour seconder les gouvernements en temps de crise. Une confédération de comités internationaux ne pourrait-elle se proposer ce but élevé, mais délicat ? Il viendra peut-être un temps où ce moyen de salut sera le seul, et où il faudra que les *constables* européens protégent l'Europe contre les *Jacques* de tous les socialismes, c'est-à-dire, de tous les appétits sociaux et brutaux nés ou à naître.

Quand le Jacobinisme proclame la souveraineté de l'idée, c'est-à-dire du droit, pourquoi proclame-t-il en même temps la souveraineté du nombre, c'est-à-dire de la force ? Qu'ont de commun la force du nombre et l'idée ? quels sont les bras qui accouchent d'une raison ?

On recommande aux peuples un panthéisme, un cosmopolitisme énervant qui détruit toute nationalité, tout patriotisme, et l'on prêche le patriotisme aux nationalités ; cela est choquant.

II.

Le Français ne croit pas à la liberté si elle ne fait pas grand tapage : il prend le tapage pour la liberté, et prise moins la liberté que le tapage.

L'esprit politique n'est chez nous que l'esprit de théâtre : un homme politique qui ne pose pas ne compte pas, et il ne pose que pour lui-même, en artiste, pour être claqué ou sifflé. Le pays n'est pour rien dans son attitude, et même le pays songe plus à la comédie qui se joue qu'à ses résultats. Il n'est pas nécessaire qu'on le serve, il suffit qu'on l'amuse et le distraie. C'est un nerveux qui ne peut se passer d'émotions, et à qui le cirque plaît plus que le pain.

Ce fut l'excès de la liberté démocratique qui enfanta cette oligarchie historique particulièrement odieuse qu'on nomma : les Trente Tyrans ; car la crainte exagérée d'un tyran en crée plusieurs.

Nous avons appris depuis quatre-vingt-neuf, qu'il est plus aisé de faire des révolutions que de les limiter, et plus aisé de les ressusciter que de les féconder ; qu'en un mot, ce qu'il y a de plus difficile en politique, c'est de circonscrire et d'organiser une révolution.

Les révolutions politiques et même sociales se font, aujourd'hui, de l'autorité du premier venu. — Qui êtes-vous ? un révolutionnaire. — Cela dit peu, mais en même temps cela fait trop.

Les vieux peuples qui veulent faire de jeunes républiques ne ressemblent pas mal à ces vieilles coquettes essoufflées et sèches qui dansent grotesquement l'épaule nue et des fleurs au front ; qui font les jeunes filles, et qui sont des spectres.

Nous voulons être les égaux des grands, nous ne daignons pas être les égaux des petits. Notre égalité, visant à la suprématie, remonte au privilége : on s'enfle pour être bourgeois ; puis, pour être plus que bourgeois ; et les grands bourgeois veulent être classés comme les grands vins.

On n'a jamais tant parlé du peuple que depuis quatre-vingts ans. Mais qu'est-ce que le peuple? où commence et où finit le peuple? qu'est-ce qui n'est pas peuple? Questions toujours tranchées, jamais étudiées.

Le suffrage universel ne vaut que ce vaut le peuple, et le peuple ne vaut que ce qu'on le fait. — Qu'est-ce qu'un peuple à qui l'on ne prêche qu'indocilité, athéisme, orgueil, révolution? il vaut ce que valent ces doctrines ; un tel peuple est un peuple empoisonné.

Il est des peuples qui ont longtemps besoin d'apprendre la liberté ; ils n'y sont pas propres. Il est des peuples qui savent tout de suite les révolutions, ils y sont propres. Les révolutions veulent toujours reconstruire ; la liberté se contente d'améliorer ; elle aime le perfectionnement par la stabilité. — En général, plus un peuple a le génie des révolutions, moins il a celui de la liberté ; consultez l'histoire : mais que sera-ce si, sous prétexte d'enseigner la liberté à un peuple, on ne lui enseigne que les révolutions ?

Ce qui prépare les révolutions, c'est l'inaction nationale longtemps entretenue, car on renverse alors pour se désennuyer.

Ce qui stérilise les révolutions, c'est l'abaissement des caractères ; ce qui abaisse les caractères, c'est le dédain ou l'oubli du grand.

Autre considération : la liberté politique est issue de la liberté religieuse ; cela est constant : donc, le socialisme, ennemi de la religion, est ennemi de la liberté. C'est qu'en effet, c'est surtout la religion qui trempe le caractère, et que tous les hommes à caractère sont des hommes libres. Pourquoi la bourgeoisie française si vigoureuse, même sous la Fronde, est-elle aujourd'hui si couarde ? Pourquoi plie-t-elle devant quelques insolents, et pourquoi livre-t-elle les rois, ses élus, à ses ennemis ? C'est qu'elle ne croit plus, c'est qu'elle n'a plus de principes : insistons là-dessus :

Ce qui manque donc chez nous, ce sont les caractères : et pourquoi ? c'est parce que, rongés par le plus mortel scepticisme, nous n'avons nulle conviction ; c'est que les Jacobins eux-mêmes n'ont que des convictions de théâtre et ne sont que des comédiens qui n'aspirent qu'à devenir ministres, préfets, comtes, ducs, ambassadeurs, maréchaux ; à se transformer en chambellans, en laquais chamarrés, après avoir joué les héros en blouse ou en veston.

III.

De même que nous sommes sceptiques, nous sommes légers : Nous répondons au canon par le calembourg ; au despotisme, par l'épigramme : cela est frivole. — Les Anglais disent de nous que nous savons faire des barricades, non des barrières. — En politique, nous crûmes un instant qu'on pourrait être anglais par imitation ; mais prendre un masque ce n'est pas changer de nature ; singer un homme ce n'est pas le devenir. — Cependant le Français est homme à sa manière et même un homme brillant s'il reste soi.

Le Français sait combattre, il ne sait pas délibérer. Le gouvernement parlementaire est incompatible avec la fougue de ce tempérament qui, comme celui de ses pères, aime mieux ce qui s'obtient par l'épée que par la patience.

La France fut faite par les évêques et par les nobles : et voilà pourquoi elle fut si longtemps pieuse et brillante. De là, Fénélon, Bossuet, Condé, Turenne ; de là, Suger, Richelieu, d'Amboise et leurs pareils, c'est-à-dire ces grands prélats, ces nobles illustres qui durent leur rôle a leur origine, leur grandeur à leur génie, et que la France admire comme la plus haute expression de son âme et de sa gloire. — Tantôt la France l'a trop su : et tantôt trop oublié.

En politique, la France brise tout, en outrant tout : elle brisa surtout par 93, ce qu'elle avait outré par 89.

Si le Corps législatif outrait son pouvoir en se déclarant pouvoir constituant, lui qui n'est que corps constitué, il périrait de sa propre enflure. — Il faudrait que son personnel actuel disparût et que l'institution même sombrât : c'est encore l'histoire.

Ce qui dure devrait être réputé bon puisqu'il dure : mais non : ce qui a duré est vieux, et ce qui est vieux est mauvais, dès qu'il est vieux. Etre vieux et être mauvais c'est même chose en France. — Les vieux gouvernements y sont surtout mauvais par cette grande raison que les gouvernés s'ennuient promptement de n'être pas gouvernants : il est vrai que ceci est récent.

IV.

Haut clergé, bas clergé, vieille noblesse, noblesse impériale, grande propriété, moyenne propriété, magistrature, barreau, lettrés, savants, artistes, grand ou petit commerce, fonctionnaires publics, artisans, ouvriers, pauvres des villes et des campagnes ; c'est là tout l'ordre social. Apprécions ces éléments.

La haute noblesse semble dédaigner les affaires ; le haut clergé n'y touche qu'à son point de vue et dans une mesure étroite ; le bas clergé ne s'appartient plus ; la noblesse impériale est limitée et compte peu ; la grande propriété est presque féodale, elle vise à la prépotence, elle vise à faire caste ; la magistrature est restreinte et s'en tient aux affaires ; l'armée aime l'aigle et le grand nom qui l'a rendue si glorieuse, mais l'armée est peuple ; l'altitude du peuple l'enflamme ou l'énerve, un rien la dissout, et il est tel cas où un château de cartes est moins fragile. Les gens de lettres, les savants, les artistes, vivent au jour le jour, et leurs sentiments varient comme leur fortune, sans compter que l'esprit de fronde convient à leur trempe, et l'esprit d'opposition à leur popularité, sans laquelle ils n'ont ni gains, ni renommée : le grand négoce ne connaît qu'un rival, le grand propriétaire, jusqu'à ce qu'il devienne lui-même grand propriétaire ; le petit commerce et le grand commerce jalousent à leur tour la grande propriété et le grand négoce ; le fonctionnaire semble un usurpateur qu'il faut dépouiller ; la plèbe des villes et des campagnes est l'armée de quiconque sème le désordre : l'artisan veut être bourgeois en détrônant le bourgeois ; l'homme d'affaires qui veut être tout, touche à tout, brouille tout, aigrit tout, pour peu qu'il ait le don des langues, et c'est du sein de tous ces ferments discordants que ne tempèrent plus les grands principes traditionnels, moraux, religieux, que sortent ces éclats désordonnés qu'on nomme révolutions, et ne sont que des destructions.

On dit que la république est le gouvernement qui nous divise le moins; et il est vrai que le mot rallie par son titre qui confond tous les régimes ; mais cette fusion n'est que superficielle ; elle est toute dans le titre du régime, dans le nom du gouvernement : elle n'est que là.

La république éteint bien les querelles des dynasties : mais elle n'éteint pas les querelles des classes ; peut-être même les avive-t-elles, car c'est surtout dans les républiques que les masses, c'est-à-dire les classes, se disputent le pouvoir, le crédit, la prépondérance. — C'est la religion seule qui éteint ou prévient la guerre des classes, quand la religion n'est point, par exception, un schisme ; quand elle ne devient pas un brandon social, ce qui s'est vu, mais ce qui n'est plus.

V.

Historiquement, Paris a disposé de la France, et tous les déclassés de la France ont disposé de Paris. Ce qui n'était jadis qu'un fait est devenu par le suffrage universel, un droit, le droit des déclassés : et Paris peut trôner au Corps législatif, comme dans ses rues, par ses déclassés.

Quoi de plus aisé qu'une révolution, quand Paris suffit pour la faire ? Quand, pour peu que le gouvernement soit imprévoyant ou incertain, il se livre ? et quand il lui faut vivre à l'état de suspicion permanente à l'égard de ce Paris qui lui sonrit, le boude, l'enlace et l'enterre ?

La Terreur fit de Paris quarante-huit quartiers régis par quarante-huit comités violents, qui avaient fait de la ville de Paris quarante-huit villes distinctes. Arrêté loin ou même près de son quartier, mais dans un autre quartier, un Parisien était comme sans patrie ; il fallait que la sienne, c'est-à-dire son quartier, le réclamât : difficulté délicate et surtout fréquente.

Notre éducation sociale n'est pas au niveau de nos droits ; nous avons trop peu de celle-là et trop de ceux-ci, et notre malheur, c'est de chercher le remède dans l'aggravation du mal. Nous sommes insatiables de droits que nous ne savons pas exercer. Nous ressemblons à un homme qui, frappé d'indigestion, veut surtout manger ; à un apoplectique qui veut surtout boire : mais que dire à celui qui renverse un trône en trois jours? Peut-on contrarier Goliath ? Si Goliath veut toujours boire et toujours manger, il faut qu'on le serve ; il faut que Goliath se repaisse et se gaudisse jusqu'à ce que Goliath ait besoin de dormir, quoique Goliath. En attendant, il ne suffit pas qu'il s'abreuve de liberté, il faut qu'il s'en grise ; il ne suffit pas qu'il trempe dans la licence, il faut qu'il s'y noie. Ce Goliath, disons-le bien, ce n'est pas le peuple seulement; c'est la France, où tout aujourd'hui est peuple ; c'est la France qui n'a pas plus l'instinct de sa conservation que ce qu'on nomme ailleurs le peuple.

VI.

Les principes de 89 sont les principes les plus sacrés de la raison humaine, revendiqués par un grand peuple, proclamés et sanctionnés par une grande assemblée ; mais tous les partis, et les moins semblables, invoquent ces principes populaires ; *Trojana induamus arma*, c'est le mot d'ordre. Personne donc ne conteste les principes de 89, mais tout le monde les tiraille à soi, si bien que rien n'est plus vanté, ni plus travesti que ces principes.

Les principes de 89 sont fort clairs, mais, ou l'esprit de parti les dénature, ou l'application pratique de ces principes n'est pas aisée, car on s'entend moins sur leur application que sur toute autre, et depuis quatre vingts ans, on s'épuise à les mettre en œuvre. Quelques-uns croient que les vrais principes de 89 sont trop usés à force d'être pratiqués, et qu'on s'obstine à décorer de ce nom ce qui n'est pas eux. Je serais un peu de ce nombre, car, si les principes de 89 sont dans les cahiers des constituants, que contiennent ces cahiers que nous n'ayons accompli, que nous n'ayons même outrepassé?

Que s'il y a d'autres principes de 89 que ceux que renferment la *déclaration des droits* et les cahiers, c'est que ces principes sont faux ou que nous ne sommes pas faits pour ces principes.

Mais ces faux principes ont un nom qui plaît, et les noms nous gouvernent. Nous sommes toujours cet homme simple qui permettait qu'on le menât en Chine, non en Cochinchine. Nous acceptons 89, non 93; mais si 93 se nomme 89, nous voilà conquis. Nous voulions aller en Chine, on nous mène en Cochinchine en l'appelant Chine, et qu'importe que nous nous en doutions. alors qu'il n'est plus temps?

VII.

A l'ancienne féodalité sociale a succédé le féodalisme financier, littéraire, philosophique, économique, commercial, industriel.— Les corporations, les castes factices, les confréries, les camaraderies, les sodalités, constituent cent franc-maçonneries, c'est à dire cent petites féodalités occultes.— Y a-t-il même en ce sens une franc-maçonnerie militaire, comme il y a une franc-maçonnerie judiciaire? Je n'ose ni le nier, ni l'affirmer.

Dans presque chaque Etat, il existe un concile franc-maçon qui, non-seulement, se concerte, mais se coalise avec l'Etranger; et, chez nous aussi on subordonne à l'élément étranger, l'élément français. Nos conflits avec l-Mexique, avec la Suisse, avec la Prusse, avec l'Autriche avec l'Espagne, avec l'Italie surtout, en sont la preuve. Pour nos agitateurs, la France n'est qu'un fief révolutionnaire relevant de tous les grands factieux européens, es jamais le scandale d'un tel impatriotisme n'éclata plus honteusement que dans nos conflits italiens. A quels dogmes, à quels hommes, à quels manéges ne rougit-on pas de nous associer?

Les Italiens, naturellement comédiens, ont fait de leur patrie un théâtre où ils ne seraient pas fâchés de jouer l'Europe à leur bénéfice; mais c'est trop prétendre de leur industrie; les acteurs et le théâtre étant trop petits pour un si grand jeu.

L'Angleterre combat moins en Europe l'esprit de révolution, qui sert ses intérêts en nuisant à la production étrangère, que l'esprit de conquête, qui nuit à ses débouchés et à son prestige. Elle soutient l'Espagne révolutionnaire; la Suisse, l'Italie, la Grèce révolutionnaires. En 1847, elle provoquait la révolution en France. L'Angleterre s'ouvre naturellement aux agitateurs de tous les pays; Londres est un quartier général de conjurés internationaux; et nonobstant, l'Angleterre a sa loyauté, et la France et l'Angleterre s'estiment chaque jour davantage. Il faut bien pardonner à l'Angleterre de comprendre ses intérêts, non les nôtres, et de servir sa grandeur, non la nôtre.

Quand la révolution promène ses assises en Europe,

quand elle est à Naples, en Espagne, à Venise, en Suisse, en Portugal, en Hongrie, à Bade, notre libéralisme est toujours pour la révolution, contre la France. Si la révolution passe les mers, si elle agite les États-Unis, Saint-Domingue, le Mexique, le libéralisme français passe les mers comme elle : le libéralisme français ne quitte pas la révolution ; là où est la révolution, le libéralisme français s'installe et respire.

Des étrangers rédigent nos journaux et expriment l'opinion publique en France : plus ils sont subversifs et impatriotiques, plus le libéralisme français les gâte et les tient pour français. En 1830, ce fut un Américain qui commença la guerre civile à Paris; en 1867, un Polonais y ensanglantait nos fêtes. La France n'est pas seulement la patrie de l'étranger, elle en est, je l'ai dit, le fief.

Le carbonarisme a donné des lettres de naturalisation universelle à tous les désordres et à tous les fauteurs de désordres.

VIII.

Les minorités en appellent toujours de la majorité constitutionnelle des corps délibérants, à la nation, c'est-à-dire à l'agitation, qui finit par l'insurrection.

Des lois vitales sont votées à la presqu'unanimité moins quelques-uns qui s'abstiennent pour protester contre l'unanimité, moins eux. Ceux qui n'ont osé dire ni oui ni non, affectent je ne sais quel civisme particulier contre ceux qui ont osé dire quelque chose : toujours la minorité qui prétend infirmer la majorité; toujours un expédient, une cautèle, une fraude pour préparer une future violence.

En Angleterre, les partis s'entendent pour gouverner

tour à tour ; en France, pour empêcher le gouvernement de gouverner et même d'être.

L'opposition française a dit tantôt « les choses, non les hommes », tantôt « les hommes, non les choses » ; mais on use à ce jeu les choses, les hommes, et on n'a plus ni hommes, ni choses. Quand on s'insurge pour changer les hommes, le peuple change les choses ; et quand il a changé les choses, il change aussi les hommes, et ceux qui jouaient avec leur mensonge en sont accablés.

« Il faut en finir avec l'autorité », c'est aussi le cri de l'opposition ; mais on en finit par là avec la légalité, la stabilité, et même avec cette liberté que l'opposition convertit en licence, et qu'une dictature rendue nécessaire ramène à l'ordre. L'opposition n'en a pas moins raison, à son point de vue ; il ne faut pas s'étonner qu'elle éprouve le besoin d'en finir avec cette autorité qui s'impose par sa valeur intrinsèque, qui prévient les agitations et restreint trop l'importance de ceux qui vivent d'obstacles, de luttes, de crises politiques, comme les anciens condottieri vivaient de sang.

Il me paraît fort plaisant que les libres-penseurs qui critiquent tout, n'admettent pas qu'on les critique ; que ceux qui traquent, qui persiflent, qui diffament tous les pouvoirs, veuillent qu'on les respecte eux-mêmes ; que ceux qui ne prennent rien au sérieux, veuillent qu'on les prenne au sérieux !

Les coalitions des partis les plus opposés sont monstrueuses : « on se méprise, mais on s'allie ; on s'injurie, mais on se soutient ». Aucun des coalisés n'étant assez fort pour conquérir le pouvoir ou le garder, on s'entend du moins contre le pouvoir régnant, et à force d'abattre ce qui est, on rend impossible ce qui devrait être. On renverse des trônes, mais le pouvoir périt avec les trônes renversés. On fait, de plus, des révolutions stériles, car on ne veut rien fonder en commun, et on ne peut rien fonder seul. — On fait donc des révolutions stériles : que dis-je ? les révolutions ne sont jamais stériles, car que de maux elles causent, même en les rachetant !

IX.

Quand le gouvernement veut la guerre, l'opposition veut la paix ; quand le gouvernement veut la paix, l'opposition veut la guerre. Le souverain venge-t-il l'honneur national ? il est trop guerrier, il épuisera notre or et notre sang. Préfère-t-il la paix ? il est couard ; il ne comprend pas la France ; l'honneur national souffre, et pour le moins la France s'ennuie : à qui l'apprends-je ?

L'esprit martial qui défend la patrie sous le nom d'armée, se nomme militarisme ; l'esprit de faction qui pousse à faire la guerre des rues s'appelle patriotisme. On donne un nom ridicule à ce qui est noble, un nom glorieux à ce qui est coupable ; un cynique s'est permis de vanter la guerre civile comme étant la seule qui sert une idée ; comme si le crime était une idée, et comme si l'idée avait besoin de crimes !

Mais c'est qu'au fond, les factions ne haïssent la guerre étrangère que parce qu'elle prévient ou interrompt les guerres civiles ; que parce qu'elle donne, pour aliment à nos armes le sang étranger, non le nôtre ; la gloire, non les discordes.

La France ne saurait oublier que sa grandeur native et fondamentale est militaire ; que ses désastres même font partie de sa gloire ; que les armes françaises ont répandu le génie français dans le monde ; que la civilisation n'a qu'à se louer de notre esprit militaire ; et que, dans tout ce que nous avons régénéré par notre épée, nous avons porté le vaccin français.

X.

Qu'entend donc un nouvel académicien, par *l'esprit nouveau?* l'esprit de liberté, de justice, de fraternité n'ont rien de nouveau. L'esprit de liberté est fort ancien ; l'esprit de justice ne l'est pas moins ; Rome et la Grèce, qui les ont fait fructifier, nous les ont transmis ; nous les avons longtemps étudiés et même copiés chez l'une et l'autre : que si le christianisme, qui conçut l'esprit de fraternité, n'eût pu se passer de 89 pour l'engendrer, quelle longue et stérile gestation pendant dix-huit siècles ! que de générations chrétiennes eussent ignoré la fraternité ! Qu'est-ce donc que cet esprit nouveau dont un Religieux flatte les mécontents qui l'accueillent, sinon cet esprit factice et vieillot qui s'appelle esprit de corps, esprit académique, esprit de fronde ?

Ce qui nous manque, en France, c'est la passion née d'une conviction, c'est l'enthousiasme pour une croyance ; car toutes les passions, tous les emportements conciliables avec le scepticisme ou le calcul sont en nous. Nous aurions même l'enthousiasme du manége, si manége et enthousiasme étaient compatibles.

Ce qui nous manque aussi, ce sont les idées déterminées ; sans cela, ne sortirions-nous pas de la liberté de penser, — de l'esprit nouveau, — du gouvernement personnel, — des aspirations nationales, — de la civilisation, — du progrès, — du libéralisme, — de la réaction, — de l'exploitation de l'homme par l'homme, — du gouvernement du pays par le pays, — de la philanthropie,—

des principes de 89 et de ces vingt selles à tous chevaux dont nos charlatans bâtent les esprits ineptes.

Le besoin d'agitation sans cause qui nous tourmente, a une cause, mais fort mesquine: cette cause est la jalousie — à moins qu'il n'en ait une très-grave, l'absence de cette grande foi qui éteignait les jalousies terrestres par la contemplation et par l'espoir des choses divines.

XI

Les savants connaissent trop bien les substances et les propriétés des substances, pour que je ne leur accorde pas le gouvernement des choses; mais dès qu'ils aspirent au gouvernement des hommes, je le leur dénie avec l'histoire. Leur incorrigible erreur est de prendre les hommes pour des choses, méprise telle, qu'elle devient bévue et trahit une incompétence.

Le gouvernement politique par les savants d'institut, par ceux qui ne connaissent que les propriétés des corps, repose sur le matérialisme; et celui-ci suppose l'homme-machine fonctionnant sous la verge du socialisme, qui ne compte pas plus l'homme que le bœuf ou le cheval, et n'est qu'un hobbisme débaptisé. D'après ces bases qui sont évidentes, le gouvernement de la société par les savants, serait celui qui dégraderait le plus les hommes. La démonstration ici est superflue, elle crève les yeux : le bouclier de la liberté et de la dignité de l'homme, c'est le spiritualisme : l'homme qui ne le sent pas, n'est même pas homme, mais brute: et si c'est un bel-esprit, il n'en est que plus brute, puisqu'il l'est malgré son esprit.

L'excès d'émulation qu'on suscite dans l'enseignement public pour faire bien plus de savants que d'honnêtes gens, accroît le grand mal du savoir, l'orgueil. Pour stimuler au travail, on fait croître beaucoup d'orgueil par cette loi connue : qu'en développant deux instincts on favorise le pire, et qu'en développant le travail par l'orgueil, on fait pousser plus d'orgueil que de travail. — Quand on corrigeait l'émulation par le civisme ou la religion, on atténuait beaucoup ce mot par lequel l'esprit nouveau, gonflé de soi, ne voit que soi.

Je voudrais changer le titre d'un ministère : je voudrais qu'on dît non le ministère de l'instruction publique, mais le ministère de l'*éducation publique,* afin qu'il fût très-compris (contrairement à ce qui semble prévaloir chez nous) que l'éducation des citoyens importe plus que leur instruction, et que ce qui fait les bons citoyens, c'est bien moins l'instruction que l'éducation. Les anciens ne s'y trompaient pas.

Les anciens grands peuples s'occupaient peu d'organiser l'instruction ; mais ils instituaient, ils donnaient, ils imposaient l'éducation publique.

Le nouveau titre de *ministère de l'éducation publique* ne serait pas stérile ; car il ferait que ni le ministre, ni l'université, ni le public ne pourraient se méprendre sur ce service public, — et je défie que sous ce nouveau titre, l'athéisme pût se glisser autrement que honteusement dans les écoles. L'athéisme peut faire partie du faux bagage qu'on appelle science, instruction ; il ne peut entrer dans la substance de cette portion des principes de moralité publique qui règlent toute éducation sociale. En effet, l'athéisme peut entrer plus ou moins subrepticement dans l'esprit ; il ne peut, par aucune porte, entrer dans le cœur et dans la conscience. L'éducation l'en chasse, dès que, de système ou de rêve, il devient un acte.

★

Le sophisme dispute tout à la science, même la science : la science (1) ne peut marcher sans démontrer, et que d'hommes fuient la démonstration ! que d'esprits y sont fermés ! que de choses y résistent ! tel savant qui règne sur trois hommes, échouera sur vingt et sera repoussé par soixante. Que le savant médite pour les savants, qu'il crée ou perfectionne sa science, et qu'il laisse le gouvernement des hommes, qu'il ignore, à celui qui, s'il connait les hommes, peut négliger la science !

XII

Il faut que nos hommes d'Etat comptent avec les factions, les partis, les opinions : — en général, les opinions restent calmes, elles sont patientes, elles savent supporter le présent dans l'intérêt de l'avenir. Les partis sont des opinions passionnées et même des opinions organisées : les partis intriguent, ils préparent l'heure des factions : les factions sont les partis révoltés et sur le point d'assaillir le pouvoir, leur adversaire. Or, en France, les opinions deviennent facilement des partis, et les partis des factions.

Les partis s'entendent presque tous sur les principes : ils se divisent sur les conséquences qu'on prétend tirer de ces principes. Chacun dit de l'autre : Vous déduisez mal les conséquences de notre commun principe ; et, par exemple, les principes de 89 disent les uns, contiennent telles conséquences.— Non, répondent les autres, car vos conséquences détruiraient ces principes : — et de même

---

(1) Le mot science signifie ici *science naturelle ;* quant aux sciences morales, elles profitent non-seulement à l'homme d'Etat, mais aux savants spéciaux qu'elles transforment et qui cessent alors de n'être que des *savants.*

des conséquences d'une charte ou d'une constitution. Ce sont les interprétations, ce sont les conséquences des constitutions qu'il faut toujours craindre, car c'est là que les partis se choquent et se brouillent.

La majorité et la minorité semblent vouloir les mêmes choses, mais non de la même manière : on veut un roi, mais quel roi ? on veut l'ordre public, mais quel ordre public ? on veut la liberté, mais quelle liberté ? Là-dessus, point d'accord et même conflit. On ne combat pas moins sur la forme des choses que sur les choses ; les questions de personnes ne divisent pas moins que les questions de doctrine, et, pourtant il n'y a plus de guerre de partis puisqu'il n'y a plus de grands partis, mais des fractions, des subdivisions de partis (1). Bref, il n'y a plus de grandes batailles politiques, il n'y a que des chouanneries anarchiques.

Tous les partis montés au pouvoir, reconnaissant l'impossibilité de le garder par les maximes qui le leur ont fait conquérir, veulent en changer. Devenus l'Etat, ils parlent comme l'Etat parlait contre eux ; mais alors on les traite d'apostats, on les accable de leurs antécédents : le pouvoir renversé parle contre eux, comme ils parlaient contre lui ; il les écrase de leurs faux principes, de leurs manéges, et tout recommence ou continue indéfiniment sur les mêmes errements qui ont fait monter et tomber subitement tous les pouvoirs : les hommes changent, mais les mœurs restent.

La grande propriété se conduit en France comme la petite ; les hautes classes, comme les classes moyennes ;

---

(1) Les quatre partis qui se disputent la France ne sont que des subdivisions d'opposition, pris distinctement; quand l'un d'eux s'impose exceptionnellement, il faut bien l'appeler un parti, par politesse.

la pairie, comme la chambre élective ; le double vote, comme le suffrage universel. Tout y a le même esprit de fronde, employant les mêmes moyens pour atteindre au même but. Lequel ? on l'ignore, mais un changement. L'esprit français n'est ni moins un, ni moins centralisé que l'Empire : on ne connaît en France ni contraste, ni contrepoids ; la mode et la consigne emportent tout.

Nous poursuivons toujours le rêve parlementaire qui n'est, chez nous, qu'une monarchie basée sur des institutions républicaines : une fausse monarchie, une fausse république, un avorton social. En 93, l'esprit niveleur a produit le comité de salut public ; quelque chose de pis qu'un triumvirat : le même esprit produisit, en 1815, les combats de la noblesse et de la roture : en 1830, ceux des censitaires et des capacitaires. — En 1848, les conflits des républicains et des socialistes, en vue d'un régime outré que nos mœurs ne comportent pas, n'ont conduit qu'à la dictature. Tous les partis, tous les régimes voient ainsi les mêmes choses engendrant les mêmes conséquences, et ce qui désole, c'est que ni les partis, ni les résultats ne changent ; c'est que les partis n'apprennent rien, et que les résultats ne corrigent rien.

N'est-il pas étrange qu'on ose proposer et qu'on daigne entendre le mensonge de cette responsabilité ministérielle par lequel les ministres responsables se sont toujours sauvés aux dépens des rois inviolables ? Atteignez une fois le ministre, et sauvez le Prince ; alors la responsabilité ministérielle, cessant de mentir, sera salutaire : alors il sera permis d'en parler sans rire et sans faire rire.

XIII

Comme en tout temps, nous donnons de beaux noms à de vilaines choses : le désordre, s'est appelé révolution ; l'esprit de changement et de subversion : aspirations modernes ; comme s'il y avait rien de récent dans une infirmité sociale par laquelle toutes les sociétés périrent.

Ceux qui inventèrent la fameuse devise « Liberté, Egalité, Fraternité ou la Mort ! » prodiguèrent pour toute fraternité la mort, et firent de la liberté leur instrument en faveur de l'aristocratie de la plèbe. Bonaparte nous donna la gloire, même l'égalité ; mais la liberté souffrit. Sous la Restauration, nous eûmes la liberté, mais cela ne suffit pas : l'égalité fut imparfaite et menacée : la gloire souffrit à son tour. Louis-Philippe nous donna la liberté et l'égalité, mais avec ce profond oubli de la gloire qui gâta tout. Enfin la République fit craindre avec la liberté et l'égalité, un tel essor de cette fraternité qui s'appelle communisme ou socialisme, que la liberté n'eût été qu'une ironie, et l'égalité, dans l'abaissement, qu'un mot trop vrai. Donc, ou la devise précitée est trop vaste pour tous les temps, ou le temps dans lequel nous vivons n'y suffit pas.

A part le *Mémorial de Sainte-Hélène* qui contient une portion du plus grand esprit du siècle, et l'*Histoire du Consulat et de l'Empire* que le même esprit soutient et que ne recommande pas moins ce qu'elle raconte que ce qu'elle enseigne, quelle empreinte ont fait les livres modernes ? Quelle école (1), quels résultats leur devons-

---

(1) Je circonscris ma remarque à ce qui concerne l'ordre politique et social, depuis nos régimes libres, datant de 1815.

nous ? Le livre même de M. de Tocqueville qui n'est ni pour l'Amérique qui l'inspira, ni pour la France qui n'y puisera rien — tant ses mœurs et son esprit lui sont contraires, — n'a compté que pour la fortune et le renom de son auteur. L'honnête et grand esprit qui défendit avec tant d'éclat l'ordre dans le libéralisme, n'a que systématisé ce libéralisme ; et ses doctrines qui sont du bon sens pratique assurément, sont vides de principes, ou vagues comme la cause qu'elles prêchent. Enfin, quel livre philosophique saillant a fécondé l'esprit français ? Qu'on nomme ce livre ! Les philosophes vantés n'ont pas manqué ; où sont leurs œuvres ? Que contiennent, que recommandent, qu'opèrent ces œuvres ? Lamennais, lui-même, fût-il autre chose qu'un écrivain surfait, qu'on lit peu ou qu'on ne lit plus, et dont le bruit a fini avant la vie ? Où sont les Bossuet et les Fénelon ? Où sont les esprits de cette trempe toujours vivants, toujours éclatants, parce qu'ils ont associé le génie au vrai, surtout Bossuet.

On s'explique le goût des décadences pour les révolutions : les révolutions placent tant de gens, et la peur des révolutions soutient le crédit de tant de coquins !.... Que d'intéressés à entretenir ce feu sacré du mal qui est pour eux un si grand bien ! — Dans l'étisie physique, la diarrhée persistante est le dernier symptôme du dépérissement des malades ; dans l'étisie sociale, la diarrhée des révolutions n'est pas moins le symptôme d'une mort prochaine.

Dans un état social toujours ébranlé, toujours instable, les hommes à plaindre deviennent facilement des hommes à craindre.

Que penser d'un pays où l'on n'ose pas être du parti du pouvoir ? où tous les partis sont raillés parce qu'ils sont le pouvoir ? où les pouvoirs se disant populaires, sont les plus haïs, les plus courts s'ils sont violents ; les plus moqués s'ils sont débonnaires ; et où ils n'ont que le choix de tomber sous l'horreur ou sous le mépris?

Que penser d'un pays où quatre-vingts ans de révolutions sanglantes et stériles, n'ont pas tari le goût des révolutions?

La France a ouvert son cratère en 1789 : depuis lors, les éruptions sont périodiques ; notre société n'est plus qu'un cratère dormant, fumant ou flamboyant.

XIV

La preuve que les idées neuves ou rénovatrices sont épuisées provisoirement, c'est que le dix-neuvième siècle n'a rien produit de nouveau (1) que des agitateurs. — Je me trompe, il a produit la manie des constitutions pactisées, écrites, jurées, les seules qui ne durent pas.

Que n'a pas désorganisé le siècle ; et qu'a-t-il organisé, que la désorganisation n'ait suivi ? — Que n'a-t-il pas labouré pour semer, et semé pour labourer en germe ou avant terme? Que n'a-t-il pas détruit pour reconstruire et reconstruit pour détruire ? Quel rocher de Sisyphe ne roule-t-il pas ? Quels tonneaux percés n'emplit-il pas ? La fiévreuse vélocité de la vapeur ne suffit plus pour le progrès qu'il rêve ; l'électricité même lui suffira-t-elle ?

Je me trompais quand je disais que le dix-neuvième siècle était pauvre d'invention. Ne lui doit-on pas cette machine à révolutions perpétuelles qu'on a baptisée : les nationalités? Quelles traditions, quelles vieilles organisations, quelles assimilations, quelles alluvions, quelles

---

(1) On n'oubliera pas que je n'écris que *sur l'ordre moral*, et que ce qui est du domaine des sciences n'est pas de mon livre.

stratifications sociales, le soi-disant principe de nationalités ne peut-il pas dissoudre ? Qui me dira quel est le noyau vraiment national d'une nation? Qui me dira où en est l'or pur et l'alliage ? Qui me dira ?... mais c'est pour cela que la machine est bonne ; c'est par son mystère qu'elle sert les mains secrètes qui l'agitent. La Prusse et l'Italie comprenaient et utilisaient la machine : la Russie a fini par la comprendre. La France, toujours généreuse, l'a utilisée, contre soi, pour d'autres.

La popularité du mesmérisme au dix-huitième siècle, s'est reportée sur le lavatérisme qui a fait pousser la phrénologie, à laquelle ont succédé les médiums et les tables tournantes. A côté, sont venus le martinisme, le saint-simonisme, le fouriérisme et l'icarisme. Notre esprit, vide de croyances solides, s'est rempli de chimères comme de coutume, et les monstres de l'esprit ont infesté ce que le vrai n'occupait plus.

L'homme a tout détruit autour de lui, si ce n'est lui-même et la nature. Il a cru à sa grandeur qu'il a exagérée ; il n'a vu, dans l'univers, que la nature faite pour l'homme, gouvernée par l'homme ; il n'a vu que le moi dans tout, et tout dans son moi, et — chose étrange, inconciliable avec ces prémisses, — il s'est cru lié par une fatalité native à cette même nature qui emportait l'homme dans son mouvement universel comme s'il n'était rien ! L'homme se déclarant tout et rien, c'est inexplicable ! et de là pourtant cette résurrection du vieux panthéisme stoïcien regratté par Spinoza, d'après lequel, si l'homme n'est rien, l'espèce humaine importe ; d'après lequel, l'individu se courbe et s'efface en faveur de l'espèce : comme si l'espèce comptait pour plus qu'un homme, dans l'univers ! — de là, enfin tant de crimes réels en faveur d'un être abstrait ; ou, tout au moins, l'immolation de l'homme actuel, à celui de demain : du présent toujours méprisé, à l'avenir toujours fuyant. Que d'illogisme, quel vain savoir dans cette combinaison d'erreurs ! — Qui m'expliquera le panthéiste-roi, si ce n'est le panthéiste-libre ? ou le roi-machine, sinon le libre-penseur-machine ? Ces deux chimères sont faites pour se comprendre, et l'une vaut l'autre.

L'invasion de tant de systèmes contemporains montre au moins le besoin d'une vérité d'ensemble ; et la concurrence de tant de cultes imaginaires, le besoin d'un culte quelconque ; comme, tant de plaintes sur la vie présente, un pressant besoin de la vie surnaturelle.

Depuis Voltaire, nous sommes travaillés du mal religieux, c'est-à-dire du mal qu'engendre l'irréligion. On sent, au fond, qu'il n'est pas de liberté vraie sans croyances : l'Angleterre fait son examen de conscience ; les sectes qui ont un vernis religieux en France, laissent quelques traces ; en Prusse, comme en Russie, les paroles du pape inquiètent : l'unité des croyances séduit par sa simplicité vraie ; le monde sent que la vraie fraternité n'est que dans le christianisme fondé sur cet amour du prochain d'où la force et la paix du monde chrétien découlent ? on tourne les yeux vers cette foi des anciens jours qui vivifiait les peuples naissants ; soutenait, consolait, reculait la fin des peuples mourants. *O tempora ! O mores !...* c'est le cri secret des consciences qui sentent ce que le temps emporte, sans entrevoir ce qu'il nous rend ; c'est un cri de regret bien près d'un remords.

Nous avons vu, de notre temps, je ne sais quelle étrange agrégation de trois hommes qui ont bizarrement commencé, bizarrement poursuivi, bizarrement clos leur carrière. Ils se sont rencontrés dans leurs prétentions, dans leur indocilité, dans leur talent aigre et emporté, dans leur imagination inquiète, dans leurs projets décousus, dans leur dédain de tout ce qui n'était pas eux; ils n'ont pu s'entendre entre eux ; ils se sont séparés comme les constructeurs de Babel ; et après avoir démoli, pour ainsi dire, leurs propres travaux à force de changements et d'inconsistance ; après avoir rué contre tout et contre eux-mêmes, ils ont fini dans un applaudissement théâtral et faux, digne de leur nature, image elle-même d'un siècle agité et malsain qui les a célébrés sans les suivre.

Le dix-huitième siècle connut plus de séducteurs que d'hypocrites ; je crains bien que le nôtre n'ait plus d'hypocrites que de séducteurs. Le dix-huitième siècle eut du mouvement, le nôtre n'a que de l'agitation ; l'un fut plein d'espérances, l'autre est déjà plein de ruines.

On peut dire que le dix-neuvième siècle en est aux dégoûts de l'Écclésiaste pour les hommes et la destinée humaine ; qu'après avoir tout éprouvé, tout épuisé, trouvé la lie et le fond de tout, il dit sur ce tout : *Omnia vanitas*. Rien ne le surprend plus qu'une croyance quelconque à n'importe quoi. Il ne croit plus qu'au doute, s'il croit même au doute ; car, au roi Voltaire a succédé le roi scepticisme : le dix-neuvième siècle ne croit même plus à Voltaire.

Je ne veux pas dire que Voltaire n'ait encore sa petite Eglise et ses petites souscriptions ; mais on le lit peu, on le vend encore moins, on ne l'édite plus ; en un mot, il est démodé.

Quand je lis les histoires scolaires ou les discours officiels sur l'ancien temps, mon Dieu ! me dis-je, que cela était laid ! Comment donc, en ce temps, fûmes-nous si grands, si craints, si copiés ? — Puis, quand je lis les mêmes histoires, les mêmes discours officiels sur le temps présent, je m'écrie involontairement : Dieu, que cela est beau! Mais, me dis-je tout bas, pourquoi donc sommes-nous si troublés, si divisés? Comment ne gouvernons-nous plus l'Europe? Pourquoi craignons-nous une chute, un cataclysme?

Nous avons la théorie du gouvernement parlementaire qui parle pour lui; mais nous avons notre histoire qui parle contre lui; nous avons aussi la théorie de la liberté de la presse qui parle pour elle, mais nous avons l'histoire de la presse en France qui parle contre elle ; nous avons la responsabilité ministérielle qui est spécieuse en théorie, mais notre histoire en fait un mensonge : nous vantons, avec la théorie, la pondération des pouvoirs, mais notre pondération de pouvoirs n'est que nominale, et l'histoire en rit autant que la théorie la vante ; — et de même de tant de théories libérales rapprochées de leur histoire, laquelle réprouve ce que la théorie conseille.

Aux embarras de la guerre succèdent ceux de la paix, qui ne sont pas moindres par ce bouillonnement des esprits que la guerre occupe au dehors et dont la paix a tant à craindre au dedans. Aux changements issus de la révolution, succèdent et succèderont longtemps ceux qu'apportent les inventions mécaniques, les machines, dont le prolétariat souffre tant, avant d'en profiter.

A mesure que l'indépendance s'accroit, les exigences du pauvre augmentent, et elles augmentent encore bien plus que ses ressources. La concurrence industrielle dont l'industrie ne peut se passer, fait mille victimes; le capital qu'on ne peut réglementer sans le détruire, étouffe les petites industries ; enfin, l'éducation du prolétariat sans le travail qui le nourrit, pousse à l'ambition par le dénûment. La ville anglaise de Sheffield n'a-t-elle pas été brûlée au cri de : « Plutôt la mort que la faim ! » — et pourtant que d'immenses, que d'incroyables améliorations au profit du pauvre !

Nous avons tellement adouci nos lois, qu'elles en sont presque énervées ; nous avons créé dans les pénitenciers la torture de l'isolement et du silence ; nous y avons exaspéré l'âme pour l'épurer : nous avons créé un enfer philanthropique (1) où ce qu'il y a de plus dur à supporter, c'est la vue du philanthrope. Disons pourtant que cette cruelle philanthropie décroît et que le pénitencier se tempère.

A l'hypocrisie de la religion a succédé une hypocrisie non moins souple et plus dure, savoir : l'hypocrisie du libéralisme et de la philanthropie. Tout ce qui veut dominer les hommes, s'appelle libéral : tout ce qui veut les exploiter, s'appelle philanthrope (2). Ce sont toujours les mêmes philanthropes qui s'appellent l'un l'*ami des hommes,* un tyran domestique ; l'autre, l'*ami du peuple,* un tyran public.

Quelques-uns pensent que le stoïcisme peut ramener au christianisme : cela serait vrai si la religion de l'orgueil conduisait à la religion de l'humilité. — Où sont d'ailleurs nos stoïciens ? Le stoïcisme fut le dernier fort du paganisme : non-seulement le stoïcisme ne repousse pas le paganisme, mais il le suppose ; et s'il entrait chez

---

(1) J'ai lu dans la *Revue Britannique* des détails affreux sur ce point. La France les ignore et l'esprit français les condamne.

(2) Je l'entends surtout, et presque exclusivement, de l'ordre politique, — car qui n'honorerait dans l'ordre privé, M. Dennetz, le fondateur de *Mettray* et de la *Maison paternelle,* comme tous ceux qui, avec le même désintéressement quoique avec moins d'éclat, suivent ses traces ? La vraie philanthropie est si sainte qu'on ne peut trop blâmer l'hypocrite contrefaçon qui la décrie.

nous, ce serait avec le paganisme (1) qui semble y couver.

Il y a dans nos esprits une telle fureur de jeu, d'aléa, de risques, mêlé d'un tel goût de révolutions, que je ne sais si l'on ne finira point par coter les empires à la Bourse.

Mentionnons deux autres grands vices français : le premier, le cosmopolitisme qui tue le patriotisme et nous préparerait également à être Prussiens, Anglais, Russes ou même Turcs, sans répugnance, pour peu que nos maîtres nous ressemblassent et permissent l'opéra, les journaux et la fronde ; — puis cet autre vice, cet esprit de moutonnerie par lequel tout, chez un grand peuple, obéit à un mot d'ordre, à une consigne, à une coterie de convention, à tout, si ce n'est à la spontanéité et à l'indépendance personnelles qui seules constituent l'originalité, la vitalité d'un peuple ; qui seules constituent une opinion publique vraie, et non le mensonge omnicolore qui usurpe le nom d'opinion.

Nous présentons depuis près d'un siècle un malheureux spectacle : les rénégats de l'aristocratie, la livrent à la bourgeoisie ; les rénégats de la bourgeoisie, la livrent à la plèbe ; et chez les meneurs de la plèbe, les républicains la livrent aux socialistes qui se la livrent entre eux et qui se livrent l'un l'autre, sous le prétexte du bonheur commun confisqué par un intérêt particulier, jusqu'à ce que celui-ci croule et que tout recommence.

Si le désordre des rues est moins grave que celui des esprits, c'est qu'il faut chercher, dans le désordre des esprits, celui des rues. — Dans l'ordre matériel, nos pro-

---

(1) Ou plutôt le matérialisme, car l'antique paganisme n'était du matérialisme que chez les philosophes. V. *Tacite et son siècle*, 1-321 et suiv.

grès sont immenses, mais dans l'ordre moral notre décadence est sensible ; or, c'est l'ordre moral qui soutient l'ordre matériel, ce n'est pas l'ordre matériel qui soutient l'ordre moral.

Le seizième siècle a été grand par les beaux-arts; le dix-septième par les lettres; le dix-huitième par les sciences. Le dix-neuvième le sera par l'industrie, la moindre des trois grandeurs, et qu'infecte cette foi dans la matière qui perd cette plus noble partie de l'homme et des sociétés : l'âme.

Nous sommes comme ce propriétaire d'un vieux château qui restaure ses lambris, qui rafraîchit ses dorures, qui embellit ses parquets, qui sème partout les marbres et les peintures; qui empêche ses cheminées de fumer, rend ses escaliers plus doux, ses fenêtres plus larges, ses chambre plus saines, ses corridors plus vastes, ses offices plus commodes, ses caves plus profondes; qui restaure ses armes sur la porte d'honneur, et n'oublie que les fondements qui sont infiltrés, salpêtrés, usés, et qui font qu'une belle nuit, le château croule sur lui-même comme cette tour de Jeanne d'Arc qui est tombée tout récemment sur ses voisins (1).

D'après un écrivain goûté, le siècle prépare son œuvre : laquelle? il l'ignore. Il prépare quelque chose, dit-il, et les pas qu'il aura faits pourront surprendre : soit, mais c'est peu conclure ; car quel siècle ne surprend pas un peu dans le même sens? Le dix-huitième siècle nous surprit beaucoup en nous apportant 93, et je crois que 89 dût s'en émouvoir. Comment donc notre siècle ne nous donnerait-il pas, en arrivant, un dernier sursaut, lui qui nous en donne tant, chemin faisant ?

(1) A Compiègne, le 4 avril 1868.

Nous avons reçu beaucoup d'à-comptes ; nous en avons reçu de quotidiens, car si quelque chose peut troubler la douceur de ce calme apparent qui nous plaît sans nous rassurer, c'est ce doute du lendemain, c'est cette attente de l'imprévu qui n'atteint pas moins nos cœurs que nos intérêts.

Tout gouvernement semble provisoire, toute constitution provisoire ; toute législation, toute administration provisoires : l'institution de la famille comme celle de la propriété, comme celle des cultes ne semblent pas moins provisoires. Notre société révolutionnaire vit au jour le jour ; et que sais-je, si notre indépendance nationale est bien à l'abri de ce qui corrompt notre société ? En attendant, cette société, superficiellement régulière et tranquille, semble vivre insouciante en face d'un guet-apens permanent qui peut l'atteindre mortellement en vingt-quatre heures ; — jusque-là, nous avons, j'en conviens, toutes les illusions que peut se permettre et que peut goûter un grand malade.

Un dernier mot : un peuple adulé se croit impeccable ; on le déclare même impeccable. Depuis quatre-vingts ans, dix gouvernements français se sont écroulés, pourquoi ? — C'est, dit-on, qu'ils ont commis des fautes. — Qui parle ainsi ? — les meilleurs esprits, et ils croient bien dire et tout dire : ils ne disent pas tout. Un peuple qui ne souffre pas un gouvernement qui fait des fautes, est un peuple à part ; c'est un peuple qui ne peut être gouverné par des hommes : il lui faut pour gouvernants des dieux ou des demi-dieux, à moins qu'il ne s'arrange de ces bateleurs féroces qui pallient la faute par le crime, et chez qui le crime, tout crime qu'il est, devient faute.

POST-SCRIPTUM

Depuis que ce livre est fait, et même pendant son impression, les événements se sont tellement précipités qu'ils ont constitué une révolution : mais, nous ne sommes que trop accoutumés à ce qui se précipite ; tandis que ce qui importe, c'est ce qui dure.

Après tant d'essais infructueux, nous tentons encore ce Gouvernement parlementaire qui fut, dans le passé, l'omnipotence du parlement, sans contre-poids ; qui fit germer tant d'ambitions, et tant d'intrigues au secours de ces ambitions ; qui produisit tant d'interpellations, tant de motions, tant de discussions, tant d'interruptions, tant de déclamations, et si peu d'actes ; qui nous amoindrit tant à l'étranger par nos discordes, et vit éclater tant d'anarchie intérieure par l'abaissement continu du Gouvernement.

Puisse le nouvel essai que nous inaugurons, réussir enfin ! puisse le corps-législatif ne pas tout renverser devant soi pour être renversé à son tour, et très-promptement, par ce qui est derrière lui ! puisse le parlement ne pas s'ensevelir dans un 10 août ! puissent les trente tyrans ne pas renaître !

Puisse plutôt la liberté guérir les excès de la liberté ! Puissent les hommes de cœur qui entreprennent d'organiser cette fiévreuse liberté, se donner la gloire d'y parvenir avec le concours des honnêtes gens qui aiment la France ; et puissions-nous avoir le bonheur d'en jouir, par eux, avec la patrie ! — Je voudrais pouvoir l'espérer autant que je serais heureux d'en être témoin. — La situation est grave, elle peut devenir terrible.

TABLE DES MATIÈRES

	Pages
Dessein de mon livre.	1
De l'Antagonisme des êtres et des choses	4
Du Bien et du Mal	11
Du Mystère.	25
De la Logique pure et du sentiment	35
Du Rationalisme	48
De la Tradition	64
De l'Esprit d'Utopie.	78
De l'Idéal.	95
Du But et des Moyens dans la vie publique	103
Du Doctrinalisme ou de l'Esprit de système.	111
De l'Homme.	155
De la Famille	173
De l'Humanité.	201
De l'Individualisme	217
Du Philanthropisme.	227
Du Progrès.	248
De la Morale indépendante	297
Du Dix-huitième siècle.	340
De l'Esprit public et de nos divers Pouvoirs depuis 1789.	394
De nos Mœurs et de leur tendance.	447
De notre Esprit social au dix-neuvième siècle.	472
Post-Scriptum.	504

Lyon. — Impr. du Salut Public. — Bellon, r. Impériale, 33.

www.ingramcontent.com/pod-product-compliance
Lightning Source LLC
Chambersburg PA
CBHW051134230426
43670CB00007B/801